全国高职高专

HUIZHAN

会展策划与管理
专业系列教材

"十二五"职业教育国家规划教材
经全国职业教育教材审定委员会审定

会展概论 第2版

马 勇 梁圣蓉 编著

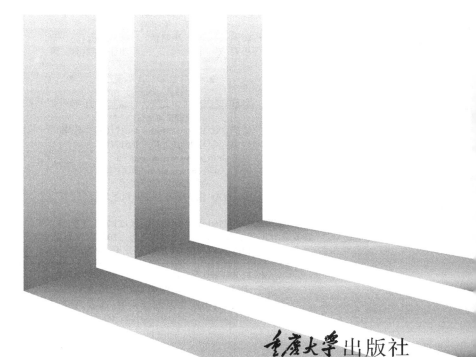

重庆大学出版社

内容提要

本书分 13 个项目,内容涉及绪论、国内外会展发展史、会展市场营销管理、会展企业管理与组织构架、会展场馆设计与运营管理、会展项目管理、会展品牌管理、会展物流管理、会展客户关系管理、会展管理信息系统、会展人力资源管理、会展商务旅游管理、会展组织与会展行业管理等内容。本书立足培养会展技能型人才,更加注重理论与实践的结合,适度介绍会展的基本理论,而将会展业市场分析、参展工作流程、会展服务与组织等内容作为重点进行详细介绍,便于学生真正掌握会展管理流程。在内容的体现过程中淡化推导,加强应用,突出能力,以问题、案例为载体,避免学科化、陈旧老化的弊端。

本书可作为高职高专会展策划与管理专业或旅游类专业的学生教材,也可作为会展及旅游行业从业人员的培训用书。

图书在版编目(CIP)数据

会展概论/马勇,梁圣蓉编著.—2 版.—重庆:
重庆大学出版社,2014.7(2023.9 重印)
全国高职高专会展策划与管理专业系列教材
ISBN 978-7-5624-8242-0

Ⅰ.会…   Ⅱ.①马…②梁…   Ⅲ.①展览会—高等
职业教育—教材   Ⅳ.①G245

中国版本图书馆 CIP 数据核字(2014)第 125882 号

全国高职高专会展策划与管理专业系列教材
会展概论
(第 2 版)
马 勇   梁圣蓉 编著
责任编辑:马 宁 唐霜蕾   版式设计:马 宁
责任校对:刘 真   责任印制:张 策

＊

重庆大学出版社出版发行
出版人:陈晓阳
社址:重庆市沙坪坝区大学城西路 21 号
邮编:401331
电话:(023) 88617190   88617185(中小学)
传真:(023) 88617186   88617166
网址:http://www.cqup.com.cn
邮箱:fxk@ cqup.com.cn(营销中心)
全国新华书店经销
POD:重庆市圣立印刷有限公司

＊

开本:720mm×960mm   1/16   印张:23.75   字数:401 千
2007 年 9 月第 1 版   2014 年 8 月第 2 版   2023 年 9 月第 8 次印刷
ISBN 978-7-5624-8242-0   定价:49.50 元

编委会

总　序

　　进入 21 世纪以来,随着中国社会经济的飞速发展,综合国力的不断增强,国际贸易发展的风驰电掣,会展经济随之迅速成为中国经济的新亮点,在中国经济舞台上扮演着越来越重要的角色,正逐渐步入产业升级的关键时期。在这一时期,会展业持续快速发展的关键是需要大量的优秀专业人才作为支撑,而目前市场还存在很大的会展专业人才供给缺口。为了适应国内对会展人才需求日益增长的需要,我国各类高校纷纷开设了会展专业或专业方向。据不完全统计,截至 2011 年 7 月,在全国范围内(不含港澳台)开设会展专业的高校达 96 所,涵括专业方向的高校(包括本科、高职高专院校)则已超过百所,这在一定程度上缓解了我国会展人才紧缺的现状。但是由于我国会展教育起步较晚,在课程体系设计、教材建设和师资队伍建设等方面还有待完善,培养出来的学生在知识结构、职业素养和综合能力等方面往往与市场需求不相称。尤其是目前国内会展教材零散、低层次重复并且缺乏系统性的状况比较突出,很大程度上制约了我国会展教育和会展业的发展。因此,推出一套权威科学、系统完善、切合实用的全国高职高专会展策划与管理专业系列教材势在必行。

　　中国的会展教育发展刚刚超过 10 年时间,但我国的会展教育经过分化发展,已经形成了学科体系的基本雏形。如今,会展专业已经形成中等职业教育、高职高专、普通本科和研究生教育这样完整的教育层次体系,这展示了会展教育发展的历程和成果,同时也提出了学科建设中的一些迫切需要解决和面对的问题。其中最重要的一点,就是如何在不同教育层次和不同的教育类型上对会展教育目标和教育模式进行准确定位。为此,重庆大学出版社策划组织国内众多知名高等院校的著名会展专家、教授、学科带头人和一线骨干教师参与编写了这套全国高职高专会展策划与管理专业系列教材,以适应中国会展业人才培养的需要。本套教材的修订出版旨在进一步完善全国会展专业的高等教育体系,总结中国会展产业发展的理论成果和实践经验,推进中国会展专业的理论发展和学科建设,并希望有助于提高中国现代会展从业人员的专业素养和理论功底。

本套教材定位于会展产业发展人才需求数量最多和分布面最广的高职高专教育层次,是在对会展职业教育的人才规格、培养目标、教育特色等方面的把握和对会展职业教育与普通本科教育的区别理解以及对发达国家会展职业教育的借鉴基础上编写而成的。另外,重庆大学出版社推出的这套全国高职高专会展策划与管理专业系列教材,其意义将不仅仅局限在高职高专教学过程本身,而且还将产生巨大的牵动和示范效应,对高职高专会展策划与管理专业的健康发展产生积极的推动作用。

在重新修订出版这套教材的过程中,我们力求系统、完整、准确地介绍会展策划与管理专业的最新理论成果,围绕培养目标,通过理论与实际相结合,构建会展应用型高职高专系列教材特色。本套教材的内容,有知识新、结构完整、重应用等特点。教材内容的要求可以概括为:"精、新、广、用"。"精"是指在融会贯通教学内容的基础上,挑选出最基本的内容、方法及典型应用;"新"指尽可能地将当前国内外会展产业发展的前沿理论和热点、焦点问题收纳进来以适应会展业的发展需要;"广"是指在保持基本内容的基础上,处理好与相邻及交叉学科和专业的关系;"用"是指注重理论与实际融会贯通,突出职业教育实用型人才的培养定位。

本套教材的编写出版是在教育部高等学校工商管理类学科专业教学指导委员会旅游与会展专业组的大力支持和具体指导下,由中国会展教育的开创者和著名学者、国内会展旅游教育界为数仅有的国家级教学成果奖获得者和国家级精品课程负责人,教育部高等学校工商管理类学科专业教学指导委员会旅游与会展专业组组长、中国会展经济研究会创会副会长马勇教授担任总主编。参与这套教材编写的作者主要来自于上海旅游高等专科学校、上海工程技术大学、上海新侨职业技术学院、湖北大学、武汉职业技术学院、湖北经济学院、湖北职业技术学院、浙江旅游职业学院、桂林旅游高等专科学校、广西国际商务职业技术学院、金华职业技术学院、昆明冶金高等专科学校、昆明学院、沈阳职业技术学院、广东交通职业技术学院、顺德职业技术学院、深圳职业技术学院等全国

40多所知名高校。在教材的编写过程中,重庆大学出版社还邀请了全国会展教育界、政府管理界、企业界的知名教授、专家学者和企业高管进行了严格的审定,借此机会再次对支持和参与本套教材编审工作的专家、学者和业界朋友表示衷心的感谢。

本套教材的第一批选题已于2007年7月后陆续出版发行了21本,被全国众多高职院校以及会展企业选作学生教材和培训用书,得到广大师生和业界专家的广泛认可和积极使用。这套教材中一部分已被列选为国务院国资委职业技能鉴定和推广中心全国"会展管理师"培训与认证的唯一指定教材,以及全国会展策划与管理专业师资培训用书,等等。本套教材的作者队伍大多是国内会展学科领域的带头人和知名专家,涉及的专业领域十分广泛,包括了经济学、管理学、工程学等多方面;参与编写的会展业界人士,不仅长期工作在会展管理领域的第一线,而且许多还是会展业界精英。另外,作为国内高校第一套全国高职高专会展策划与管理专业系列教材,在选材内容和教材体系方面都是动态开放的。随着中国会展业的持续健康发展,为确保系列教材的前沿性和科学性,我们也会不断对该套教材进行再版修订,以及增补新的选题,欢迎各高校会展学科的学术带头人和骨干教师积极申报选题并参与编撰!

本套教材由于选题涉及面广、编写修订时间紧,因而不足和错漏之处在所难免,恳请广大读者和专家批评指正,以便我们不断完善。最后,我们期待这套新修订出版的全国高职高专会展策划与管理专业系列教材能够继续得到全国会展专业广大师生的欢迎和使用,能够在会展教育方面,特别是在高职高专教育层次的人才培养上起到积极的促进作用,共同为我国会展业的发展作出贡献。

全国高职高专会展策划与管理专业规划教材
编 委 会
2013年2月

第2版前言

　　会展业作为服务业发展日趋成熟后出现的一种新型的经济形态，已成为当今世界上许多国家国民经济发展新的增长点。从20世纪90年代开始，我国大踏步迈上了世界会展大国的旅程，产业规模不断扩大，产业链不断拓宽，带动性逐年增强，经济效益日益显著，正以年均20%的增长速度快速发展，已经成为全球会展发展最快的国家之一，包括德国、美国等世界前10名的国际展览公司都不同程度地参与了中国市场，外资巨头纷纷加大在华投资，英国励展博览集团在华举办的展览及会议在行业上涵盖了航天与航空、博彩以及地产等7个专业领域。国家高度重视会展业发展，印发了《关于"十二五"期间促进会展业发展的指导意见》，全面指导会展业有序发展，我国已有近40多个城市将会展提升到城市经济发展的支柱产业战略地位，通过举办大型国际会议和展览带动当地的旅游、交通运输、餐饮、文化、商贸等相关产业的繁荣，从而带来一系列的经济效益与社会效益。在区域分布上，我国已率先在北京、上海、广州为核心的城市群当中快速崛起，逐步形成了环渤海、长三角、珠三角三大会展城市群。随着"西部大开发""东北振兴"和"中部崛起"国家战略的逐步实施和内陆开放的迅速发展，分别以成都与重庆、大连与沈阳、武汉与郑州等城市为核心，初步形成了西部、东北、中部三条会展城市带。此外，以福州、厦门和海口、三亚为内核，海峡西岸经济区和海南国际旅游岛两个会展城市圈正在浮出水面。以上三大会展城市群、三条会展城市带和两个会展城市圈，构成了中国会展经济的大体框架。

　　但与会展发达的国家相比，我国会展业还存在差距，虽然根据 2011 世界商展百强数据,按展出总面积排序,我国在全球会展业 9 个大国中已经位居第三,然而按个展平均面积考查,排名下滑到第六。在国际竞争最激烈的旗舰式特大商展层面,展均面积仅为 13.29 万平方米,远低于欧洲会展强国意大利、法国和德国的 21.05 万平方米、20.9 万平方米和 19.74 万平方米,低于百强商展平均线 18.11 万平方米,甚至低于瑞士、俄罗斯和美国的 16 万平方米、15 万平方米和 14.3 万平方米。显然,这不利于我国在世界范围内优化资源配置,重塑国际经济与贸易关系。随着中国成长为世界第二大经济体、制造业产出和国际贸易第一大国,会展实力开始制约综合国力的世界竞争。因此,为进一步推动我国会展业的持续发展,就必须提高我国会展业的经营管理水平,就必须加强会展专业人才的教育和培训,人才是我国会展业发展制胜的关键。为了适应新形势下会展人才培养以及会展从业人员的现实需要,吸收了国内外会展管理的先进思想和实践经验,撰写了本教材。

本书自 2007 年出版以来,得到了全国众多高职院校师生和行业企业的广泛好评和使用。2013 年获批教育部职业教育"十二五"国家级规划教材立项建设并于 2014 年通过审定。现根据教育部对国规教材编写的最新要求,并考虑到会展相关理论的不断更新,高职教学理念的不断深化,为把学生培养成为适应会展领域的高级应用型人才,特对本教材进行修订。本教材在修订过程中,改变传统的重理论、轻实践的问题,编写内容满足高职教育培养会展高级应用型人才的需要。

本书由全国知名的会展教育专家、教育部高等学校旅游管理类专业教学指导委员会副主任、湖北大学旅游发展研究院院长马勇教授和中南财经政法大学经济学博士梁圣蓉共同撰写完成,最后由马勇教授统稿、定稿。

本书在撰写、修订过程中,得到了各位专业教师和业界人士的大力支持和帮助,他们为本书的撰写提出了宝贵的建议,书中引用了国内外学者与专业人士的研究成果与观点意见,列举了相关报刊、网站及其他各种机构提供的资料,在此表示诚挚的感谢。

由于时间和水平有限,书中难免存在不足之处,恳请各位专家和读者批评指正,以使本书不断得到完善!

马 勇

2014 年 7 月

目 录 *CONTENTS*

项目1 绪 论 ·· 1
    任务1 明确会展的研究对象和框架 ·············· 3
    任务2 构架会展的功能体系 ·························· 8
    任务3 分析会展的核心概念 ·························· 13
    典型案例——青岛国际啤酒节 ···················· 26

项目2 国内外会展发展史 ······························ 31
    任务1 会展的起源与发展阶段 ···················· 32
    任务2 国外会展业发展概述 ·························· 37
    任务3 国内会展业发展概述 ·························· 60
    典型案例——广交会 ·································· 68

项目3 会展市场营销管理 ······························ 76
    任务1 会展市场营销概述 ···························· 78
    任务2 会展市场营销体系 ···························· 86
    任务3 会展市场营销管理及其策略 ·············· 95
    典型案例——中国(大连)国际服装纺织品博览会 ······ 109

项目4 会展企业管理与组织构架 ···················· 118
    任务1 会展企业的战略管理 ·························· 119
    任务2 会展企业的运营管理 ·························· 127
    任务3 会展企业的组织构架 ·························· 133
    典型案例——展览集团组织构架 ················ 141

项目 5　会展场馆设计与运营管理 ·························· 148
　任务 1　国内外会展场馆的发展与现状 ················· 150
　任务 2　会展场馆设计的原则与要求 ··················· 152
　任务 3　会展场馆运营管理 ···························· 158
　典型案例——美国展览馆的 3 种管理模式 ············· 162

项目 6　会展项目管理 ································· 166
　任务 1　会展项目及项目管理 ························· 167
　任务 2　会展项目管理的流程 ························· 174
　任务 3　会展项目管理的方法 ························· 181
　典型案例——2007 年武汉春季房地产交易会工作方案 ··· 187

项目 7　会展品牌管理 ································· 192
　任务 1　会展品牌内涵解读 ··························· 194
　任务 2　会展品牌的定位和价值提升 ················· 200
　任务 3　会展品牌与知识产权保护 ··················· 207
　典型案例——透视中国住交会（CIHAF）品牌形成 ····· 212

项目 8　会展物流管理 ································· 217
　任务 1　会展物流管理概述 ··························· 218
　任务 2　会展物流管理系统的构建 ··················· 223
　任务 3　会展物流管理的战略导向 ··················· 227
　典型案例——布里斯班会议与展览中心 ··············· 235

项目 9　会展客户关系管理 ······························ 237
　任务 1　会展客户关系管理概述 ····················· 240
　任务 2　会展客户关系管理的系统构建 ··············· 250
　任务 3　会展客户关系管理的流程与实施策略 ········· 257
　典型案例——优品会展客户关系管理系统——360 度管理客户关系 ··· 263

项目 10　会展管理信息系统 ····························· 267
　任务 1　会展管理信息系统概述 ····················· 269
　任务 2　会展信息化系统的运用 ····················· 271

任务3　会展电子商务管理 ………………………………… 275

典型案例——万泰科技会展信息系统 ……………………… 287

项目11　会展人力资源管理 ……………………………… 294

任务1　会展人力资源概述 ………………………………… 297

任务2　会展人力资源开发的原则和途径 ………………… 301

任务3　会展人力资源管理的内容体系 …………………… 306

典型案例——高星级饭店的会议服务经理 ……………… 313

项目12　会展商务旅游管理 ……………………………… 315

任务1　会展商务旅游的概念与内涵 ……………………… 316

任务2　会展商务旅游的运作模式 ………………………… 325

任务3　我国会展商务旅游的发展与对策 ………………… 331

典型案例——武汉国际旅游节 …………………………… 340

项目13　会展组织与会展行业管理 ……………………… 346

任务1　国际会展组织 ……………………………………… 347

任务2　会展行业管理模式 ………………………………… 355

任务3　会展行业协会运作模式 …………………………… 358

典型案例——堪培拉会议局 ……………………………… 363

参考文献 …………………………………………………… 365

项目1
绪　论

【知识目标】

◇ 了解会展的研究对象和研究框架

◇ 掌握会展的基本概念与内涵

◇ 熟悉会展活动的基本内容

【技能目标】

◇ 能够列举本区域代表性的会展活动并能够
　分析其经济贡献

◇ 能够就具体的会展活动进行分类

【学习重点】

◇ 会展的研究对象和框架

◇ 会展的功能

◇ 会展活动的基本内容

【学习难点】

◇ 会展研究的框架体系

【案例导入】

首届青岛国际啤酒节

首届青岛国际啤酒节于1991年在中山公园举办,此后每年举行一届,对青岛扩大对外开放,提高海外知名度,促进旅游事业的发展起到积极的推动作用。啤酒节成功举办几年以后,在其成功示范之下,全国各地也纷纷举办啤酒节。

青岛作为沿海开放城市,借鉴外地经验,利用自身优势和特点,发展具有国际影响力的龙头产品,并以此为突破口,进一步发展全市经贸、旅游和对外交往,加速全方位开放。1986年和1990年,青岛市旅游局、青岛啤酒厂等部门提出利用青岛啤酒优势,举办青岛国际啤酒节,以促进全市的对外开放。1990年11月,青岛市委常委会批准举办青岛国际啤酒节。

1991年3月青岛市政府形成《首届青岛国际啤酒节工作方案》,将啤酒节定位为以啤酒为龙头,融经贸、旅游、科技、文化、体育于一体的大型综合节日,旨在通过青岛啤酒这一媒介和桥梁,加强青岛与世界各国人民的经济文化交流和友好往来,扩大青岛的知名度,让世界更好地了解青岛,使青岛更快地走向世界,从而推动青岛全方位对外开放。

首届青岛国际啤酒节由青岛市政府主办,青岛啤酒厂承办,市有关部门协办,举办时间定于6月23—30日,会场定于中山公园内,活动内容包括开幕式、第二届中德啤酒饮料研讨会、喝啤酒比赛、文化娱乐活动、啤酒及风味小吃展销、"用户信得过啤酒"评选、工业产品销售月活动等。

开幕式上,30多万市民涌上街头争睹彩车艺术巡游的壮观场面。来自全国各地的40个啤酒生产厂商携酒进城参展,美国、日本、加拿大、德国、新加坡、中国香港等国家和地区的啤酒厂、啤酒代理商参加了展销和交流,10多万游客涌进中山公园。啤酒节期间举行了中外啤酒饮料技术讲座与交流、时装表演、文艺晚会、海上风光游览等活动。首届青岛国际啤酒节为青岛啤酒打开了更广阔的国内外市场,啤酒节也成为世界了解青岛的窗口。同时,啤酒节也使青岛这座美丽浪漫的"东方瑞士"更富有魅力。

首届啤酒节期间,整个岛城沉醉在酒香中,一张国际名片就这样在青岛乃至全国逐渐亮出,青岛利用国际啤酒节的巨大影响力,促进了城市经济文化的良性发展,打造了青岛国际化进程中的一道亮丽风景。

资料来源:青岛国际啤酒节官网 http://travel. qingdaonews.com/content/2012-08/13/content_9368922.htm

案例讨论:青岛国际啤酒节的创办和发展对青岛市的发展有哪些积极作用?

会展作为一种新的经济形式,相比于其他一些历史悠久的学科,尚十分年轻。但历经一个多世纪的发展,会展正一步一步走向成熟,对会展的研究几乎涵盖了我们社会的全部领域,作为一个极富生命力的新兴学科,会展具有重要的学术价值和广泛的社会应用前景。本项目将具体阐述会展的研究对象和框架、会展的功能体系以及会展的基本概念与内涵。

任务1 明确会展的研究对象和框架

会展作为一门新兴学科,与其他学科一样,也有自己的理论体系。要认识和探讨其理论体系,首先要从会展的研究对象入手,因为在科学研究领域中,理论体系的基本框架就是根据研究对象的特点而构建起来的。

1.1.1 会展研究对象

会展研究对象主要包括会展企业、会展场馆、会展项目、会展组织以及会展政策等,这5项主体共同构成了会展业的运行体系(如图1.1所示)。

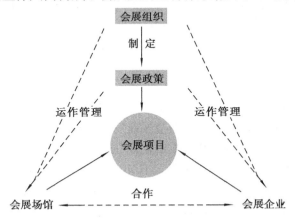

图1.1 会展业体系构成要素关系示意图

1) 会展企业

会展业是由多种不同类别的企业构成的,不同的企业又隶属不同的标准行业,如展会组织与策划公司属于会展业,而展品运输公司隶属于交通运输业,展台设计与搭建隶属于广告业,参展商和专业观众的住宿接待属于饭店业等,因此会展企业是多种类型企业的总和。各种不同类型的会展企业相互依托,经营不同的业务,但都是为参展商、专业观众和所有与会者服务。会展企业的主体是会议策划、服务公司和展览公司,而展品运输公司、广告公司、展台设计与搭建公司等都属于外围服务企业。

2)会展场馆

会展场馆是会展经济发展的重要物质依托,其国际化、智能化与特色化程度是衡量会展业发展水平的重要标志之一。但是由于中国会展业起步较晚,会展场馆的发展在国际会展业的发展中也相对落后。会展场馆作为会展经济研究的主要对象,亟待解决的问题主要包括以下几个方面:现有场馆规模偏小、市场容量有限,场馆配套设施不足、服务功能单一,会展场馆科技含量较少、智能化水平较低以及会展场馆的设计与分布缺乏长远规划和合理布局的问题等。

3)会展项目

广泛意义上的项目一般是指一项独特的主题性工作,即遵照某种规范及应用标准导入或生产某种新产品或新服务。会展项目简单地讲就是每一次的展会活动,即每一次的会议或展览。会展经济将会展项目视为重要的研究对象,其主要研究任务就是加强我国会展业的会展项目管理能力。会展项目管理贯穿会展项目启动、会展项目规划、会展项目执行以及会展项目结束等各个阶段。

4)会展组织

会展组织包括两个方面,一是会展业权威的行业管理机构,可以是政府性质的,也可以是非政府性质的。如在会展业发达的德国有全国性的经济展览和博览委员会(AUMA),AUMA 参与政府制定国内外展览政策,并对展览市场进行协调、监督和管理。在日本全国性的日本观光公社(JNTO)下也设立了日本会议局(JCB),新加坡会展业的行业管理机构是新加坡会展发展局下设立的新加坡会议局,"会展之都"巴黎则成立了专门性的会展会议局。

二是会展业专门的行业协会。会展行业协会主要负责根据相关政策法规,制定相应的行业规范、发布会展信息、协调行业矛盾,负责国际、国内会议及展览界之间的横向交流与联系,从而使得会展业的行业自律、内部协调能力以及国际化水平都大大增强。目前在会展业管理体制上,国际上通行的做法是——行业管理机构和政府通过制定法规来对会展市场运作进行宏观调控,而会展业的自律则由行业协会来施行。

目前,中国会展业的管理体制还很不健全,既没有统一的行业管理部门,也没有全国性的行业协会,会展市场秩序比较混乱,因此我国会展组织机构的成长步伐需要加快。

5) 会展政策

会展政策包括指导和规范会展业发展的各种相关政策、法规、条例和规定。健全的会展政策体系将对主办者的资质条件、参展商的行业标准、展会地点与频率、招展程序与费用标准、展会评估体系等事项都有明确的规定,从而使会展活动的审批、促销、运行及接待等各个环节都有法可依。

我国会展相关政策法规亟待健全。虽然我国已经出台了《对外贸易经济合作部关于出国(境)举办招商和办展等经贸活动的管理办法》《出国举办经济贸易展览会审批管理办法》《商品展销会管理办法》《对外贸易经济合作部、国家工商行政管理局关于审核境内举办对外经济技术展览会主办单位资格的通知》《国务院办公厅关于对在我国境内举办对外经济技术展览会加强管理的通知》《在境内举办对外经济技术展览会管理暂行办法》等一系列法规,但这些管理措施仍然难以适应我国会展业发展的新形势,必须加强对会展政策法规的研究,加快会展业发展的法制化进程。

会展企业、会展场馆、会展项目、会展组织以及会展政策共同构成了会展业的运行体系。由图1.1可知,会展组织负责制定会展政策;会展组织和会展政策都对会展场馆和会展企业的运作管理进行调控、监督与指导;会展场馆和会展企业之间相互合作;然而无论是会展组织、会展政策,还是会展企业和会展场馆,其目标都是会展项目的策划与举办,都围绕会展项目,会展项目是会展业运行体系中的中心要素。

1.1.2 会展研究框架

会展研究内容取决于其研究对象的规定,同时随着社会的不断发展,会展研究的内容也不断地开拓,一般看来会展研究内容主要包括会展营销管理、会展财务管理、会展物流管理、会展人力资源管理、会展客户关系管理以及会展电子商务管理等,这些内容共同构成了会展的研究框架。

1) 会展营销管理

会展活动的基本内容是会议与展览,展览顾名思义也由两部分组成,即

"展"与"览"。"展"是指产品展示,"览"是指观众参观。无论是吸引具有实力的参展商进行产品展示,还是吸引数量众多的专业观众进行展会参观,都离不开会展营销,因此会展营销管理是会展经济研究中最为重要和最为基础的内容之一。

会展营销管理也是一个运用市场营销组合,通过为客户和顾客创造价值,来实现组织工作目标的过程。其营销管理的基本内容也不外乎是"4P",但是会展业的特性也决定了其4P所包含的具体内容与其他行业营销的4P存在很大区别。会展营销管理的过程贯穿在展览组织、展览组团与展览推销以及客户联络与谈判等各个具体环节之中。

2)会展财务管理

会展业是一项经济产业,没有投入就没有产出,要使会展业的效益功能发挥到最大,会展财务管理是不可或缺的重要环节。承办展会的各项工作都需要费用,从时间上看,会展财务管理包括财务预算、财务支出、财务结算和经济效益评估等几个环节。会展财务预算应该在做出展会承办决定时就予以确定,并与计划工作结合做出详细预算。在展会承办过程中,应根据实际情况对财务支出进行必要调整和控制,并在展会结束后进行必要的财务分析与展会经济效益评估。

从费用支出的用途看,会展财务管理的内容则一般包括直接费用管理和间接费用管理。直接费用是指为筹办展览直接开支的费用,包括宣传、新闻、广告、公共关系、交际、联络、编印资料、摄影摄像等。间接费用是指为筹办和承办展会花费的人力、时间以及从其他预算中开支的费用,包括正式筹备人员、临时人员以及公关等相关工作人员的工资、开会、差旅、交通通信、文书(电话、传真、复印等)等费用。①

3)会展物流管理

会展物流是指展销活动供需双方以外的第三方组织者所提供的一种具有后勤保障功能的服务,是指展销产品从参展商经由会展中转流向购买者的物理运动过程,它是由会展组织者在综合会展现场多个供需对应体的信息要求后,统一指挥、统一安排、统一协调的物资流通体系。

物流管理(logistics management)是以物流过程整体为对象,对供应、制造、

---

①刘松萍,李佳莎.会展营销[M].成都:电子科技大学出版社,2003.

销售全过程中产品、服务及其相关信息的流动与储存进行规划、执行和控制的动态过程。会展物流管理则是运用物流管理的技术与手段,结合会展物流的特点与任务,对会展物流的全过程进行运作、协调与控制。会展物流管理的内容主要包括会展物流相关政策的研究与运用、会展物流渠道的管理、会展物流机制的管理等,核心内容是会展物流体系的建立与管理。会展物流管理将大幅度提高会展物资的配送流通效率,使会展活动的专业化服务体系更趋完善。

4)会展人力资源管理

知识经济时代,在产业发展中最具活力和决定性作用的因素是人,会展业的发展也是如此。会展队伍的建设与管理是一个系统的过程,会展业要获得长足的和可持续的发展,展览队伍必须朝着专业化、系统化和团队化的方向发展,这就是现代会展业人力资源管理的目标。会展人力资源管理的对象不仅包括对展览经理的管理、专业展览人员的管理,还包括对于展出工作人员、展会现场临时工作人员以及志愿人员的培训和管理。

中国会展业人力资源发展现状在数量规模、专业结构、素质能力以及空间分布等方面的问题都在一定程度上制约了我国会展经济的发展。因此会展人力资源管理成为我国会展经济发展需要研究的重要内容之一。

5)会展客户关系管理

在日趋激烈的行业竞争中,作为独立的经济实体,会展企业与市场的关系最重要、最根本地表现为企业与客户的关系如何。近年来,中国会展市场呈高速成长态势,但会展业的组织管理水平却不尽如人意。很多办展企业和组织者由于缺乏对客户关系管理(CRM,customer relationship management)的认知,无法改善与客户的沟通技巧,往往忽视数字时代客户对互动性与个性化的需求,最终导致会展客户资源的大量流失。随着中国加入WTO后经济全球化带来的一系列挑战,越来越多的会展企业开始重视客户关系管理在企业管理中的运用。

会展客户关系管理是会展企业以客户为企业资产的管理过程,是企业利用IT技术和互联网技术对客户进行整合营销的过程。会展企业客户关系管理通过改进客户价值、满意度和忠诚度等手段,来提高企业管理的有效性。会展企业客户关系管理的过程主要包括收集客户信息,发现市场机遇;制订客户方案,实施定制服务;实现互动反馈,追踪需求变化;评估活动绩效,改善客户关系等几个环节。

6)会展电子商务管理

电子商务的普及与推广,给会展业的发展带来了新的契机。因为会展本身就是人们进行信息交流发布、洽谈商业合作和进行市场营销的场所,它发挥的是一种桥梁和媒介作用,而与传统会展业相比,电子商务为展会提供了一个更为快捷、互动和有效的商务通道,因此电子商务进入会展业是其自身发展的需要。

会展电子商务管理的内容主要包括两个方面,根据电子商务对于传统会展业的影响程度与介入程度分为不完全会展电子商务和完全会展电子商务。不完全会展电子商务即在会展的运作过程中部分地借助于电子商务,主要是借助电子商务手段为会展服务,实现网上招商、网上广告、订货、付款、货物递交、售前售后服务,以及市场调查分析、财务核计、生产安排等一项或多项内容。完全会展电子商务即网上会展,会展的组织、举办各个环节都实现电子化,举办者、与会者、参展者和观众之间的交流主要通过互联网进行。

任务2 构架会展的功能体系

所谓会展经济的功能,即指会展业依据自身成长机制,在实现自我发展的过程中,对会展业利益相关者,包括会展主办者、承办者、参展商、观展商以及会展举办地等的综合贡献。会展经济是一种客观存在,是商务交流、城市建设和第三产业共同发展的产物。自首届世博会在英国成功举办以来,国际会议和展览活动更加频繁,会展业迅速发展成为一个新兴的产业,并且和相关行业结合得越来越紧密。从会展经济在发展过程中的具体表现来看,其基本功能、提升功能与辅助功能共同构成了会展经济的功能体系。

1.2.1 基本功能(principle function)

会展经济的基本功能就是会展业最基础、最直接的功能,是会展经济得以发展的基石。会展经济的基本功能主要表现在4个方面,即产品展示功能、企业营销功能、信息传播功能和商贸洽谈功能,如图1.2所示。

1)产品展示功能

产品展示是展览会最基本的功能,展览会就是为产品提供展示与推介的平

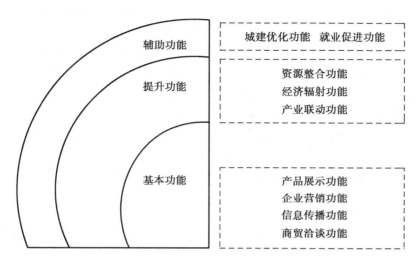

图 1.2 会展功能体系示意图

台,从而使其扩大影响。这里的产品不仅包括实物产品,也包括先进的技术成果、新工艺等。从社会、经济与科技发展的历程来看,由于会议和展览的便捷性、集中性、直观性和快速性,其对新产品、新技术和新成果的展示与推广起着极其重要和不可替代的作用,即使在信息技术和手段迅速发展的今天也是如此。包括许多划时代的发明创造,如电话机、留声机、蒸汽火车、电视机等都是首先在展览会上亮相,得到展示,从而引起关注和得以推广的。

2) 企业营销功能

企业营销也是会展经济的重要功能之一,会展活动为参展企业提供了一个充分展示自己的舞台。参展企业通过综合利用声、光、电等技术,对展台展位进行精心布置,并配合开展各种促销活动与公共关系活动,从而有效宣传企业的经营理念与产品品牌,在客户面前充分展示和树立自身良好的企业形象,为企业发展创造好的社会氛围。

3) 信息传播功能

会展活动就是大量人流、物流、信息流和资金流的汇聚,为国外与国内、政府与企业、企业与企业、企业与消费者以及社会各团体之间提供沟通与交流的机会,从而有利于促进各种新知识、新观念和各种经验与理念的传播。

如北京高科技国际周通过设立高新技术产业论坛、硅谷杰出华人论坛、知识产权论坛、风险投资与融资上市论坛等多种论坛会场,邀请世界高科技相关行业的顶级人物进行演讲,从而促进了全球业界的相互沟通和交流。中国西部国际博览会也是通过举办国际投资论坛、国际金融论坛和多场投资热点问题研讨会、报告会、说明会等,会聚国家领导人、政府主管官员、国际经济组织负责人、各类专家学者和企业管理者围绕中国西部投资政策、投资促进理论、国际资本流动趋势和各专业领域的政策法规进行发布和研讨,使西博会成为政策发布、理论研讨和商机传播最具权威和影响的平台。北京科博会也是如此,第六届科博会虽受 SARS 影响而延期,但仍然取得了高新技术产业国际合作、技术成果交易和新思想、新理念交流以及多领域信息传递的丰硕成果。

4)商贸洽谈功能

会展经济为参展商和采购商提供相互认识、相互洽谈并实现交易的平台,从而加强国内外的经济、技术交流与合作。因此商贸洽谈也是会展经济的主导功能之一。展览会能起到促进经济贸易合作的作用,在每一个展览会上都能签署金额可观的购销合同及投资、转让、合资意向书等。据不完全统计,近年来我国每年通过展览实现外贸出口成交额达 340 多亿美元,国内交易 120 多亿元人民币。广交会(中国出口商品交易会)每届成交额超过 100 亿美元;北京中国国际展览中心每年展会贸易成交约 250 亿元以上。

可见,各类专业性、综合性的国际展览会有力地促进了中外的技术合作、信息沟通、贸易往来、人员互访和文化交流等,创造了良好的经济与社会效益。

1.2.2 提升功能(advanced function)

如果会展经济的基本功能是其得以发展的基石,那么会展经济的提升功能就是促进其发展的"助推器"。会展经济的提升功能主要表现在资源整合功能、经济辐射功能以及产业联动功能 3 个方面。

1)资源整合功能

会展经济的资源整合功能主要表现在两个方面,一方面是有利于整合相关行业资源,另一方面是整合区域经济资源。

会展经济是一项综合性十分显著的产业,除了要涉及旅游业所包括的食、住、行、游、购、娱等行业外,还与运输、通信、广告、装饰、建筑等多个行业挂钩。因此要举办一次成功的展会活动,必须将这些行业的所有资源进行有效整合,包括会展场馆、旅游景点、旅游配套设施、城市基础设施甚至城市形象等,为会展活动服务。

至于整合区域经济资源,一般大规模的国际性展会表现得更为突出。如上海世博会的举办,必将带来滚滚人流,把长江三角洲地区经济串联起来,通过一系列局部多赢合作,推动长江三角洲地区经济发展从浅度合作进入深度合作,从而加快长三角城市群的建设,打造一个长江三角洲的"世博圈"。以上海为核心,包括杭州、苏州、南京、宁波等在内的长江三角洲城市群将迅速崛起,成为与德国慕尼黑、法兰克福、杜塞尔多夫和科隆等城市一样的会展城市群。可以预见,在未来5～10年,长江三角洲城市群定将通过会展业的发展加强区域合作,实现区域经济向更高层次的整体推进。

2)经济辐射功能

会展业的经济辐射功能是指除其本身所带来的高额收入外,会展活动还将推动旅游业、商业、运输业、电信业、广告业等多个产业的发展,拉动城市基础设施和其他相关硬件设施的建设,创造大量就业机会,从而使会展举办地的综合竞争力得到全面提升。如深圳高交会为深圳带来大量商机,高交会的举办使酒店、商业、餐饮、景区、交通运输、邮电通信等行业都成为直接受益者,这些直接受益者的经营利润与同期相比均有数倍甚至几十倍的增长。

3)产业联动功能

现代会展业经过几百年的发展,特别是20世纪80年代以来的高速增长,正日益成为全球信息交流、技术进步和商品交易的重要载体,成为与信息通信、交通运输、城市建设、旅游休闲、宾馆餐饮、广告印刷等关联度极高的综合性服务贸易行业。正是这种高度的产业关联性使会展业成为众多产业联动发展的纽带,甚至整个城市经济发展的重要支柱。如广交会带动了一批相关产业的长期稳定发展,已成为广州经济不可或缺的重要组成部分,成为广州社会繁荣的重要支柱。

1.2.3 辅助功能(assistant function)

会展经济的辅助功能是指由基本功能和提升功能所引至的附加功能。会展经济的辅助功能主要表现在两个方面,一方面是城建优化功能,另一方面是就业促进功能。

1) 城建优化功能

会展活动,尤其是具有国际影响的大规模展会对于提高举办地的知名度、树立举办地的城市形象、展示城市风貌以及促进城市建设都有不可估量的作用。这也是现在世界各国的众多城市把会展业的发展作为地区发展新的亮点,纷纷加入国际会展市场竞争的重要原因之一。近年来,努力发展会展经济,以会展兴市,已成为世界上许多城市腾飞的首选之路。尤其对于那些本身第一、二产业能源有限,地域狭小,但在交通、通信、对外开放度以及城市特色方面具有较大优势的国家或地区,发展会展经济已成为城市经济发展的重要战略。

尤其是大型国际展会,如奥运会、世界杯足球赛、世博会等规模宏大的会展和赛事,对于举办城市的经济实力、环境、交通和服务设施是一个很大的挑战。举办者在取得了会展举办权之后均投入大量资金进行市政建设的完善,为城市建设带来了巨大的发展契机。1996年德国为举办汉诺威世界博览会,项目赤字达11亿美元,但德国官方仍认为世博会是一次"巨大的成功",因为它缩短了不同文化之间的距离,改善了汉诺威的国际形象,财政赤字是一种"对未来的投资"。

2) 就业促进功能

由于会展业的经济辐射和产业联动功能,不仅会展业的发展对于就业有一定促进作用,一系列相关行业的发展更是为城市创造出许多就业机会。1996年汉诺威世界博览会,创造了10万个就业机会。香港1年的会展活动可为香港居民提供大约9 000个就业机会。历届奥运会在带动主办城市就业方面也都发挥了重要作用。1984年洛杉矶奥运会创造了2.5万个就业机会,1988年汉城奥运会给3.4万人带来了就业,1992年巴塞罗那奥运会的筹办期内,每年新增就业人数5.9万人,1996年亚特兰大奥运会带动了7.7万人的就业,2000年悉尼奥运会更是创造了10万个就业机会。2010年上海世博会创造了13万就业岗位。因此,我国大力发展会展经济无疑是为解决城市就业问题提供了一条有效的渠道。

对于会展经济基本功能、提升功能以及辅助功能的发挥,不同的展会活动可能会有不同侧重;即使是同一展会在不同时期,其功能体系的组成也会有所变化。但是,会展经济的功能体系是一个相互联系、相互补充、相互倚重和相互影响的整体,任何一个展会的功能都不是单一的,如果仅把其中某一个功能作为展会的实现目标,展会就会变得单调和苍白。

任务 3　分析会展的核心概念

关于会展的定义有很多,提法五花八门,有会展业、展览业、会议业等,可见我国对会展业相关概念还处于混淆模糊状态。

狭义的会展仅包括会议和展览会。欧洲是会展的发源地,在欧洲,会展被称为 C&E(convention and exposition)或者 M&E(meeting and exposition)。而广义的会展就是通常所说的 MICE(M:meetings 公司业务会议;I:incentive tour 奖励旅游;C:conventions 协会或社团组织会议;E:events 节事活动),会展的内容包括各种类型的专业会议(如公司会议、协会会议)、博览交易会(如展览会、博览会、交易会、招商会、展销会等)、奖励旅游以及各种节事活动(如庆典活动、节庆活动、文化活动、科技活动、体育活动等)。下面,按照广义的会展业定义对会议、展览、奖励旅游和节事活动 4 个基本概念做试探性的界定。

1.3.1　会议(meetings)

1)会议的定义

所谓会议,是指人们怀着相同或不同的目的,围绕一个共同的主题,进行信息交流或聚会、商讨的活动。一次会议的利益主体主要有主办者、承办者和与会者(许多时候还有演讲人),其主要内容是与会者之间进行思想或信息的交流。

会议产业理事会(CLC)①将会议定义为"为协商或开展某种特殊活动,大量的人聚集到同一地点的行为。"现代会议早已超出了单一的政府会议格局,正朝着多元化方向发展,很多都是直接带有商业目的并能产生巨大经济效益的,如各种高峰论坛、专家培训会议等。

会议作为会展业的重要组成部分,在创造经济效益、促进城市建设、提升城市形象等方面具有特殊的作用。欧洲以拥有众多会议城市而著称(见表 1.1),被誉为"国际会议之都"的巴黎每年要承办 300 多个国际会议,仅会议一项所带来的收入就高达 7 亿多美元;中国香港连续 8 年被英国著名杂志《会议及奖励

①CLC 的国内外会员机构超过 26 个,代表着会议业的 13 万多个公司和机构。它为会议策划者和供应商提供各种服务。

旅游》评为"全球最佳会议中心",每年在香港举办的大型会议超过 400 个,来自世界各地的与会人员达到 7 万人,鲜明的国际形象不断得到强化。2010 年世界排名前 20 位的会议国家和城市如表 1.1 所示。

表 1.1　2010 年国际会议协会(ICCA)国家与城市排名

会议数量/国家			会议数量/城市		
排名	国家	会议数量/个	排名	城市	会议数量/个
1	美国	623	1	维也纳	154
2	德国	542	2	巴塞罗那	148
3	西班牙	451	3	巴黎	147
4	英国	399	4	柏林	138
5	法国	371	5	新加坡	136
6	意大利	341	6	马德里	114
7	日本	305	7	伊斯坦布尔	109
8	中国	282	8	里斯本	106
9	巴西	275	9	阿姆斯特丹	104
10	瑞士	244	10	悉尼,新南威尔士	102
11	澳大利亚	239	11	台北	99
12	加拿大	229	12	北京	98
13	荷兰	219	13	布宜诺斯艾利斯	98
14	奥地利	212	14	伦敦	97
15	葡萄牙	194	15	哥本哈根	92
16	瑞典	192	16	首尔	91
17	韩国	186	17	斯德哥尔摩	89
18	阿根廷	172	18	布达佩斯	87
19	比利时	164	19	布拉格	85
20	土耳其	160	20	香港	82

资料来源:UIA[1]会议部 2010 年统计资料。

---

①Union of International Association.

2）会议的分类

随着各种高科技手段在会议活动中的广泛应用,会议的触角所能延伸的范围越来越广,形式也越来越灵活多样,如电视电话会议、视频会议等。根据不同的标准对会议作如下分类:

（1）根据会议的地域范围和影响力划分

根据会议的地域范围和影响力,可以将会议分为四个层次,即国际会议、全国会议、地区会议和本地会议。其中,根据国际大会和会议协会（ICCA）的规定,国际会议是来自不同国家的人们所参加的会议。国际会议的界定尚无统一的标准,但根据国际大会和会议协会（ICCA）的规定,国际会议的标准是至少有 20% 的外国与会者,与会人员总数不得少于 50 名。由于国际会议在提升举办地形象、促进当地市政建设和经济发展等方面所起的巨大作用,世界上各个国家都在积极争取承办国际会议,平均每一个国际会议的申办国家都在 10 个以上。相对于国际会议,国内会议的定义就容易多了。凡来自国外的与会者人数占出席会议总人数的比例达不到国际会议标准的会议均称作国内会议。而地区会议是指规模和影响力仅限于本区的会议,例如长三角会展教育联盟会议就是局限于长三角地区的会展学术讨论会,属于地区性会议。本地会议规模最小,影响力相比于其他会议更小。

（2）根据会议本身的性质不同划分

根据会议本身的性质不同划分,可将会议分成营利性会议和非营利性会议两类。营利性会议主要由专业会议公司或一些营利性的机构来策划和组织,如常见的企业战略研讨会、营销高峰论坛、行业培训会议等。非营利性会议是指如政府工作会议、协会会议、公司内部会议等。海南博鳌以前是一个贫困的小渔村,由于亚洲博鳌论坛的产生,使得这个地区发生了翻天覆地的变化。博鳌论坛由菲律宾前总统拉莫斯、澳大利亚前总理霍克及日本前首相细川护熙于1998 年发起,并于 2001 年 2 月正式宣告成立。从 2002 年开始,论坛每年定期在中国海南博鳌召开年会,它是一个非政府、非营利的国际组织。尽管它不是营利性会议,却产生了巨大的效应。博鳌亚洲论坛的效应,以及其良好的生态、人文、治安环境,吸引众多海内外会议组织者将会议安排在博鳌召开。

（3）根据举办者的性质不同划分

根据举办者的性质不同划分,可以分为协会会议、公司会议、国际组织和政府会议等类型。

协会会议,由具有共同兴趣和利益的专业人员或机构组成,通过它来交流、协商、研讨或解决本行业的最新发展、市场策略以及存在的问题。这些协会会议一般又可分为年会、地区性会议、大会、专题研讨会、理事会和委员会会议。如贸易、医药、食品等各种行业和科学技术协会、联谊组织等。会议市场最主要的客源是协会会议,因为它具有周期稳定、规模大等特点。"一半以上的协会会议是与贸易展览会相结合举办的,主要目的在于扩大贸易和行业的发展"。①

公司会议是企业为了自身的发展,应付日趋激烈的竞争,计划和协调企业的发展目标、策略及各项指标等,各类公司每年都要举行各种会议。公司会议通常是以管理、协调和技术为内容的会议,包括销售会议、管理者高峰会议、培训会议等。公司会议业务比任何其他市场都要增长得快,各类公司全年要在全国或世界各地举行成千上万次会议。出席会议的范围十分广泛,通常召开的公司会议有国际、全国和地区性销售会议等类型。

协会会议和公司会议是会议市场的主力军,是各会议目的地重点吸引和争夺的细分目标市场,该市场最有利可图,对它们的竞争也最为激烈。随着世界经济的复苏和发展,这一市场将继续会有较大的扩展。

国际组织和政府会议出于政治、经济、文化等原因,联合国和各国际组织,如世界贸易组织(WTO)、世界卫生组织(WHO)、世界旅游组织(OMT)等,以及各国政府每年都要组织举办各种类型、规模和档次的国际性大会、论坛、研讨会等。一般来讲,此类会议都会受到主办国和地区的重视,影响比较大,多是新闻媒体追踪报道的焦点。

(4)根据行业不同划分

根据行业不同划分,还可以将会议分成医药、科学、工业、技术、教育、农业、社会学、经济、商业、交通、管理、文化、艺术、体育、环境、法律、语言、建筑、安全、文学的等行业。

(5)根据会议规模不同划分

根据会议规模不同划分,可以分为小型会议、中型会议、大型会议、特大型会议。

①小型会议不超过100人;

②中型会议,出席人数为100人~1 000人;

③大型会议,人数为1 000人~10 000人;

①吴克祥,周昕.酒店会议经营[M].沈阳:辽宁科学技术出版社,2001.

④特大型会议,人数为 10 000 人以上。

（6）根据会议举办时间的特点划分

根据会议举办时间的特点划分：固定性会议、非固定性会议。固定性会议是会议时间相对固定的会议,有一年四次、一年两次、一年一次、两年一次等。非固定性会议是随机性会议,举行会议时间视需要而定。

（7）按照会议活动的特征划分

按照会议活动的特征划分：商务型会议、政治性会议、展销会议、文化交流性会议、培训型会议、度假型会议、专业学术性会议。相应的类型特征如表 1.2 所示。

表 1.2 按照会议活动的特征划分

类 型	特 征
商务型会议	对设施、环境和服务要求高,消费标准比较高,会议效率高,会期短。
政治性会议	正规、庄严,根据内容需要一般采取大会和分组讨论等形式。
展销会议	参加商品交易会、展销会、展览会的各类展商及一些与会者除参加展览外,还会在饭店、会议中心等场所举办一些招待会、报告会、谈判会、签字仪式、娱乐活动等。
文化交流性会议	各种民间和政府组织组成的跨区域性的文化学习交流活动,常以考察、交流等形式出现。
培训型会议	用一个会期对某类专业人员进行的有关业务知识方面的技能训练或新观念、新知识方面的理论培训,培训会议形式可采用讲座、讨论、演示等形式进行。
度假型会议	一些公司或社团协会等机构利用节假日、周末等时间组织人员边度假休闲,边参加会议。度假型会议一般选择在风景、名胜地区的饭店或度假区举行。会议通常会安排足够的时间让员工观光、休闲和娱乐。
专业学术性会议	这类会议是某一领域具有一定专业技术的专家学者参加的会议,如专题研究会、学术报告会、专家评审会等。

1.3.2 展览(exhibitions)

展示(display[①])一词来源于拉丁语的名词 diplico 和动词 diplicare,表示思想、信息的交流或实物产品的展览。无论是思想、信息交流还是实物展览,两者都以一定规模的公众为主体,以促成思想、信息及产品的供求双方达成共识或协议为最终目标。由此看来,展览是一种既有市场性又有展示性的经济交换形式[②]。

1)展览的定义

《美国大百科全书》对展览会这样定义:一种具有一定规模,定期在固定场所举办的,来自不同地区的有组织的商人聚会。一次展览会的利益主体主要包括主办者、承办者、参展商和专业观众,其主要内容是实物展示,以及参展商和专业观众之间的信息交流和商贸洽谈。对于展览的定义,尚没有一个统一的认识。

"世界展览王国"——德国的定义是"带有展示的特性,比如它作为专业展览为各种经济部门,为各机构,也为生产者提供解释性的、广告性的展示服务。"

《美国大百科全书》的定义是"广告的一种"。

苏联将展览定义为"人在物质和精神领域中所取得的各种成就的公开展示。"《日本百科大全》定义为"用产品、模型、机械图等展示农业、工业、商业、水产等所有产业及技艺、学术等各个文化领域的活动和成果的现状,让社会有所了解。"

《英国不列颠百科全书》定义为"为了鼓舞公众兴趣,促进生产,发展贸易,或是为了说明一种或多种生产活动的进展和成就,将艺术品、科学成果和工业品进行有组织的展览。"我国潘杰《展览艺术——展览学导论》一书将展览概念理解为"广义的艺术形式"。

虽然展览会的种类多样,但其名称构成具有明显的规律性,即由基本部分、限定部分和附加部分构成,其中,基本部分主要说明展览会的性质(博览会、展览会、交易会、展销会等),限定部分主要表明展览会的形式和内容,包括时间、地点、规模、专业等。

---

①Display 即 show;place or spread out so that there is no difficulty in seeing. 张芳杰. 牛津现代高级英汉双解词典[M]. 3 版. 牛津大学出版社,1984.

②林宁. 展览知识与实务[M]. 北京:经济科学出版社,1999.

2）展览的分类

尽管随着社会分工的深入和展览市场的细分，展览会的类型及举办形式在不断分化和演变，但按照不同的标准，展览会仍可以划分成一些基本的类型，如表1.3所示。

表1.3 展览会的分类一览表

分类标准	划分类别
内容	综合性展览会、专业展览会、消费展览会
规模	国际展览会、全国展览会、地方展览会、独家展览会
时间	定期展、不定期展；短期展、长期展、常年展
地域	国内展、出国展
功能	教育性展览（观赏展、教育展、国家推广展） 中介性展览（商业推广展、贸易型交易展、消费型交易展、综合性展览）
方式	实物展览会、网上展览会

①根据展览内容的不同，国际博览会联盟（UFI）将展览会分为3类，即综合性展览会、专业展览会和消费展览会。

综合性展览会涉及多个行业，又称为水平型展览会或横向型展览会，如上海工业博览会、杭州西湖博览会等。

专业展览会具有鲜明的主题，又称为垂直型展览会或纵向型展览会，主要展出某一行业或同类型的产品，如礼品展、汽车展。专业展览会的突出特征是常常同时举办讨论会、报告会，用以介绍新产品、新技术等。一般来说，专业展的规模小于综合展，但在展览业发达国家，大型综合展已基本让位于专业展。

综合性展览会和专业性展览会一般都属于贸易展览会，是为工业、制造业和商业等产业举办的展览，展览的主要目的是交流信息和洽谈贸易。

消费展览会的"展的"①基本上都是消费品，主要对公众开放，目的主要是直接销售。

---

①"展的"是指展览的组织者和参展者所要展示的物品及其所包含的内容，包括科学技术知识、社会经济发展的成果、人物先进事迹、各种各样的商品等。

②根据展览规模①的不同,可以将展览会划分为国际展览会、全国展览会、地方展览会和独家展览会。国际性展览会的参展商和观众来自多个国家(在展览业发达国家,著名品牌展览会的国外参展商所占比例一般都在40%以上),如汉诺威工业博览会、汉诺威信息技术展览会(CeBIT)和中国出口商品交易会等。本地展览会面向的专业观众主要是当地及周边地区的企业或公众,如上海别墅展览会、房展会等。全国展览会的规模界于国际展览会和地方展览会之间,独家展览会的规模则最小。

③根据展览时间的不同,可以将展览会划分为定期展和不定期展。定期的有一年四次、一年两次、一年一次、两年一次等,不定期展视需要而定。或者也可以根据时间将展览会分为短期展、长期展和常年展等。

④根据展览地域的不同,可以将展览会划分为国内展和出国展。国内展即在中国境内举办的各种展览会,包括来华展,如在中国境内举办的对外经济技术贸易展览会。关于出国展,值得注意的是,2001年2月15日印发的《出国举办经济贸易展览会审批管理办法》中明确界定:出国不含港澳台在内,赴香港、澳门特别行政区和台湾省的办展计划,仍由外经贸部审批。

⑤根据展览功能的不同,可以将展览会分为教育性展览和中介性展览。教育性展览主要是指经济建设成就类展览、人物先进事迹展览、专项整治类展览(如反腐展览、扫黄打黑展等)、科普类展览、欣赏性书画展览等。教育性展览一般属于非营利性展览,大都由政府或政府有关部门、社会民间组织等单位主办,展览的经费主要由政府拨款。主办者通过"展的"的展示,宣扬方针政策及制度的优越性,弘扬某种道德精神,普及科学及历史知识,提高人们的欣赏水平。

中介性展览一般为商业性展览,商业展的"展的"是可以转让的有形商品和无形商品,主办者主要是想通过举办展览,搭建一个平台,供参展商和观众(采购商与消费者)彼此见面,洽谈贸易。

⑥根据展览方式的不同,可以将展览会分为实物展览会和网上展览会两大类。有两点需要指出:第一,目前国内不少展览会在实地举办的同时也开设了网上交易,只不过网上交易额所占的比例较小,我们仍把这种展览会归入实物展览会。第二,网上展览是实物展览的有效补充,也是展览业发展的一个必然趋势。

----

①这里的规模是指展出者和参观者所代表的区域规模,而不是展览场地的规模。

1.3.3 奖励旅游(incentive tour)

1)奖励旅游的概念

奖励旅游最早出现在美国。早在1906年美国"全国现金注册公司"就给优秀员工提供了一次参观总部的奖励旅游活动。把奖励旅游作为激励员工的有效方式这一观念从美国传到欧洲后,英国、德国、意大利和法国成为欧洲推行奖励旅游的主要国家。根据奖励旅游管理协会德国分会的调查,德国有0.6%的公司使用奖励旅游作为激励员工的有效方式。59%的奖励旅游目的地在境外,41%的奖励旅游目的地在境内。欧洲是美国奖励旅游最主要的海外目的地。从市场角度看,美国的奖励旅游市场相当成熟,欧洲次之,而亚洲的市场仍有待发展。目前,亚洲经济较为发达的国家和地区如日本、韩国、新加坡、中国香港地区、中国台湾地区的大企业组织的洲内奖励旅游,大大推动了亚洲奖励旅游的发展。

奖励旅游管理协会(SITE)对奖励旅游的定义是:"奖励旅游是一种向完成了显著目标的参与者提供旅游作为奖励,从而达到激励目的的一种现代管理工具。"米尔顿·阿斯托夫在《会议销售与服务》一书中指出:"奖励旅游是作为奖励雇员和客户做出特别努力并达到活动赞助制订的条件而提供的一种旅游奖励。这种奖励通常是一种豪华的、由旅行社全部代办的综合包价旅游。"

从奖励旅游的定义可以看出,奖励旅游的对象(如员工、经销商、代理商)必须能够达成甚至超越企业个别或者总体业绩;奖励旅游的形式通常是由企业提供一定的经费规划假期,委托专业会展公司精心设计的"非比寻常"的会展活动;而奖励旅游的目的是犒劳创造营运佳绩的有功人员,并借此增加参与者对企业的向心力。

作为一种有效的管理手段,奖励旅游在国外早已风行一时。会展已成为企业员工工作、生活中的一个重要部分。"在新加坡、韩国、日本等经济发达的国家,奖励旅游作为企业普遍的奖励方式,它已经使越来越多的出色员工得到了满意补偿。奖励旅游以其综合效益高,客人档次高,引起各大会展公司的注意。奖励旅游中的团体娱乐活动,有助于企业文化建设,给员工和管理者创造一个比较特别的接触机会,同事们可以在比较放松的情景中做一种朋友式的交流,从而增强企业的亲和力和凝聚力。"

2）奖励旅游的分类

（1）根据奖励旅游的目的划分

根据奖励旅游的目的来分析，企业进行奖励旅游，主要是为了刺激员工和经销商的积极性，促进企业与员工、企业与客户、员工与员工、客户与客户之间的沟通，配合大规模的市场宣传活动。

①以奖励员工为主的奖励旅游。公司以奖励员工为主的奖励旅游主要达到以下目的：

a. 增加企业凝聚力。借团体旅游的机会，加深员工彼此之间的感情，更加深刻地体会公司理念和文化，通过活动的开展来增强企业凝聚力。

b. 提升士气。将旅游作为一种福利，提升员工士气。

c. 提供放松机会。平常工作压力大，若提供旅游机会，放松心情，促进身心健康。

d. 提供福利。公司提供给员工的福利政策之一。

e. 增进交流。在工作环境中，员工之间或许不太熟悉，只闻其名不知其人，若通过旅游活动，可促进彼此的熟悉度，互相了解，增加彼此的互动。

f. 提高工作效率。旅游过后工作压力得以放松，回到岗位时，可以增加活力，提升工作效率。

g. 增进员工与家属之间的关系。由于工作定期或不定期加班，员工的家庭时间减少，因此公司举办旅游活动时，开放员工携伴参加，增加员工与眷属的互动。

h. 慰劳员工。感谢员工的努力工作。

②以奖励经销商、零售商以及消费者为主的奖励旅游。这种目的为主导的奖励旅游是企业及厂商为提高产品数量与质量，增加销售，振奋士气，鼓励经销商、零售商以及消费者所举办的活动。对于协助企业达到销售目标，应该说奖励旅游是一种诱因，以开发市场作为最终目的的客户邀请团。

（2）根据奖励旅游的活动形式划分

①以观光考察活动为主。以观光活动为主的奖励旅游与一般观光旅游相比，不仅旅游动机不同，还具有以下几个特征：消费能力较强；时间观念较强，对其所赴或所住的环境的软硬件有一定要求。

②以会议活动为主。随着公司管理理念的不断更新，在安排观光考察活动之余，会安排奖励员工大会、专业高峰会议等。主要是通过重大会议活动的组

织和一系列会奖展会达到公司管理的目的。

③以教育训练为主。很多企业在奖励旅游活动安排,将教育培训这一项作为员工的福利安排为主要活动,其活动主要以培训为主,逗留时间较长。

1.3.4　节事活动(events)

1)节事活动的定义

从概念上来看,节庆是"节日庆典"的简称,其形式包括各种传统节日以及在新时期创新的各种节日。在西方事件及事件会展(event & event tourism)的研究中,常常把节日(festival)和特殊事件(special event)合在一起作为一个整体来进行探讨,在英文中简称为 FSE(festivals & special events),中文译为"节日和特殊事件",简称"节事"。

2)节事活动的分类

世界节事经济近年来发展非常迅速,已成为当今世界经济的一个重要组成部分。它往往与一个国家、一个城市的品牌紧密相连,给举办城市带来巨大的经济联动效益和社会效益,成为经济发展和社会发展的催化剂和助推器。

Getz 把事先经过策划的事件(planned events)分为 7 大类:

①文化庆典(包括节日、狂欢节、宗教事件、大型展演、历史纪念活动)文艺娱乐事件(音乐会、其他表演、文艺展览、授奖仪式);

②商贸及会展(展览会/展销会、博览会、会议、广告促销、募捐/筹资活动);

③体育赛事(职业比赛、业余竞赛);

④教育科学事件(研讨班、专题学术会议、学术讨论会、学术大会、教科发布会等);

⑤休闲事件(游戏和趣味体育、娱乐事件);

⑥政治/政府事件(就职典礼、授职/授勋仪式、贵宾 VIP 观礼、群众集会);

⑦私人事件(个人庆典——周年纪念、家庭假日、宗教礼拜,社交事件——舞会、节庆、同学/亲友联欢会)。

按照节事活动的影响度、主题、规模以及主办者对节事活动进行分类,如下:

(1)根据节事活动的影响度划分

根据事件本身的影响度,著名节事研究专家 Roche 又将事件划分为重大事件、特殊事件、标志性事件和社区事件。

①重大事件一般是由国家政府不同部门联合起来举行的大型活动,如奥运会、世博会等,这类事件的最大特征就是全球性。

②特殊事件一般是由某个国际专业组织和举办地共同组办,如世界环球小姐大赛等,这类事件与重大事件相比较,范围稍微狭窄了一些,但是影响力还是很强的。

③社区事件,包括乡镇和地方社区事件两部分。

(2)根据节事活动的主题划分

①历史文化型。以独特历史文化为主题,比如山东曲阜利用几千年的文化积淀,创办了国际孔子文化节,将当地已沉睡了几千年的历史遗迹活生生地再现出来,使传统文化焕发了活力。还有以现代娱乐文化为主题的各种形式的狂欢节,如上海狂欢节、广东欢乐节等。

②历史名人型。以纪念历史名人为主题,是依托地方名人出生地或是名人主要生前业绩地,压倒性的人文事迹而开展的节事活动。如曲阜国际孔子文化节、浙江省国际黄大仙旅游节、四川江油李白文化节、浙江宁海徐霞客开游节、中国运城关公文化节、湖北省蕲春李时珍医药节等。

③文学艺术型。以展示文学艺术活动为主题,例如南宁国际民歌节的作用,不仅把潜藏在民间的艺术活力借助现代传媒展现在人们面前,而且从民歌的优美旋律中,使人们感受到团结、祥和、繁荣、发展的时代脉搏和健康向上的美好气息。此外还有吉林长春电影节、中国旅游艺术节、中国摄影艺术节等。

④民风民俗型。以反映地方风貌,特色民俗为主题,民俗风情节事活动就是以本民族独特的民俗风情为主题,涉及书法、民歌、风情、风筝、杂技等内容的节事活动。我国是多民族的国家,各民族的习俗各不相同,可以作为节事活动的题材非常广泛,因此,该类节事活动也就非常之多,代表性的如南宁国际民歌艺术节、宁波中国梁祝婚俗节、中国三亚天涯海角国际婚庆节、浙江省绍兴国际书法节、浙江省东浦酒文化节、浙江省中国开渔节、浙江省青田石雕文化旅游节、中国潍坊风筝节、中国吴桥杂技节、中国临沧佤族文化节、傣族泼水节等。

⑤宗教传说型。以祭祖、朝圣,纪念宗教人物为主题,宗教文化是中国传统文化的重要组成部分,宗教文化内容丰富、风格多样。宗教节事活动就是基于宗教对于游客的吸引力而创办的,宗教节事活动吸引的游客大多是宗教信仰者,这类参加者由于信仰关系,对宗教节的参与热情程度很高,并且重游率很高。在节事活动过程中,设计的跟宗教相关的各种活动他们都会热情地参加。各类庙会、开光节、寺庙奠基节等都属于这一类。如五台山国际旅游月、九华山

庙会、藏传佛教晒佛节等。

⑥特殊物产型。以宣传某地的某种特殊物产为主题,例如洛阳牡丹花会、中国武昌鱼国际文化节。

⑦优质产品型。以宣传某地的优质产品为主题,例如青岛国际啤酒节、苏州丝绸旅游节。

⑧岁时节令型。结合某个岁时节令举办。例如哈尔滨冰雕节、吉林国际雾凇冰雪节、梁子湖捕鱼节。

⑨自然风光型。以宣传自然风光良好的风景之地为主题,是以当地地脉和具有突出性的地理特征(极端地理风貌、典型地理标志地、地理位置)的自然景观为依托,综合展示地区旅游资源、风土人情、社会风貌等的节事活动。这类节事活动与自然景观的观光旅游活动有相似之处,也有不同之处。自然景观仅仅是该类节事活动的主打产品而已,不是全部。因此,在节事活动中,除了突出自然景观的主体地位之外,还有很多其他的相关活动为陪衬。黄河壶口国际旅游以壶口瀑布为主体,配以山西"威风锣鼓""陕北花鼓""扭秧歌"等活动,综合展示壶口景区的风貌。类似的节事活动还有:中国哈尔滨国际冰雪节(是我国历史上第一个以冰雪活动为内容的区域性节目)、张家界国际森林节、云南罗平油菜花旅游节、北京香山红叶节、中国重庆三峡国际文化节等。

⑩体育比赛型。以体育赛事为主题,一般均以举办地举行的体育赛事为主题,例如奥运会。

(3)按照节事活动的规模划分

按照节事活动的规模划分为国际性节事、国家性节事、地区性节事、地方性节事。

①国际性节事,一般来讲,国际节事活动具有全球性,而且历史均十分悠久并且具有特别鲜明的主题,例如奥运会、世博会等;

②国家性节事,节事活动的影响范围仅在国内,例如中国旅游艺术节、中国摄影艺术节等;

③地区性节事,节事活动的影响不大,主要集中在文化背景较相近的区域内,例如中国黑龙江森林生态文化节、桂林山水旅游节、浙江"西湖之春"旅游节、中国青岛海洋节等;

④地方性节事,节事活动的影响最小,具有地方性特色,例如泼水节等。

(4)根据主办者类型划分

按主办者划分:政府主导型、公司主导型、民间自发型。

①政府主导型节事活动由政府组织、国际组织和社会团体等有目的的发起并运作的节事活动,如由中央政府组织的春节联欢晚会,由地方政府举办的艺术节等;

②公司主导型,有些节事活动由企业发起,市场运作的节事活动;

③民间自发形成节事活动,经过一定的历史文化沉淀,民间自发形成的具有一定时间间隔规律性的节事活动。

【复习思考题】

1. 分析会展研究的框架。

2. 根据不同的标准将会议进行分类。

【实训题】

探讨会展对区域经济的贡献和学习《会展概论》的重要意义。

一、实训组织

搜集当地会展活动项目,教师选择一个或者多个会展活动项目,让学生在查找资料的基础上结合本章所学的内容,分析该会展活动项目对区域经济的贡献。

二、实训要求

1. 学生要独立完成。

2. 搜集的会展活动项目要具有一定代表性。

3. 对区域经济的贡献要分析细致、准确。

4. 教师要具备一定的案例分析能力。

三、实训目的

1. 掌握会展的功能体系。

2. 提高学生对会展行业的认识。

3. 让学生明确学习《会展概论》的重要意义。

【典型案例】

青岛国际啤酒节

一、青岛国际啤酒节简介

啤酒节始创于1991年,由国家有关部委和青岛市人民政府共同主办,青岛市崂山区人民政府承办,是融旅游休闲、文化娱乐、经贸展示于一体的国家级大型节庆活动,每年8月中旬的第一个周六开幕,为期16天。啤酒节是国内规模最大的酒类狂欢活动,在国内外具有较广泛的知名度和影响力,被誉为亚洲最大的啤酒盛会。

啤酒节以"青岛与世界干杯"为主题,通过举办开幕式、啤酒品饮、嘉年华娱乐、艺术巡游、饮酒大赛、经贸展示、闭幕式晚会等活动,营造浓郁热烈的喜庆氛围。节日期间,青岛的大街小巷装饰一新,举城狂欢。占地近400亩(1亩=666.67平方米)、拥有40余项世界先进大型娱乐设施的啤酒城更是酒香四溢、激情荡漾。节日每年都吸引近50个世界知名啤酒品牌参节,也引来300多万海内外游客相聚狂欢。

二、青岛国际啤酒节的历史沿革

青岛国际啤酒节作为青岛市的重要节庆活动不仅是国内最早创办的节庆之一,目前也已经跻身我国成功举办的大型节庆行列。青岛啤酒节创办于1991年,至今已经举办了20多届,经过20多年的培育和发展,青岛国际啤酒节无论是在经营思路上,还是在体制设计上已经与举办之初有了很大的不同。

1991年至1995年,青岛国际啤酒节主要依靠政府投入。第1届啤酒节举办的时候,是由青岛市政府和青岛啤酒厂主办并由青岛啤酒厂承办的,青岛啤酒厂为了承办此事,专门成立了临时性的啤酒节组委会。第2届到第5届(1992—1995年),青岛国际啤酒节交由旅游局承办,旅游局成立了青岛国际啤酒节办公室专抓此事。

1996年至1998年,从第6届国际啤酒节开始,提出了"民办公助"的办节思路,政府不再给啤酒节资金上的支持,而是提供一些相关政策上的支持,主要依靠企业出资。青岛国际啤酒节交由崂山区承办,崂山区为了办好啤酒节成立了临时指挥部。1997年,成立了青岛市啤酒节办公室,主要职能是全面负责青岛国际啤酒节的总体策划、筹备和组织工作。办公室下设综合处、广告纪念品处、招商处、文娱处、财务处等。1998年年底,成立了青岛市重大节庆活动办公室,作为青岛市重大节庆活动组委会的常设机构,负责青岛市重大节庆活动的市级协调,由市政府办公厅代管,组委会的负责人由主管节庆活动、经贸等的副市长担任。至此,青岛市形成了对重大节庆活动的三级协调机制:首先由主管节庆活动和经贸活动的副市长出面协调,其次青岛市政府秘书长出面协调,最后由青岛市节庆办公室协调。

随后的第6、7、8届青岛国际啤酒节处于市场化过渡阶段。从1999年的第9届青岛国际啤酒节到2000年第10届青岛国际啤酒节,政府已经开始实现了零投入。从2001年的第11届啤酒节开始,在青岛国际啤酒节节庆气氛良好,具有了良好的群众基础。

2006 年至 2010 年，啤酒节五度荣膺中国节庆产业年会"中国十大节庆活动"称号，并位列榜首。2008—2009 年，啤酒节蝉联中华文化促进会组织评选的"节庆中华十佳奖"。2009 年啤酒节荣获人民网"年度最受关注的十大节庆"称号，并位列榜首。2010 年，在全国休闲标准化技术委员会、中国旅游协会休闲度假分会联合主办的颁奖典礼上，啤酒节荣获"休闲节会创新奖"和"休闲、旅游营销创新奖"；在商务部国际经贸研究院和中国会展经济研究院共同主办的首届中国会展业年会暨北京国际会展产业高峰论坛上，啤酒节获得"2010 年度中国十佳节庆活动"荣誉。2011 年 5 月，由人民网主办、中华节庆研究会协办的第二届中国节庆创新论坛暨 2011 中国品牌节会颁奖盛典活动在北京举行，青岛国际啤酒节荣获"2011 年度中国十大品牌节庆"殊荣，并位列榜首。

三、青岛国际啤酒节的运作特点

(一)主题鲜明——"青岛与世界干杯"

青岛啤酒节的成熟主要表现在它的特点已经形成，并且，这些经历了 16 年时间形成的特点已经完全有可能成为一种固定的形式，成为啤酒节上永恒的节目。世界上许多国家都有啤酒节，国内不少城市也有，因此，从一开始，青岛啤酒节就打出了"青岛与世界干杯"的主题，即国际化的定位。与慕尼黑啤酒节相比，青岛啤酒节更具国际化。慕尼黑啤酒节经过 195 年的发展，已是世界公认办得最好的啤酒节，但慕尼黑啤酒节只准许慕尼黑地区的啤酒厂商参加，而青岛啤酒节是面向全世界的。这表现在全国乃至全世界啤酒厂商的积极参与上。啤酒厂商是啤酒节的载体，没有厂商的参与，啤酒节是办不起来的。青岛是全国最大的啤酒生产基地，自 1991 年，青岛创办第 1 届青岛国际啤酒节至今，已成功举办了 20 多届啤酒节，每年都吸引了全世界众多知名啤酒品牌，啤酒节已经成为彰显青岛城市个性优势与魅力的盛大节日。

(二)定位明确——"市民狂欢节"

将青岛啤酒节定位为"市民狂欢节"，是青岛市政府经过多年的办展经验逐渐清晰起来的思路，现在，它已经成为了啤酒节的一个非常明确的主题和特点。市民狂欢节的定位是青岛啤酒节走向世界的根基与灵魂。正因为有青岛市民的积极参与，才有了今天的啤酒节。青岛啤酒节将还节于民，以人为本，充分体现"市民狂欢节"的内涵。青岛的目标是让青岛市民乃至全国、全世界的游客都来参加青岛的市民狂欢节。让青岛啤酒节成为世界认识青岛的一张亮丽的城市名片。

(三)活动丰富——演绎激情大戏

啤酒节是一个充满激情的节日，因此，这个节日里的节目一定都是充满激情的,比如体育和音乐,所以,啤酒节是啤酒文化和音乐、体育融为一体的节日。节日里,人们高举酒杯开怀畅饮,跟着震天动地的音乐,扯开嗓子,一扫平日的斯文,尽情地唱啊跳啊……20多年来,啤酒节从小到大,它的许多内容被固定下来,成为节日里必不可少的,略有些程式化的节目。如开幕式、啤酒品饮、饮酒大赛、"啤酒嘉年华"等为代表的主要活动板块,已经成为啤酒节具有核心竞争力的节目。就如同每年一届的啤酒节已经成为青岛人生活中最大的期盼,每年的啤酒节上,人们都用同样激动的心情,期盼这些节目的再现。当然,青岛啤酒节毕竟还不完全成熟,所以,它还会有新的节目加入进来。十五届啤酒节就首次把原汁原味的欧洲"啤酒嘉年华"引入岛城。而且"啤酒嘉年华"场地面积是上年的两倍,欧洲8个国家的十余台大型游乐设备齐聚啤酒城,设备总价值超过2亿人民币。

(四)市场运作——管办分离

因为在中国许多城市举办的大型节庆活动都是由政府投资,并且由政府主办的。青岛啤酒节也经历过政府既是投资者又是主办者的过程,但是,在最近几年,青岛就已经逐渐探索采取市场经济的手段来运作啤酒节,并且积累了宝贵的经验。首先,探索"管办分离"的办节模式,实现由承办者向管理者的角色转变。也就是说,政府主要是集中精力做好管理、协调和保障工作,为参会者创造一个好的环境,做好道路交通、食品卫生,安全等方面的工作,而啤酒节的开幕式、晚会、演出、嘉年华等各项活动,则要由专业化的机构承担,使之更加专业化、市场化,与国际知名节庆活动的承办方式接轨。其次,着眼节日长远发展,培养专业化办节队伍。参节企业经营水平的高低,直接影响到啤酒节的整体形象。设立针对参节企业的管理考核机制和优胜劣汰机制,实行参节业户经营资质管理制度。根据对参节企业表现的考核,确定参节企业资质,把专业化程度低、经营欠规范的企业逐步淘汰出局。

四、青岛国际啤酒节的贡献

(一)对经济的影响

从青岛国际啤酒节的经济影响来看,国际啤酒节在短期内已经达到了"收支平衡",实现了"以节养节"的目标。在对不同行业的关联带动方面,啤酒节对旅游行业,特别是酒店行业和旅行社行业带动巨大,在啤酒节期间,青岛市的酒店出租率明显提高,几乎达到了100%。数据显示,在为期16天的第十五届青岛国际啤酒节上,啤酒城会场共接待游客206万人次,消费啤酒720吨,创历史之最,对全市经济贡献相当于两个"黄金周",汇泉会场累计客流量达127万人次,啤酒消耗量高达253吨,创造了单日销售101万元的最高纪录。此外,影响较大的依次是市内交通(如出租和公交)、航空、铁路以及商业零售、餐饮业等。在对整个目的地的推动上,啤酒节提升了青岛作为一个沿海城市的知名度和美誉度,塑造了青岛作为海滨休闲度假的目的地形象,另一方面也推动了城市整个大环境的改造和建设。

(二)对文化的影响

从社会文化影响来看,"吃海鲜、喝啤酒"早就是很多青岛人的习惯,啤酒节不仅保留和弘扬了这一传统,同时还提出了"青岛与世界干杯"的国际化发展思路,实现了这一传统与世界啤酒文化对接,也增强了青岛人保留传统的自豪感,让这一啤酒文化更加深入人心,使得啤酒节也成为老百姓邀请朋友共度的一个欢乐的节日。

评析:首先,从案例可以看出,现代节庆的创立一定要立足于发掘本地的文化基础,宣泄本地人的快乐,才具有持久的生命力。

其次,举办节庆活动是一件长期性的事情,不仅包括政府政策的长期性、当地市场培育的长期性,还包括经营行为的长期性、节庆主题定位的长期性等方面。但是目前,对国内很多的节庆活动来说,保持资金、政策上的可持续是一件非常困难的事情。

再次,节庆活动是否要市场化,节庆活动如何市场化,以及节庆活动何时市场化要因地制宜,节庆活动的市场化进程要依赖于节庆市场价值的增长进程,并不宜过早地推向市场,而是要政府搭台,做出一定的品牌和市场影响以后再交由企业运作。

最后,节庆活动需要大量的支持辅助部门的配合,并不是单个企业能够协调,因此政府主导并且政府强有力的协调能力是节庆是否能成功举办的关键。在体制上来说,设立节庆活动管理的专门机构、形成节庆活动的协调机制就成为节庆得以持续举办的重要经验。

案例讨论:

1. 结合青岛国际啤酒节案例,谈谈会展除了对城市经济和文化的贡献外,还有哪些其他方面的贡献。

2. 试述青岛国际啤酒节主要的运作模式。

项目2
国内外会展发展史

【知识目标】

◇ 掌握会展业的起源及其发展历程

◇ 熟悉国内会展业的发展情况

◇ 熟悉国外会展业的发展情况

◇ 了解发达国家会展业运作模式

【技能目标】

◇ 能够阐述会展业的发展历史

◇ 能够预测会展业的发展趋势

◇ 能够对比国内外会展业发展的不同点和相同点

【学习重点】

◇ 会展业的起源

◇ 会展业的发展历程

◇ 国内外会展业的发展情况

【学习难点】

◇ 发达国家会展业的运作模式

【案例导入】

中国进出口商品交易会简介

中国进出口商品交易会,又称广交会,创办于 1957 年春季,每年春秋两季在广州举办,迄今已有 50 多年历史,是中国目前历史最久、层次最高、规模最大、商品种类最全、到会客商最多且分布国别地区最广、成交效果最好、信誉最佳的综合性国际贸易盛会。

广交会出口展区由 48 个交易团组成,来自全国两万多家资信良好、实力雄厚的外贸公司、生产企业、科研院所、外商投资/独资企业、私营企业参展。

广交会以进出口贸易为主,贸易方式灵活多样,除传统的看样成交外,还举办网上交易会,开展多种形式的经济技术合作与交流,以及商检、保险、运输、广告、咨询等业务活动。来自世界各地的客商云集广州,互通商情,增进友谊。

案例讨论:结合广交会的发展历程,分析一下中国会展行业的发展。

从 1894 年德国莱比锡样品博览会到今天的国际性展览贸易活动,现代会展业已走过了 100 多年的历程。如今,会展活动正在朝着产业化、国际化、专业化、规模化的方向迅速发展,会展作为一种新的经济形式,受到越来越多的国家和地区的重视。本项目将具体阐述会展的起源与发展以及国内外会展业发展概况。

任务 1 会展的起源与发展阶段

自产生之日起,展览和会议就注定了与人类社会的经济或文化交流不可分割。尽管几千年来展览活动的基本原理没有改变,即通过展示来达到交换的目的,但在市场经济和国际贸易高度发达的今天,展览和会议早已超出了传统的物物交换或宣传展示的范畴,绝大多数参展商或与会者都把其作为展示产品、开拓市场和沟通信息的手段。换句话说,对于现代会展活动而言,"交换"的对象更多的是指产品、技术等各式各样的信息,甚至包括生活理念、业界动态等。根据产生时期、举办形式、活动目的、组织方式等的不同,展览活动的发展历史大致可分为 4 个阶段,如表 2.1 所示。

表 2.1　展览发展的历史阶段

阶段	标　志	活动范围	典型形式	活动目的	组织方式
原始	原始社会	地方	物物交换	交换物品	自发
古代	工业革命前	地区	集市	市场	松散
近代	1798 年法国工业产品大众展	国家	工业展览会	展示	有组织
现代	1894 年德国莱比锡样品博览会	国际	贸易展览会和博览会	市场、展示	专业组织

2.1.1　古代集市

1）中国古代集市的发展

具有商业性质的集市最早出现在古代中国的奴隶社会,两千多年前,《吕氏春秋·勿耕》便有"祝融作市"的记载。集市包括市、集、庙会等多种市场交换形式。

"市"指人们交换产品的场所,到西周时发展成为官府控制的市场。在此后的几百年里,市坊制曾一度流行,即市的设立或撤销由官府决定,市是商业区,坊是住宅区,市区不建住宅,坊区不设店铺。在宋朝,市的地域、时间限制都被打破,官府控制的市逐渐消亡,市进入了一个新的发展阶段,商业色彩也越来越浓。

"集"大约形成于公元前 11 世纪,它是随着社会分工的深入和经济交流的扩大而发展起来的。与市相比,"集"的地点比较固定,举行时间具有明显的周期性,参加者主要是农民和手工业者,且彼此之间的交易活动实质上是生产者之间的产品流通,这些特点已经构成了展览活动的雏形。

"庙会"的产生源于宗教活动的开展,正如《妙香室丛话》中所记载:"京师隆福寺,每月九日,百货云集,谓之庙会。"比起乡村的集,庙会的内容更加丰富多彩,除了传统的产品交换外,还包括宗教仪式、文化娱乐等活动。

2）欧洲古代集市的发展

欧洲古代集市的产生时间比中国稍晚,但它在发展过程中表现出明显的规模性和规范性。在英文中,集市和博览会同为 Fair。欧美展览界普遍认为展览会起源于集市,因为集市已具备了展览会的一些基本特征,如在固定地点、定期举行等。然而,集市只是松散的展览形式,规模一般较小,并具有浓厚的农业社会特征,还处于展览的初级阶段。

许多西方学者认为,欧洲集市起源于古希腊的奴隶市场,以及后来的奥林匹克运动会和城邦代表大会。在中世纪,展贸以特许集市的形式出现,通常是每年季节性(主要在宗教节日)举行的集市,由城市或地方长官、国王或教皇授予举办展贸的权力。展贸的影响是跨地区的,促进了地区间经贸活动的发展。展贸期间,参展者和来访者都能享有一些特权(如税务减免、人身财产保护等),这样可以吸引更多的人来参与展贸活动,还成立展贸法庭处理交易纠纷和交易证明登记。大规模的展贸活动始于 11—12 世纪,其中最重要的是在伯爵领地"香槟地区"的展贸(Champagnemessen),成为欧洲重要的集贸中心。由于产品的交易引起资本交易的进行,展贸带动了资本流通,如德国教区的主教就通过香槟展贸向罗马教廷交纳贡银。到 1320 年,香槟展贸已成为欧洲最大的资本中心。中世纪晚期,欧洲已形成发达的展贸网,由过去单一地区举行展贸发展到由更多城市季节性的承办。在重要的集贸活动中,资本交易也同样促进交易发展,并导致了各国间汇率和外汇交易的发展及强大国际货币的确定,从而又使资本与商品的交易相对独立,逐步分化形成金融中心和展贸中心。

因此相比较中国集市,欧洲的集市虽然产生稍晚,但发展相对较为成熟。一方面,欧洲集市在规模上相对集中,举办周期较长,且功能相当齐全,包括零售、批发甚至国际贸易、文化娱乐等;另一方面,各国政府先后制定了有关集市管理的法规。如英国的法律规定,每个臣民从家步行不超过 1/3 天的时间便可达到一个集市;若两个集市有冲突,历史长者优先,历史短者必须搬至距前者 32 千米之外等。

由此看来,无论是从举办形式上,还是从基本性质上来评判,"集"和"庙会"都属于展览业的范畴。诚然,从原始社会的物物交换到具有明显规律性的集市是展览发展历史上的一大飞跃。

2.1.2　近代展览活动

1)欧洲近代展览活动的发展

18 世纪 60 年代工业革命的爆发,推动了欧洲经济的迅速发展,同时也引起了展览业的一系列变革。工业革命带来的影响使展贸业从货物交易变为了样品交易。行业自由化、工业化技术的发展及交通手段的改善使商人们无须在特定的时间、地点提供产品,而只需带样品来参展,拿着订单回去,并通过工业化的生产及时提供交易。于是展贸会的功能开始有所调整,由于国家间的贸易自由化,使展贸会丧失了它的特权,并逐步有了一种"展览"功能。

1798年,在内务部长德纳夫沙托(De Neufchateau)的提议下,法国举办了世界上第一个由政府组织的工业产品大众展(Exposition Publique des Produits de l' lndustrie)。尽管在此之前欧洲也出现过一些工业展览会,但规模普遍较小且未连续举办,因而西方学者倾向于把这次展览作为近代工业展览会的开端。此后的近50年时间里,许多国家都模仿法国举办工业展览会,然而由于当时保护主义盛行,这些工业展基本没有外国参展商。

1851年,英国在伦敦举办了"万国工业大展览会"(The Great Exhibition of the Industries of All Nations)。该展览会在海德公园的水晶宫举行,展出面积达到10万平方米,参展商有1.7万多家,其中约50%来自国外,观众人数超过600万人次。这是第一个真正具有国际规模的展览会,其目的是通过展览活动促进国家间的贸易与合作,以实现全球资源和市场的共享。这次展览会便是后来世界博览会的前身,因而西方展览界把其看作是第一个世界博览会。世界博览会成为展览活动的一种高潮形式,伦敦、巴黎、维也纳、芝加哥、圣路易斯和圣佛兰西斯科等城市因为博览会的举行,大大改变了城市的面貌。

从1798年法国工业产品大众展算起,近现代会展业已经有了200多年的历史。

2) 中国近代展览活动的发展

在近代,中国的社会经济发展明显落后于西方,反映在展览业上就是集市作为主导展览形式一直持续到19世纪末。中国的近代展览活动包括20世纪初举办的几次展览会和博览会,以及抗战时期的展览会。1905年,清朝政府在北京设立了劝工陈列所,北洋军阀农商部下属的劝业委员会也于1915年设立了商品陈列所,两者的目的都是为了鼓励生产和展示国产商品。1935年11月至次年3月,中国艺术国际展览会在伦敦举行,这是中国第一次出国办展。本次展览会共展出展品3 000余件,观众达42万人次,在英国甚至整个欧洲引起了巨大轰动。在博览会方面,中国近代史上曾举办过武汉劝业会(1909年)、南洋劝业会(1910年)、西湖博览会(1929年)等几次具有一定规模的博览会,目的大都是为了促进工商业的发展。另外,抗战时期国共两党政府分别举办了一些展览活动,规模较大的如迁川工厂出品展览会(1942年)、四川省物产竞赛展览会(1943年)、重庆工矿产品展览会(1944年)等。上述这些展览会对近代中国的经济发展起了一定的推动作用,但在流通领域的作用远没有发挥出来。

2.1.3 现代会展业

传统的集市虽然具有市场功能,但由于规模过小且组织手段落后,所以无法满足大批量流通的需要;工业展览会则强调宣传展示,缺乏市场功能。这种尴尬的局面急切呼唤新型展览形式的出现。1894年,德国莱比锡样品博览会的举办打破了这种"僵局"。样品博览会兼具集市的市场性和工业展的展示性,即以展示为手段,以交易为目的,因而被认为是现代贸易展览会和博览会的最初形式。

现代贸易展览会和博览会的发展过程大致可分成两个阶段,第一阶段是两次世界大战期间综合性贸易展览会的发展,第二阶段是第二次世界大战后专业展览会的出现与成长。第一次世界大战使许多国家陷入经济困境,同时也破坏了此前的国际自由贸易环境,各国不得不寻求新的途径来促进本国经济的发展,综合性贸易展览会和博览会应运而生。例如,在1916年和1919年之间,法国就举办过三届国际博览会,并取得了较大的成功。但由于这段时期各国举办了过多的展览活动,展出水平和实际效益普遍下降,展览业出现了混乱的局面。1924年,国际商会在巴黎召开了国际展览会议,以此为基础,国际博览会联盟(Union of international Fairs,简称UFI)次年在意大利米兰成立。该组织的成立对提高国际展览会的质量标准、维护全球展览业的正常秩序作出了重要的贡献。

第二次世界大战后,世界各国都着力进行经济建设和发展科技教育,劳动分工越来越细,产品更新速度明显加快,综合性的传统贸易展览会已难以全面、深入地反映工业水平和市场状况。在这种背景下,现代贸易展览会和博览会开始朝专业化方向发展,并在20世纪60年代成为展览业的主导形式。专业展览会在展览内容、参展商和观众上具有明显的专业性,这有利于反映某个行业及其相关行业的整体发展状况,因而具有更强的市场功能。

现代展览业经历了近一个半世纪的发展历程,形成了以欧洲和美国为龙头,以亚太地区为强大新生力量的全球化产业,拥有了全球性的行业组织——国际展览局和国际博览会联盟。这个被称为"无烟工业"的现代化产业为全球科学技术的传播,经济贸易的增长,为加快城市建设、交通、能源、通信、旅游和就业等事业的发展以及促进人们思想观念的更新与交流均起到了强大的推动作用。如果把科学技术比作现代人类文明发展的火车头,那么作为传播科学技术手段的展览业就是驱动这列现代文明列车的一个重要车轮。

目前,世界会展业正朝着国际化、专业化、高科技化等方向发展,前景一片灿烂。随着会展活动对社会经济特殊作用的进一步体现,会展业必将受到越来越多国家和地区的重视。而且,伴随会展活动的发展和会展理论研究的深入,统一的会展管理制度、会展技术标准等将在世界范围内逐步建立起来。

任务2 国外会展业发展概述

2.2.1 欧洲会展业

欧洲是世界展览业的发源地,经过 100 多年的积累和发展,欧洲会展经济整体实力最强,规模最大。欧洲展览经济以其数量多、规模大、国际化程度高、贸易性强和管理先进闻名于世。目前国际上公认的 300 多个最知名的、展出面积在 3 万平方米以上的专业贸易展览会,其中 2/3 都在欧洲举办。欧洲的展览强国主要聚集在西欧,德国、法国、意大利、英国等都是世界级的会展业大国。地处欧洲中心、交通便捷的德国是世界头号会展强国。东欧会展业的发展则主要是以俄罗斯为中心。

1)德国:世界头号会展强国

德国是世界展览业的发源地。地处欧洲中部的便利交通条件,贸易展览的悠久历史,以及重要工业国的基础共同造就了德国会展业的大国地位。伴随着第二次世界大战后的迅速重建、全球经济贸易活动的繁荣以及两德的合并,德国又重新确立了国际会展业头号强国的地位,并一直保持着良好的增长趋势。

(1)展览规模

每年在德国举办近 140 个顶级的国际、国内交易会和展览会,占全球展会总数的 2/3。净展面积 690 万平方米,每个展览会平均展出面积超过 5 万平方米。同时德国展会的国际参与度很高,国外参展商平均比例达 48% ,国外专业观众的平均比例达到 25% 。

(2)展览场馆

德国几乎所有的重要城市都有自己的会展中心,德国拥有全球 20% 的展览面积。目前德国共拥有 24 个大型展览中心,可供展览使用的场馆总面积达 245 万平方米,其中超过 10 万平方米的展览中心就有 8 个。世界最大的 4 个展览中心有 3 个在德国,最大的汉诺威展览中心展馆面积达到 47 万平方米。

德国展览中心不仅面积大、设施齐全,还十分注意与周围设施的配合,其周围的铁路、巴士、地铁、货运站、航空、住宿、城市旅游、娱乐、文化等条件都很方便。

(3)展览企业

按营业额排序,世界十大知名展览公司中,德国企业就有 6 个,分别是汉诺威展览有限公司、慕尼黑国际展览公司、法兰克福展览集团、柏林展览公司、科隆国际展览集团和杜塞尔多夫展览集团。在出国办展方面,目前德国展览机构在全世界的办事机构近 400 个,已形成了全球化网络。

(4)展览效益

德国展览业从业人员 10 万人,会展业年平均营业额为 25 亿欧元,其带动的经济效益高达 230 亿欧元,经济带动比例达到 1:9.5,并可以提供 25 万个工作岗位。

(5)主要展览城市

德国主要的展览城市有汉诺威、慕尼黑、杜塞尔多夫、法兰克福、科隆、柏林、莱比锡、纽伦堡、汉堡等。这些城市都是国际著名的展览城市,它们都将展览业视为支柱产业进行发展,出台一系列鼓励措施和优惠政策,吸引参展商和观众。

汉诺威是世界上最著名的"展览之都",其拥有世界上两个最大的博览会,汉诺威工业博览会和信息及通信技术博览会(CeBIT)。它还拥有其他重要的博览会如汉诺威电脑与通信博览会、汉诺威地毯及地面铺装博览会、欧洲机床博览会以及汉诺威国际林业木工机械展览会等。

在德国慕尼黑举办的重要博览会有建筑及建筑机械专业展览会(BAU-MA)、电子电脑新材料展览会、国际体育用品博览会(ISPO)以及饮料技术展览会(DRINKTEC—INTERBRAU)等。

杜塞尔多夫的重要展览活动有印刷与纸张、塑料博览会、计量技术与自动化博览会(INTERKAMA)、包装技术博览会(INTERQUCK)以及国际时装博览会等。

法兰克福也是世界上最重要的展览城市之一,每年举办的展览会超过 50 个。法兰克福拥有消费品博览会(AMBIENTE 和 TENDENCE)、国际汽车—小轿车展览会(IAA)、国际礼品展览会以及国际卫生—取暖—空调专业博览会。最具有吸引力的是每年秋季的法兰克福书展,成为世界各地出版商、书商以及作家的聚会场所。

在科隆举办的著名博览会有国际食品市场(ANUGA)、国际图像博览会(PHOTOKINA)、国际家具博览会以及其他如时装、家庭用具、五金制品、自行车与摩托车等方面的专业博览会。

柏林在世界上引起广泛影响的博览会主要有绿色周(农业与食品业)、柏林国际建筑贸易展、国际旅游展、国际电子消费品展以及国际航空航天展览会(ILA)等。

纽伦堡国际展览有限公司举办的纽伦堡国际玩具博览会、国际制冷及空调设备展等在世界上也有重要影响。

2) 法国:精耕细作的会展业

法国地处欧洲中心,交通便捷,气候温和,风景秀丽,具有一流的展馆和服务系统以及国际交流传统,这些得天独厚的条件使之成为全世界展览业最为发达的国度之一。

法国每年举办140个展览会和100个博览会,其中全国性展会和国际展达175个,专业展120个左右。国际专业展的主要参与国及地区分别是比利时、意大利、西班牙、英国、德国、荷兰、瑞士、美国、葡萄牙和日本。主要的展览集团有爱博展览集团、博闻集团、巴黎展览委员会、励展集团等。国际著名展会有BATTMAT建材展、SIAL食品展、SIMA农业展、EMBALLAGE包装展、VINEXPO酒展、EUROPAIN面包糕点展、AERONAUTIQUE巴黎航空航天展以及POLLUTEC环保展等。

(1) 巴黎——国际展览之都

法国拥有160万平方米的展馆,分布于80个城市,其中巴黎占55.4万平方米。巴黎是法国展览业的中心城市,其次为里昂、波尔多、里尔等城市。法国每年举办300多个展览,有近一半集中在"展览之都"巴黎,巴黎是世界第一大国际会议中心,每年接待各类国际会议占全球国际会议市场的2.61%以及欧洲会议市场的4.62%。就国家而言,美国是世界最大的国际会议接待国,占全球会议市场的12.7%,法国位居第二,占5.26%。

巴黎凡尔赛展场及北展场,虽有40万平方米的供展规模,但为了保住"世界三大展览胜地"的桂冠,巴黎进行了老展场的改扩与南展场的兴建,使得展览总面积翻一番,达到80万平方米。

（2）法国国际专业展促进会（promosalons）

法国会展业发展的最大特点是法国的主要展览公司共同组织成立了法国国际专业展促进会（promosalons），理事会由巴黎工商会、法国外贸中心、法国专业展联合会、法国雇主协会、巴黎市政府、法国外贸部以及展览中心和专业展览公司的代表组成。这一由商会和政府牵头的民间组织为促进国外专业人士来法国参观交流起了很大的作用。

法国国际专业展促进会的经费来源主要有两个途径，一是由诸如巴黎工商会和展览场地公司等主要理事单位提供的年度补贴，占少部分；二是由参加促进会的展览公司按所需促进的展会数目及促进宣传工作量而定的促销经费，这占促进会经费的大部分。

法国的任何一家展览公司均可申请加入促进会，但促进会对于同一个专题的展会只接纳一个展会加入，而且优先接纳质量最好的展会。促进会为了向这些展会提供国际促进业务，在近50个国家和地区建立办事处。这些办事处的任务是在各自负责的国家和地区展会开发形式多样的促进业务。

这种展会国外促进的方式很有意义，因为单个的展览公司，哪怕是财力强大的展览集团，都没有足够的实力在世界上50个国家建立属于自己的办事机构网络，但是从属于不同展览公司的65个展会把其中的经销商集中到一起，就能组成一个有效的展会国际促销网络，这是世界上独一无二的促销网络。

（3）加强和中国展览业的合作

爱博展览集团，作为法国第一大展览公司和世界第四大私营展览公司，已和中国贸促会农业行业分会合作成功地举办了1999年4月底的北京国际农展（agro foodtech China），为中国农展市场注入新的活力。2000年，分别在北京和上海推出第二届国际农展、首届国际食品展和首届国家包装和食品加工技术展，为中国的农业—畜牧业—食品加工工业—包装工业—食品业这一纵向系列化经济领域带来大批的新技术，为中国的经济开放带来众多的商机。

3）意大利：兴旺发达的会展业

意大利地处欧洲南部，历史悠久，经济实力强大。但意大利是一个以加工业为主的国家，其产品主要用于出口，因此促销工作十分重要。同时由于意大利享有"中小企业王国"的称号，众多的中小企业是意大利的经济支柱，其无力单独承担向国际市场促销的巨额广告费用。因此为了扩大出口，意大利每年在全国各地举办无数次各种类型的展览会，各类展览会对宣传本国产品、加强技术交流与合作以及推动出口发挥了重要作用,同时因展览会上聚集大量厂商,便于直接交流,大大降低了企业的促销费用和缩短了时间。

(1)展览概况

意大利每年举行约40个国际交易会,约700个全国和地方的交易会,是欧洲办展最多的国家。展出内容多为领导市场潮流的新产品新技术,范围广泛,几乎涉及了各个生产领域。重要的生产领域,如时装业、家具与室内装饰业、机床和精密机床、木材加工和纺织机械等都把国际博览会作为向国际扩展的跳板。

意大利展览会服务周全。参展者可享用带有空调的展厅、自动电梯和活动通道、翻译服务以及信息交流服务(复印机、传真机、电话、计算机、互联网以及国际信息库)。自动接待系统可以永久性地把观众的资料登记下来,使参观者可以定期收到已参观过的参展交易会的信息,参展公司的文件、名录和小册子。

(2)展览协会

意大利的展览会大都不是由展览会场地所有者举办,而是由专业人员组织,往往与该领域的企业协会或贸易协会联合。意大利的专业博览会协会主要有:

①意大利工业展览委员会CFI(comitato fiere insustrie)。它是意大利最大的行业代表性很强的专业展览会机构,其成员是工业家联合会中所有与展览有关的组织机构。CFI的任务是,在国内和国外提高意大利展览业的重要性,其最终目标是促进本国企业的国际化。为了实现这一目标,CFI力图通过优质的展览设施和服务水平及管理水平,使意大利展览会成为保持欧洲先进水平的展览会,积极争取国家支持,尤其考虑中小企业的实际需要,因为对它们来说,展览会是主要的促销工具和向国际市场开放的途径。为此意大利工业展览委员会代表意大利企业界,作为主要对话者,与国家和地方政府部门洽谈,并与管理展览场所的展览公司及国营和私营展览工作者接洽。CFI的展览会集中在米兰(44%)、佛罗伦萨(8%)和帕尔马法(7%)举办,总展览面积为80.6万平方米。主要展会有机械展、家具—建筑展、服装—纺织展、制鞋展、食品展、化妆品展、农业展、光学仪表展以及电子—安全展。

②意大利展览协会。它由若干展览公司组成,这些公司每年组织约30次专业展览,主要租用米兰展览中心,平均每年租用面积55万平方米以上。意大利展览协会在意大利全国展览业举足轻重,其成员公司和所举办的主要展览如下:

展览促进会ASSOEXPO,其业务是促销和组织专业展览,经营范围为伦巴底地区的工业、服务行业、商业和科技领域。组织的展览有:两年一次的国际化工器、分析化验、研究、监控仪器及生物技术展(欧洲本行业最重要的展览会之一);全国医疗卫生展;国际声像广播电影电讯;国际照相电影录像光学声像及照相修版器材展。

意大利家具展览组织委员会,该委员会从 1961 年开始组织米兰国际家具展览会,此外还组织照明器材双年展,办公家具展,家具工业附件、半成品及家具部件双年展,室内装潢展。

其他展览公司:EIOM 组织电子、微电子、自动化、仪器仪表、工业化学、实验室设备、技术和附属产品等行业的专业展览;BIAS 组织国际自动化、仪器仪表和微电子展;RICHEMAC 主要组织国际化工展及国际化工业机械、分析化验、研究、监控仪器及生物技术展;SMAU 则承办了国际信息与通信技术展览会,包括信息系统、软硬件、电信办公室系统和用品,企业管理软件及多媒体等。

③意大利展览公司联合会(AEFI)。成立于 1982 年,有 31 家会员,他们均为拥有展览会场地产权的展览公司。各成员公司每年至少举行一次国际性展览会。联合会会员共占有展览场地面积 340.37 万平方米,每年举办 136 个国际展览,238 年全国性展览,140 个地方性展览。成员公司有马二凯大区展览公司、东方展览公司、波洛尼亚展览公司、波尔扎诺展览公司、切赛纳衣农业展览公司等。

(3)展览城市

意大利大型国际展览会举办地点主要集中在米兰、波洛尼亚、巴里和维罗纳 4 个城市,每个城市都有设施良好的展览会场地。此外,这些城市同时又是著名的旅游城市,历史悠久,风景优美,名胜古迹多,文化艺术活动丰富。参展商和观众不仅能从展览会上获取信息,联系业务,还能在业余时间浏览市容、参观名胜,享受多彩的文娱生活。这也是这些城市作为展览城市成功的另一个重要条件。

(4)展览中心

①米兰国际展览中心(FIERA—MILANO)。著名的米兰国际展览中心,有 65 万平方米的 38 个展馆,是世界三大展场之一。为在竞争中立于不败之地,米兰国际展览公司对老馆作了大修,兴建了 20 万平方米的新馆、10.4 万平方米的屋顶和 3 万平方米的地面停车场,使展场面积达到百万平方米。米兰国际展览中心配备有最先进的技术设备,采取了最先进的环保措施,所有展厅均为两层,展厅之间均用 20 米长和 30 米宽的玻璃封闭高架桥相连,下方是市区街道。展

览中心还十分重视场地的服务和货物搬运工作,运货车在展厅内部开行,行车路线为专线,与观众的路线分开。在货物装卸区有功率强大的通排风装置,还有许多货运升降机,这些设施足以使米兰展览中心在21世纪保持领先地位。

②波洛尼亚展览中心(BolognaFiere)。是欧洲主要展览中心之一,每年举办大约30个专业展览会,其中15个具有国际领先地位。可供展览的74座展厅中有一个事务俱乐部和一个贵宾俱乐部,11个内部会议厅,一个1万个车位的停车场。展览中心位置优越,交通方便,从波洛尼亚展览中心站下车,直接来到展区。1995年新建的20号展厅具有展览、会议、集会和演出多种功能,总建筑面积3.3万平方米,设备更加齐全,现代化程度更高。

③维罗纳展览中心(BERONAFOERE)。是意大利最古老,传统最悠久的展览场所,拥有12座展厅,20.3万平方米的展览面积,其中9.7万平方米配备各项服务设施,还有一个车位众多的停车场。该中心除了举办各类展览以外,还在“欧洲与古罗马剧场会议中心”中组织各种会议。该会议中心拥有8个会议厅,1 300个座位,还有一个模块式自由组合结构的礼堂,总容量超过2 000人,并配有声像录放设备和电视电话会议设备。

④东方展览中心。位于意大利东南端城市巴里,它是意大利展览面积最大的展览中心之一。占地30万平方米,每年举办20多个展览会,其中许多是国际展览。每年从意大利国内外来巴里的参展商超过5 000家,观众约为200万人。展览涉及的行业有:信息、出版、休闲、摄像、黄金制品、时装、机械、企业服务、运输、农业和建筑等。在此举办的知名展览会主要有国际样品博览会、东方农业博览会和东方建筑博览会以及意大利最大的国际休闲展览会EYPOLE-VANTE。

4)俄罗斯:欣欣向荣的会展业

俄罗斯是世界上领土面积最大的国家,其国土从波罗的海一直绵延到太平洋,在俄罗斯政府和企业的共同努力下,俄罗斯会展业重新焕发出生机。

(1)发展概况

近年来俄罗斯展览业发展迅速。据业内人士分析,俄罗斯展览业的市场额每年为2亿~3亿美元,58个展览联盟成员所创造的经济效益2004年可达到5千万~6千万美元。同时,展览业在带来巨大经济效益的同时也为俄罗斯创造了大量的就业机会。目前,俄罗斯展览从业人数还不是很多,直接从事展览活动的人员有2万人左右,加上临时性工作岗位(展会临时搭建及装修等基础工作)共计15万人左右。

目前俄罗斯发展较为迅速的是专业展览,占全年总展览数量的85%,包括:信息通信、办公设备、组织技术设备、教育、电子游戏技术、食品、饮料、烟草产品、酒店和饭店技术及设备。根据展览类别,各类展览比例分别为:国际展览约占47%;面向国际的展览约为27%,区域性展览约占25%;国家性展览(由其他国家举办)约占1%。

(2)主要展览公司

①Expocentre 股份有限公司。位于莫斯科,是俄罗斯最大的展览公司,有超过33万平方米展览场地可供用出租,外国参展商租用了其中的2/3。这里举办了59次展览会,总共接纳了15.173万家参展商,其中一半以上来自外国。资料显示,共有大约250万名观众前往参观。

②GAOVVC。莫斯科第二大展览公司,共举办了48次展览会,租出了10.4万平方米的场地。

③Sokolniki 有限责任公司。出租场地面积为5.6万平方米。从出租面积的大小来看,这个公司是俄罗斯的第三大展览公司,不过其国际化的程度只勉强达到了20%。

(3)主要展览场地

俄罗斯展览业各地区基础设施发展极不平衡。目前,俄罗斯共有16个展览场馆基本符合国际展览局的场馆要求标准,总面积约为37万平方米,其中80%的场馆面积集中在莫斯科、圣彼得堡与下诺夫格罗得3个中心城市。俄罗斯联邦的9个地区(叶卡捷琳堡、伊尔库茨克、喀山、加里宁格勒、新西伯利亚、彼尔姆、萨马拉、乌法、切博克萨雷)展览馆面积仅约为1 000～5 000平方米。目前只有莫斯科、圣彼得堡及下诺夫格罗得拥有超过1万平方米的展览场馆。俄罗斯有16个符合国际技术标准的场馆,如表2.2所示。

表2.2　俄罗斯符合国际技术标准场馆一览表

序号	场馆名称	地　点	室内展览面积/万平方米	室外展览面积/万平方米
1	全俄展览中心	莫斯科	10.85	15.81
2	国际展览中心	莫斯科	6.5	3.5
3	萨科尔尼基文化展览中心	莫斯科	1.6	0.5
4	莫斯科展览馆	莫斯科	1.5	0.2
5	国际贸易中心	莫斯科	0.2	0.05

序号	场馆名称	地 点	室内展览面积/万平方米	室外展览面积/万平方米
6	圣彼得堡展览馆	圣彼得堡	2.5	6
7	下诺夫格罗得展览馆	下诺夫格罗得	12	23
8	喀山展览中心	喀山	0.67	0.1
9	西伯利亚展览馆	新西伯利亚	0.65	—
10	西伯利亚展览中心	伊尔库茨克	0.45	0.1
11	巴什基尔展览馆	乌法	0.4	0.2
12	伏尔加展览馆	萨马拉	0.6	0.45
13	乌拉尔展览中心	叶卡捷琳堡	0.11	0.25
14	彼尔姆展览馆	彼尔姆	0.27	0.09
15	波罗的海展览中心	加里宁格勒	0.2	0.09
16	切博克萨雷展览馆	切博克萨雷	0.8	0.5

资料来源:中国贸促会驻俄代表处《俄罗斯会展业情况调查》。

(4)主要展览协会

为了更好地协调各类展览活动,促进高效发展,俄罗斯卫生部、农业部、工业科技部及核工业部都成立了展览委员会,对各自领域的展览活动进行协调。

地方政府也成立了专门机构负责展览事务,其中包括彼得堡政府展览委员会,"西北"联邦区经济地区联盟展览委员会。

俄罗斯也成立了一些民间机构来促进完善展览市场的有序发展,这些组织包括:独联体国家展览事务委员会、俄罗斯联邦工商会展览委员会和展览联盟(拥有58个成员)。俄罗斯联邦工商会展览委员会与俄罗斯经济贸易发展部签订协议,相互协调共同促进俄罗斯会展业的发展。同时,在会展领域工商会还同科技工业部、农业部、国家建筑委员会建立了密切的合作关系。俄罗斯展览联盟迄今已发展会员企业58家,整体上涵盖整个俄罗斯展览业。其主要职能包括为展览企业提供必要信息、市场调研、行业统计以及对展会经济效益的评估等。同时,该组织还负责对展览公司进行专业资格评测,以保证展览活动的质量。

（5）著名品牌会展

目前,俄罗斯得到国际展览局 UFI 认可的有国际花卉展、森林木材设备展、国际鞋类展览会、国际化妆品展、印刷技术及设备展、医疗保健展、国际民用消费品展览会、食品及食品原料展、安全设备及技术展、冷冻及低温设备技术展、国际商标标签展、纺织轻工产品及设备批发展销会、玩具及游戏展、欧洲家具展、国际化工展、木材加工及产品展、国际包装材料及工艺展、西伯利亚建筑、卫浴及陶瓷产品展、西伯利亚医疗设备展、彼得堡家具展、信息技术展、家具及室内装饰展、信息通信展、波罗的海展览会、家具展等 27 项展会。

2.2.2 北美会展业

1) 概况

从目前世界范围会展业的发展来看,北美地区会展业的发展水平仅次于欧洲。美国和加拿大的会展经济都相当发达,每年举办展会、论坛近万个,并形成了北美地区独特的办展模式和风格。其中著名的会展城市主要是多伦多、拉斯维加斯、芝加哥、纽约、奥兰多、达拉斯、亚特兰大、新奥尔良、旧金山和波士顿等。由于北美特别是美国强劲的经济实力及其国内巨大的市场容量,北美会展业的发展水平从世界范围来看依然处于领先地位,北美展览对于海外参展商仍然具有较大的吸引力。

北美展览会开始于 18 世纪,最早起源于专业协会的年度会议。因此北美会展业在发展初期,展览只是作为年会会议的一项辅助活动,仅仅是一种信息发布和形象性展示的媒介,展览会的贸易成交和市场营销功能在很长一段时间里并不为企业所重视。直到目前,仍有很多美国展览会与专业协会的年度会议合在一起同时举办。

北美会展业主要以美国和加拿大为代表,主要以奥兰多、拉斯维加斯、多伦多、芝加哥、新奥尔良、亚特兰大、达拉斯、纽约、圣地亚哥、华盛顿等城市举办的较多。

2) 主要会展城市

（1）会展新星——奥兰多

海水、沙滩、棕榈树和四季宜人的气候,以及海洋世界、迪斯尼、环球影城三大主题公园,再加上对公众开放的肯尼迪航天中心,使美国佛罗里达州的奥兰多成为一个纯粹的度假胜地。除此之外,交通便利,拥有水陆空立体的交通网络,尤其是世界各国特别是欧洲各大航空公司都有直达奥兰多的航班。倚仗这些得天独厚的条件,奥兰多在美国众多会展城市中脱颖而出,成为赫赫有名的"会展之都"。

然而这些都还不是奥兰多最终成为会展名城的独特优势,奥兰多会展业最显著的特点是其优质的服务。奥兰多的主要会展场馆——桔县会议中心,是全美仅有的几个由当地政府经营的场馆之一。该中心的经营口号就是"为用户提供卓越的服务,激发他们回来举办会展的欲望,提高优秀集体的名誉"。为激励员工热情地为客户服务,该中心长期举办一项由客户和员工参与的活动,发给每位来到该中心的客户印有标志的硬币,凡是得到一次满意的服务,客户可以给工作人员一枚硬币。年终时,得到硬币多的工作人员将受到中心的奖励。这项活动有两个好处,员工得到硬币的同时,客户得到优质的服务。为用户提供宾至如归的服务和帮助,成为奥兰多在会展业竞争中取胜的至上法宝。

(2)沙漠中的展览城——拉斯维加斯

长期以来,拉斯维加斯一直是热门的旅游目的地,每年接待的旅游者数以万计。1955年拉斯维加斯所在的内华达州政府同意财政资助原克拉克县博览会与娱乐委员会,现拉斯维加斯会议与访问者局发展会展业。资金来源是饭店和汽车旅馆中的客房税。客房税是住店的外来旅游者支付的,而不是当地居民。这项资金用于建造和运营了拉斯维加斯有史以来第一座会展中心——拉斯维加斯会议中心,1959年4月该中心正式营业。

拉斯维加斯作为沙漠中人造的展览之城,已经成为美国著名的会展城市,重要的会展场所有拉斯维加斯会议中心,许多著名的展览如Comdex电脑展、汽车售后服务展、MAGIC、全美五金展等都在这里定期举办,每年接待的会议代表和观展人数以千万。会展业成为拉斯维加斯城市经济增长的关键,甚至是整个南部内华达州经济发展的三大支柱产业(饭店、娱乐和会展业)之一。拉斯维加斯的成功来自于对独有优势的了解、准确的产业定位以及政府的政策支持。

(3)经济中心——多伦多

多伦多是加拿大第一大城市,位于加拿大心脏地区,接近美国东部工业发达地区,汽车工业、电子工业、金融业及旅游业在多伦多经济中占有重要地位。多伦多是加拿大最受欢迎的展览城市,每年举办的展览3倍于加拿大排名第二的竞争城市。仅国家贸易中心,有超过100万平方英尺(约为92 903平方米)的展览面积,1年举办展会180多个,另外还有国际中心、多伦多会议中心和多伦多国会中心以及多伦多地铁会议中心。多伦多因举办多个著名的国际博览会而蜚声遐迩。

（4）美国的十字路口——芝加哥

芝加哥是摩天大楼的故乡。麦考梅会议中心可为参展商提供257 600平方米的展出面积。

芝加哥有著名的芝加哥博物馆、工业与科学博物馆、菲尔德自然博物馆、格兰特公园、谢特水族馆、芝加哥美术馆、里格利棒球场以及北哈尔特俱乐部等。

（5）可口可乐的家——亚特兰大

亚特兰大主要有佐治亚世界会议中心和亚特兰大城市会议中心。扩建后的佐治亚世界会议中心展出面积达到128 800平方米，中心周边的酒店可接待1.2万名游客。154条公交线路和38条地铁线路，交通便利。亚特兰大城市会议中心的展出面积为27 600平方米。

马丁·路德·金纪念馆向游客充分了展示亚特兰大的特色；石头公园的巨大纪念雕像是美国历史的缩影，大学城餐馆别具一格；芬妮大婶的小屋有南方最棒的炸鸡。

（6）商业之都——纽约

纽约被看作是美国的缩影，是全球商业与文化的中心。它可以为游人提供6.6万间（套）客房服务。位于曼哈顿中区的杰维斯会议中心，拥有74 925平方米展出面积。每年有100万个航班往返于纽约与世界各地之间。

著名的自由女神像、联合国总部、时代广场、大都会艺术博物馆、中央公园、第五大道商业区、洛克菲勒中心、百老汇剧院区、唐人街等都在这里。

（7）东部名城——波士顿

位于市中心的退伍军人纪念会议中心，可提供17 756平方米展出面积，周围有140家商店和餐馆，可为与会人员提供3 000间（套）客房服务。

波士顿会议和展览中心是世界上最新颖、最雄伟、参观者最容易掌握使用的会议中心。新的波士顿会议中心从内到外的设计围绕着全球公约规划者、全球会议规划者、协会会议策划和企业活动策划。其结果是，160万平方米的设施，是东北方向最大的展览中心，此展馆坐落在波士顿的市中心，距离数以千计的最好的酒家、宾馆和景点只有区区的几分钟。距离洛根机场不超过十分钟，比其他坐落在市中心的展馆离机场更近。

（8）梦幻之都——洛杉矶

洛杉矶是美国最大城市之一，头上顶着好莱坞的光环，令全世界的参展商心仪。星光闪耀的贝弗利山庄给人无限遐想,它是事业腾飞的具体象征。看一场代表世界电影时尚的好莱坞电影,走进环球电影公司的摄影棚,亲眼目睹大腕明星的风采,是每位参展商难以拒绝的诱惑。晚上光顾班尼餐馆,还可以获得明星的签名。同时洛杉矶还拥有自然历史博物馆、圣马利诺汉丁顿图书馆与艺术画廊,这里面陈列着莎士比亚的原始手稿。

洛杉矶会展中心的展会面积达 80 040 平方米。

(9)汽车城——底特律

近年来,底特律先后共投资 170 亿美元兴建和扩建会展中心。复兴会议中心耗资 5 亿美元,包括周边的 17 座餐馆和可容纳 1 298 个车位的停车场,与 3 家大型娱乐场所和许多零售商店毗邻而居。科博会展中心占地 68 795.6 平方米,展出面积达 64 400 平方米。在这里举办的每年一度的北美汽车展,成为世界汽车业的风向标,也是车迷的朝圣地。

底特律还有哈特广场、亨利·福特博物馆、格林菲尔德村以及底特律艺术研究院等著名的旅游景点。

(10)小牛城——达拉斯

达拉斯不仅是美国西南部的金融与商业中心,同时还堪称美国的艺术之都。由法兰克·洛依德·怀特设计的著名的达拉斯戏剧中心、达拉斯交响乐团以及达拉斯的乡村音乐和西部音乐都在世界闻名遐迩。这都是达拉斯成为会展之都的独特优势。

达拉斯会议中心的展出面积达 66 792 平方米。

(11)宇航城——休斯敦

休斯敦是名副其实的宇航城,林登·约翰逊宇航中心是人类首次登陆月球的地面控制中心,这都对参展商形成巨大的吸引力。新建的乔治·布朗会议中心,可提供 78 476 平方米的展出面积,再加上复兴会议中心 64 980 平方米的展出面积,休斯敦的办展条件如虎添翼。

2.2.3 亚太地区会展业

亚太地区是世界会展经济的后起之秀。以中国、日本、中国香港地区、新加坡为代表的亚洲国家和地区以及澳大利亚等,是世界新兴的充满活力的展览市场,其以增长速度快、辐射面广、专业门类齐全以及广阔的市场前景而引人注目,成为世界展览经济中最具发展潜力的地区之一。

亚太地区主要是指东亚及太平洋地区,是世界旅游组织根据世界各地的旅游发展情况和客源集中程度而划分的世界六大区域旅游市场之一。实际上,亚太地区不仅是世界上旅游业发展速度最快的地区,也是会展业发展最快的地区之一。

大洋洲会展经济发展水平仅次于欧美,但规模则小于亚洲,该地区的会展业主要集中于澳大利亚。亚洲会展经济的发展水平在欧美和大洋洲之后,但从会展经济发展的规模上看,则是仅次于欧美,整体水平高于拉美和非洲。会展经济的发展水平与地区经济的发展水平相适应,日本的会展业发展水平在亚洲处于领先地位。中国的香港地区、东南亚的新加坡,凭借发达的基础设施、较高的服务业发展水平、较高的国际开放度以及较为有利的地理区位优势,并借助广阔的市场和巨大的经济发展潜力,也发展成为著名的展览地区。东南亚的泰国以及西亚的阿联酋会展业的发展速度也正在不断加快。

目前,亚太地区竞争最激烈的要数中国内地、中国香港地区和新加坡,形成了三大区域性的展览模式。新加坡在展览硬件和软件以及政府扶持等方面做得较为完善;中国香港地区也成功地操作了许多以贸易出口为主的品牌展览会,其优势是借助于完善的服务设施;而中国内地有着广阔的市场空间,其发展空间应优于新加坡和中国香港地区。另外,日本的东京和韩国的首尔以及中东的迪拜也是亚太地区区域展览中心市场强有力的竞争者。

1)澳大利亚会展业

澳大利亚是一个后起的发达资本主义国家。尤其是近年来,由于政府办事有实效,劳动市场灵活,澳大利亚经济实现了高增长、低通货膨胀和低利率,经济表现更加具有竞争力、灵活和富有生机。澳大利亚的经济实力目前已经超过了欧洲的部分国家,在南半球各国经济中举足轻重。其在原来以农牧业、采矿业和制造业为主的经济发展格局的基础上,服务业在国民经济中的比重逐渐增加,会展业作为服务业的重要组成部分,也得到了快速发展。

(1)会展连带效应显著

澳大利亚展览主要分为专业性展会和公众性展会,全国整个展览行业每年的经济贡献平均大约25亿澳元,经济效益显著,这主要是得益于会展连带效应的充分发挥。

其中专业性展会的观众无论是来自澳大利亚本土还是海外,包括住宿、餐饮、娱乐、购物、交通等方面的花费在内,每人在展出城市的平均消费大约达到700澳元/天。来自展览城市本身的观众的平均消费大约达到130澳元/天。据统计,从参加专业性展会观众的比例来看,每个展会至少有30%左右的观众是来自海外或澳大利亚其他地区。

公众性展览会来自澳大利亚其他地区或者海外的观众,其每人每天在澳大利亚的平均花费大概是350澳元,来自展览城市本身的观众每人每天的花费平均为110澳元。据统计,澳大利亚每年大约举办300个大型展览会,共吸引约500万观众,其中参加专业性展览会的观众比例为30%左右,参加公众性展览会观众的比例为70%左右。

(2)专业展竞争力较强

澳大利亚专业性展览会的竞争力十分强劲,每年专业性展览会都会吸引大批高素质、十分具有购买力的专业买家,这是其会展业经济效益显著的重要原因之一。

据统计,澳大利亚专业性展会观众中,63%来自企业的管理层,每10位观众中就有4位是CEO或者董事会成员,另外还有24%来自公司采购和市场营销部门的经理层。因此,在这些专业观众中,具备最终购买决策权的占45%,能够影响最终购买行为的占4%,决定可以作为考虑购买选择的占5%,可以建议最终购买的占11%,这样总有88%的观众能够影响购买行为,超过了据EX-HIBITSURVEY公司发布的美国展览行业的同项指数85%。专业展会每个买家的平均购买力达到近4万澳元,由此可见澳大利亚专业性展会的强势竞争力。

(3)展览协会富有成效

澳大利亚展览和会议协会是澳大利亚展览和会议领域唯一的行业组织,成立于1986年,前身是澳大利亚展览行业协会,后改名为澳大利亚展览和会议协会,总部由墨尔本迁至悉尼。澳大利亚展览和会议协会下设多个工作委员会,业务范围涉及市场调研、数据统计、出版物发行、展览场馆联络、教育培训、会费收集等。澳大利亚展览和会议协会每年举办一次展览和会议行业年会,邀请全澳大利亚同行业的会员参加。

这一协会为主导型商会组织,具有民间性质,是以服务为宗旨,由企业自愿设立、活动自主、经费自筹的民间非营利性组织,代表行业或地区整体利益向政府提出建议,以促进贸易发展和会员企业利益的实现。政府一般不干涉协会的活动,并在制定有关工商业政策时需要征求协会的意见。澳大利亚展览和会议协会同美国展览经理人国际协会、英国展览组织者协会和美国展览行业研究中心等建立了合作关系。

澳大利亚展览和会议协会采用会员制,经营范围还覆盖新西兰,会员来自澳大利亚和新西兰的展览和会议行业,包括展览会主办者、展览场馆经营者以及会议展览服务行业相关企业。目前拥有会员225家,其中新西兰会员8家。

由于澳大利亚展览和会议协会是非营利性组织,它的主要宗旨是提供有效并且专业的服务,以促进整个澳大利亚展览和会议行业的发展。该协会的收益十分有限,2002年的财务报告显示,2002年该协会毛利约为25万澳元,但净利润仅为约7 000澳元。

(4)展览公司发展迅速

在澳大利亚,目前共有展览场馆107家,展览会主办机构106家,展览服务性机构120家左右。澳大利亚的展览主办机构一般不拥有展览场地,一般通过租用展览场地来举办各类展览会。展览服务公司主要涉足除展览会主办和场馆经营外的其他配套服务业务,包括展台搭建、展览设计、展品运输、展览会餐饮、展览配套旅游等。澳大利亚展览行业目前全职的从业人员人数大约为3 000人左右。

目前澳大利亚能够举办规模较大的展览会的主要有两家,分别是澳大利亚展览服务有限公司和励展(澳大利亚)公司。

澳大利亚展览服务有限公司成立于1982年,总部位于墨尔本,目前是澳大利亚最大且最有实力的展览会主办公司。该公司已经组织了约250个较大的专业贸易展览会,同世界很多同行业机构和企业建立了广泛的合作关系。该公司每年举办约15个大型展览会,展览会涉及建筑、食品饮料、信息技术、电子、电子工程、工业自动化、特许经营、金融投资、房地产、纺织品、礼品和家庭用品等行业。

励展(澳大利亚)有限公司是世界著名跨国展览集团——法国励展集团在澳大利亚的分公司,公司总部设在悉尼。励展集团在全世界46个国家拥有分公司和办事处,每年在32个国家举办430个不同行业的展览会,吸引了约15万家企业参展和900万观众前往展览会采购。励展(澳大利亚)有限公司的展览运作全部通过励展集团庞大的全球网络进行,2003年举办了27个展览会,展品范围涉及制造、矿产、礼品、体育用品、工艺品、酿酒等多个领域。

2)新加坡会展业

新加坡的会展业发展起步于20世纪70年代中期,新加坡政府对会展业十分重视,专门成立了新加坡会议展览局和新加坡贸易发展委员会负责对会展业进行推广,使会展业获得了空前的发展并取得了显著的成绩。

（1）得天独厚的展览业优势

新加坡位于亚洲的中心地带，具有四通八达的国际交通网络，同时由于政治稳定、经济政策完善、商业环境良好，具有较高的国际开放程度和较高的英语普及率，使新加坡成了国际贸易中心。这些条件以及新加坡较高的服务业水平共同为新加坡展览业的发展奠定了良好的基础。

（2）显著的国际展览业地位

新加坡连续17年成为亚洲举办会展地首选地区，举办国际展会的规模和次数居亚洲第一位。每年举办的展览和会议等大型活动达3 200多个，前来参加这些会议、展览的人数达40多万。

（3）先进一流的展览会场馆

新加坡博览中心、新达新加坡国际展览与会议中心（新达城）及莱佛士城会议中心是新加坡三大会展中心。其中，新加坡博览中心是亚洲最大的展览馆，2002年4月开始正式启用，是政府的重点投资项目之一，总投资额为2.2亿新加坡元，占地面积25公顷。该中心建有6万平方米的展览馆、2.5万平方米的室外展览场、10个大小不同的会议厅和9个会客厅，配备有先进的翻译、通信和传播设备。除了拥有可停放2 200辆汽车的停车场和两个出租汽车站外，博览中心还建有新加坡的第二大餐厅，可同时供1万人用餐，为参展商提供不同档次的商务餐饮。新加坡展览中心一流的装备，最强的功能特性和最大的灵活性的设计追求，使之成为除日本INTEX大阪展览馆外，亚洲最大的展览中心，这更加确立了新加坡作为国际展览城市的重要地位。

新达城会展中心Suntec Singapore总建筑面积2.8万平方米，展览面积2万平方米，会议中心可容纳1.2万人。新达城会展中心设计别具特色，4座45层和一座18层的大楼环立，象征人的五指，中间一座世界上最大的喷泉，寓意财源滚滚；建筑物的雨水汇集系统，提供灌溉花草和洗车用水，既环保又有"肥水不外流"之意。中心配备先进的翻译、通信、传播系统，每年在这里举办的各种会议、展览等活动有1 200多个。

（4）灵活实效的展览业机构

新加坡的展览业机构主要有两个，分别是新加坡会议展览局和新加坡贸易发展委员会（TDB），都是官方机构。会议展览局和贸易发展委员会对于新加坡会展业的推广和促进作用是积极卓越的。

尤其是在亚洲金融危机期间，危机对新加坡在内的许多东南亚国家的经济和对外贸易造成了不利影响，展览业也未能"幸免于难"。1997年7月到1998

年6月的一年间,从邻国前来新加坡参展的公司数量和观众人数减少,分别比上年同期降低了1.8%和9%。而在会议展览局和贸易发展委员会的努力下,新加坡展览业依然能有所作为,使来自印度次大陆和西亚国家的参展商和观众成为新加坡国际展览会新的成员来源。

新加坡贸易发展委员会于1998年10月派团前往欧洲,访问了罗马、米兰、慕尼黑、汉堡、法兰克福等重要的展览城市,目的是为了扩大和密切与欧洲有关企业和组织的联系,树立欧美展览公司和参展商对新加坡展览业发展前景的认识,鼓励他们来新加坡参展和组展。现在几个著名的欧洲展览公司例如Montgomery Network、Need展览公司及杜塞尔多夫展览公司都已经在新加坡打下了良好的基础,它们把欧洲重要的展览会带到了新加坡。这不仅大大促进了新加坡会展业的发展,也有力地推动了新加坡和欧盟的双边贸易发展。

3)中国香港会展业

近年来,香港把无污染、高效益的展览业作为服务业的发展重点。由会议、展览、文娱、商务等活动构成的会展经济在香港迅速崛起,越来越活跃,其与旅游、购物、饮食、宾馆、交通等相关行业产生的强烈的互动效应使香港受益匪浅,也增色不少。香港借助四通八达的交通、自由充足的资金、旅游名城的人潮流和发达便捷的信息流,以及公开、公平、公正的展览环境和竞争秩序,规范化的管理和操作,设施优良的展馆和完善周到的服务,使香港地区成为亚太地区重要的会展中心之一,赢得了"国际会展之都"的美誉。

香港每年举行的大型展览活动超过80项,参展商多达2万家;每年在香港举办的大型会议超过420个,来自世界各地的与会代表多达3.7万人。除了本行业的可观收入之外,展览业的潜力在于它巨大的辐射效益。据香港展览会议协会提供的资料,访港旅客于展览业消费1港元,即可为其他相关行业带来额外4.2港元的收入。此外,参观展览人士平均在港逗留时间一般为5天,他们平均每天在零售及娱乐方面的消费分别是普通游客及本地市民的2倍至13倍。

香港赢得"国际会展之都"得美誉,主要得益于以下几个优势:

（1）区位优势

香港位于亚洲的中心,背倚中国内陆地区,面向南海,是我国华南的门户,远东国际航海和航空交通的要冲。并且香港地区拥有发达的国际航空运输业和繁荣的国际航海运输业,距离亚洲各个主要商业城市的飞机航程最多不超过

5个小时,是沟通亚洲各地、联结欧美和大洋洲的枢纽,地理位置十分优越。良好的区位、便捷的交通是香港地区成为亚太地区会展中心的基础。

（2）资源优势

①经济资源:由于香港政府一直采取自由的经济政策,金融市场全部放开,外币自由兑换,资金进出完全自由,从而大量的外资涌入香港,这大大推动了香港经济的发展,加速了香港经济迈向国际化和自由化的进程,使香港成为银行多、资金多、股市繁荣、金市兴旺的国际金融中心。加上先进的设备,完善的金融、保险、通信等服务系统,使香港成为世界贸易中心,转口贸易、进出口贸易异常发达。作为国际性的金融中心和贸易中心,为香港会展业的发展提供了良好的经济环境。

②政策资源:香港一直坚持自由的贸易政策,大量商品免除关税,进出口贸易手续简便,不设置任何关税或非关税壁垒,是世界上开放度最大的自由港城。

③信息资源:香港配备了现代化的通信设备,并且和美国、加拿大、英国等国家建立了国际联机情报检索系统,拥有完善的资料库,资讯来源四通八达,畅通无阻,是世界上信息产业最发达的地区之一,为置身其中的客户提供了多元化、现代化的选择。同时,世界上普及率最高的两种语言——汉语和英语作为香港地区的官方语言,使香港与各国参展商沟通方便。卓越的资讯中心地位是香港地区发展会展业,吸引参展商与观展商的重要原因之一。

④旅游资源:香港地区作为亚热带的天然良港,拥有宜人的气候和迷人的自然风景,并且香港熔中西文化于一炉,文化底蕴深厚,人文景观丰富,这使其成为赫赫有名的世界性旅游胜地。发达的旅游业也为香港地区吸引了大批的商务客人,大大地促进了香港国际会展业的发展。据香港旅游协会的统计资料表明,商务与会议客人占香港游客的30%之多。

同时,香港地区的酒店业十分发达,拥有文华、丽晶、半岛等一大批世界级的名牌酒店集团,拥有现代化的设备、先进的经营管理和一流水准的服务,接待能力较强,能满足商务客人的多种需要。这都成为香港地区大力发展会展业的先决条件。

（3）产业优势

香港回归祖国后,香港与内地的经济往来日益密切。随着内地改革开放步伐的加快,特别是中国开发西部战略的实施、"入世"的成功以及CEPA协议的签署,更为香港展览业的蓬勃发展提供了坚实的产业基础,有利于不断巩固香港展览之都的地位。

实际上,香港的展览展会以消费品商展为主,展商以港商为主体,加上台商、国内企业组成大的展商群,展品是中国内地生产的档次高的消费品。因为香港是很小的市场,针对本地市场做展览效益不高,主要针对全世界的买家,中国商品现在已打进全世界的消费市场,全世界的百货店、超级市场都充满了中国生产的产品,这个市场是无限的。

(4)管理优势

香港展览业的崛起,是与其高效、合理、先进的管理机制密不可分的。在这一过程中,香港贸易发展局扮演了重要角色。

香港贸发局是香港投资展览的主要机构,在40多年的发展历程中,贸发局以"市场宣传"和"客户服务"为中心,积极推动了香港会展业的发展。贸发局已在全球设立42个分处,包括我国内地的11个办事处,从而便于与海外商会联系,组织买家组团来港参加展览。另外,贸发局还积累了一个非常庞大的资料库,组成了一个包括60万家世界各地买家制造商的目录。其中中国香港10万家,中国内地12万家以及海外买家38万家。通过这些资料的累计,在办展时有针对性地发出邀请。并且定期组织买家的联谊酒会、论坛以及商情的新闻发布会等。

同时,为了使更多香港中小企业通过参加展览活动走向海外市场,香港贸发局已经从2001年4月起,将参展收费降低3%~20%。并且展场的收费仍然将淡季与旺季区分开来,收费差异按照会展业市场机制进行调节。

在展馆使用方面,展览的场地、时段的安排,由展览馆管理机构按国际惯例协调,香港贸发局并无特权,权利由掌管会展场地的私人商业机构——香港新世界管理公司掌握,从而确保展览安排的公平、公正与合理。

香港会展业的行业协会是香港展览会议协会,于1990年成立,目前有会员85个,包括展览会主办者、承建商、货运、场馆、贸发局、旅游协会、生产力促进局、酒店及旅行社(包括香港中国旅行社)等。

(5)服务优势

优质的硬件设施与软件服务也为香港会展业的蓬勃发展奠定了良好的基础。

香港会展场馆主要就是香港会议展览中心,分为旧翼和新翼两部分。投资16亿港元的香港会议展览中心(旧翼)于1988年落成。于1994年投资48亿港元的香港会议展览中心(新翼)一期工程已经完成,并投入使用,展览面积达6.3万平方米。二期工程已于2005年完成,展览面积扩展到了10万平方米。

香港会议展览中心不仅具备一流的设备,其先进的服务也备受称赞。香港会议展览中心(新翼)总面积达24.8万平方米,其中展览场地的面积仅为总面积的1/4,其他3/4是用来做配套服务设施的。同时,香港会展业还为会展客户提供全方位的服务。如展会开始时,政府官员通常会到现场进行政策、法规解答,银行会到现场服务;会展的主办者会与酒店、旅游机构密切合作,从而为会展参加者提供较完善的服务等。

香港会议展览中心从1988年启用至今,荣获多项国际荣誉。这些荣誉和成就充分体现了香港会议展览中心人的拼搏精神与服务客户的热诚态度。该中心的每位管理者和员工专心致志实现其经营宗旨,共同努力成就了香港会议展览中心今天锋芒尽露、蜚声海内外的国际地位。香港会议展览中心的经营宗旨正是"承诺透过个人及团队对优质服务的肯定,并采用先进及创新的操作技术,确保香港会议展览中心的顾客能时刻享受超值及喜出望外的一级服务"[①]。

表2.3 香港会议展览中心获奖一览表

年份	评选机构	获奖名称	备 注
1997	澳洲杂志《推广会议及奖励旅游》(Convention & Incentive Marketing)	CIM荣誉大奖	
1998	亚洲博闻有限公司	旅游业大奖	最佳会议及展览中心
1998	《亚太会议》杂志(Meetings & Conventions Asia/Pacific)	年度业界服务金奖	最佳会议/展览中心
1998	美国网络营销协会(US Web Marketing Association)	1998年网页设计卓越大奖	香港会议展览中心网页
1999	美国杂志《超越界限》(Beyond Borders)	国际成就大奖	连续两届被推举为"世界十大最佳国际会议及展览中心"
1999	《亚太会议》杂志(Meetings & Conventions Asia/Pacific)	年度业界服务金奖	最佳会议中心
1999	香港电台、香港建筑师学会及香港经济日报	香港十大优秀建筑	

———————————

① 世界四大会展之都形成评析[J].中国经济信息,2004(8).

续表

年份	评选机构	获奖名称	备 注
2000	《亚洲奖励旅游及会议》杂志（Incentive & Meetings Asia）	亚洲奖励旅游及会议大奖	最佳会议及展览中心
2000	香港工程师学会、康乐及文化事务署及香港科学馆	香港十大杰出工程项目	
2001	香港生产力促进局	香港生产力促进局服务业生产力奖	
2002	英国权威杂志《会议及奖励旅游》（Meetings and Incentive Travel）	会议及奖励旅游业大奖	连续九年被读者推选为"全球最佳会议中心"
2001—2013	《亚洲会议展览及奖励旅游》杂志（CEI Asia magazine）的业界调查	亚洲最佳会议及展览中心	2001—2013 年十次荣获展览主办机构及业界领导推选为"亚洲最佳会议及展览中心"
2012	TTG 旅游业大奖（TTG Travel Awards）	最佳会议及展览中心	
2010—2011	环境保护署	室内空气质素检定证书"良好级"	
2011	企业绿色驾驶奖励计划 2011	燃油用量百分比减幅	香港地球之友主办的"放驾一天"减碳行动

资料来源：香港会议展览中心 http://www.hkcec.com.

（6）品牌优势

香港服装节是世界"七大时装展览之一"，也是亚洲历史最悠久和最具规模的时装展销活动。此外，香港还相继举办了首届国际文具展、大型玩具展、资讯基建博览会、亚洲规模最大的家庭用品展和礼品展、国际钟表展、国际美容美发展、国际旅游展等大型国际展览。

除了知名展览外,许多大型国际会议也在香港召开,如 2001 全球《财富》论坛、2001 科技世界国际会议、世界服务业大会、第 12 届世界生产力大会、第 14 届太平洋经济合作组织会议等。香港的名牌展会充分造就了香港会展业的发展优势。

4)日本会展业

日本对会展业的发展相当重视,日本国家旅游机构——国际观光振兴会(JNTO)官方指定负责商务会议和奖励旅游的机构,其下设的日本会议局负责会议的统一管理。

日本以其雄厚的经济实力、良好的基础设施、发达的交通网络、周到的服务、特有的民族文化,赢得了许多重要国际会议、展览会和世界典型节事活动的主办权。日本会展业的快速发展极大地推动了日本经济和旅游业的发展。如 1970 年大阪举办世界博览会之后形成了日本关西经济带,该区域其后连续 10 年保持经济快速增长。根据国际会议协会统计,2001 年,日本在国际会议市场所占的份额为 3.6%,位居世界主要会议国家的第九位。2001 年,日本全年举办 138 个国际会议,其排名从世界第 9 位上升到第 4 位。日本首都东京在世界主要会议城市排名为第 27 位。

2.2.4 其他地区会展业概况

1)非洲地区

整个非洲大陆的会展业主要集中于经济较发达的南非和埃及。南非凭借其雄厚的经济实力及对周边国家的辐射能力,其会展业在整个南部非洲地区处于遥遥领先的地位。北部非洲的会展业以埃及为代表,埃及凭借其连接亚非欧和沟通中东、北非市场的极有利地理位置,会展业近年来发展突飞猛进,展览会的规模和国际性大大提高,每年举办的大型展览会可达 30 个。当然,由于种种条件所限,大型展览会一般都集中在首都开罗举办。除南非和埃及外,整个西部非洲和东部非洲的会展经济规模都很小,一个国家一年基本上举办一个到两个展览会,而且受气候条件的限制,这些展览会不能常年举办。

2)拉美地区

经济贸易展览会近年来在中美洲和南美洲逐步发展起来。据估计,整个拉美的会展经济产值约为 20 亿美元。其中,巴西位居第 1 位,每年办展约 500 个,经营收入约 8 亿美元;阿根廷紧随其后,每年约举办 300 个展览会,产值约 4 亿美元;排在第 3 位的是墨西哥,举办的展览会近 300 个,营业额 2.5 亿美元。除这 3 个国家外,其他拉美国家的会展经济规模很小,很多国家尚处于起步阶段。

任务3　国内会展业发展概述

中国会展业的发展与改革开放同步,是改革开放为中国会展业注入了生机和活力,使之以年均近 20% 的增长速度在短短 30 多年中成长为一个新兴产业。会展业在贸易往来、技术交流、信息沟通、经济合作诸方面发挥着日益重要的作用,在中国经济舞台上扮演着越来越重要的角色。中国会展业已经形成了百舸争流、千帆竞渡的发展态势,各类为展会服务的运输、搭建、广告等公司如雨后春笋般纷纷涌现,形成了百花齐放、春色满园的喜人局面。

北京、上海、广州、大连、厦门、深圳、成都等城市的展馆建设日臻完善,同时由于具备在经济、人才、信息、技术、市场等方面的突出优势,这些城市的会展功能开始凸显,展览业蓬蓬勃勃、蒸蒸日上,占据了我国会展业的半壁江山。在这些城市的带动和示范下,我国会展业的发展开始从沿海走向内地,从国内走向国际,不断向纵深发展。

中国目前形成了集中在以上海、北京、广州为龙头的长三角经济区、环渤海经济区和珠三角经济区三大区域会展中心,上海市、北京市、广东省占整个中国会展市场的一半。北京、上海、广州三大会展区域中心,三大城市在全国会展业市场占有率分别是北京 25%、上海 18%、广州 8%。形成了三足鼎立、互相竞争的局面。

2.3.1　北京会展业:一马当先

北京是我国的首都,是全国的政治、经济和国际交往中心,科技、文化、经济、设施、旅游、人才等各方面的资源优势为北京会展业的发展提供了独特的条件和环境。尤其是中国加入 WTO 和北京奥运会的成功召开,为北京会展业的发展带来了更加广阔的发展空间。北京市已将会展业列入未来 5 年的重点发展产业,希望将北京建设成为能与"亚洲会展中心"香港、新加坡等城市相媲美的国际会展中心。

北京的会展业是伴随着改革开放逐步发展壮大的,特别是进入 20 世纪 90

年代以来,北京会展业呈现出了繁荣发展的景象,在国民经济中所占的比重不断提高,对首都经济的促进作用日益明显。总体看来,北京会展业的发展呈现出以下发展态势。

1) 会展数量全国领先

根据北京市统计局 2002 年、2003 年行业统计和 2005 年经济普查的数据,"十五"期间北京展览业增长率也基本保持在 20% 左右。2005 年,北京市会展收入 61.09 亿元,比上年增加了 20.3%,占全市第三产业收入的 0.3%。在会展活动收入中,展览收入 20.85 亿元,比上年增加了 19.7%;2005 年在北京举办的展览活动共有 492 个,2004 年 490 个,2003 年 392 个,2002 年 475 个,其中以经贸科技展览会为主,每年都占总数的 50% 以上。2011 年北京办展数量 486 个,总展览面积 836.98 万平方米,实际平均办展面积 1.72 万平方米。

2) 会展场馆加速建设

北京市现在拥有大型单体展览场所 17 座,总建筑面积 45.51 万平方米。其中展览面积超过 1 万平方米的有 7 个,会展设施总量居全国第 4 位。这 17 座展览馆已经形成了一定的规模效应和市场集聚效应。其中中国国际展览中心面积最大,达到 15.38 万平方米,室内面积达到 60 073 平方米,隶属于中国国际贸易促进委员会;全国农业展览馆、北京展览馆、海淀鑫泰、中国国家博物馆、中华世纪坛、中国国际贸易中心展厅、中国军事博物馆、中国科技会展中心、北京国际会议中心、中国建筑文化交流中心和民族文化宫等次之。

表 2.4　北京主要会展场馆情况一览表

序号	场馆名称	展览面积			建成时间	隶属单位
		合计/平方米	室内面积/平方米	室外面积/平方米		
1	中国国际展览中心	153 800	60 073	93 727	1984	中国国际贸易促进委员会
2	全国农业展览馆	49 301	24 301	25 000	1959	农业部
3	北京展览馆	35 000	22 000	13 000	1959	北京市旅游局
4	海淀鑫泰	26 380	16 080	10 300	—	海淀鑫泰世纪一文化发展有限公司

续表

序号	场馆名称	展览面积			建成时间	隶属单位
		合计/平方米	室内面积/平方米	室外面积/平方米		
5	中国国家博物馆	9 100	8 100	1 000	1959	中央人民政府文化部
6	中华世纪坛	13 785	7 985	5 800	2000	—
7	中国国际贸易中心展厅	10 000	10 000	0	1989	外经贸部
8	中国军事博物馆	9 100	8 100	1 000	1959	国家各部委
9	中国科技会展中心	8 200	8 200	0	2001	中国工程院
10	北京国际会议中心	7 400	4 400	3 000	1990	北京北辰实业有限公司
11	中国建筑文化交流中心	6 000	6 000	0	1964	中国建设部
12	民族文化宫博物馆	3 960	3 660	300	1959	民族文化宫
总　计		242 999	176 599	66 400		

3) 会展企业

北京的会展行业主体发育较早。由于历史原因,我国的展览主办单位主要是各类行业协会组织。全国共有约 500 个国家级行业组织,其中一大半在北京。在北京,由原国家对外经济贸易部核准的具有主办国际展览资格的单位有 143 家,占全国的 60% 以上。目前在北京工商部门注册登记具有经营会展业务的公司已经超过 2 000 家,在全国具备举办大型国际展览资格的近 250 家展览公司中,北京就有 130 多家,占据了半壁江山。在北京,各类会展企业已经初步形成了由场馆、广告、装修、运输、旅游、咨询、法律等为会展提供综合服务的配套服务体系。

4) 品牌特征日益明显

北京市会展业在全国起步较早,20 世纪 90 年代以来,北京先后成功地举办了世界妇女大会、国际档案大会、国际建筑师大会、万国邮联大会等几十个国际大型会议,以及亚运会、大运会等国际大型盛会,北京已经具备了举办大型会议的成功经验,得到世界的公认与赞扬,这成为北京培育国际会展名牌的重要前提。而且北京是我国的首都,北京地区中央国家机关、大型国有企业总部、跨国公司、全国性科研机构和行业协会在华总部云集,权威机构集中,市场资源集中,北京会展业的发展从一开始就定位于大型、高档次、国际化的会议展览上,这为北京会展业的品牌化发展奠定了坚实的市场基础。目前,北京品牌展会中得到 UFI(国际展览联盟)认证的展览会有 18 个,居全国首位。这些展览会主要集中在工程机械、纺织机械、印刷、石化、食品、通信设备、医药、安全生产等专业领域,为促进行业内的国际交流与合作发挥了重要的作用。

根据国际大会及会议组织(ICCA)统计,目前在全球举办会议最多的城市排名中北京位列 12 位。伴随着我国加入世贸组织和北京成功举办 2008 年奥运会后,北京会展业市场开放步伐将明显加快,国外知名会展公司、高水平的国际会展大量涌入北京,北京会展业的规模和水平有大幅度的提高,同时也面临着严峻的挑战。

2.3.2 上海会展业:迅速崛起

上海的展览业起步于新中国成立之后,改革开放之前,开始主要举办的是一些友好国家成就展和国内的工业展,每年举办的展览会数量只有 20 来个,那时展览会还是人们眼中的"稀罕事"。随着上海改革开放的扩大,特别是党中央、国务院开发、开放浦东的决策在国际上取得了重大的影响,海外对华的经贸发展重点移向上海,上海成为我国的经济与金融中心。上海人颇具头脑和细致的办展观念,使上海会展业迅速崛起,其发展思路明晰、大度大气,近年来取得了骄人的业绩,会展规模以每年 20% 的速度递增。上海正在为跻身国际会展城市积极努力。

1)会展效益初见端倪

上海会展业的发展 20 世纪 90 年代后进入快速增长期。据上海市对外经济贸易委员会的统计,1993 年在上海举办的各类展会总数为 61 个,1994 年为 72 个,1995 年为 85 个,1996 年为 98 个,每年以 17% 的增幅递增。1997 年以后,展览会的数量更是跳跃地增长。1997 年为 118 个;1998 年为 130 个;1999 年数量达到 147 个,其中国内展 32 个,展出面积 34.16 万平方米,国际展 115 个,展出面积 91.2 万平方米。从 2000 年开始,上海会展数量的年增幅达到

20%,2000 年 1 月到 2002 年 12 月,上海举办各类展会 600 多个,其中 40% 为国际性展会。随着上海市会展数量的增长,会展业的巨大经济效益与社会效益也初见端倪。

"十五"期间,上海的会展在质量和规模上都不断提升,2001 年,在上海举办的国际展 278 个,展出面积 162.07 万平方米;2002 年举办国际展 314 个,展出面积上升到 321.23 万平方米;2003 年受非典影响,展出面积较 2002 年有大幅度下降;尽管 2005 年举办的国际展览只有 276 个,较前一年有所下降,但是展出面积增加到 376 万平方米。2012 年,上海市办展 674 个,总展览面积达到 953 万平方米,实现了跨越式发展。

上海市目前已拥有一批通晓外语、管理、贸易、营销和国际惯例的会展专业人才队伍。与会展相关的企业达 2 600 家,已经初步形成完整的会展及相关产业链。在场馆的建设及规模、会展人才的素质、相关配套行业的整体服务水平、国际性大展比重等方面,上海与会展发达国家和地区的差距正在慢慢缩小。

上海会展业的高速发展大大增强了上海作为经济中心城市的枢纽功能、窗口功能、集散功能和服务功能,有力地促进了中外技术合作、信息沟通、贸易往来、人员互访和文化交流,创造了良好的经济和社会效益。上海市委、市政府非常重视会展业的发展,已将会展业列入今后 5～10 年重点发展的都市型服务业,制订了将上海建成"国际性会议展览中心"的战略目标,推出多项鼓励政策,培育其成为上海新的经济增长点。

2) 场馆建设初具规模

截至 2012 年年底,上海场馆建设粗具规模,场馆总面积 52.93 万平方米,主要有上海新国际博览中心(室内面积 20 万平方米,室外 5 万平方米)、上海光大会展中心(室内 3.5 万平方米,室外 0.2 万平方米)、上海展览中心(室内 2.45 万平方米,室外 0.2 万平方米)、上海世贸商城(室内 1.98 万平方米)、上海国际会议中心(室内 1.35 万平方米,室外 2 万平方米)、上海国际展览中心、上海国际农展中心、上海东亚展览馆、上海商城、上海博物馆、上海美术馆、上海城市规划展示馆等,展出总面积达到 47.3 万平方米。

3) 品牌培育初见成效

目前,上海市会展业的竞争已经趋于国际化和白热化。从《财富》论坛、APEC 会议、亚行年会、《福布斯》全球 CEO 论坛到汉诺威亚洲信息技术展(Ce-BIT Asia),上海会展业已经逐步走向国际化、规模化与品牌化的道路,中国国际模具技术和设备展已加入国际展览联盟（UFI）。上海会展经济已呈稳步融入世界会展经济发展格局的态势，上海作为会展城市的国际形象和知名度得到空前的提升，开始彰显"会展之都"的风采。

表2.5　上海重要国际展会品牌一览表

类　别	展会名称
汽车、工业、机械类	上海国际汽车展、上海国际工业博览会、中国国际模具技术和设备展览会、上海国际汽车文化及一站式服务展览会、中国国际车用轮胎及相关产品展览会、中国国际汽车、汽车零部件及相关产品展览会、中国国际汽车零部件及相关产品展等
贸易、轻工业类	上交会、华交会、国际礼品及家用品交易会、中国国际数码影像技术展、中国国际体育用品博览会、中国国际婚纱摄影及用品展览会、中国国际加工、包装及印刷科技展览、国际塑料和橡胶工业展、上海国际纸业、纸制品瓦楞纸加工包装工业展览会、上海国际纸浆纸工业设备展览会及研讨会、上海国际食品饮料加工包装工业展览会、世界纺织大会、上海国际珠宝展览会、亚洲宠物展等
IT类	上海国际信息展、CeBIT展、中国国际半导体工业展览暨研讨会、上海国际电子生产设备暨电子工业展览会、上海国际商用软件及开放技术博览会及研讨会、上海国际软件及系统集成展、亚洲消费电子展览会、国际集成电路研究会暨展览会等
建筑类	世界顶级建筑设计事务所中国峰会、上海国际居室装潢节、上海国际建材及室内装饰展览会、国际地面材料及技术展览会、中国国际房地产商务博览会及论坛等
生物制药类	上海国际制药机械及医药包装展览会、IP/BC & E2004、世界制药原料中国展（上海），全国新药、特药、非处方药展览会等
其他	中国国际海事会展、海洋博览会、中国国际环保、能源和资源综合利用博览会、中国（上海）国际环保技术设备展览会等

资料来源："十五"期间（2001—2005年）中国展览业发展报告。

　　一是展览会数量已呈现加速扩容的态势，涉及工业、教育、服装、建材等各个行业的会展连续举办。华交会、国际电子元件展、国际服装博览会、国际客车展、菲律宾贸易展、国际建筑装饰展、国际染料展等数十个展览会如期举行，国际船艇展和酒店展、国际生物医药展、国际花卉展、国际自行车展、国际汽车工业展即将开幕,境内外客商踊跃参展、参观或采购。二是开始引入了不少会展新概念,会展业发展形式日趋丰富。如上海世贸商城与美国达拉斯市场管理中心达成合作协议,将国际上采购商和生产商普遍采纳的"常年展览中心"新模式引入上海,即在提供短期展览场所的同时,导入企业办证、审计、商务融资、产品认证等常年展览贸易服务。

4)体制改革率先突围

与北京的努力相比,上海会展业更多的是借助开放的市场环境和灵活的市场机制,从会展业体制改革方面入手来提升自身在会展业方面的竞争力。首先是大力转变政府职能,政府致力于聚焦场馆建设与规划,协调展商与服务商之间方方面面的关系,从而进一步强化展览公司的市场主体地位。同时,2002年上海市率先成立了全国第一家会展行业协会——上海市会展行业协会,促使会展业市场体系运作规范的形成。

上海市办展主体正在发生变化,政府已经逐步淡出办展主体,随着社会市场经济的不断完善,政府直接帮助企业招商,参与经济活动的格局正在逐步打破。为了健全上海市会展业的管理体制,上海市于2005年5月1日起正式颁布并实施了《上海市展览业管理办法》,该办法结合上海市实际,成为上海市规范行业的重要依据之一。

2.3.3 广州会展业:百展争雄

广州是华南政治、经济、文化的中心,也是国内会展业发展最早、会展经济最活跃的地区之一。展览的数量、展览面积、展会规模和影响,都位居全国前列,开放程度高是广州会展业最大的特点。依托广交会的影响力,和优势产业的强劲支撑,广州地区会展业出现了百展争雄的格局。在各类展会中,区域性展会成为广州展览会的主流。同时也包括国家级的会展,国外的来华专业展,还有民营展览机构所办的各类专业展。

1)展馆优势

广州目前总展览面积达到97.46万平方米,居全国第一,主要展览中心有广州国际会展中心、广交会展馆、广州锦汉展览中心、广东国际贸易大厦展览中心、广东东宝展览中心、广州花城展览中心、中州花城展览中心,其中广州国际会展中心、广交会展馆为超大型展馆,展览面积达到 16 万平方米。另外还有可以办展的广州体育馆和各大酒店、宾馆的会议中心等场地,全市的场馆硬件设施在国内国际居于前列。

2) 品牌优势

"中国第一展"广交会是中国目前历史最长、层次最高、规模最大、商品种类最全、到会客商最多、成交效果最好的综合性国际贸易盛会,该展会已经位列汉诺威通信及技术博览会之后,居世界第二大展览,在国内外享有很高的威信和影响力。

广东省电子及信息制造产值连续 9 年居全国第一,因而广州有华南地区最大的计算机、网络及通信设备展;广东省化妆品产销量占全国 1/3,广州美容美发博览会成为全国最大的美容美发化妆品展;广东省家具业产值占全国 1/3,出口占 2/3,遥遥领先于各地,因此广州的家具展春季达到 5 万平方米,秋季 3.5 万平方米。在广州地区每年举办的上百个各种展览会中,国际性展览已占到 1/3。广州会展业也正在向品牌化方向发展。

广州会展业的发展在改善城市基础设施、环境整治、市容美化、强化城市功能等方面都取得了显著成效。广州将以"中国第一展"为龙头,通过与香港、深圳强强联合,尽快打造成为珠江三角洲的会展航母,建成国际性的会展城市。

【复习思考题】

1. 与会展业发达地区相比,我国会展业还存在哪些差距?
2. 结合会展业的发展历程,谈谈未来会展业的发展趋势。
3. 发达国家的会展业运作模式有何特点?
4. 简述世界头号会展强国——德国展览业的发展概况。

【实训题】

查资料概述你所在城市的会展业概况。

一、实训组织

以小组为单位查查你所在城市的会展业概况,小组由 5 人组成,分别承担查找资料、制作幻灯片、汇报等任务。

二、实训要求

1. 学生要有明确的小组分工。

2.所查资料要有一定的代表性。

3.资料要求丰富、准确。

4.教师要具备一定的总结和评价能力。

三、实训目的

1.掌握会展业发展历程。

2.提高学生对会展业发展的认识。

3.训练学生团队协作能力。

【典型案例】

广交会

一、广交会简介

中国进出口商品交易会,又称广交会,创办于1957年春季,每年春秋两季在广州举办,迄今已有50年历史,是中国目前历史最长、层次最高、规模最大、商品种类最全、到会客商最多、成交效果最好的综合性国际贸易盛会。广交会由50个交易团组成,有数千家资信良好、实力雄厚的外贸公司、生产企业、科研院所、外商投资/独资企业、私营企业参展。

广交会贸易方式灵活多样,除传统的看样成交外,还举办网上交易会。广交会以出口贸易为主,也做进口生意,还可以开展多种形式的经济技术合作与交流,以及商检、保险、运输、广告、咨询等业务活动。来自世界各地的客商云集广州,互通商情,增进友谊。

表2.6 广交会简介

创办年代	1957年春季
展出周期	一年两届,每届两期
举办时间	春交会: 第一期 4月15日—20日 第二期 4月25日—30日 秋交会: 第一期 10月15日—20日 第二期 10月25日—30日
会　期	第一期6天,第二期6天
展览地点	中国进出口商品交易会琶洲展馆(广州市海珠区阅江中路380号) 中国进出口商品交易会流花路展馆(中国广州市流花路117号)

续表

创办年代	1957 年春季
净展览面积	116 万平方米（2012 年秋交会）
总展位数量	59 509 个（2012 年秋交会）
出口成交额	326.8 亿美元（2012 年秋交会）
境外采购商	188 145 人（2012 年秋交会）

二、回眸广交会走过的辉煌五十多年

弹指一挥间，广交会已经走过了五十载春秋，从1957年春在广州原中苏友好大厦举办首届交易会以来，每年春秋两季各举办一届，每届分为两期。2006年10月是广交会的第100届交易会，2012年是第112届交易会。回顾经历过的50多年风风雨雨，广交会的方方面面都发生了很大的变化，在展出规模、参展主体、到会客商、成交数额、商品种类等方面均实现了时代的跨越。广交会堪称是我国对外贸易发展的见证人，实录了外贸发展的历史轨迹。

从弱到强，从无到有。回首当年，中国商品出口旨在冲破西方国家对我国经济的封锁、禁运，发展我国与世界各国的贸易关系和友好往来。1957年举办的首届展览会，展馆面积仅有18 000平方米，参展交易团13个，参展商品也只有12 000余种，然而来自19个国家和地区的客商共1 223人次到会洽谈，累计达成交易金额1 754万美元。尽管如此，这对当时中国经济的发展已起到了巨大的推动作用。

面积不断扩大、展品数量倍增、客商明显增加、成交量稳步上升，是这些年广交会发展的显著特征。自创办以来经历了3次选址，时至今日，广交会展馆（流花路）展览面积已经达16万平方米，新展馆（琶洲会馆）已开始投入使用（相比之下全国每年5万平方米以上的展览会不超过10个）。据广交会副秘书长徐兵介绍，刚刚成功举办的第99届中国出口商品交易会，共有来自211个国家和地区的190 011名采购商到会，展位达到30 058个，净展面积27万平方米，出口成交首次超过300亿美元，成为中国内地举办历史最长、规模最大、商品种类最多、成交效果最佳的综合性出口商品交易会。第112届广交会已于2012年10月31日揭幕。

广交会创办以来，其成交额逐年上升，目前广交会的年出口成交额占中国一般贸易出口总额的四分之一。从表2.7可以直观地观察到广交会几十年来的成就。

表2.7 广交会历届成交额统计

年份	成交额/百万美元		全年成交额/百万美元	比前一年增、减/%	每个五年计划内成交/百万美元
	春交会	秋交会			
2012	36 030	32 680	68 710	−8.09	
2011	36 860	37 900	74 760		
2010	34 300				
2009	26 230	30 470	56 700	−18.7	
2008	38 230	31 550	69 780	−5.5	
2007	36 390	37 450	73 840	11.4	
2006	32 220	34 060	66 280	13	
2005	29 230	29 430	58 660	13.4	
2004	24 510	27 200	51 710	107.5	
2003	4 420	20 490	24 910	−29.4	199 741
2002	16 850	18 470	35 320	21.2	
2001	15 774	13 367	29 141	1.9	
2000	13 652	14 950	28 602	17.9	
1999	11 551	12 728	24 279	14.5	
1998	10 215	11 000	21 215	4.3	113 091
1997	9 817	10 533	20 350	9	
1996	8 795	9 878	18 673	−3.8	
1995	10 791	8 621	19 412	−8.6	
1994	10 152	11 085	21 237	45.2	
1993	7 115	8 480	14 625	1.1	82 595
1992	6 899	7 573	14 472	12.6	
1991	5 743	7 106	12 849	13.2	
1990	5 655	5 695	11 349	4.2	
1989	4 820	5 571	10 895	13.6	
1988	4 648	4 944	9 592	12.3	47 706
1987	4 059	4 480	8 539	16.5	
1986	3 242	4 088	7 330	29.2	

续表

年份	成交额/百万美元		全年成交额 /百万美元	比前一年 增、减/%	每个五年计划 内成交/百万美元
	春交会	秋交会			
1985	2 573	3 103	5 676	9.5	22 923
1984	2 404	2 778	5 182	15.5	
1983	2 218	2 268	4 486	61.3	
1982	504	2 277	2 781	−42	
1981	2 063	2 735	4 798	8.9	
1980	1 898	2 511	4 408	−14.2	20 031
1979	2 432	2 708	5 140	18.7	
1978	1 883	2 448	4 332	34.1	
1977	1 547	1 682	3 230	10.6	
1976	1 333	1 589	2 921	9.5	
1975	1 247	1 420	2 667	12.8	11 071
1974	1 097	1 267	2 364	−20.3	
1973	1 381	1 587	2 968	58.5	
1972	793	1 079	1 872	55.9	
1971	505	695	1 201	31.7	
1970	403	509	912	19.4	4 216
1969	335	428	764.0	−12.8	
1968	396	480	876	6.4	
1967	418	406	824	−2	
1966	360	481	840	11	
1965	325	432	757	44.9	国民经济调整时期 1 637
1964	242	280	522	46.1	
1963	149	209	358	36.7	

续表

年份	成交额/百万美元		全年成交额/百万美元	比前一年增、减/%	每个五年计划内成交/百万美元
	春交会	秋交会			
1962	117	145	262	−3.4	
1961	140	131	271	17.5	
1960	125	105	231	5	1 262
1959	76	144	220	−21.3	
1958	153	126	279	221.3	
1957	18	69	87	1	87

从表2.8可以看出外商参加广交会的人数逐年增加,尤其是1997年以后的增加值更为明显,从某种意义上说,广交会实际上就是为国内企业打开了一扇窗口。在每届交易会上,收集国内外先进技术和市场信息,实现技术产品升级成为中国企业的重要工作。

表2.8 历届采购商到会统计

年 份	采购商人数/人		来自国家和地区/个	
	春季	秋季	春季	秋季
2012	近21万	188 145	213	211
2011	207 103	209 175	209	210
2010	203 996	200 612	212	208
2009	165 436	188 170	209	212
2008	192 013	174 562		
2007	206 749	189 500	211	213
2006	190 011	192 691	211	212
2005	195 464	177 000	210	210
2004	159 717	167 926	203	203
2003	23 128	150 485	167	201
2002	120 576	135 482	185	191
2001	111 886	101 382	181	176

年　份	采购商人数/人		来自国家和地区/个	
	春季	秋季	春季	秋季
2000	98 005	105 031	174	174
1999	79 526	91 213	170	174
1998	64 868	70 019	166	165
1997	60 326	62 309	159	165
1996	50 851	59 050	152	151
1995	52 350	52 604	150	167
1994	49 882	51 219	125	142
1993	38 316	46 952	139	141
1992	48 677	51 411	139	132
1991	44 276	45 750	127	129
1990	40 436	42 236	105	117
1989	38 470	37 101	109	98
1988	35 464	41 318	111	102
1987	27 168	32 139	100	114
1986	26 730	31 617	83	96
1985	24 588	26 911	90	87
1984	23 690	25 838	98	92
1983	21 785	23 882	87	84
1982	9 834	22 340	69	92
1981	23 172	24 388	103	92
1980	20 560	21 959	101	94
1979	25 332	24 436	104	97
1978	17 547	21 081	98	97
1977	16 049	17 370	99	94
1976	14 330	15 326	99	92

续表

年 份	采购商人数/人		来自国家和地区/个	
	春季	秋季	春季	秋季
1975	16 724	15 878	107	110
1974	15 016	15 781	86	88
1973	16 734	13 649	93	85
1972	12 539	14 598	74	82
1971	9 834	10 606	67	70
1970	7 290	8 046	73	57
1969	7 106	7 721	60	63
1968	9 349	7 012	67	65
1967	7 849	6 662	62	60
1966	6 533	6 329	62	52
1965	5 034	5 961	53	56
1964	3 719	4 444	51	51
1963	2 871	3 100	38	42
1962	2 553	3 640	29	36
1961	2 463	2 244	23	31
1960	2 688	2 542	37	31
1959	2 451	2 661	31	31
1958	2 256	3 096	36	40
1957	1 223	1 923	19	33

三、广交会将引领中国会展业的发展

经过 50 多年的实践摸索,在展会定位、运营管理、展会服务等方面已远远超过国内其他展会,广交会已成为中国展览会中的一块金字招牌,它被业内戏称为中国外贸出口的"晴雨表""中国第一展",广交会已成为全国各地竞相模仿的一种模式。

案例讨论：

1.谈谈广交会在中国经济中的作用。

2.结合广交会的发展历程,分析一下中国会展经济的变化。

项目3
会展市场营销管理

【知识目标】

◇ 熟悉会展市场营销的特点
◇ 分析会展市场营销的主体构成
◇ 掌握会展市场营销体系
◇ 掌握会展市场营销管理的内容

【技能目标】

◇能够为各主体制定营销对策
◇能够识别会展市场主体
◇能够搭建会展市场营销体系
◇能够掌握会展市场营销管理的内容

【学习重点】

◇会展市场营销体系
◇会展市场营销管理的内容
◇会展市场各主体的营销

【学习难点】

◇会展营销的策略

【案例导入】

中国(大连)国际服装纺织品博览会参展商和贸易商的邀请

一、国际招展

依托各主办协办机构的广泛影响,向世界服装纺织产业发达国家和地区发出正式的高规格邀请,与国外官方、半官方贸易促进机构或行业协会紧密合作,组织海外展团、海外企业参展;此外,以组委会的名义向一些服装纺织产业发达国家发出邀请,举办诸如"日本服装日"等国外服装纺织品主题推广活动,以满足海外服装企业进入中国市场的需求。具体如下:

①直接或间接促销:发挥区域优势,通过日、韩贸易振兴机构等带来千家贸易商临会。这属于间接促销,通过其他相关机构的协助,借助它们的营销网络为服博会做宣传,可以免去直接开展海外促销的麻烦与不便。东南亚和大洋洲地区,组织澳洲、新西兰等地专业贸易采购团。这是直接促销,在财力、物力、人力等条件允许的情况下,适当组织针对贸易采购团的直接促销活动,可以加强对促销的效率和效果的控制,掌握有效的促销时机。

②联合促销:与环球资源合作组织中东、欧洲、南美买家洽谈会,与 ASAP 公司合作组织超过 50 家大型跨国买家团。这两种方式都是比较典型的联合促销,通过与相关组织的合作,利用其对当地买家的了解及其成熟的商业运作模式,联合促销服博会,可以取得事半功倍的效果,同时也能实现合作双方的共赢。

③借势促销:利用俄罗斯年的机遇,当年 6 月大连政府赴俄组织专业买家团。俄罗斯年是中俄两国的重要交流活动之一,具有重大的影响力和号召力,能在俄罗斯年的大背景下开展服博会的宣传,可以更有效地拉近俄罗斯专业买家与服博会的距离,促使他们放心且乐意来参与。这属于典型的借势促销。

二、国内招展

各主办、协办单位通过多种渠道邀请 50 家中国服装纺织出口名牌企业参展,组成中国服装纺织品名牌展区;大连市四大班子领导带队分片到服装纺织产业主要省市招商,组织地方展团参展。同时与国内 2 000 家在当地具有代表性的商场进行沟通,展会期间邀请国内重点 500 家商场到会、数十家批发城参会。

①东北地区成立专项工作组,为参展企业顺利进店做好前期准备,并将带来东北地区最具实力的贸易商近万人次。

②其他地区将分 3 条线路,走访产业集群地及中心城市,邀请商场、重点的批发城及各地区的代理商、加盟商等,届时也将有近 2 万个专业贸易商临会。

三、贸易商的组织邀请

将国外买家和国内买家的组织邀请同时列为重点,各主办、协办机构向各有关驻华使馆商务机构发出正式照会,邀请有关的国家驻华经商参赞参加服装纺织品博览会,同时向我国驻外使馆商务参赞处发函,帮助邀请国外贸易商;中国商业组织邀请国内大型商场代表临场洽谈;大连市政府及其各职能部门邀请国内外相关合作机构、友好企业。

资料来源:中国(大连)国际服装纺织品博览会官 http://www.cigf.com.cn/

思考题: 结合服博会的营销想一想会展市场营销的主体有哪些?

随着经营主体的增多和竞争水平的提高,会展业市场变得更加复杂,市场研究与营销管理在区域会展业发展和会展企业经营管理中的重要地位更加凸显。本章对于会展业的市场分析与营销管理将主要从会展市场主体、会展市场体系以及会展市场营销管理及策略3个方面进行详细阐述。

任务 1 会展市场营销概述

3.1.1 会展市场营销的特点

会展营销在会展活动运作和会展经济发展中扮演了重要的角色,会展营销是会展经济的助推器。会展营销就其过程来看,是会展经济主体利用其占用的资源向目标市场传递会展产品信息,实现预期经济目标的行为。由于会展产品具有典型的无形性和综合性,因此会展营销必然是一个综合利用资源的过程。会展营销涉及的利益主体、内容、手段等皆具有其特殊性,与一般的营销活动存在明显区别,会展营销的特点主要体现在以下4个方面:

1)营销主体的综合性

会展营销的主体十分复杂,大到一个国家或城市,小到每个会展企业甚至是一次具体的会议或展览会。每个主体的营销目的不完全相同,营销内容的侧重点也存在明显差异。往往在一次展览会中,各个主体都要为了各自的目的开展营销活动。因为一次展览会可能要牵涉众多的组织和企业,大型的国际性展览会可能由当地政府主办,由一家或者几家展览企业承办,其中个别较复杂的活动则由具体的项目组去承担。换句话说,一个展会由几方共同操作,且各自

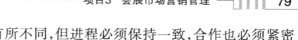

承担的工作在深度与广度上有所不同,但进程必须保持一致,合作也必须紧密有效。

2) 营销内容的整体性

展览会的举办时间、地点、主题及内容等都是参展商和专业观众所关心的,任何一环如有不妥都可能导致展会的失败。因此,会展营销的内容必须具有整体性,既包括举办会议或展览会的外部环境,如城市安全状况、旅游综合接待能力等,又包括会议或展览会的创新之处,能够给参展商和观展商带来的独特利益,以及配套服务项目与水平等,这一切都会影响参展商的购买行为——是否考虑参展,判断是否属于高质量的展会等。

3) 营销手段的多样性

会展营销的主体复杂和内容广泛决定了展览会必须综合利用各种手段来开展宣传,以达到预期的营销目的。从传统的广播、电视、报纸,到各类行业杂志、专业会展杂志,到面向大众的路牌广告、地铁或的士广告以及已渗透到各行各业的互联网,会展营销主体正以平面或立体的方式,将大量的信息以最快、最直接的方式传递给大众。但有一点必须指出,营销手段要讲究综合利用的阶段性,在每一阶段要用适当的方式宣传特定的内容,而不是间断或大批量地重复毫无新意的广告,只有这样才能给大众留下最深刻的印象和触动,从而激发潜在参展商及观众的参展愿望。

4) 营销对象的参与性

在许多时候,会展活动的组织者虽然策划并操作会议与展览,但对行业的认知程度可能并不深刻,因而在整个过程中必须广泛听取参展商和观展商的意见,并根据自身能力及参展商和观展商的要求尽可能地调整营销内容,以更好地满足展会消费者的需求。另外,在会展活动中,参展商和观展商的参与性都很强,组织者必须与其实现互动,才能提高其满意程度。例如,在招展工作中,参展商会根据自身需要对展会服务提出要求,展会组织者应及时听取反馈意见并改进工作,而且针对不同类型的参展商,要制定不同的营销内容。

3.1.2 会展市场主体构成

会展市场主体是指会议与展览运作过程中的主要参与者。会展市场主体主要包括 3 个部分,即展会的组织者、参展商与观展商。会展组织者是一个展会事件的发起者,整个展会事务的执行者,以及展后事务的处理者,是在会展中处于主导地位的市场主体。通常在会展的实际运作过程中,展会的组织者又分为主办者和承办者,主办者与承办者在法律地位与职责上有明显的区别。参展商是受会展组织者邀请,通过订立参展协议书(或会展合同),于特定时间,在展出场所展示产品或者服务的主体。观展者是通过购买门票或提前注册入场参观、与参展商进行洽谈的自然人、企业以及其他相关的市场主体。下面,我们就主要从展会主办者、承办者、参展商和观展者 4 个方面进行详细阐述。

1)主办者

会展主办单位大多为政府部门和事业单位性质的各类协会、商会等,其在主办各类展会时,也必须充分尊重参展商和观展商的自由选择权。由于我国目前既没有专门的会展法,也没有专业会展组织者资格的认定标准,因此对于会展主办者资格的认定并没有专门部门和专门文件做出明确规定,一些零散的规定散见于部委规章、地方性法规,甚至是部委的某些函件中。如在《关于出国(境)举办招商和办展等经贸活动的管理办法》中,对涉外会展主办单位资格应具备的条件做了相关规定。该《办法》第五条规定:"外经贸部及其授权的单位,主办全国性的赴国(境)外的招商活动。各省、自治区、直辖市、计划单列市人民政府的对外经济贸易主管部门,主办本地区的赴国(境)外的招商活动。除上述单位外,不得组织赴国(境)外的招商活动。"接着《办法》第六条则根据办展的范围和规模,对主办单位做了进一步的具体规定。

关于展会组织者(包括主办者和承办者)的职责,在《关于出国(境)举办招商和办展等经贸活动的管理办法》中也做出了相应界定。《办法》第七条规定主办单位的职责为:根据外经贸发展战略需要,结合本地区、本单位业务实际,制订并负责向外经贸部申报出国(境)招商活动和办展活动计划,选定招商项目、展览商品和参加活动的企业、审核招商或办展承办方案、监督检查招商或办展活动的效果。

从 1997 年我国会展活动的实际运作来看,展会的主办者主要包括各级政府部门、各级贸易促进机构、各类行业协会、商会以及部分规模较大的企业等。

(1)政府部门、贸促机构

各级政府部门和贸易促进机构代表国家和地方利益,因此在组织展会时,主要考虑的因素是国家和地方的经济发展规划、贸易和产业政策等,从而在此基础上兼顾其他因素做出决定。如对于世界博览会,由于世界博览会是全球最高级别的国际展览会,是各国动员全国力量,全方位展示本国社会、经济、文化成就和发展前景的最好机会。举办世界博览会,能给举办国创造巨大的经济效益和社会效益,提升举办国的知名度,促进社会的繁荣和进步。因此,世界博览会的申办和主办通常由各国政府部门和申办城市的政府部门担任主办者的重要角色,对世界博览会的全程进行运作。

（2）行业协会、商会

商会、行业协会代表行业的利益,因此主要考虑产业或行业的相关政策与发展。在我国大多数举办成功的国际性展览,其主办者都是中国的行业协会,而非行业协会主办的同类展览一般都不如行业协会主办的展览有规模和有影响力。我国行业协会主办专业展览主要具有以下几方面的特点和优势:

①行业协会掌握全面的行业信息和发展动态,办展具有针对性,能较好地满足行业、参展商和用户的需要;

②行业协会拥有众多的会员单位,与国内外同行具有广泛的联系,拥有庞大的网络系统和较大的影响力;

③行业协会在办展的同时,往往还要举办一些对行业发展有针对性的学术交流活动和新产品、新技术介绍活动,以及行业的重要会议等,这是其他单位办展所不具备的;

④行业协会容易得到政府部门和国际行业组织的支持和帮助,以及行业企业的信赖。

因此,即使是国外的知名展会"移居"中国,要想占据中国市场,通常也需要与我国相关行业协会合作,才能保证展会的规模和水平。我国各类行业协会众多,如中国软件行业协会、中国电子元件行业协会、中国印染行业协会、中国仪器仪表行业协会、中国船舶代理行业协会、中国抗菌材料及制品行业协会等,几乎各行各业都成立了自身的行业协会。而商会则一般为各地设置的商会,如四川省总商会、海南三亚市总商会、福建泉州市总商会等,也有按行业分成立的商会,如中国信息产业商会、中国机电商会、福建惠州鞋业商会等。

（3）公司企业

公司与企业主办展会时,通常与政府部门或行业协会结为伙伴,这样有利于提升展会的知名度和扩大展会的影响力。一些大型企业自己主办展览的目的主要是发布新产品,增加销售额,提升公司形象等。

无论是政府部门、贸促机构,还是行业协会和商会,以及公司企业,虽然办展的出发点有所不同,但是在做出展出决定时,都应从实际需要出发,力求站得更高、看得更远、展览举办得更科学。

2) 承办者

从表3.1可以看到,展会承办者一般为企业法人,承办者主要负责展会的具体运作过程中的事务。

对于我国会展承办单位资格,目前我国实行的是资格审定制度。凡从事境内对外经济技术展览会(简称"来华展"),或出国举办经济贸易展览会(简称"出国展")业务,都必须获得政府有关部门批准的办展资格,否则不能进入展览市场。对于来华展必须经外经贸部批准获得办展资格的单位,才能从事来华展览业务。目前全国具有举办来华展资格的单位约300多家。

表3.1 我国部分展会主办者与承办者一览表

展会名称	主办单位	承办单位
2002第九届中国国际医药展览会	国家食品药品监督管理局 杜赛尔多夫展览(中国)有限公司	杜赛尔多夫展览(中国)有限公司
2003第十届中国国际给水排水技术及设备展览会	中国建筑金属结构协会给排水设备分会 中展集团北京华港展览有限公司	中展集团北京华港展览有限公司
2003上海国际汽车展	上海市贸促会 中国国际贸促会汽车行业分会 中国汽车工业协会	上海市国际展览有限公司 德国慕尼黑国际展览有限公司 国际交易会及展览有限公司
2004第四届中国国际轮胎及橡胶技术展	中联橡胶(集团)总公司	中联橡胶(集团)总公司

续表

展会名称	主办单位	承办单位
2004 第五届航空航天博览会	中国国际贸易促进委员会 国防科学技术工业委员会 广东省人民政府 中国民用航空总局 中国航空工业第一集团公司 中国航空工业第二集团公司 中国航天科技集团公司 中国航天科工集团公司	珠海航展有限公司
2004 第三届中国（武汉）国际工业自动化展览会	中国国际贸促会武汉市分会 中国国际商会武汉商会 湖北省机械汽车行业管理办公室 湖北省自动化学会 湖北省仪器仪表学会 武汉市自动化学会	湖北好博展览有限公司 中国国际贸促会武汉市分会

　　对于出国展览资格的审定,则主要依据中国国际贸易促进委员会 2000 年颁布的《出国举办经济贸易展览会审批管理办法》,《办法》中规定下列单位具有出国办展资格,中国贸促会及其行业分会;各省、市、自治区及计划单列市(含原计划单列市)贸促分会;各省、市、自治区及计划单列市(含原计划单列市)外经贸主管部门;原外贸、工贸总公司;各进出口商会和外商投资企业协会以及经外经贸部批准的其他单位等。目前全国具有出国办展资格的单位约 200 多家。从国际标准来看,目前我国会展公司的标准化程度与国际水平还有很大差距,至今国内只有几家展览公司通过了 ISO 9002 质量认证。加入世贸组织后,我国会展公司在承揽展览业务,尤其是国际展览业务时,国际标准和资质将成为企业参与竞争的重要砝码。

　　关于我国会展承办单位的职责,在原对外贸易经济合作部公布的《关于出国(境)举办招商和办展等经贸活动的管理办法》第七条中做了相应界定:"根据主办单位的要求,具体办理布置展场、运送展品、安全保卫、广告宣传、现场活动、安排人员食宿交通、办理出国手续、收取费用等工作。"事实上,随着展会组织专业化程度的增强,展会承办者的职能在不断扩充,例如由展会主办者负责的招展招商活动都由承办者按照主办者要求,具体运作完成。

3) 参展商

从参展企业角度来看,参展应诠释为企业的一种营销活动,企业在展会中不仅可以展示新技术、新产品,更可以借此树立品牌形象,提高企业和产品的知名度。同时,除了展览本身以外,在展会期间举行的各种会议、论坛、表演以及招待会等活动更成为展会吸引企业的附加因素,展会以其独具的专业性和针对性成为国内外企业面对客户、展示自我的重要手段。根据不同的性质可以将参展商分成不同的类型:

(1)根据参展区域划分

对于会展组织机构和会展主办地来说,根据参展商所属地区的不同,可以将参展商分为区内参展商、国内参展商、国际参展商。顾名思义,区内参展商是指会展所在地参展的人员,国内参展商是指本国境内前来参展的人员,国际参展商则是指以境外注册企业或境外品牌名义参加展览的人员。境外参展商占整个展会人员比例的多少是衡量和评价一个展会国际化程度的重要指标,所以拓展国际市场是提升会展产业影响力的重要手段之一。

(2)根据参展目的划分

明智的企业参展都应该带有一定的目的,可以分为基本目的、发展目的和提升目的。所谓基本目的就是为了销售、产品与成交目的,展览时间虽然短,但为了便于客户直接与商家交流,大多数参展者都希望在展览会上达成一些协议或意向,并以之为他们在展览会的最大收获;发展目的就是为了利于公司以后的发展为目的而参展,这种目的包括了解市场、发现需求、了解客户需求、收集市场信息和试探定价余地;提升目的就是为了需求合作、交流经验、扩大销售网、寻求新代理和提升公司形象等几种。按照参展目的对参展商进行划分有利于市场定位。如表3.2所示。

表3.2　参展目的分类

基本目的	销售目的、产品目的、成交目的
发展目的	了解市场、发现需求、了解客户需求、收集市场信息、试探定价余地
提升目的	寻求合作、交流经验、扩大销售网、寻找新代理、提升公司形象

(3)根据参展地位划分

目前,展会开始由综合性展会向专业性展会过渡,一场展会的举办能将某个行业的企业聚集在一定的空间之内,而行业是个庞大的系统,按照各个参展商在行业中的地位,可以将其分为领导者、成长者和落后者3个群体。所谓领导者就是指参展企业中一些规模庞大、实力雄厚的龙头企业或组织,他们在行业中有着很大的影响力和号召力,是行业的老大;而实力超强的企业毕竟是少数,大多数参展企业处于成长阶段,他们发展潜力强劲,但是目前他们实力相对于领导者来说还比较弱小,处于成长阶段;落后者从规模和影响力方面都不能和前两者相比,但是他们可以通过展示自己的经营特色来达到自己的参展目的。

(4)根据合作程度划分

根据参展商之间合作程度不同来划分,可以将参展商群体分为单独参展商、联合参展商。所谓单独参展商就是参展商以单个组织或个人的名义参加展会;联合参展商就是指由两个或两个以上参展商组成的参展群体,利用联合参展的形式可以节约成本和制造声势,很多企业参加国外的展览时,通常会采取联合参展的方式进行参展,这样可以降低风险、减少投资。

4)观展者

观展者是会展经济中另一个重要的构成部分,按照观展者的身份及目的可以将其分成专业观展者和一般观展者。

(1)专业观展商

专业观展者是直接与参展者利益相关,成为会展市场中关键要素的观众群体,他们或扮演供给方的角色或成为需求方,因此,专业观展者参加展会的目的是直接与其业务相关。按照专业观展者的参展目的又可以分为产品供需型和技术探求型。产品供需型专业观众以产品交易为最终目的,通常由市场人员构成,如采购员、市场部经理等。技术探求型专业观众则不以达成合约为目的,其观展的目的在于探求相关领域技术的发展状况,了解该领域的最新动态,该类观众主要由技术人员构成,如软件开发者、工程师、设计师等。

(2)一般观展商

一般观众则不以达成交易为目的,而是出于兴趣和爱好来了解展会情况的群体。由于一般观众只是希望初步了解展会情况,因此,参展商不会像对待专业观众那样重视一般观众,所以许多展会,尤其是专业技术方面的展会不允许一般观众入场,即使允许也安排在展会的最后两天。但是对于消费类展会而言,一般观展者受重视程度较高。

任务 2　会展市场营销体系

　　会展市场主体的多样性和会展活动的复杂性决定了会展营销活动的复杂性。一次大型的展会是一项复杂的系统工程,其直接表现就是存在多个利益相关者。成功举办一个展会涉及举办地、主办者、会展企业、场馆、参展商、工程搭建商等,每个层次的营销活动和营销对象以及营销目的都大相径庭,如表 3.3 所示,现以会展城市、会展主办者、会展企业、参展商为主简单论述他们的营销对象、营销内容和营销目的。

表 3.3　会展市场营销体系

营销主体	营销对象	营销内容	营销目的
会展城市	会议或展览组织者	优越的办展环境	吸引更多、更高档次的会议或展览在本城市举办
会展主办者	参展商、政府、观展商、媒体	强调会展对当地的贡献率和对产业的拉动力、展会的规模、档次和观展者	吸引更多的参展商参展、观展商观展、政府的支持
会展企业	会展主办者、媒体	大力宣传自己的展会策划能力	争取承办展会策划业务,树立企业形象
展览场馆	主办单位和展览公司、参展商、专业观众、媒体	功能完善的设施和优良的配套服务	吸引更多的档次高的展会在本中心举行,提高场馆知名度
参展商	专业观众、其他参展商、媒体	宣传自己的新产品、新服务和新技术等	吸引新客户和新的合作单位以及树立本企业的形象
旅游企业	会展主办者、参展商、观展商	宣传自己的专业服务	争取会展外围服务,招揽更多业务

3.2.1 会展城市营销

举办会展活动需要有良好的外部环境做支撑,同时,会展产业的发展需要各种要素的自由流动,这客观要求外界充分了解会议或展览的主办城市,并渴望与主办城市的各类企业进行业务交流。因而,会展城市营销可以为城市会展经济的发展提供良好的环境。会展城市营销的对象主要是会议或会展主办者,主要宣传城市优越的办展环境,在营销运作时应重点关注以下 3 个方面:

1)政府牵头,组织整体促销

通过这种方式,城市可以将会展整体营销的市场运作和政府主导有机结合起来。当然,在具体操作时每个城市应该依自身的实际情况灵活处理。例如,除了举行以介绍城市会展业的总体情况为主题的说明会外(这部分费用一般由政府来承担),还可以策划品牌展览会的专场推介会,参加此推介会的展会主办者或企业便需要交纳适当的费用。

2)抓住时机,开展事件营销

事件(events)一般指有较强影响力的大型活动,其范围相当广泛,包括国际会议或展览会、重要体育赛事、旅游节庆以及其他能产生较大轰动效应的活动。作为一种新的营销理念,事件营销(events marketing)的实质就是地区或组织通过制造有特色、有创意的事件来吸引公众的注意,并让其对自身的品牌或产品产生好感。会展城市进行事件营销主要有 3 个渠道,即举办节庆活动、利用重要事件、制造公关事件。

3)建设目的地营销系统,推进网络营销

人类社会已经步入信息时代,各类企业在经营活动中都广泛借助国际互联网来收集、处理信息和汇集、整合资源,作为第三产业中一支重要力量的会展业也是如此。在将城市作为一个整体向外推广营销的过程中,最终形成了目的地营销系统(即 DMS,destination marketing system)。会展城市可以运用DMS 来开展营销活动,甚至可以和旅游目的地营销有机结合起来,以整合各类资源,特别是基础设施、专业场馆、市民素质、科技水平等,并能有效降低营销成本。

3.2.2　会展主办者营销

因为举办一次展览会,展会的主办者主要和政府、参展商、观展商和媒体接触,所以会展主办者市场营销的对象主要是这4个群体。通过对政府营销获得政策、资金等方面的支持;通过对参展商的营销获得高层次的企业参展;通过对观展商的营销获得足够多的专业观众;通过对媒体的营销来影响公众的思想和观点。

1)重点政府推广,获得政策支持

每个会展主办者都希望得到政府的支持,这种支持不仅是资金的投入,更重要的是政策上的。但是政府一般只对一定性质和规模较大的展会予以关注并给以相应的支持,这些展会一般是政治意义重大或者能够给当地经济有明显促进作用的展会。所以为了获得政府支持,主办者需要向政府进行推广,推广的主要方面是强调此展会对当地经济的推动作用和对产业的贡献率大等作用,以引起政府的注意。

2)准确市场定位,加大参展商营销

从一个展会的收益点来看,参展商的展位租赁费占展会收益的大部分,所以参展商营销是展会营销的核心工作。对参展商营销应该通过强调展会的规模和档次,以及专业观众所占比例的多少来吸引他们的参加。即首先向目标群体提供科学可行的专业观众营销计划,这是参展商们最为关心的问题;其次对展会的配套服务和参展政策进行承诺。

3)及时传递信息,吸引专业观众

专业观众的质量和规模影响着参展商的参展积极性,所以专业观众营销和参展商营销是相辅相成的。对专业观众的营销,展会主办者主要向他们传递展会有关信息,比如展会的规模性、权威性以及参展商的档次、其他专业观众的观展信息等,其最终目的是为了让专业观众了解展览会的内容、参展商情况以及可能给自己带来的价值,从而激发他们做出参展的决定。

3.2.3　会展企业营销

在瞬息万变的市场中,为了通过有效的营销活动争取承办展会策划业务,从而树立企业形象是会展企业能够在竞争中立于不败之地的有效手段。

1)塑造企业形象

一个市场认知度较高的企业容易得到参展商、主办者和专业观众的认可,而市场认知度要靠企业的知名度和美誉度来体现,所以会展企业要进行市场推广,首先要打造提升自身的形象。打造企业形象是一个长期的过程,是一个系统工程,需要在制定长远战略的基础上进行。

2)依托品牌展会

品牌是市场竞争的产物,是现代企业的一项重要无形资产。会展企业通过依托品牌展会来提升自己的形象,这是塑造品牌的较好的途径。因为良好的品牌最终必须通过适销对路的产品和优质的服务来体现。会展企业能够拥有品牌产品,参与品牌展会的策划是会展企业营销活动的重要策略。

3.2.4 展览场馆营销

会展场馆面对的服务对象十分复杂,除了展览会的主办单位和展览公司,还有参展商、专业观众、媒体记者甚至一般市民。展览场馆开展营销活动的主要目的有两个,一是树立鲜明的品牌形象,以吸引更多、更高层次的展览会;二是在设施布置、市场开发、现场管理等方面都更加人性化、专业化,切实提高面对各种对象的服务水平。会展场馆营销主要采用的方式有以下 3 种。

1)参与城市整体营销

所谓城市整体营销,就是整合城市的相关资源,进行统一设计和精心策划,并通过旅游节庆、文艺演出、媒体广告等途径,向公众宣传城市的经营理念、建设成就、自然资源和精神风貌等,从而改善城市环境、树立城市形象,增强城市对国内外各种资源的吸引力。而成功的国际会议或展览会都属于城市促销活动,对于宣传城市、提高城市知名度和美誉度有重要意义。因此,会展场馆应以城市景观、城市功能建筑、城市重要活动场所等多重身份融入城市整体营销。

2)实施品牌形象战略

不管是展览场馆,还是展览公司或展览会,品牌和形象都是其经营走向成功的关键。CIS 战略是打造场馆品牌和形象的关键。展览场馆品牌的塑造离不开公众尤其是展览公司对其企业形象的认可,只有在公众心目中树立了良好的形象,场馆的个性化服务才可能被人们接受和传播。因此,国内展览场馆要加强质量的控制,全面导入 CIS 战略,并在此基础上综合运用多种手段,实施品牌延伸策略,树立良好的市场形象。

3) 拓展功能提升吸引力

展览场馆拓展功能才能产生更为强烈的吸引力,并且能在会展淡季形成持续的效益。在此方面国内展览场馆应当向展览业发达国家学习。国外展览中心一般都能提供全方位的服务,包括银行、邮局、海关、航空、翻译、日用品、商店、餐馆,整个服务体系成为一座城中城。例如,新加坡博览中心拥有新加坡第二大的厨房(第一大厨房在机场),可同时供一万人用餐,并可以为参展商提供不同档次的商务套餐。德国许多展览会场中间的露天场地一般设有快餐中心区和休息场所,设有躺椅和遮阳避雨通道,以利于观众小憩。快餐中心区一般还设有风味特色餐厅,如亚洲餐厅和西式餐厅等,以满足人们多样化的需求。

3.2.5 参展商营销

从参展企业角度来看,参展应诠释为企业的一种营销活动,企业在展会中不仅可以展示新技术、新产品,更可以借此树立品牌形象,提高企业和产品的知名度。同时,除了展览本身以外,在展会期间举行的各种会议、论坛、表演以及招待会等活动更成为展会吸引企业的附加因素,展会以其独具的专业性和针对性成为国内外企业面对客户、展示自我的重要手段。

下面将主要介绍参展商参加展会的具体筹备工作,并就筹备工作中的重点进行详细阐述。在企业所有的营销方式中,参展环节最多、周期最长,而且各个环节紧密相连。因此,参展商的参展筹备工作是一项长期的工作计划安排,从经费预算、人员安排(包括筹备人员和参展人员),到项目运作(包括调研、联络、展品、运输、设计、施工、宣传、公关、膳食行)等都要统筹考虑安排。具体安排见表3.4。参展要做到有备而来、满意而归,可将参展商的参展归纳为以下16个字:谨慎选择,及时决定,用心准备,完善服务。

表 3.4 参展商展会筹备安排一览表①

时 间	参展筹备工作
12 个月前	选定全年展览计划
	向展览组织者提出申请
	选定展览场地
	进行展览财务预算
9 个月前	设计展览结构
	取得展览管理公司的设计批准
	选择并准备参展产品
	与国内外客户联络
	制作展览宣传册
6 个月前	实施各种推广活动
	支付展览场地及其他服务所须预先付款
	检查展览准备工作
3 个月前	继续追踪产品推广活动
	最后确定参展样品
	准备赠送客商的特色样品或礼品
	最后确认展位结构设计方案
	计划访客回应处理程序
	训练参展员工
	排定展览期间的约谈
	安排展览现场或场外的招待会
4 天前	装好运货文件、展览说明书及公司和产品宣传册
	出发前往目的地
3 天前	视察展览厅及场地
	咨询运输商,确定所有运送物品的抵达
	指示运输承包商将物品运送至会场
	联络所有现场服务承包商,确定一切准备就绪
	与展览组织者联络
	访问当地客户与顾客

①如何正确选择展览会备忘录. 新华会展网会展殿堂. www. xinhuanet. com/expo.

续表

时　间	参展筹备工作
2 天前	确定所有物品运送完成
	查看所订设备及所有用品及功能
	布置展位
	最后决定所有活动节目
1 天前	将摊位架构、设备及用品做最后的检查
	与公司参展员工、翻译员等进行展览前最后简报
展览期间	于展览第 1 天即将新闻稿送到会场的记者通信厅
	现场详细记录每 1 个到访客户的情况及要求
	每日与员工进行简报
	每天将潜在商机及顾客资料送回公司,以便即时处理及回应
展览结束	监督摊位拆除
	尽早预约明年展览场地
	处理商机,寄出谢卡

1) 谨慎做出参展决定

"谨慎做出参展决定"对参展商有两方面的要求。一方面是,参展商的参展目的要明确,在选择展会时要谨慎,尤其是目前我国会展业处于发展时期,会展市场秩序和市场机制还不完善。各种展会数目繁多,良莠不齐,因此企业在选择展会时要进行详细的调研工作。考察会展项目与本企业的行业或产品是否相符,主办单位与承办单位的具体情况,向相关行业协会询问展会的具体情况等。展览调研主要有 4 种方式,根据综合展览资料进行研究选择,根据具体展览资料进行研究选择,通过直接询问有关方面获取资料进行研究选择以及通过实地考察获取资料进行研究选择。企业可根据需要选择合适的调研方式,但必须采用认真的态度和科学的方法进行对待。

另一方面是,企业一旦做出参展决定,就要尽早提出参展申请,开始参展筹备。因为越是好的展览,申请者越多,然而参展名额有限,展览会组织者招展的公开原则通常是在对申请者进行资格审查的基础上按时间先后排序,并按此原则接纳新的参展者。就世界最好的展览会而言,连续等候数年仍不能参展的现象很普遍。因为展览会面积有限,现有参展者一般不会轻易退出,新进者便只有等待因违反展出规定而被禁止参展者的空缺。因此企业要尽早着手参展的申请与筹备,从而尽早落实参展时间和参展场地。

2）积极配合展前宣传

企业参展前的各种宣传推广活动也必不可少,如广告宣传在整个展览过程中扮演着重要角色,参展商应在展览会前在行业的专业杂志以及展览会刊上刊登广告及自己产品的特别报道。并提前将刊有自己产品彩页的专业杂志寄给目前及潜在的顾客群,提醒顾客该项产品将于会中展出,同时附赠由展览组织公司提供的且印有公司名称及摊位号码的展览入场券或贵宾卡。据调查,参观商参观那些曾经在展前寄发过邀请函的参展公司,比参观其他公司的展位的机会大4倍,可见做好展前宣传十分重要。

同时,网页宣传也是一种重要的展前推广方式。越来越多的展览组织者提供参展厂商与展览网页的连接,参展者可借此提高公司知名度,并可与客户在网上进行探讨,并与客户约定在展会期间的会谈。这样将大大提高展会对于客户的吸引力,并提升参展商参展的针对性和效益性。

3）加强培训参展人员

员工是展览会的特使,加强对参展员工的培训是建立企业专业形象和提升参展效用的必需。对参展员工的培训,应培养参展员工的3种基本能力,善于与客户沟通的能力、善于收集展会信息的能力以及熟悉产品演示的能力。首先,员工要乐于并善于与客户交谈并准确了解和抓住他们的需要,并立即记下客户的信息。同时,员工要熟练并热情地宣传企业和产品,宣传时要做到富有感染力和热情饱满,因为在观展商与专业观众看来,参展员工就是企业和产品的代表,其表现对观展商的决定起很大影响。

4）精心策划展台设计

企业展台的设计是对企业和产品形象的综合反映,其不仅是产品展示的载体,同时还具备广泛的信息传播和广告宣传功能。目前展台设计以及展会期间的活动组织已发展成为一项专门的展览艺术——展览礼仪企划。展览礼仪企划起源于20世纪40年代法国巴黎的展览会,20世纪80年代末90年代初,伴随着我国会展业的迅速发展,展览礼仪在我国也逐步发展起来,专业化和规模性逐渐增强。

展览礼仪企划包括从展台设计到各种配套活动的举办,通过专业策划公司的精心策划,为参加展览会的公司提供最完美的参展活动设计方案。硬件策划包括展位展台布置,以及与之配合的各种声、光、电效果;软件策划则包括各种宣传促销活动、展览礼仪模特的培训及包装等,从而最大限度地表现出参展商的优势。进行展览礼仪企划首先要了解展览会的类型、企业品牌、产品特点、展位的周边环境及竞争对手的情况等,从而确定展台风格,并进行整个礼仪活动的创意策划。进而根据创意将参展人员进行分工,包括解说员、演员、展示员、接待员等,并进行人员培训。展览礼仪企划的发展提高了展览会建设的专业化程度,有效地促进了展览行业专业化的进程,从而使其更加适应市场竞争的要求。

5) 用心收集展会信息

"用心收集展会信息"不仅指参展商要注重收集客户信息,同时展会使参展商及其竞争对手会聚一堂,因此这也是对竞争对手进行现场调研和信息收集的最佳时机。尽可能收集有关竞争对手的资料,如对方的定价、产品比较、付款条件、交货方式等,研究竞争对手的独特之处,并寻找自身产品、销售人员、展品、宣传资料、顾客评价和展会前的营销策略及其在实施效果方面与竞争对手的差距。可通过以下问题来评估与同行间的差距与原因①:

①参展企业与同行间的差距是积极还是消极?

②目前的差距有多大?

③造成这种差距的原因与时间?

④在客户眼中,这种差距对你企业成长有何影响?

⑤如何应对这种差距及竞争对手?

⑥如果参展企业占据优势较大,竞争对手是否很容易赶上?

⑦将如何保持这种优势,可以保持多久?

⑧除了竞争对手,还有什么因素会影响你的竞争优势?

6) 重视展会后续工作

"重视展会后续工作"也包括两个方面,一是展后对客户的跟进,从而使企业的销售更富有成效。二是重视对于参展效益的评估,每次展览会结束后立即与员工共同进行自我评估,以便不断改进,进一步提高下一次的参展效益。

3.2.6　旅游企业营销

旅游企业在会展活动期间进行营销,不是让其举办各种会展,也不是一定

---

①黄彬. 充分利用展会实现企业目标. 新华会展网会展殿堂. www.xinhuanet.com/expo.

具有游览风景的过程,而是让旅游企业发挥行业功能优势,为会展活动提供相应的外围服务。旅游企业对会展的宣传和营销是多种多样的,具体形式要根据目标顾客的不同而定,主要有会展主办者、协会、参展商、观众等群体。

1) 市场细分,针对营销

展览会和展销会的宣传和营销既要向参展商进行宣传和营销,同时也要对社会公众进行宣传和营销。对于社会公众的宣传和营销一般通过宣传册、广告、公关活动、新闻媒体、折扣门票、名人参与的方式;对于参展商的宣传和营销则通过电子邮件、直接邮寄、宣传册、广告、内部公关、外部公关、举办新闻发布会等形式并配合价格、差异化服务产品组合来进行。而对于会议的宣传和营销,只针对会议的举办方进行营销和宣传,对于与会者就不必要做太多的工作。

2) 搭建平台,网络营销

随着信息技术的不断发展,信息技术为会展旅游带来的不仅是硬软件的应用,更主要的是运作流程的优化和相关信息的集成、会展旅游的管理、营销思维方式的改变等方面,要体现信息技术的真正优势,需要在整个运作过程中进行信息化。因此面向传统会展旅游的营销,建立会展旅游信息服务体系成为一种必然。这个体系服务于会展旅游的各个主体,为会展旅游运作提供一个信息交流平台,并依据信息类型、处理方式和会展旅游的具体运作,分为政府服务、会展旅游新闻、会展旅游城市、分类会展、客户管理等功能模块。其基本宗旨是在城市会展及旅游行业主管部门、城市会展旅游企业、专业会议及展览组织者、参展商和专业观众之间建立起一座联系沟通的桥梁。

任务3　会展市场营销管理及其策略

3.3.1　会展营销调研管理

1) 参展商与观展商购买行为分析

参展商与观展商购买行为分析属于消费者行为研究的范畴,它是现代会展企业以顾客需求为中心经营理念的具体体现。参展商与观展商购买行为直接关系到会议或展览会的规模和市场价值,因而对其进行分析是会展市场研究的重要内容之一。参展商与观展商购买行为研究的实质就是通过分析参展商与观展商的购买过程,明确影响参展商与观展商购买行为的主要因素,从而帮助会展企业制订经营决策。

2）会展市场信息调研

会展市场信息是指反映会展活动特征及其发展状况的数据、消息、情报等的总称,它是企业发现新的市场机会和进行正确的经营决策的基础。所谓会展市场信息研究,是指以解决会展企业经营管理中的某个或若干个特定问题为主要目标,把通过各种渠道获得的市场信息进行归类研究,进而将分析结果提供给企业相关部门的行为过程,这一过程包括会展市场信息的收集、整理、分析等。

若以市场信息的内容为标准,会展市场信息研究大致可分为 3 类,即市场开发方面的信息研究、会展技术方面的信息研究以及专业客户方面的信息研究,如表 3.5 所示。

表 3.5　会展市场信息分类

信息类型	主要内容
市场开发方面的信息	会展市场的现状及发展趋势 同类型展览会的经营状况 展览会的市场占有率 潜在竞争者的数量和规模
会展技术方面的信息	会展场馆建设与装潢技术 新的布展概念与工艺 更先进的会议或展览设备 其他相关技术
专业客户方面的信息	参展商或与会者的基本情况 忠诚客户的经营动态 参加展会的目的 对展会项目、服务、价格的要求、建议和意见等

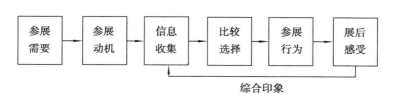

图 3.1 参展商购买过程示意图

图 3.1 具体地表明了参展商购买过程中的一系列行为,观展商的购买过程也与此类似。事实上,影响参展商与观展商购买行为的各种因素概括起来包括内部因素、外部因素和企业营销组合 3 个方面。其中,内部因素指参展观展需要、参展商和观展商对展览会的态度、展后感受等;外部因素包括经济态势、行业发展状况、协会推荐等;企业营销组合则指会展企业的展会项目、对外报价、分销渠道及促销活动等。

3)市场营销环境分析

与其他企业类似,会展企业经营环境也包括外部环境和内部环境两个部分。外部环境是会展企业不可控制的各类因素的总和,包括宏观外部环境和微观外部环境。宏观外部环境具体体现为政治、经济、社会文化、科学技术、法律等方面。会展企业对于宏观外部环境的分析可以采用企业战略管理中的 PEST(政治 Politics、经济 Economy、社会 Society、技术 Technology)分析方法。微观外部环境则具体指购买商和竞争者对于会展企业经营管理的影响。内部环境主要指企业人力、物力和财力资源配置、组合以及利用情况对于企业经营管理的影响。会展企业对于内外部环境的综合分析同样可以采用企业市场营销中的 SWOT(优势 Strengths、劣势 Weaknesses、机会 Opportunities、威胁 Threats)分析方法。

会展企业经营环境研究的目的是,分析企业外部不可控因素对会展企业经营的作用方式及影响程度,以指导企业对于内部可控因素进行动态调整,以适应外部经营环境,从而保证会展企业在日益激烈的市场竞争中立于不败之地。

在会展企业宏观外部环境的众因素中,经济因素对会展企业经营活动的影响最为明显。经济因素的内容十分复杂,但能直接影响会展企业经营发展的因素主要有 4 个,即产业发展政策、对外贸易发达程度、国民经济增长状况、交通运输及公共事业的发展水平。此外,科技教育、法律规范等因素也是会展企业宏观经营环境研究的重点内容。

在会展企业微观外部环境因素中,企业往往过度专注于对购买者即客户信息的研究,而忽视了对于会展市场竞争者的研究,这是企业需要着重加强的。对会展市场竞争者的研究又称会展市场结构分析,即分析自身和其主要竞争对手的竞争能力以及各自的市场占有情况,以帮助该会展企业明确自身的竞争地位,进而制订行之有效的竞争策略。竞争者研究的核心问题是明确本企业的优势,并在顾客心目中形成独特的定位。对于竞争者信息的研究主要包括对于地区会展行业竞争态势和市场结构的研究,对于竞争者资金、人才、技术实力的研究以及对于区域内未被发现市场机会的研究等。

4)会展市场潜力分析

在进行会展市场潜力分析时,必须预测整个市场的需求。这里的会展市场需求,相对于前面提到的较为严格意义上的市场需求"一定时期内,参展商或与会者对展会有支付能力的需求总量",是一种广义的市场需求,主要具备以下两个特征。这两个特征对于会展管理部门和会展企业对会展市场需求的判断有着重要影响。

(1)多维性

在会展市场供求关系信息研究中,会展市场需求具有多维性,如从空间的角度,会展市场需求可分为世界、全国、地区和当地4个层次;从行业的角度,会展企业可以将市场需求分为工业、农业、商业、服务业等各种类型。此外,对于会展市场需求的研究还可以从时间、产品等多个角度进行。

(2)层次性

会展市场需求主要分为潜在市场、有效市场、合格的有效市场、目标市场和渗透市场等几个层次。通过对不同层次市场需求信息进行研究,会展企业可以明确各个层次市场的需求规模和营销机会,进而制订相应的营销策略。

①潜在市场。市场是某种产品的现实市场和潜在市场的总和。其中潜在市场有3个特征:兴趣、购买能力和市场获取途径。假设某会展公司计划向S城市推出A展览会,它首先必须判断该城市对A产品感兴趣的参展商数量,这项工作可通过抽样调查来完成。如果平均100个相关企业中有15个对A展览会感兴趣,企业便可假定S城市中相关企业总体的15%可成为A产品的潜在市场。

②有效市场。仅有兴趣并不能促成参展商的购买行动。要顺利参加A展览会,潜在的参展商还必须拥有足够的收入和畅通的购买渠道。有效市场即指对某一特定会展产品感兴趣,并具有相应购买能力和市场获取途径的购买者的

集合。

③合格的有效市场。假设会展企业规划把 A 展览会办成一次国际性的品牌展览,而且已经有一批国外公司申请参加,另外还邀请了许多政府高级官员,这样,会展企业就会限制 A 展览会的销售,以确保该展览会的高品质。在这种情况下,那些实力弱小的公司将可能被排除在合格的有效市场之外。

④目标市场。在明确了合格的有效市场之后,会展企业接着要选择决定占领的市场即目标市场,它既可以是整个合格的有效市场,也可以是其中的部分细分市场。企业在目标市场上难免会遇到推广类似主题展览会的竞争者,并且竞争者的展览会也在目标市场中占据着相应的市场份额。

⑤渗透市场。渗透市场则是指已经购买了展览会 A 的参展商的集合。

如果会展企业对目前 A 展览会的销售额不满意,通过对会展市场需求信息的研究,可以采取一系列相应措施扩大销售额。如加大广告宣传力度,使更多的参展商对 A 展览会产生兴趣,以扩大潜在市场的规模;通过严格控制成本和开展规模经营,降低展览会 A 的报价,以增加有效市场的购买者数量;制订更有竞争力的营销组合方案,力图在目标会展市场中占有更大的份额等。

3.3.2　会展营销渠道管理

会展营销的渠道是指营销信息得以传递的途径和媒介。随着科技的不断发展,会展营销所依托的渠道也日益广阔,除了传统的广播电视、报纸杂志外,网络、户外广告等营销渠道为会展组织者提供了多样化的选择空间。因此,为了获得较为理想的营销效果,展览公司、会展场馆、参展企业等必须对营销渠道做出合理的选择与组合。

1)会展营销渠道类型

一般说来,可供选择的会展营销渠道包括以下 9 种方式。

(1)广播

广播是利用无线电波来传递信息的一种现代通讯方式。作为目前我国普及率最高的信息传播方式,它不受交通和路程的限制,能以最快的速度把广告信息传送到各地;具有较高的灵活性,只要是语言能表达的广告都可以传播,并能用群众喜闻乐见的形式表达出来;影响范围广泛且费用便宜;但广播仅有声音效果,展露时间短,不利于反复记忆,给听众留下的印象不深;听众比较分散,不固定收听广播的人易错过机会。

因此,广播在营利性会议或商业展览会的广告宣传活动中使用得较少,在一些具有特殊意义的会议中倒是用得比较频繁,但大都是媒体为了抢新闻而主动报道的,如全国人民代表大会、APEC会议等。

(2)电视

电视是通过图像和声音同时传递信息的现代广告媒体。其优点是形象生动、色彩鲜艳逼真,感染力强,观看者理解度高;形式多样,有利于加深印象;可利用名人效应,提高顾客的信任度;送达率高,影响面广。缺点也很明显,不仅广告费用高、消逝速度快,而且对观众无选择性,由于广告太多,有时会引起观看者反感且不利于记忆。

与广播一样,电视在各种营利性会议或商业展览会的广告宣传中也使用得较少,但一些意义重大的会议特别是国际性会议往往容易得到电视媒体的报道。

(3)报纸

报纸是以刊载新闻或新闻评论为主,面向公众定期、连续发行的出版物。它是现代社会传播新闻的主要工具之一,利用报纸做广告往往能在短期内就取得显著的效果。报纸发行量大、覆盖面广,信息传播快、时间性强,读者比较稳定,并在读者心目中具有一定的权威性;报纸广告制作简单、费用低廉;缺点是不具有动态性和形象性,并且质量有可能比较低下(有的广告是黑白印刷),因而对读者的刺激性较小;此外,报纸的发行量和数量也有限,且寿命短暂。

鉴于报纸的上述特点,会议或展览会主办者在广告活动中采用报纸的频率很高,以期广泛宣传会议或展览会,并吸引更多的潜在与会者、参展商和专业观众。

(4)杂志

所谓杂志,是指以期、卷、号或年月日为顺序,将众多作者的作品汇集成册,定期或不定期连续出版的印刷读物。其优势是有效期长,可供读者反复阅读;内容针对性强,对事件的背景、经过或发展趋势等能进行深度报道,读者对刊物的理解程度较高;制作精美,彩版杂志还可刊登彩色图片来介绍产品,能给读者留下较深印象;局限性是发行范围和订阅者有限、出版周期较长,传播信息的速度较慢。

会展活动以特定的产业或市场为基础,且主题一般具有较强的专业性,因而很多会议策划者或展览公司都喜欢在专业杂志上刊登广告。当然,杂志的目标读者必须与会议或展览会的潜在参展商或专业观众相一致。

（5）专业刊物

即专门介绍某一行业发展状况及态势的定期或不定期连续出版的读物,它可以是公开出版的,也可以是内部发行的,如行业协会的会刊等。除了具有一般杂志的优点外,专业刊物还有一个明显的特点,即读者阶层更具针对性,因而在其上刊登专业广告往往会收到事半功倍的效果;然而,相对大众化杂志来说,专业刊物的发行范围和读者范围更加有限,因此市场覆盖面更窄。

若从行业归属的角度,可以将专业刊物分为两大类,一是专业会展刊物,如《中国会展》《中国展会》《中国贸易报·会展周刊》等;二是各个行业的专业类杂志,如《模具制造》《精细化工》等。在登载广告时,会议策划者或展览公司应该根据会议或展览会的市场定位和媒体的主要受众群体,选择适当的媒体。

（6）互联网

所谓互联网,即借助电子、多媒体等高新技术,通过通信线路将若干台计算机有机连接在一起,所形成的一个可以收集、处理、存储和发布信息,进而实现信息资源共享的完整的系统,属于一种现代化的通信方式。根据性质的不同,可将网络分为局域网和全球网,其中,局域网指局域内部一台主机连接若干台主机形成的系统,全球网指由若干局域网连接而成的一个庞大的系统。

作为一种新兴的媒体形式,互联网具有很多优点:广告费用低廉;能够储存大量的广告信息,并实现迅速发布和实时监控（检查有多少人曾经浏览过某则广告,且检测结果比较准确）;广告的表现方式多姿多彩,有动态的 Flash 广告、图像广告、文字广告等,而且更新方便快捷;但也存在明显的缺点,譬如由于信息量过于庞大,广告很可能会淹没在信息的海洋里,不被目标受众所重视,或者是由于技术上的原因,导致顾客无法打开网页。此外,仍有不少人认为网上信息不可靠。

近几年,随着信息技术的迅猛发展和互联网的逐渐普及,网络在会展业中得到了广泛的应用,尤其是网上展览会的诞生和发展标志着互联网与会展业的结合有了新的飞跃。越来越多的国内展览公司也开始利用互联网来开展日常管理、信息收集与发布以及市场营销等活动,只是运用的广度和深度都亟待提高。

（7）商业网点

小型商业网络建设在大城市中的不断发展使得一些商业网点成为会展组织者传递信息的选择之一。商业网点通常与人群接触较为紧密,尤其是中小型商业网点,广泛分布于城市的各个角落,因此,利用这样的渠道能够在较大范围内传递会展的信息。目前部分会展组织者已经注意到该营销渠道,如上海举办的若干展览都与东方书报亭、便利店等商业网点结合起来,让人们就近了解到会展的相关信息,甚至就近购买展览的入场券。这类营销渠道的优势是信息可以深入到社区居民的日常生活中,而且在营销方式设计上相对简单、费用低廉;但由于零售点大多只局限于一个或几个小区,且广告方式比较呆板,因而影响力也仅仅局限于某个区域,无法辐射到更广的范围,影响力较为有限。

(8)户外媒体

户外媒体是一种典型的城市营销媒体形式,随着社会经济的发展,户外媒体已不仅仅是广告业发展的一种传播媒介手段,而是现代化城市环境建设布局中的一个重要组成部分。而电脑喷画技术在户外广告中的应用,极大地提高了户外广告的制作水平和表现力,与城市的美化、商店的布局、街道的连接相得益彰,互相辉映,成为现代大都市的又一景观。随着科学技术的不断发展,时下正在发展和普及的有电脑写真喷绘广告和柔性灯箱广告、三面转体广告牌、三面翻转广告牌、多画面循环广告牌、电脑控制的彩色活动跳格电子显示屏、发光二极管显示板、电子大屏幕墙、空中激光动画等新型户外广告媒体。新科技使得户外营销媒体在表现形式、视觉效果等方面更能引起观众的注意,进一步提高了信息传播的接受率。目前在许多大城市中,户外广告媒体已经成为扩大会展影响力、吸引人们广泛关注的重要手段。这里主要介绍以下5种主要户外广告媒体。

①路牌广告。在户外广告中,路牌广告最为典型。路牌从其开始发展到今天,其媒体特征始终是一致的。它的特点是设立在闹市地段,地段越好,行人也就越多,因而广告所产生的效应也越强。因此,路牌的特定环境是马路,其对象是在动态中的行人,所以路牌画面多以图文的形式出现,画面醒目,文字精练,使人一看就懂,具有印象捕捉快的视觉效应。

随着商业产品营销活动的快速发展,路牌广告的种类和表现形式也有了相应的发展。平面布局的绘画形式已不能充分利用比较好的路段媒介,于是运用长条连接的立体三面造型手法,用自动电路控制,使路牌广告能定时翻转。这样一块路牌的位置就可以放置3个不同的广告,而且因其翻动效果更加引人注目。这种电动动态路牌广告已成为当今国际广告的新趋势。

②霓虹灯广告。霓虹灯是户外广告中灯光类广告的主要形式之一,它的媒体特点是利用新科技、新手段、新材料,在表现形式上以光、色彩、动态等特点来

吸引观众的注意,从而提高信息的接受率。霓虹灯广告一般都设置在城市的制高点、大楼屋顶、商店门面等醒目的位置上。它不仅白天起到路牌广告、招牌广告的作用,夜间更以其鲜艳夺目的色彩,起到点缀城市夜景的作用。

③公共交通类广告。公共交通类广告如车船广告是户外广告中用得比较多的一种媒体,其传递信息的作用是不容忽视的。营销者可以借助这类广告向公众反复传递信息,因此它是一种高频率的流动广告媒介。特别是公共交通车辆往返于市中心的主要街道,在车辆两侧或车头车尾上做广告,覆盖面广,广告效应尤其强烈。这类户外广告大多还是采用传统的油漆绘画形式,结合部分电脑打印裱贴的方法。

④灯箱广告。灯箱广告、灯柱、塔柱广告、街头钟广告和候车亭广告的媒体特征都是利用灯光把灯片、招贴纸、柔性材料照亮,形成单面、双面、三面或四面的灯光广告。这种广告外形美观,画面简洁,视觉效果好。

⑤其他户外广告。其他户外广告如充气实物广告、旗帜广告、飞船飞艇广告、地面广告等都在会展市场营销中得到应用。

(9)直接邮寄

从严格意义上来讲,直接邮寄(direct mail)不属于媒体,而是直复营销范畴内的一种促销手段。但由于在招展、招商活动中,展览公司直接邮寄给参展商或专业观众的多为邀请函、参展手册等文字资料或光盘等,所以作者也将其放在这里进行讨论。直接邮寄的最大优点就是目标对象明确,信息内容的针对性强,缺点是工作量大且不易被邮件接收者重视,成本也相对比较高。

2)营销渠道选择的影响因素

当广告展露的送达率、频率和影响目标确定后,会展企业或参展商还必须正确评价各种媒体将信息传达给特定受众的能力,以便决策究竟采用何种媒体。一般而言,在选择媒体类型时,需要综合考虑如下4个因素。

(1)目标受众的媒体习惯

选择潜在顾客所关注的媒体来传达信息是广告宣传的一条基本准则,因为目标受众的媒体习惯会直接影响广告的展露数量及最终效果。因此,无论是会议或展览公司还是参展企业,在选择媒体时都必须充分考虑目标与会者、参展商或专业买家的媒体习惯。显而易见,一个以计算机配件、耗材展示为主题的展览会在专业杂志、报纸或网站上刊登广告,要比在电视上登载广告的效果要好很多。

(2)产品性质

不同形式的媒体在展示(立体或平面,静态或动态)、解释、可信度及色彩等各方面分别具有不同的说服力和优劣势,因而展览公司应根据展览会的主题和性质、参展商则应根据参展产品的特点来选择广告媒体。例如,对于洗浴用品或照相机之类的产品,选择电视做活生生的广告说明更具感染力,服装、服饰之类的产品则最好在有色彩的媒体上做广告。

(3)信息类型

事实上,广告所要传达的信息类型是由产品性质和广告目标等多种因素决定的,即使是同一个会议或展览会,由于广告内容调整了或者在不同的广告宣传阶段,所选用的媒体也会随之变化。例如,若广告信息中含有大量的技术资料,则必须在专业杂志上做广告;如果要宣布次日的销售活动,则选择报纸、展览快报或电台等更为适宜。

(4)广告成本

不同媒体的收费水平存在较大差异,一般来说,电视最昂贵,报纸杂志等次之,互联网则最便宜。然而,会展活动的相关利益主体在进行广告成本分析时,最重要的因素不是绝对成本,而是目标受众的人数构成与总成本之间的相对关系。如果按每千人成本(即通过媒体将信息传达给每千位目标受众或潜在顾客的成本)来计算,有时可能会发现在电视上做广告比在报纸上还便宜。

3.3.3 会展营销管理策略

市场经营策略研究对于优化会展企业的经营效果具有重要意义。虽然每种经营策略反映的是会展企业经营过程的不同侧面,但都有一个共同的目的,就是帮助会展企业选择最合适的目标市场,并充分发挥企业的优势,增强会展企业的市场竞争力。

1)市场定位策略

市场定位是在市场细分概念的基础上于 20 世纪 70 年代提出来的。它指会展企业根据客户偏好、资源优势和竞争态势,在市场细分的基础上确定目标市场,并为占据目标市场所采取的相应策略。

(1)会展市场细分

科学的市场细分是会展企业制订市场定位策略的重要前提,为保证市场细分的结果能正确反映市场结构的现状,会展市场细分应遵循以下3个原则。

①可操作性。这里可操作性包括两层含义,一是会议或展览的所有潜在市场能依据某种标准进行细分;二是各细分市场的购买需求能够被测量。即要求会展企业在依据某种变量进行市场细分后,能明确各细分市场的需求类型,并定量预测主要细分市场的潜在需求量。

②可进入性。可进入性即对目标市场的可占领性。具体而言,是指在完成市场细分后,会展企业能够根据自身实力、市场前景等因素,合理选择目标市场,并凭借本企业在资金、技术或人才等方面的独特优势去占领这些细分市场。

③可盈利性。可盈利性要求通过市场细分选定的目标市场必须能够满足会展企业获取利润和扩大规模的要求。在激烈的会展业竞争中,为了保证自身的市场地位,会展企业必须不断发展壮大。因此,所选定的目标市场不仅要保证会展企业在短期内盈利,更重要的是应有比较大的发展潜力,这样才能实现会展企业的可持续发展。

会展市场细分的最终目的是帮助会展企业有效地选择并进入目标市场。只有在明确目标市场后,会展企业才能依据自身的发展目标、资源优势及竞争态势等,设计适销对路的会展项目,并采用恰当的营销组合,从而有效扩大市场份额。

(2)目标市场策略类型

目标市场的选择,即在市场细分的基础上,通过分析各细分市场的特点和企业的经营状况,确定目标市场并采取适当的策略予以占领。与一般企业的目标市场选择策略一样,会展企业在选择目标市场时也通常采用以下3种策略。

①无差异策略。无差异策略又称整体目标市场策略,即会展企业尤其是具体的展览会或会议不考虑购买者需求的差异性,而是目标市场作为一个整体,只推出单一的会展项目,并运用统一的市场营销组合,以满足整个市场的需求。

这种目标市场策略的突出优点是经营成本和销售费用较低,且有利于形成规模和培育会展品牌,缺点是对大多数展览会不太适用,并容易导致激烈的市场竞争。因此,这种策略适宜于那些供不应求或竞争程度较低的会展市场,如具有垄断性的知名展览会、刚开发的博览会等。在现实社会中,只有较少的会展企业运用无差异策略来选择目标市场,而且随着会展业竞争的加剧,采取无差异策略的情况会越来越少。

②集中策略。所谓集中策略,是指会展企业在市场细分的基础上,仅选择其中的一个或少数几个细分市场作为目标市场,然后集中企业的所有力量实行高度的专业化经营,以确保在少数细分市场上占有较大的市场份额。

　　这种目标市场选择策略比较适合中小规模的会展企业,以及特色鲜明、能吸引特定购买者的会议或展览。其突出特点是使会展企业充分发挥自身的资源优势,从而在特定市场上具有相当的竞争力,同时还具有资金周转灵活、经营特色明显、更好地满足参展商的需求等众多优点。采用此策略的缺点主要体现为过分依赖某一市场,经营风险较大;若所选定的目标市场盈利能力强,则极容易招致竞争者介入等。

　　③差异策略。与无差异策略截然相反,差异策略即指会展企业根据资源条件和外部环境,选择两个或两个以上的细分市场作为目标市场,然后针对各个细分市场的需求特点,推出不同的会展产品和采取不同的营销组合。

　　差异目标市场策略的主要优点在于:有利于扩大会展企业的总收入和树立良好的企业形象;即使会展企业推出的某个展览会遭受严重的市场竞争和市场考验时,对于企业整体经营的稳定性也难以形成致命打击。其局限性在于成本费用较大,而且由于经营力量分散,形成规模效应的难度较大,并容易影响经营效率的提高和整体优势的发挥。

　　(3)目标市场策略选择

　　每种目标市场策略都有利有弊,对企业状况和市场态势的要求也大不一样,所以会展企业在选择目标市场时必须综合考虑自身的特点以及市场的状况。具体来说,应重点分析以下5个方面的因素。

　　①会展企业实力。企业的综合实力包括资金、人才、技术和信息等所有资源,它是会展企业选择目标市场策略首先必须考虑的因素。如果会展企业规模较大,专业技术水平高,且办展经验丰富,有能力占领较大的市场份额,则可采取差异策略或无差异策略;反之,若会展企业综合实力不强,但在某些方面具有一定优势,则应采取集中策略。

　　②会展产品特点。对于会展企业而言,这里的产品特点主要指展览会或会议的相似程度和可替代性。若会展产品容易被其他产品替代,或与竞争者提供的产品性质相似,一般应采用无差异策略;相反,若产品特点鲜明且不容易模仿,如各种专业性明显的展览会,则可采用差异策略或集中策略,以增强展览会的吸引力和竞争力。

　　③市场需求特征。若某种会展产品的需求异质程度低,即市场对展会项目的需求和偏好相似,购买方式也大同小异,会展企业可采用无差异策略,以争取更多的顾客,但随着会展业竞争水平的提高这种策略将使用得越来越少;反之,若市场对某个会议或展览会的需求差别很明显,会展企业则一般采用差异策略或集中策略。

④产品生命周期。在不同的生命周期,会展产品表现出不同的特点,对企业的经营策略也提出了不同的要求。对处在投入期或成长期的新型展览会,会展企业适宜采用无差异策略选择和进入目标市场,以尽快占领市场和广泛探测市场需求;当产品进入成熟期后,适宜采取差异策略,以开拓新市场,并延长会展产品的成熟期;到产品衰退期时,会展企业一般应采用集中策略,以集中力量经营最有利的细分市场,并延缓产品的衰退。

⑤市场竞争状况。会展企业在选择目标市场时,必须认真分析竞争对手的情况。从企业的竞争地位看,若本企业推出的展览会影响力大、垄断性强或竞争者少,则可以采取无差异目标市场策略,反之则应采用集中策略或差异策略;从竞争对手的策略看,会展企业一般采用与竞争对手相反或比其更高级的策略,例如,当主要竞争者采取集中策略时,本企业可以进行更深层次的市场细分,然后开发更高水平或更具专业性的展览会。

2)市场发展策略

一个会展企业要在激烈的市场竞争中站稳脚跟,就必须努力扩大本企业产品在市场上所占的份额,即提高产品的市场占有率。为实现和保持较高的市场占有率,会展企业应采取合适的市场发展策略,其总体原则是扬长避短、发挥优势。总的来说,会展企业可通过两种途径来占领新的市场,一是扩张,二是多角化经营,具体表现为9种方法,如图3.2所示。

原有市场	市场渗透策略	产品开发策略	产品创新策略
相关市场	市场开发策略	多角化经营策略	产品发明策略
新兴市场	市场转移策略	市场创造策略	全方位创造策略
	原有产品	相关产品	新型产品

图3.2 会展产品—市场战略

下面,将以某个会展企业推出的A展览会为例,详细阐述上述市场发展策略中5种常用策略的含义:

市场渗透策略指会展企业立足于原有市场和产品,通过改进产品和服务,逐步提高A展览会的市场占有率;

市场开发策略的核心是为展览会A寻找新用途、新客户,即以原有产品或稍加改进后的产品争取新的参展商;

市场转移策略是指企业将A展览会销售给竞争对手尚未进入的新兴市场;

产品发明策略指会展企业精心策划其他企业从未推出过的新型展览会,并力图进入相对这些企业来说已经成熟的市场；

多角化经营策略即指会展企业凭借现有资源优势，同时向多个行业的其他业务发展。这种策略有助于会展企业分散经营风险，增强应变能力，但容易产生泡沫经济现象。

3）市场竞争策略

会展企业之间的竞争，主要目的是为了争夺最有利的目标市场，并占领更大的市场份额。由于各会展企业的总体实力和竞争优势不同，在竞争策略选择上也大不一样。总的来说，会展企业在市场竞争中主要运用6种策略，即品牌制胜、创新制胜、服务制胜、技术制胜、价格制胜以及规模制胜。

若以市场地位为依据，会展企业的竞争策略又可分为市场主导者、市场挑战者、市场追随者和市场利基者策略。以上各种竞争策略所强调的重点有着明显的区别：市场主导型策略的重点是开拓会展市场总需求、保持企业的现有市场份额和提高市场占有率；市场挑战型策略的基本原则是攻击领导型会展企业或其他竞争对手，以夺取更大的市场份额；市场追随者的常用方法是效仿主导型会展企业，为市场提供类似的展览或会议项目；市场利基者通常着重开发被大型会展企业忽视的小部分市场，以求得"夹缝"中的生存，其主要经营策略与经营方式是实行专业化营销。

4）营销组合策略

市场营销组合（marketing mix）是1964年美国哈佛大学鲍顿教授首先提出来的，现已成为市场学的一个重要概念。对于会展企业而言，营销组合即指企业为了满足目标市场的需要，对会展产品、参展报价等各种可控变量（controllable factors）的组合使用。有效的营销组合是会展企业市场营销活动能否成功的关键。

会展市场营销组合中包含的可控因素很多，但大致可以概括为4个基本变量，即会展产品、展会报价、分销渠道和促销手段。其中，每一种变量又包含许多内容，从而形成若干亚组合。会展营销活动的实质是综合发挥会展企业的相对优势，做到产品、价格、促销等多方面的"适合"和各种可控因素的动态组合。

需要特别指出的是，1984年后，国际著名的营销大师菲利普·科特勒先生提出了大市场营销（mega-marketing）的思想，即6P'S理论。他认为企业不应该简单地顺从和适应外部环境，而是要尽力去影响自己所处的营销环境，鉴于此，他在4P'S的基础上又提出了两个P——权力（power）和公共关系（public relations）。根据6P'S理论，合理利用政治力量和公共关系，有助于会展企业打破国内外的各种壁垒,开辟新的市场,当申办国际性的展览会或由官方举办的国际性会议时尤其适用。

【复习思考题】

1. 会展市场主体有哪些? 分别有什么特点?

2. 简述会展分销系统的结构。

3. 协会会议和公司会议各有何特点? 会展营销人员如何有针对性地开展营销工作?

4. 说明进行会展营销调研的原因,并阐述会展营销调研过程的主要步骤。

5. 举例说明会展营销渠道有哪些?

【实训题】

会议组织者的主要责任是什么? 会议组织者在选择会议目的地时应考虑哪些因素?

一、实训组织

结合当地的产业集群分布情况,教师确定一个专业会议的主题,让学生结合本章所学的内容,策划一个会议,并写出举办该会议的程序。

二、实训要求

1. 学生要独立完成。

2. 策划书要明确会议组织者的主要责任。

3. 策划书要明确选择会议目的地应该考虑的因素。

4. 策划书要明确会议预算的分配比例。

三、实训目的

1. 会议组织者的主要责任是什么?

2. 会议组织者在选择会议目的地时应考虑哪些因素?

【典型案例】

中国(大连)国际服装纺织品博览会

一、大连国际服装纺织品博览会简介

(一)展会历史沿革

大连国际服装博览会是大连国际服装节的主体内容。大连国际服装博览会始于1988年,是国内举办最早的服装类专业展会,至今已成功举办了18届。1992年在中国纺织品进出口商会的支持下,经外经贸部批准,同时举办中

国服装出口洽谈会。2002年大连国际服装博览会通过了国际展览业协会
(UFI)的资格认证,是中国同类展会中最早加入国际展览业协会(UFI)认证的
展会,标志着其规范化运作达到了国际水准。2005年第17届大连国际服装博
览会在大连世界博览广场和星海会展中心举行,展览面积4万多平方米,共有
24个国家、地区和国内50多个城市的800多家中外企业参展。临场的专业观
众来自37个国家、地区和国内100多个城市,多达11万人次。其规模在全国众
多同类展会中居第二位。大连国际服装博览会突出贸易性洽谈、发挥国际化特
色、专业化程度较高,对东北亚区域的辐射是传统强项,一直是中国服装及面料
流行趋势的重要晴雨表。具体介绍见表3.6。

表3.6　大连国际服装博览会历届概况一览表

届数	时　间	地　点	展出面积/平方米	参展商/个	简　介
一	1988.08.20—08.28	劳动公园	5 000	—	还未摆脱计划经济的模式,本土服装企业唱主角。
二	1990.08.26—09.01	国际博览中心	6 000	—	从第二届到第七届,大连服博会经历了从计划经济到市场经济的转型。政府部门从具体承办中退出,企业化运作的服装博览公司成立。第三届开始,DIGF正式冠名"国际"二字,经过多年努力,始终保持了"海外参展企业多,海外品牌比重大"的优势。
三	1991.08.25—09.01	国际博览中心	6 000	230	
四	1992.09.18—09.25	国际博览中心/米米米游乐城	1.1万	277	
五	1993.09.12—09.19	国际博览中心/米米米游乐城	1.1万	367	
六	1994.08.21—08.25	国际展览中心(举办两期)	1.2万	418	
七	1995.09.08—09.12	国际展览中心(举办两期)	1.2万	368	

续表

届数	时间	地点	展出面积/平方米	参展商/个	简介
八	1996.09.07—09.11	国际博览中心/星海会展中心	2.1万	1 200	搬进新建的星海会展中心,搭建服装贸易交流的平台。当年的服博会还未结束,第二年的展位就预订出去了。
九	1997.09.06—09.10	星海会展中心	1.5万	366	
十	1998.09.12—09.16	星海会展中心	1.5万	320	
十一	1999.09.17—09.21	星海会展中心/市体育馆:面料馆	1.7万	410	世界服装大国聚集,国际市场网络不断扩大;按国际标准规范服务方式,努力促进交易;健全流行趋势预测体系,强化信息发布功能。
十二	2000.09.16—09.19	星海会展中心二层:面料馆	1.7万	410	参展结构发生实质性变化,外商比例远远高于公认的国际展会标准,而且一期展会由往年的5天缩短为4天,首次按照国际惯例,取消零售,4天全部接待贸易商和业内人士。博览会的功能也更加完善,新增加了动态、静态结合的服装、面料流行趋势发布。
十三	2001.09.16—09.19	星海会展中心二层:面料馆	1.7万	420	(委托天健网)邀请国内十家较大的网络媒体到大连采访。
十四	2002.09.14—09.17	星海会展中心/国际网球中心	2.3万	413	通过了世界权威展览组织——国际展览联盟的认证,跻身世界著名展会;成交发布与国际接轨,即不公布商贸成交额。

续表

届数	时　间	地　点	展出面积/平方米	参展商/个	简　介
十五	2003.09.13—09.16	星海会展中心	1.8万	450	各国展团争奇斗艳,参展海外名牌占了近一半,"大连"品牌正在成为焦点。
十六	2004.09.10—09.13	星海会展中心	2万	350	"时尚与休闲"主题。
十七	2005.09.10—09.13	大连世界博览广场/星海会展中心	4万	800	实施战略调整,在国际性的区域上重点锁定东北亚国际市场;海外企业参展踊跃、亮点纷呈;国内企业报名踊跃;进出口成为今年展会重点;买家募集及展会宣传高潮迭起。
十八(首届CIGF)	2006.09.09—09.12	大连世界博览广场/大连星海会展中心	4.5万	694	2006年4月,中华人民共和国国务院批准中国商务部、中国服装纺织品工业协会和大连市人民政府,将业已举办17届的"大连国际服装博览会"更名升级为"中国(大连)国际服装纺织品博览会"。
二届CIGF	2007.08.28—08.31	大连世界博览广场/星海会展中心	4万	580	
三届CIGF	2008.08.28—08.30	大连世界博览广场/星海会展中心	4万	460	2006年,原"大连国际服装博览会暨中国服装出口洽谈会"升格为国家级展会,更名为"中国(大连)国际服装纺织品博览会"。
四届CIGF	2009.09.20—09.23	大连世界博览广场/星海会展中心	4万	478	
五届CIGF	2010.09.04—09.07	大连世界博览广场/星海会展中心	4万	500	
六届CIGF	2011.09.03—09.06	大连世界博览广场/星海会展中心	4万	508	

注:第九届博览会后(含第九届)参展企业数量均不含第二期。从1996年起,展会分两期进行。

（二）展会功能定位

①国外服装纺织品及相关时尚品牌进入中国的主要平台。优先为海外服装品牌进入中国市场服务,帮助其广泛邀请信誉良好的中国商业组织;为海外高端服装品牌进口开辟绿色通道,推动海外出口商品(尤其是奢侈品和高档成衣)在中国的销售与拓展,帮助海外服装企业发挥其在品质和领导潮流方面优势。

②中国一流品牌展示、交易和扩大出口的重要通道。在世界范围内广泛邀请海外企业、组织机构与中国民族品牌开展高端接触,积极探求国际竞争中中外服装纺织品领域多层次互利合作和强强联合。

③世界时尚信息、流行趋势在中国的重要发布中心。世界名师时装展演、服装纺织品流行趋势静态发布在国际服装设计和时尚界有着重要地位,中国国际服装博览会将发挥既有优势,联合国际权威的信息和学术机构,使之成为国际最新流行信息在中国的发布高地和服装面料、色彩、设计及科技成果的晴雨表。

④中国服装纺织品创意产业的展示中心。长期培养,将使中国国际服装纺织品博览会成为海外研发、设计机构和优秀服装人才落户中国的首选,为中国民族服装品牌的自主创新提供智力支持。

（三）展会主题变迁

第十六届主题是"时尚与休闲",在已经品牌化的基础上,增强时尚色彩,即品牌加时尚,是进一步提升展会的档次水平、促进其健康发展的新趋势。近年来越来越强烈地感受到国内同类展会的激烈竞争态势,北京、上海、宁波、广州、深圳等地举办的同类展会在规模和办展档次上迅速提升,使得大连国际服装博览会在目前展览场地受到局限的前提下,必须寻找能够保持和提升关注度的兴奋点。

第十七届主题是"东北亚",2004年10月,党中央、国务院做出了振兴东北老工业基地和把大连建设成东北亚重要的国际航运中心的决定;东北亚国际航运中心的建设,还将使大连成为东北亚重要的物流中心。对国际服装市场的准确把握,定位于东北亚的大连国际服装博览会,就为国内东南沿海服装业发达地区的大量服装企业,将产品打进东北及东北亚市场提供了畅通的贸易渠道。

第十八届主题是"促进贸易、加强合作、自主创新",旨在构建中国与世界各国在服装纺织领域的合作交流、竞争开放、互利共赢的平台。

二、组织构架及单位

（一）主办单位

中华人民共和国商务部 The Ministry of Commerce of Peoples Republic of China

中国纺织工业协会 China National Textile and Apparel Council

大连市人民政府 Dalian Municipal Peoples Government

（二）协办单位

中国国际贸易促进委员会 China Council for the Promotion of International Trade

中国商业联合会 China General Chamber of Commerce

香港贸易发展局 Hong Kong Trade Development Council

中国纺织品进出口商会 China Chamber of Commerce for Import & Export of Textiles

中国服装协会 China National Garment Association

中国服装设计师协会 China Fashion Designers' Association

华润(集团)有限公司 China Resources (Holdings) Co. ,Ltd

辽宁省外经贸厅 Liaoning Provincial Bureau of Foreign Trade And Economic Cooperation

（三）承办单位

大连市对外贸易经济合作局 Dalian Foreign Trade & Economic Cooperation Bureau

大连国际服装展览有限公司

（四）支持单位

中国服装在线网 http://www.fashionline.cn

（五）参展商

共有来自日本、韩国、俄罗斯、美国、英国、法国、德国、意大利、中国香港等18个国家地区和内地23个省56个城市的694家中外企业参展,参展品牌400余个。其中海外一线品牌企业有20家;国内商务部扶持的全国著名品牌企业有24家,省级重点品牌企业有35家,市级重点品牌企业有40家。国际品牌BCBG、巴盖尔、伊都锦、伊藤忠、蝶理、九红、帕克岚德,国内品牌雅戈尔、鄂尔多斯、步森、兽王、三枪、乔顿、猫人、维科、博洋等参加了展会。

（六）观展商

来自日本、韩国、俄罗斯、美国、加拿大、意大利、英国、德国、法国、新加坡、印度、澳大利亚、荷兰、新西兰、乌克兰、阿联酋、马来西亚、朝鲜、芬兰、瑞典、加

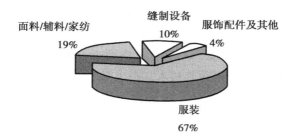

图3.3 服装纺织品机械等参展企业的比率

纳、巴基斯坦、印度尼西亚、土耳其、瑞士、西班牙、爱尔兰、越南、马其顿、加蓬、伊朗、几内亚、比利时、摩洛哥、阿根廷、埃及、菲律宾、丹麦、苏丹、智利、中国澳门、中国香港、中国台湾等43个国家地区和内地100多个城市的约51 325名专业观众临场。

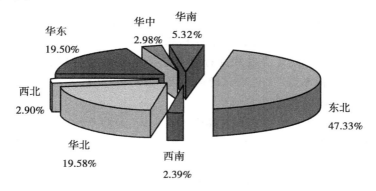

图3.4 国内专业观众的来源构成

三、2012年服博会的亮点

(一)"海外品牌的进口平台"功能更加强化

2011年组委会继续加大海外招商招展力度,争取达到并超过2010年展位数量,除了新增"法国时尚中国行"的展览主题外,国际品牌代理中心还将携意大利、西班牙等国家40余个二三线品牌组建"欧洲时尚馆",届时组委会将组织有意向和兴趣的买家、代理商临场洽谈;和国际品牌代理推广中心联手旗下运营商与代理商举行"国际品牌全球合作伙伴年会";同时,与大连保税区策划推出"保税区物流展示功能说明会",为进驻中国市场的海外品牌提供更具实际内容和意义的帮助;与品牌商举行多场次新品发布会等系列推广活动,为中外时尚界搭建高效直接的互通平台,提升和强化"进口平台"功能的实效性。

（二）首次成为海内外服装设计新生代展示平台

真维斯集团成功地举行了第19届休闲装设计大赛，基于大连服博会的平台影响力，将继续合作举办"第二十届真维斯杯休闲服装设计大赛"，此外，组委会还集结大连理工大学、日本神户艺术工科大学、日本香兰女子大学、韩国东西大学校、英国南安普顿大学五所艺术高校共同搭建创意竞技交流平台，举办"2011国际时装院校创意设计作品邀请赛""2011国际时尚产业、服装行业与高校人才培养论坛""2011国际时装院校创意作品静态展"，与中国线路文化交流机构举办"2011中国大学生服装设计及表演大赛盛典"等活动，为海内外服装设计新生力量提供展示平台，全面提升服博会专业活动项目。

（三）"时尚创意及流行趋势的发布窗口"作用更加突出

大连服博会是国内唯一一家坚持不懈地做时尚流行趋势发布的展会，在业内具有示范效应。本届展会除了邀请国际著名品牌和设计师等，举办高规格、高档次的时装展演发布，意大利、西班牙设计大师讲座等活动，同时还邀请海内外专业艺术高校、权威流行趋势研究机构联手设立流行趋势发布专区，与台湾纺拓会合作举办"2011台湾服装流行信息及高科技机能型纺织品分享会"，并与YOKA时尚共同举办"大连女孩时尚街拍"活动，以期对服装时尚消费及市场方向起到引导和推动作用。

（四）"国内自主品牌和产业集群地推广基地"趋势更加明显

本届服博会将在搭建进口平台和打造趋势发布窗口的同时，结合市场需求，与新商报社联手法国《时装》杂志，共同举办"中国服装民族品牌国际化高峰论坛"，邀请对于国际化品牌研发、形象塑造、市场推广等领域卓有成就的国际专业人士，共同探讨中国服装民族品牌国际化之路，寻找合理整合优势资源、创造民族品牌核心价值并有效推广的途径，促进中国服装民族品牌的国际化成长。同时联合国际权威机构和时尚媒体，充分发挥舆论导向作用，为国内自主品牌和产业集群地进行造势宣传，除了在展会前为海内外服装产业项目进行贸易配对外，还将在展会上为广东东莞、浙江桐庐、黑龙江兰溪等产业集群地举办信息说明会。

（五）"拉动地方产业的主要载体"优势凸现

2011年服博会继续举办"海内外精品服装零售展"，同时，与辽宁省经信委携手在会展中心举办"大连地方产品零售展"；并以地区产业发展主脉为基础，精心策划相关活动，重点推动"普湾新区西装产业集群地"的形成；辽宁省经信委也将全力组织本省服装纺织企业参展，并在展会期间举办相关活动。

（六）独具匠心的服博会开幕式

本届服博会摒弃以往繁复的开幕式形式，联手国际一线品牌，把简约、时尚的模特走秀作为开场，以独有的方式呈现一场具有服博会特点却又不失时尚、浪漫气息的恢宏场面。

案例讨论：

1. 通过分析服博会讨论其营销策略。

2. 谈谈服装博览会的主题是如何变迁的。

项目4
会展企业管理与组织构架

【知识目标】

◇ 解释战略管理的定义
◇ 描述会展企业的战略管理过程
◇ 认识会展企业的运营管理的特点、内容和流程
◇ 了解企业的组织构架、类型和职能部门

【技能目标】

◇ 能够识别会展企业的组织结构类别
◇ 能够就具体企业分析企业战略环境
◇ 能够清楚企业职能部门的职责

【学习重点】

◇ 展览会企业组织构架
◇ 会展企业职能部门
◇ 会展企业运营管理流程

【学习难点】

◇ 会展企业战略管理的过程

【案例导入】

杰科姆国际会展(北京)有限公司的组织结构

杰科姆国际会展(北京)有限公司(J-com)隶属于日本最大、世界著名的旅游集团——JTB,以"大型博览会"的整体策划以及运营、实施、管理为核心,业务范围覆盖会议展览、公关活动、品牌推广、庆典策划等领域,是一家从事会展活动整体策划以及实施的专业公司。其组织结构设置如下:

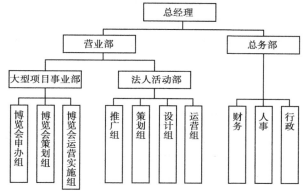

思考题: 杰科姆国际会展(北京)有限公司的组织结构有什么特征?

会展企业是会展业的市场主体,企业是市场经济运行最基本的微观单元,企业这一微观单元的发展,不仅是影响会展经济增长、滞缓或衰退的基本因素,而且会展企业在一定范围内的要素市场和产品市场运营中与其他企业、经济部门所形成的相互联系(产品、服务、信息、技术联系)及其强度,决定了会展业的整体发展;会展企业的结构、功能、规模及其要素组合影响着会展业的性质、规模、产业结构以及发展潜力。本章将主要围绕会展企业的战略管理、运营管理及组织结构3方面的重点内容对会展企业发展进行相关介绍。

任务1　会展企业的战略管理

4.1.1　战略与战略管理

战略是一整套相互协调的使命和行动,旨在开发核心竞争力,获取竞争优势。战略具有目的性,它在所采取的行动发生之前形成,体现对公司战略意图和使命的一种共识。战略作为会展企业经营的一项重大决策,直接关系到企业未来发展方向的正确与否,是决定企业经营成败的关键因素。会展企业必须收集并分析包括市场、客户、技术、行业环境的有关变量,并在此基础上形成和实施战略。

战略管理是指进行战略制订、实施和评价,以便组织通过跨功能决策而达到其目标的一种艺术和科学。由于战略制订、战略实施和战略评价要求不断地对内部条件和外部环境的各种变化进行趋势分析和预测,因而形成一种动态和连续的管理过程,使得企业可以更主动地对未来做出反应。因此,从动态的观点看,战略管理过程是公司为获取战略竞争力而进行的一个投入、决策和行动的完整过程。

4.1.2 会展战略管理

战略管理过程是一种动态和连续的管理过程。有效的战略投入,如对内外部环境的分析,有利于设计战略意图和目标。而有效的战略行动又成为获取战略竞争力和利润的必要前提。会展企业在整个战略管理过程中要不断调整资源、能力和竞争力来适应千变万化的市场和竞争结构。基于精心设计和目标明确的战略而采取有效战略行动,必将带来期望的战略成果。

1)确立企业的战略目标

战略目标对企业而言相当重要,正如著名管理学大师彼得·德鲁克所说:"目标是企业的基本战略。目标是行动的承诺,借以实现企业的使命,它们也是一种用以衡量工作成绩的标准。"

企业战略目标是对企业战略经营活动预期取得的主要成果的期望值。会展企业在设定战略目标时,应将企业宗旨具体化,即具体阐明企业宗旨中确认的企业经营目的及社会使命。通过确立战略目标,具体规定企业在既定的战略经营领域展开经营活动所要达到的水平。

在企业使命和企业功能单位的基础上,会展企业的战略目标包括以下4个方面:

(1)市场目标

市场目标常常反映了企业的竞争地位。企业所预期达到的市场地位应该是最优的市场份额,这就要求企业对客户、目标市场、服务和销售渠道做全面细致的分析。

（2）创新目标

创新作为会展企业的战略目标之一,是会展企业获得生机和发展的活力。对会展企业而言,技术创新、制度创新和管理创新都是努力的方向。

（3）盈利目标

盈利目标是会展企业的基本目标。获得经济效益对于企业的生存和发展起着至关重要的作用。企业盈利目标能否实现取决于企业的资源配置效率及利用效率,包括人力资源、生产资源、资本资源的产出投入目标。

（4）社会目标

会展企业必须意识到自己对社会的责任。一方面,企业必须对自身造成的社会影响负有责任;另一方面,企业必须承担解决社会问题的部分责任。企业的社会目标反映企业对社会的贡献程度:如环境保护、节约能源、社区建设、支持社会福利事业等。

总而言之,有效的战略目标帮助企业挖掘自身的内部职员、能力和核心竞争力,以在竞争环境下实现企业目标。

2）分析企业战略环境

追求竞争力是战略管理的核心。通过战略管理过程各个相关部分的有效运用,会展企业可以找出发展方向和获取所需要的战略竞争力的方法。会展企业通过研究外部环境和内部环境以找出市场的机遇与挑战,并决定如何利用核心竞争力来获得预期战略效益。

企业战略环境包括外部环境和内部环境,通过对外部环境和内部环境的整体了解,企业将获得必要的信息从而了解现状并预见未来。

（1）会展企业的外部环境

会展企业的外部环境(见图4.1)分为3个层次:总体环境、行业环境和竞争环境。总体环境包括所有在社会环境中影响一个行业和企业的各个因素。行业环境包括诸多因素如进入者的威胁、供应商、参展商、替代品,以及当前竞争对手之间竞争的激烈程度。竞争环境指企业竞争对手的状况。对这3个层次的外部环境分析,共同影响到会展企业战略目标和战略行动的制订。对总体环境的分析着眼于未来,对行业环境的分析在于了解企业利润能力的条件和要素,而对竞争环境的分析则有利于跟踪竞争对手的行动、反应和目的。将三者结合起来就能了解企业面临的机会与威胁,从而发现能帮助企业获得竞争优势的总体环境条件以及那些会妨碍企业获得竞争优势的总体环境条件。

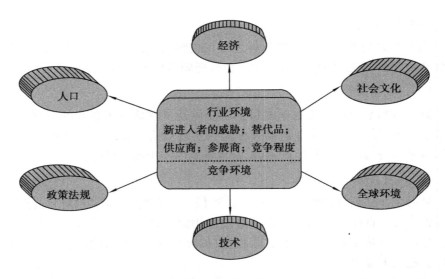

图 4.1　会展企业的外部环境

（2）会展企业的内部环境

会展企业的内部环境包括企业自身的资源、能力以及核心竞争力。从某种程度上说，企业的内部环境为企业提供了战略基础。资源指企业的投入部分，如资本，员工的技能水平、技术以及高素质的管理人员。企业资源分为 3 类：实物资源、人力资源和组织资本。而能力正是将众多资源结合运用来完成一项任务或活动的才能。核心竞争力是指作为企业战胜其竞争对手的竞争优势来源的资源和能力。核心竞争力通常与企业的职能领域相关（如汉诺威会展公司的核心竞争力是其服务职能），当它在某一企业应用、发展、成熟后，就会成为战略竞争力。

综上所述，通过对会展企业内部环境的分析，企业可以决定自身能做些什么，即本企业独特的资源、能力、核心竞争力所能支持的行为。通过外部环境的分析，企业能够确定自己要做什么。两者共同帮助企业发展战略目标、追求战略使命以及形成战略。

4.1.3　选择经营战略

对于会展企业而言，通过实施业务层战略来获得企业竞争优势是整个战略管理的核心。业务层战略是指一套相互协调的使命和行动，旨在为客户提供价值，并通过对某一特定产品市场的核心竞争力的利用获得某种竞争优势。业务层战略能帮助会展企业了解自身的优势,通过选择,以不同于竞争对手的方式采取行动或选择不同于竞争对手的行动。各个会展企业可根据自身的发展条件和所处的发展环境来制订不同的发展战略。这里将重点介绍3种基本的经营战略,即成本领先战略、差异化战略和集中经营战略。

1) 成本领先战略

成本领先战略又称低成本战略,即会展企业的总成本低于竞争对手的成本,甚至是达到同行业中的最低成本水平。实现该战略的核心是成本控制管理,围绕这一核心又需要一系列的具体战略行动,如紧缩成本开支、控制间接费用、尽量减少研发、广告、服务、销售等方面的投入等。值得注意的是,控制成本不能以降低服务质量为代价,否则企业很可能面临失去市场份额的危机。

成本领先战略的理论基石是规模效益,即单位产品或服务成本随生产规模增大而下降。对于特定的会展企业而言,实施成本领先战略一般应具备以下条件:

(1) 企业本身具有较大的规模

其业务领域包括了展会供应链上的多个环节,例如展览公司若自身拥有会展场馆,则其举办展会时就会大大节约用于租赁场馆的费用。

(2) 企业产品拥有较高的市场占有率

这一方面减少了企业用于开发市场、吸引客户的成本开支。另一方面可使企业在开发新的展会项目时获得较为廉价的资源。

(3) 企业拥有经验丰富的专业员工

对于会展企业这样一类属于服务性质的企业来说,员工的经验积累对降低成本的贡献比其他行业企业更明显。拥有经验丰富的专业员工不仅可以提高劳动效率、节约时间、改善服务质量,而且可促进对生产要素投入更为合理有效的组合,减少服务操作中不必要的开支,从而使成本得到有效控制。

①成本领先战略的优势。处于低成本地位的会展企业可以拥有比竞争对手更多的让价空间,即在竞争对手不能赢利、甚至是亏损的价格条件下,企业仍能够有一定的利润;可以增强企业与消费者,也就是卖方讨价还价的能力;当供应链上的供应方因某种原因而抬高价格时,处于低成本地位的企业有更大的灵活性来处理困境;企业可利用规模和成本优势形成行业的进入障碍,减少新兴企业的竞争。

②成本领先战略的风险。企业只集中力量于如何降低成本,可能会导致预

见市场变化的能力较弱,而即使产品价格较低,但却不能满足市场需要,不为消费者所认同,企业也不可能成功经营,这也是成本领先战略的最大风险所在;竞争对手可通过采用类似战略使其成本更低,这时企业就会丧失原有的成本领先地位;企业的投入有限而使技术和经验没有得到及时更新,可能被其他新的技术经验所替代而成为无效的资源。

2) 差异化战略

差异化战略是会展企业致力于将自己的产品或服务与竞争对手的产品或服务区分开来,使企业能够更好地为市场所识别进而被认同而取得竞争优势。在实施该战略时,企业可以选取多方面来体现差异,如产品品牌的差异化,展会主题或企业形象的差异化、设施技术上的差异化以及营销方式、渠道等的差异化。

一般来讲,实施差异化战略的会展企业应具备以下条件:

①企业要具有较强的研发能力,研发人员要有较强的市场洞察力和创造性思维能力;

②企业的研发部门应与组织策划部门、市场营销部门保持较强的协调性;

③企业应具有较强的市场宣传及营销能力;

④企业具有较高的市场声誉或较高的市场认同度。

(1) 差异化战略的优势

实施差异化战略可以使企业与竞争对手得以有效区分,一旦企业的服务为市场所接受,则可以建立较为稳固的竞争地位,并可使企业获得高于行业平均水平的收益。差异化战略有利于建立顾客对产品或服务的认识和信赖,降低服务的价格弹性,同时还可以使购买方具有较高的转换成本而对企业及其产品产生一定的依赖。差异化战略可使会展企业的产品或服务对竞争对手形成一定的壁垒,同时还增加了新进入者参与竞争的难度。企业通过差异化战略获得的高边际收益可增强与供方和买方的讨价还价能力。

(2) 差异化战略的风险

实施差异化战略的会展企业往往需要在设计、研发和宣传等方面有较大的投入,而这种投入若不能使产品的吸引力对价格产生足够的替代效应,则可能使购买者宁愿放弃差异而选择价格较低的产品或服务;随着会展行业的整体发展,差异化的产品或服务很可能为竞争对手所模仿而使企业失去原有的竞争优势。

3）集中经营战略

集中经营战略是指会展企业将经营活动集中于供应链某一特定的环节，或是将目标市场集中于某一特定的购买集团，其关键在于对特定目标能够比竞争对手提供更为有效和更为优质的服务。集中经营战略也可以呈现出多种形式，如展览公司将展会业务集中于一个或几个行业的专业性展会项目等。

集中经营战略适用于规模、资源相对有限的中、小型会展企业，同时要求企业在某一特定业务领域，如项目策划、广告宣传某一方面具有一定的优势，又或是对服务于特定的目标市场有独到的经验。

（1）集中经营战略的优势

有利于将企业有限的资源和力量集中起来，在特定的业务范围内形成优势，走做专做强的发展道路，从而延伸企业的发展空间；使企业的发展目标集中明确，经济成果易于评价，管理控制过程更为容易简便；集中目标市场，可以更好地研究特定消费者情况，开发针对性的技术，从而持续地稳固市场，实现逐步的规模化及持续发展。

（2）集中经营战略的风险

企业将全部力量都集中于一个特定市场或特定产品，则当目标市场需求发生变化，又或是创新替代产品出现时，企业往往会受到很大的冲击；竞争者可能凭借其规模或其他优势占取企业选定的特定市场，而使企业失去足够维持生存的市场份额；特定市场对产品或服务需求的不断更新，可能使企业为维持足够的市场而背负较高的成本负担并使获利空间缩小。

4.1.4　战略实施与控制

战略实施与控制是否有效直接关系到最后的战略成果。公司治理、组织结构、战略领导和创新能力是战略实施与控制的重要内容。

1）公司治理

公司治理作为战略管理过程的一部分，其作用越来越重要。公司治理指用于决定和控制一个组织的战略方向和业绩表现的各种利益相关者之间的关系。其核心在于寻求一种保证战略决策有效性的方式。企业中一般有4种内部治理机制（所有权集中、董事会、执行官报酬和多部门组织结构）和1种外部治理机制（公司治理市场），只有将多种机制综合运用才能使企业的战略竞争力和价值最大化。

2）组织结构

所有企业为实施它们的战略都有各自的组织结构,当组织结构不能再提供管理者和企业本身成功实施战略所需的协调、控制和方向时,组织结构就应得到调整。当企业实施高度的战略多样化时,对其组织结构有着更高的要求:其组织结构应适用于每一个战略。为了使公司战略产生价值,企业必须以战略为导向来配置自己的组织结构。每当企业发展进步并改进其战略时,就需要一个新的结构来配合整个战略的实施。

3）战略领导

战略领导是一种可以预测、展望、保持灵活性和在必要时授权他人产生战略变化的能力。有效的战略领导者都通过他们展望未来的能力影响着员工的行为、思想和感情。有能力的战略领导者也会创造一种氛围使利益相关者能以最高的效率工作。当战略领导者不能正确而及时地对复杂的全球竞争环境做出反应时,该企业获得核心竞争力的能力会下降。没有有效的管理者,战略不可能正确实施从而获得超额利润回报。战略领导和战略管理过程如图 4.2 所示。

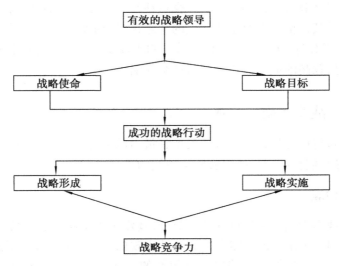

图 4.2 战略领导和战略管理过程

4）创新能力

创新是企业通过创业精神寻求的结果，也是竞争优势的来源。彼得·德鲁克说："无论是公司、公共服务机构，还是在一个家族企业内，创新都是创业能力的一个特殊功能。"无论是大型、中型还是小型会展公司，创新都是竞争战略的核心部分。能够持续且有效地创新的会展公司能够很好地利用其创新能力，并将其作为竞争优势。当会展公司通过创新为客户创造了独特的价值时，公司才能从创新中获得最大的价值。

任务 2 会展企业的运营管理

4.2.1 会展企业运营管理的特点

1）运作机制灵活

我国目前的会展企业对政府还有着较强的依赖性，展览项目的运作也多是计划经济的延伸。而从国际上看，特别是在欧美等会展业发达国家，承办单位与参展商、参展商与订货商、承办单位和参展商与展览馆经营者之间，完全是按照市场化来运作的。展览经济中企业各项资源的配置，如资本的融合、展览专业人才的融合、展览品牌的融合以及办展方式的融合等，都是按照市场的调节来实现的。会展企业一般都拥有产权制度下的法人治理结构、较规范的经营责任制度以及较完善的激励和约束机制。在这种条件下，会展企业的经营机制更为灵活，经营者需要根据市场环境的变化、参展商或供应商的特征变化等及时对经营业务做出调整，如业务领域的扩展、转移或退出等。

2）专业化程度高

一方面，会展产业本身是一项专业性很强的产业，展会的策划和举办是一项操作性极强的系统工程，从筹办到招展、展出，从设计、布展、服务到打造会展品牌，在时间、空间、人员、物流等方方面面要做到运筹帷幄。就其专业要求而言，涉及会展史、会展科学、会展营销、会展广告、会展策划、管理模式、管理理念等诸多领域。同时会展经营还是一项政策性很强的工作，需要熟知经济政策和法律常识,要善于运用"游戏规则"等。

另一方面,根据会展的市场覆盖的范围或产品的性质,会展可分为专业性(垂直性)会展和综合性(水平性)会展。前者的主题性比较强,针对具有集中兴趣的顾客而举办的,其规模一般要小于综合性会展。随着经济的迅速发展和会展市场的逐步完善,众多的会展为参展商提供了丰富的参展机会,参展商对市场细分的需求越来越迫切,综合性的会展已不能满足参展商的要求,专业性的会展已成为会展的主流,几乎每个行业都有自己的会展。西方发达国家的会展大多已经历了从综合性会展向专业性会展的转型,我国的会展也有逐步转型的趋势。专业性会展成功的基本要素之一,即会展企业能否为参展商提供展览所需的专业设施及专业服务,它包括展览企业的整个运作过程,从市场调研、主题立项、寻求合作、广告宣传、招展手段、观众组织、活动安排、现场气氛营造、展后服务,甚至包括展览企业所有对外文件和信函的格式化、标准化等,都须具备较高的专业水准。

3)经营开放性强

在整个国民经济中,会展经济本身就是作为一种开放性的经济形态而存在的。它不是简单的个体经济行为,而是一种集体性的大规模物质、文化交流方式,会展经济的发展会引起社会资源和要素在全国,乃至于全球范围内的流动。会展业是跨国度、跨地区的物流、资金流、信息流高度集聚的一个平台,是展示国家和地区经济发展水平的重要窗口,是一个高度开放性的产业。例如据德国展览业联盟统计:每年德国举办的国际性贸易展览会约有130多个,展出面积690万平方米,观众数量逾千万,参展商达17万家,其中近一半来自国外。在出国办展方面,目前德国展览机构在全世界的办事机构达386个,形成了全球化网络,今天已有越来越多的德国企业利用各种展览会进入新的市场。会展产业的特性和内在运作规律决定了会展企业经营必须对外开放,实行开放性、国际化运作。

4)注重协同发展

会展企业的主要经营业务——展会实现的是资源在短期内的集聚效应,因而对于企业来说,其目标市场往往是跨行业、跨地域的,一个展会的成功举办包括策划、组织、广告、物流、安全等多方面的实质性工作,对于规模有限的展览公司,仅靠自身的能力一般难以达到要求,而即便是规模较大的展览集团性企业,也只是营销网络、资金、人才及管理经验等方面拥有优势,要扩大规模、提高效益、增加内涵、打造品牌展会,还必须对展出地的市场有一定的把握,要能够充分利用展出地的客户资源,因此各个层面上的合作不仅是必要的,而且是普遍的。会展企业间的合作可以通过多种方式开展,如可通过兼并与收购,形成新的会展品牌或强化原有的品牌;也可以加强品牌合作,实现强强联合,扩大品牌影响;还可以组建股份制企业,通过合同明确合作各方的权限、责任和利益,实行合作经营。

另一方面,会展业具有很强的关联效应和扩散效应,会展活动中不仅包含了会展企业的经营行为,旅游、保险、金融、住宿、餐饮、交通、通信等多行业的企业也有较高程度的参与,注重与相关行业企业的互动合作、协同发展既是会展企业经营管理的一大特点,也是其成功经营的重要因素之一。

4.2.2 会展企业运营管理的内容

会展企业的运营管理是一项复杂的系统工作,可分为日常经营管理和展会现场管理,前者主要包括硬件设施管理、信息管理、人力资源管理、财务管理、项目管理、市场管理等,后者主要包括安全管理、组织管理、物流管理、突发事件管理等。

1)会展企业日常经营管理

(1)硬件设施管理

日常经营管理中对硬件设施的管理主要指对开展各类型展会所必需的场馆及设施的维护,会展中心建筑物和基本设施的日常维修保养等。如因设施的运作突然出现问题或技术支援不足而导致会展活动延误进行甚至中止,代价是非常高昂而后果亦可能是非常严重的。同时会展设施设备的系统运作是会展企业整体营运成本的重要组成部分,良好的维修保养,除可防止设备和系统发生故障外,亦可增加设备和系统的使用寿命和效率,从而达到降低更换成本,增加利润的目的。

(2)信息管理

进入知识经济时代,信息已经成为企业的一种重要资源,信息管理因而也成为会展企业经营管理的重要内容之一,它是由管理者在合法、安全、高效的前提下,对企业的信息活动进行科学的分析和组织,保障信息以恰当的形式呈现正确的流向,并对使用者提供有用信息的一种工作。从某种意义上说,信息管理贯穿了会展企业经营管理的全过程。信息管理包括对来自企业外部的经济信息：

①政府下达的信息，如国家公布的有关会展业的各项方针、政策、法令、经济计划、有关部门情况等；

②市场方面的信息，如市场产品销售、竞争者情况、消费要求变化等；

③从各方面获得的各种经济情况，如通过参观、访问、学习、经验交流以及咨询机构等获取的信息。对企业内部信息的管理，主要有管理部门的信息，如各种决策、计划、指挥、控制以及经营销售情况等；经济活动的信息，如会计、统计、业务核算等，还有原始记录、报表、总结等经济情况；技术方面的信息，如技术水平、工艺流程、新设备的研制和开发情况等。

（3）人力资源管理

在会展企业的诸多生产要素中，人是最具有主动性和主导性的因素。会展业与其他行业相比有其自身的特征，会展企业的工作人员也必须要具备特定的职业素养，既要求有十分广博的知识面，以适应不同内容的会展需求，又要熟悉和精通会展的业务操作流程，还要求有较强的组织、策划、公关、创新等能力。因此对专业人才的培养，对人力资源的开发与管理，直接关系到会展企业的经营管理的成败，而且从行业整体来看，专业管理及技术人才仍然是处于供不应求的状态。建立起完善的人才培养机制和用人机制，实现企业员工招聘、录用、培训、激励、约束等每一个环节的科学化操作是会展企业人力资源管理的重要内容和目标。

（4）财务管理

会展企业的财务管理是指企业为实现价值的最大化，从投入产出的角度对企业的资产进行的管理，以达到企业资产的保值和增值的目标。会展企业的财务管理主要包括经营中的成本控制管理、资本结构优化和财务分析。资本结构优化，即不同资本形式、不同资本主体、不同时间长度及不同层次的各种资本成分构成及动态组合的优化；财务分析，即评价企业过去的经营业绩、诊断企业现在的财务状况、预测企业未来发展趋势的重要手段。

（5）项目管理

项目是会展业发展尤其是会展企业经营管理过程中的核心内容，主要是围绕展会的策划、设计与举办，一般由会展项目计划编制、实施及控制等环节组成。它依靠临时的项目团队实现横向的联合和纵向的沟通协作，使企业能够在确保时间、经费和性能指标的限制条件下，尽可能高效率地完成项目任务，达成项目目标，并在运作中改善管理人员的效率，让会展项目的所有利益相关者满意。

（6）市场管理

会展企业的市场管理是企业在一定的市场研究的基础上，包括市场供求关系、消费者行为特征、企业经营环境、竞争者等，依据自身的发展目标、资源优势及竞争缺陷等，选定合适的目标市场，设计适销对路的会展产品，制订合适的参展价格并采用恰当的营销组合，以有效扩大市场份额，保证会展企业获得最佳综合效益。

2）展会现场管理

（1）安全管理

会议展览活动的一个重要特征是大量的人（展商、观众、讲者、出席会议人士、嘉宾、工作人员等）和物（包括参展商供展出的各类产品以及辅助用品等）在活动进行期间逗留或进出会场。保障场地使用者的人身及物品安全是会展现场管理的首要内容。因此，会展中心内除了要配备专门的安保人员外，有关的安全设施如消防系统、安全通道、防火装置、警报系统、广播设备、紧急照明系统、后备发电机等都必须时刻保证运作正常。

（2）组织管理

对展会现场的组织管理是保障展会正常有序运行的关键，除了做好参展商的登记注册、展位的分配、保证展台区域及参展人员的环境、协调好场内外交通、处理好与合作企业及展出地政府间的关系等外，还包括向参展商提供一定的礼仪接待服务以及做好必要的信息收集、记录、展示等。

（3）物流管理

会展企业的物流管理主要是针对展会项目中参展商的各类物品，协调好运输、储存、装卸、搬运、包装、流通、加工、配送等环节。在成功的会展活动中，场外物流配送应该对场内的洽谈结果做出瞬时反应，组织管理者能否与参展企业进行良好合作，合理高效地调配其物资产品，使之消耗最低的运营成本完成商品物资的时空转移，从而发挥出最佳的运营效率，将直接影响到整个会展的实际效果。

（4）突发事件管理

会议或展览在现场可能会发生意想不到的突发事件，如紧急的医疗事件、参展商或观展者物品的遗失等。会展组织者在危机和紧急事件中要扮演领导角色，因此不仅要求组展企业成立专门的管理小组，对突发事件做出及时合理的应变反应,而且在事先应做好一定的准备工作,如列出可能发生的紧急事件,以便在事件发生后可以按事先设定的程序措施来处理,以提高效率、减少损失。

4.2.3 会展企业运营管理的业务流程

各类展会项目是会展企业的核心业务,因此会展企业经营管理的业务流程也主要围绕展会项目进行,一般分为展前、展中及展后3个阶段。

1)展前阶段

(1)调研

调研是会展企业展会业务的起点,调研的目标是捕捉市场商机。不仅仅是满足企业的当前目标,还要站在战略的位置上,通过调研分析未来,为企业将来的发展提供一切必要的支持。通过调研可以对市场的供需信息有一定的把握,为企业的项目决策,如选择展会的行业领域等提供必要的依据。

(2)创意

创意是展会项目具有吸引力的关键,即在调研的基础上,在尊重市场规律的前提下,展开思维的空间,充分发挥想象力,结合企业的发展目标和市场需求将复杂的潜在需求点巧妙地组织起来,为展会项目确定明确、鲜明而又能充分吸引客源的主题。

(3)策划

调动和协调企业内部外部各方面的资源,并对资源进行整合与重组,发挥资源最大优势,同时制订可行的操作方案与程序。

(4)实施

有步骤、有目的地开展全方位的联络和沟通,包括会展的广告宣传和媒介投放、赞助协办和招商招展、参会单位和专家的邀请、会场和展馆的选择与布置、会议旅游安排等。

总体而言,参展准备是会展企业为参展商提供的重要服务,严格意义上讲参展准备方面的服务主要集中于展览会的摊位。它主要包括下列服务:

①国内外合作单位、代表处、代理公司的服务工作。通常大型展览公司会通过海外分公司、代理公司、合作伙伴等建立了比较完善的全球网络。在参展商参展准备的初级阶段,运用这样的全球网络在世界各主要市场就可以本地化地为参展商提供必要的服务。

②摊位搭建、摊位设计、技术规定和技术指南。这些服务，尤其是展览馆的技术规定往往作为参展商和展览举办者所订立合同的一部分，是参展商必须要接受的。

③道具、家具出租。

④其他摊位服务（包括餐饮、装潢、保安、人力资源、清洁、翻译、办公设备租赁等）。

2）展中阶段

该阶段主要是对展会项目进行现场的管理，主要是协调好参展商和观展者的接待、开闭幕式和宴会的安排等。保证企业的目标和项目理念在会议和展览的运作过程中得到实现，并得到进一步的提升。

3）展后阶段

一方面是与客户及时取得信息反馈并保持持续沟通，同时做好评估、总结得失，修正实际运作中的不足并提高运作效率。另一方面则是通过展中阶段收集的统计信息，做好展后的分析工作，以进一步总结经验、了解市场，这不仅对展会项目扩大规模、树立品牌是极有意义、极有必要的，也为下一轮的调研工作提供了方向和指导。

任务3　会展企业的组织构架

组织是一群人为了达到一个共同的目标，通过人为的分工和职能的分化，运用不同层次的权力和职责，充分利用这一群人的人力资源和智力资源的团体。有效率的组织通常具备整体性、实现性和反应快速等特点。

①整体性。组织是一个团体所要实现目标的工具，同一个组织中不同层次的员工构成了领导与被领导的关系，这种从属关系在一定程度上影响到员工的心理反应，而组织目标的实现不是依靠任何个人的能力所能完成的，它是整体智慧的结晶。从这个意义上说，有效率的组织必须确保员工心理上的统一和力量上的凝结。

②实现性。组织不是一个抽象的名词，而是体现人群结合的体系和人群活动的模式。有效率的组织必须做到为员工创造一个最佳的内部环境，协调员工关系以达到统一一致，结合人群，运用人力与物力实现企业目标。

③反应快速。高效组织必须做到使内部信息快速顺畅流通,以提高企业经营效益,确保企业经营活力。

对展会组织者来说,如何使企业现有的各项资源包括人、财、物等,围绕企业经营目标有效运营起来是其面临的重要问题之一。合理而高效的组织形式将是确保组展活动正常运行的前提条件,组展质量如何、效率如何、效益如何,都与组织工作的开展密切相关。

4.3.1 会展企业组织设计原则

组织设计原则指的是对会展企业组织建构的准则和要求。它是评价会展企业组织设计是否合理的必要条件。一般情况下,会展企业组织设计应遵循以下几个基本原则:

1) 目标导向原则

在组织职能运作过程中,每一项工作均应是为总目标服务的,也就是说,会展企业组织部门的划分应以企业经营目标为导向,对于任何妨碍目标实现的部门都应予以撤销、合并或改造。在这一总的目标下有许多任务要完成,所以设计中要求"以任务建机构,以任务设职务,以任务配人员"。同时,考虑到具体工作实践中无法真正找到与职位要求完全相符的人员,故在遵循"因事设人"原则的前提下,根据员工具体情况,适当调整职务的位置,以利于发挥每一位员工的主观能动性。

2) 分工协作原则

在社会化大生产中,适度的分工可以提高工作专业化程度,进而达到提高劳动生产率的目的。会展企业的组织分工有利于提高人员的工作技能、工作责任心,提高员工服务质量与效率。但是,过度分工往往导致协作困难,协作搞不好,分工再合理也难以取得良好的整体效益。因而在具体职责权限划分中,要注意安排中间协调机构,做好中间人工作,以促进组织内部的良好合作。

3) 控制跨度原则

由于个人能力和精力的有限,每个管理人员直接管辖的下属人数不可能无限多。控制跨度原则就涉及对特定管理人员直接管辖和控制下属人数范围的确定问题,也即是管理跨度的大小问题。受个人能力、业务的复杂程度、任务量、机构空间分布等多方因素的影响,会展企业管理跨度的确定必须综合考虑各方面因素,且需要在实践中不断调整。

4) 有效制约原则

企业组织作为一个整体,它的各项业务的运转离不开各部门的分工与合作,这种分工引发的是彼此间的牵制与约束,适当的约束机制可以确保各部门按计划顺利完成目标任务。如下级对上级的适当制约机制可以使上级的错误及时得以制止,对领导人的约束机制可以避免其独断专行,对财务工作进行约束可以避免财务漏洞等。

5) 动态适应原则

动态适应原则要求企业组织在发展过程中,以动态的眼光看待环境变化和组织调整问题,当变化的外部环境要求组织进行适度调整甚至产生变革时,组织要有能力做出相应反应,组织结构该调整的要调整,人员岗位要变动的应变动。而且反应速度要快,改变要及时,从而得以应付竞争日益加剧的外部环境。

4.3.2　会展企业组织设计的影响因素分析

会展企业在进行组织结构设计时需要重点考虑以下 4 个方面的因素。

1) 企业战略

由于战略决定了企业组织的任务,进而从根本上影响到组织结构设计,一般来说,会展企业的组织结构设计要服从于企业的发展战略,也就是说企业所拟订的战略在一定程度上决定着组织结构类型的变化。当企业确定战略之后,必须分析和确定实施战略所需要的组织结构,因为战略是通过组织来实现的,如果没有一个健全的、与战略相适应的组织结构,所选择的战略就不可能被有效地实施。

2) 技术

技术从广义上是指用于完成工作的各种类型的活动、装备和材料以及知识和经验等。技术对会展企业组织结构的影响如下:①技术越复杂,所需的经理人数和管理层次越多,即复杂技术一定有相应复杂的组织结构,且需要大量的监督与合作。如技术型会展要求组展企业具备相应的技术知识,这些技术知识需要相应的研发技术部门来完成。②复杂技术越多,需要的秘书人员和行政人员也越多。在技术复杂的会展企业中,对处理辅助性工作如翻译等的人员需求量也相应增多。

3)企业发展阶段

如同人与产品一样,企业发展也有一个生命周期,格林纳认为企业从创立到衰落一般要经历5个阶段。这5个阶段是:创造期、指导期、授权期、配合期与合作期。在不同的发展阶段,企业的组织结构也具有不同特征。在会展企业创造期,企业主要精力集中于开发产品与市场,企业规模不大,组织结构简单;指导期,伴随企业成长,企业开始划分职能部门,但这一时期企业组织结构的设计倾向于集权;授权期,企业意识到分权的重要性,分权产生;配合期,分权与集权矛盾的解决需要中间机构来协调,故增设监督协调部门;合作期,主要体现在下层员工参与上层决议的问题,分权与集权得到成功控制。

4)外部环境

企业所处的外部环境包括区域会展业发展水平、政府扶持力度、城市综合环境等诸多因素,可以分为三大类:安定的外部环境、变化的外部环境和动荡的外部环境。安定环境下,会展企业的目标顾客消费偏好相对固定,很少有新技术突破,企业组织结构相对固定,分工严密,权责分明,强调集权与控制,弹性变化小;变化环境下,市场需求、竞争战略、广告宣传等发生改变时,由于这些改变有一定持续性,企业组织结构的设计稍加灵活即可;动荡环境是指未能预期和预测的变动而形成的环境,如新竞争对手的出现、新竞争战略、新技术的突破等,动荡环境具有不确定性和非经常性。组织的任务会经常变动,则专业化分工不能太细,职员所承担的任务应有一定的宽度。

4.3.3 会展企业组织结构类型选择

组织结构模型指组织中相对稳定和规范的工作关系模式,如工作任务如何分工、配合等。虽然受诸多外界与内部因素影响,不同会展企业有不同的组织结构形式,但主要的结构模型有以下几种:

1)职能式组织结构

职能式组织结构最早是由被称为"科学管理之父"的泰罗提出来的。这种组织结构模型授予各职能部门一定的指挥和指导权,允许他们在自己的业务范围内对下面各部门实施此项权力。一般地,单一业务和主导业务的会展企业(即企业主要在一个行业领域中经营),应当采用职能式的组织结构。其优点是加强了各部门的业务监督和专业性指导,使各职能部门注意力集中,便于高效率地完成本部门职责;缺点则在于常常出现多头指挥而使执行部门无所适从的局面。图4.3为职能式组织结构图。

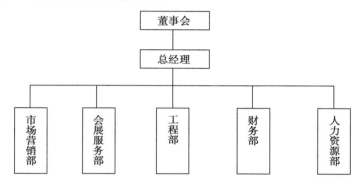

图4.3 职能式组织结构图

2)事业部制组织结构

事业部制组织结构强调分权管理,是分权型的组织结构形式,这种组织结构形式被进行相关产品或服务多样化的大型综合性会展公司普遍采用,它体现的是"集中政策,分散经营"的指导思想。当会展项目增加、经营范围多元化,多元化事业部制组织结构出现。多产品、多项目经营有助于分散企业风险,提高会展企业经营的稳定性,也有利于各部门进行专业化分工。但同时也具有一定的局限性,这种组织形式需要雇佣更多的专业人才,雇佣更多的员工,经营成本会有所增加,各事业部也可能会过分强调本部门利益而影响整个会展经营的统一指挥。图4.4为事业部制组织结构图。

3)区域型组织结构

在区域型组织结构中,会展企业产品或服务的生产所需要的全部活动都基于地理位置而集中在一起,这种结构的设置一般针对企业主要目标市场的销售区域来建立。区域型组织结构有较强的灵活性,它将权利和责任授予基层管理层次,能较好地适应各个不同地区的竞争情况,增进区域内营销、组织、财务等活动的协调。但同时该结构也可能增加企业在保持发展战略一致性上的困

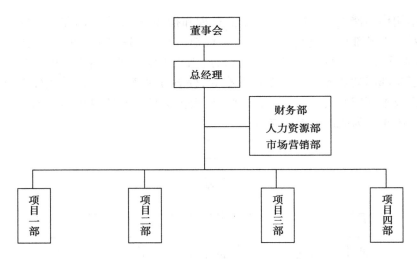

图4.4　事业部制组织结构图

难,有些机构的重复设置也可能导致成本的增加。图 4.5 为区域型组织结构图。

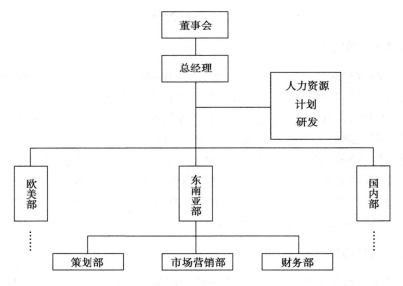

图4.5　区域型组织结构图

4.3.4　会展企业组织部门设计

会展企业的职能部门划分是依据参展商在展会期间的活动类型和会展企业所做相应具体安排进行的。这种划分应该既考虑部门划分的科学性又兼顾会展服务的质量与效率。一般来说,会展企业的职能部门主要有:

①策划部。策划部是会展企业基础部门,其主要工作是企业策划和展出策划两部分。企业策划主要是对整个会展企业形象的策划、组织的包装等。而展出策划则是指制订展览工作方案,主要是列明工作事项,安排人员的责任范围,安排工作进程、费用支出等。展览是一项复杂工程,详细而合理的展览策划工作是保证各方人员按时、按质、按量完成各项工作必不可少的环节之一。可以说,展会策划是会展的基础工作,也是核心工作。

②业务部。业务部是会展企业的重要部门之一,企业盈利与否与业务部招商业绩息息相关,成绩斐然的业务部能激发企业活力,推动企业进入良性循环圈。会展企业业务部的主要职责是招商,即招徕和联系参展商,说服他们来参展,故有些企业直接设立招商部。其具体工作包括招展宣传、选择参展者、组织展览团。招展宣传包括宣传和联络两种方式,宣传对象是全体潜在参展者,而联络的主要对象是重要的潜在参展者。对申请参展的公司要依据事先约定的参展标准进行公平合理的选择,并召开筹备会,对入选的参展商进行展前"培训",签订合同,还要与相关部门联络,谈好合作条件,做好准备工作。除此之外,业务部的其他工作还包括展品运输、展台设计与施工等。

③市场部。其主要负责新闻宣传,广告策划实施,协调与各社会团体或政府的关系等。宣传工作是展出成功的基础保证,其手段主要是广告与联络,如查发信函、登门拜访、电话联系、媒体广告、印发资料等。公关的主要目的是争取与企业有关单位的理解与支持,特别是争取得到新闻媒体、政府机关等影响力比较大的单位的认可与帮助。市场部工作的具体内容还包括制订年度场馆销售计划;根据市场变化,对价格政策的制订和修正提出建议并报请企业领导批准后执行;审核参展单位的资质;负责场馆营销,签订场馆出租合同;执行合同收款;负责有关展览会的报批手续等。

④信息部。信息部负责展览会的通信、网络数据的租赁业务,以及会展企业信息系统的规划、建设与维护,应用软件及办公电脑、耗材的采购与管理,同时还负责企业内部的通信系统以及网络的建设与保障工作等。

⑤管理部。包括对展台准备工作的管理,展台后续工作的管理以及展会整

体评估工作管理等,有些企业称之为会务部。管理部与业务部都是实战工作部门。如果说业务部主要活动于展前的话,那么管理部则主要活动于展中与展后,鉴于管理部承担了对整个会展最重要阶段——展台工作的组织与安排工作,管理部成为整个展览工作最重要、最关键的部门。

除了以上5个部门外,成功展会的顺利开展还离不开以下部门的配合与支持。

⑥工程部。负责组织会展企业各项基建工作;企业所属各建筑物、构筑物、道路及各类管线的维修和养护;负责企业机电设备的日常管理工作;保证会展企业经营及展会期间所有服务设施,如展馆内装修和陈设、水电、音响系统、空调系统、电话等正常运行和使用的重要部门。

⑦财务部。财务部的主要职责是协助会展企业经营者搞好企业经营核算,控制企业经营费用,使企业获得最佳经济效益。

⑧人力资源部。人力资源部是负责企业员工招聘、培训、考核、激励等的部门。它是确保企业在任何时候、任何地点、任何情况下都能找到合适人选的主要部门。

⑨保安部。保安部的主要职责是维护会议或展览的良好秩序,确保展会环境安全,是举办展会活动时不可或缺的部门之一。

⑩项目合作部。项目合作部以合作方式与有关部门共同承担各类型展览会的组织和接待工作,承担单个国家(地区)展览会的接待工作以及中国国际展览和会议展示会的组织工作,并通过对项目的再策划不断提高管理和服务水平,为参展企业和广大用户提供优质服务。以上部门是依据一般展会正常运作的需要来设立的,在实际组织结构设计中会展企业应充分考虑自身情况,名称可有所不同,部门多少也可灵活处理。

【复习思考题】

1. 试举例说明提供会议服务企业的3种不同类型的组织结构。
2. 在设计会展中心组织结构时,应考虑哪些因素?
3. 会展公司实施战略管理面临的挑战是什么?
4. 战略管理过程的各个部分是什么?它们之间有何联系?
5. 分析会展企业的外部环境对其实施战略管理有什么作用?

【实训题】

调查某一会展中心,分析该会展中心的组织结构。

一、实训组织

调查当地一会展企业(展览公司、会议策划公司或会展中心),分析该企业的主要业务、部门设置与该企业的组织结构的关系。

二、实训要求

1. 学生要独立完成。

2. 所选择的企业必须是与会展相关的企业。

3. 所选的企业要有代表性。

4. 分析该企业的业务与该企业组织结构的关系。

三、实训目的

1. 熟悉该区域会展企业的分布情况。

2. 提高学生对会展企业组织结构的认识。

3. 提高学生会展业务的认知。

【典型案例】

展览集团组织构架

一、中展集团

(一)公司简介

中国国际展览中心集团公司(简称"中展集团")隶属于中国国际贸易促进委员会暨中国国际商会,是中国展览馆协会的理事长单位、国际展览业协会(UFI)成员和国际展览会管理协会(IAEM)成员。

中国国际展览中心建立于1985年,经过近30年的发展历程,现已发展成为集展馆经营、国内组展、海外出展、展览工程于一身,业务范围成龙配套的集团企业。中国国际展览中心位于北京市朝阳区北三环东路6号,由中展集团下属的北京国展国际展览中心有限责任公司经营管理。

自1985年建成以来,中国国际展览中心共举办各类展览会1000多次,展出面积1100多万平方米,促进国内外贸易成交额5000多亿元。经过近30年的培育与发展,现中国国际展览中心每年举办各类展会100多个,展出面积超过100万平方米。

(二)发展历程

1979年4月,经国务院批准,北京市领导发文同意贸促会征用北京市朝阳区太阳宫附近20万平方米的土地作为外贸展馆土地。

1985年1月,国家工商局为中国国际展览中心颁发了营业执照。

1985年8月,邓小平同志为中国国际展览中心题写了馆名。

1985 年 10 月，中国国际展览中心一期工程竣工。

1985 年 11 月，中国国际展览中心接待了第一个大型国际展览会——亚太国际贸易博览会（ASPAT'85）。

1987 年，中国国际展览中心入选"北京 20 世纪 80 年代十大建筑"。

1988 年 10 月，在印尼雅加达举行的国际博览会联盟（UFI）第 54 届年会上，中国国际展览中心正式加入国际博览会联盟，成为当时中国在该联盟的唯一成员。

1989 年 7 月，首届北京国际博览会在中国国际展览中心举办，开我国举办综合性、定期性、地区性、国际性博览会之先河。

1990 年 6 月，中国国际展览中心荣获马德里国际商业服务奖奖杯。

1992 年 6 月，中国国际展览中心二期工程兴建。同年 9 月，贸促会与北欧 SAS 集团合资兴建的四星级饭店北京皇家大饭店正式营业。此时中国国际展览中心集展览、会议、住宿和娱乐为一体，各种展馆、报告厅、会议室、谈判间、中西餐厅、酒吧、舞厅、网球场、健身房等应有尽有；海关、动植物检疫、外运、工程施工单位等也都在现场办公，具备了举办、接待各种类型的综合性、专业性展览会和博览会及会议的条件。

1993 年 7 月，中国国际展览中心、中国国际展览工程有限公司与出国展览部部分机构合并，组建中国国际展览公司。形成了以展览业为核心，境内展览、境外展览、展览工程三位一体，相关服务配套的业务体系。

1993 年，在中国国际展览中心举办的北京国际机床展被国际同行确定为世界第四大机床展览会。

1994 年 6 月，中国国际展览中心主体馆工程竣工。同年，在这里举办了第五届亚太国际贸易博览会。

1995 年 2 月，中国国际展览中心加入国际展览会管理协会（IAEM）。

1999 年 4 月，中国贸促会向国家计委提交了建设新中国国际展览中心的项目建议书。项目选址位于顺义区空港工业城。

2000 年 6 月，中国国际展览公司成为中国展览馆协会理事长单位。

2001 年 9 月，正式注册组建"中展集团"和"中国国际展览中心集团公司"，成为集场馆经营、国内组展、海外出展、展览工程于一身，业务范围涵盖会展产业链各个环节的集团企业。

2002 年 12 月，中展集团公司通过了 ISO 9001 认证，管理和服务都向国际化标准靠拢。

2005 年 1 月，国家发改委核准了"新中国国际展览中心异地重建"项目。

2005年12月,中国国际展览中心新馆举行奠基仪式。

2008年3月,中国国际展览中心新馆正式开业。

(三)组织结构以及主要业务

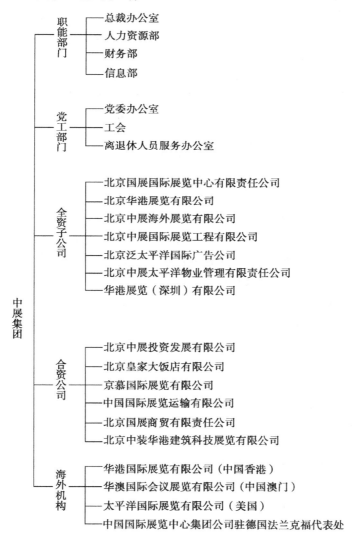

图4.6 中展集团组织结构示意图

①场馆经营。场馆经营主要由中国国际展览中心经营,它位于北京市朝阳区北三环东路6号,由中展集团下属的北京国展国际展览中心有限责任公司经

营管理。

②国内组展。国内组展主要由中展集团下属北京华港展览有限公司承担，它是专业展览和会议主办机构。其主要业务是在中国境内策划、开发、组织、承办各种专业展览和会议(论坛)、统一经营由中国国际贸易促进委员会、中展集团在中国境内主办、组织、合办、协办、承办各种专业展览会、博览会和会议。

通过合作办展，华港公司目前拥有北京国际印刷技术展(CHINA PRINT)、北京国际汽车展(Auto China)、中国国际石材展(Stonetech Beijing/Shanghai)、北京国际门窗幕墙博览会(Fenestration China)、中国(北京)国际建筑装饰及材料博览会(Build + Decor)等十几个国际专业性定期展览会。其中北京国际印刷技术展览会(CHINA PRINT)为国际博览联盟(UFI)嘉许展览。除北京以外，华港还在上海、广州、深圳、厦门等省市举办各种展览会。

③海外出展。中展集团下属北京中展海外展览有限公司专业从事出国展览业务，在国内出展业享有盛名，在全国的出展排名持续保持前3位。

自1993年起，中展海外展览公司开始组团参加境外展览会，是国内最早提供出国展览服务的公司之一。迄今为止，中展海外展览公司共组织了近5 000家中国企业参加了200多届国际著名专业展览会。中展海外展览公司与德国、美国、意大利、法国、英国、俄罗斯、日本、韩国、巴西、波兰、澳大利亚、印度、泰国、马来西亚、阿联酋等十多个国家的众多国际著名博览会机构建立了密切的合作代理关系。中展海外出展项目涉及消费品、礼品、玩具、办公用品、纺织服装、食品、鞋及皮革制品、五金、卫浴、汽摩配、家用电器、建材、机械、乐器以及IT等行业。

京慕国际展览有限公司成立于1995年，是中展集团公司与德国慕尼黑国际博览会公司的合资企业，是慕尼黑国际博览会公司在中国内地的总代理。其主要业务有组织出国参展、举办来华展览、提供展览培训、会议组织等相关服务。

④展览工程。中展集团公司旗下北京中展国际展览工程有限公司是目前国内规模最大，历史最悠久的从事展览工程设计、制作和施工的国有企业。其前身是中国国际贸易促进委员会下属的中国国际展览工程有限公司，是中国第一家有权承揽国外展览工程的外向型企业。

中展工程公司自1983年进入展览工程市场以来，一直承揽中国政府在海内外组织的大型展览展示活动，多次代表国家设计施工世界博览会、国际贸易博览会中国馆，以及在国外举办的大型中国贸易展览会的设计施工，随着业务量的不断增加，已拓展出包括博物馆、展示厅在内等相关的展览展示业务。

目前,公司拥有 70 多个国家和地区的施工经理和为数百家知名客户服务的经验。占地 2.6 万平方米的制作厂房、成套的先进加工设备以及从业经验丰富的专业工程师,为高效优质的服务提供保障。

二、上海市国际展览有限公司

(一)公司简介

上海市国际展览有限公司成立于 1984 年 7 月 1 日,为中国国际贸易促进委员会上海市分会的全资子公司,2004 年 2 月上海世博(集团)有限公司成立后,由上海世博(集团)有限公司与中国国际贸易促进委员会上海市分会共同投资。公司成立以来,已举办过各类大中型国际来华展览 500 多个,拥有一批具有较高知名度和影响力的品牌展览会,并成功举办过一批国家级展览会。

上海市国际展览有限公司 1996 年正式成为国际博览会联盟的正式会员。"中国国际模具技术和设备展览会"和"上海国际汽车工业展览会"是国际博览联盟认可的展览会。

2005 年,在上海市政府首次评出的 8 个优质展览会中,公司举办的"上海国际汽车工业展览会""上海国际纺织工业展览会""中国国际自行车展览会""中国国际信息通信展""上海国际服装纺织品贸易博览会"等 5 个展览会榜上有名。

公司是上海首家成为全球展览业协会(UFI)正式会员的专业国际展览公司,模具、汽车、染料展相继成为 UFI 认证的展览项目。中国国际模具技术和设备展览会是亚洲规模最大、世界第二的专业展;上海国际汽车工业展览会已跻身世界顶级车展之列,2011 年展出规模达 23 万平方米;中国国际染料工业展览会暨有机颜料、纺织化学品展览会已成为全球染化行业规模最大的专业展;中国·上海国际婚纱摄影器材展览会暨国际儿童摄影、主题摄影、相册相框展览会为同类展会全球规模之最。此外,公司还举办中国国际自行车展览会、上海国际海上风电及产业链大会暨展览会、中国上海国际汽车零部件制造设备及售后服务展览会、中国国际物联网大会暨展览会、中国(上海)国际摄影器材和数码影像展览会等一批极具行业权威性的专业展览会和大型国际会议。

公司下属的一些投资和合资公司,提供从展览运输、展馆管理、展览搭建、广告业务、展品留购、会议会务的全方位展览服务,并形成会展服务产业链。有专门负责大型国际展览会的组织工作以及配套服务工作的上海国际展览服务公司;有专业为国外来华展览和出国展览提供展品运输、报关报检和现场服务的上海国际展览运输有限公司;有从事展馆管理和展馆出租的上海国际展览中心有限公司和宁波国际会议展览中心;有专门从事展览搭建、设计和制作的上海司马展览建造有限公司;有专门为国际展览、国际会议和国际性商业公关推广活动提供全方位专业策划、设计和制作的上海亚太广告公司和上海大广贸促广告有限公司;有专门为展商和观众提供会务安排及其他服务的上海达华商务展览中心。

(二)发展历程

1984年7月1日,经国家对外经济贸易部和上海市人民政府批准,上海市国际贸易信息和展览公司成立,为中国国际贸易促进委员会上海市分会全资子公司。

1996年,公司成为世界最具权威的展览协会——国际博览会联盟(UFI)的正式会员;公司举办的"中国国际模具技术和设备展览会"通过国际博览会联盟(UFI)的认证,成为上海最早的UFI品牌展览会。

1999年4月,经上海市对外经济贸易委员会批准,公司名称由上海市国际贸易信息和展览公司更名为上海市国际展览公司。

2001年7月,经上海市对外经济贸易委员会批准,公司名称由上海市国际展览公司更名为上海市国际展览有限公司。

2004年2月,上海世博(集团)有限公司成立后,由上海世博(集团)有限公司与中国国际贸易促进委员会上海市分会共同投资。

2004年6月,公司举办的"上海国际汽车工业展览会"顺利通过国际博览联盟(UFI)认证,成为中国第一个被UFI认可的汽车展。

2005年,在上海市政府首次评出的8个优质展览会中,公司举办的"上海国际汽车工业展览会""上海国际纺织工业展览会""中国国际自行车展览会""中国国际信息通信展""上海国际服装纺织品贸易博览会"等5个展览会榜上有名。

2007年3月,公司举办的"中国国际染料工业暨有机颜料、纺织化学品展会"顺利通过国际展览联盟(UFI)认证,成为中国染料、有机颜料、纺织化学品行业内首个通过UFI认证的专业展览会。

2009年7月1日,公司成立25周年。

(三)组织结构及配套业务

展览运输:为国外来展和国内出展提供展品运输、报关报检和现场服务。

展览搭建:提供展览和会议搭建、设计和制作。

贸易联络:为海外参展商在华进行贸易推广和交流,对其展品提供展前贸易联络、展中贸易成交、展后期货成交的服务。

展会服务:提供订房、票务、签证以及翻译、礼仪接待、保安等临时人员租用

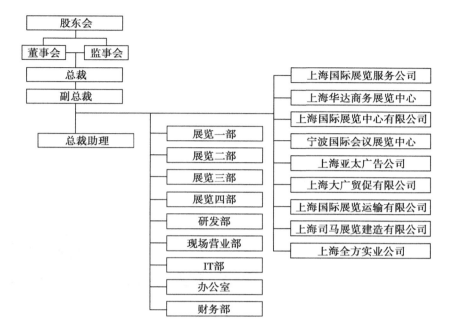

图4.7　上海市国际展览有限公司组织结构示意图

服务；为展会提供全方位专业广告策划、设计和制作。

案例讨论：

1.结合案例讨论中展集团和上海市国际展览有限公司的发展情况以及组织构架，它们分别属于会展企业组织结构的哪一类？

2.继续跟踪查询这两个展览集团，讨论他们的经营战略和具体运营管理。

项目5
会展场馆设计与运营管理

【知识目标】

◇ 了解国内外场馆建设的特点与发展趋势
◇ 阐述会展场馆设计的原则
◇ 介绍会展场馆的运营管理模式

【技能目标】

◇ 能够分析会展场馆的设计要求
◇ 具备会展场馆运用管理模式的分析能力
◇ 能够对我国会展场馆发展概况进行分析
◇ 能够结合具体的会展场馆分析其设计、功能
　 和运营管理模式

【学习重点】

◇ 我国会展场馆发展概况
◇ 会展场馆设计的原则与要求
◇ 会展运营管理的模式与结构调整

【学习难点】

◇ 会展场馆的设计

【案例导入】

德国汉诺威展览中心

汉诺威展览中心(Hannover Exhibition Center)是世界上最大的展览设施。这座世界最大的展览场拥有完美的基础设施和艺术级的技术手段,它为26 000余位展商和230万观众的年流量而设计。整个场地占地100万平方米,共27个展馆,室内展览面积达到49.8万平方米。最新落成的27号展馆位于展场西南角,展览面积为31 930平方米,造价6 140万欧元。8/9号馆、13号馆和26号馆都建筑风格独特。展场内值得一提的建筑还有:面积达到16 000平方米木结构"EXPO Canopy",建于1958年并于2000年世博会期间装修一新的标志性建筑"Hermes Tower",以及"Exponale"这个欧洲最大的人行桥连通城市高速路和8号馆。除了室内展览空间,展场还提供58 000平方米的室外展览面积。

在过去的10年里,德国博览会集团公司投入了大量的资金,总计超过8亿欧元建设新的展览馆,改善停车设施,建立卓越的公路网,建设大宗货物运输道路和具有吸引力的建筑。这些使得汉诺威展览中心成为国际市场交流的最佳场所。

展场交通非常方便,北面和东面各有一条干线地铁,还有连通法兰克福、汉诺威和汉堡的德国南北干线的火车站("汉诺威展场")。两条"空中走廊"(装备有人行电梯)一条从西面连通火车站和13号馆入口,一条从东面连通停车场和8/9号馆。一条新的地铁线路提供了从汉诺威机场途经汉诺威中央火车站到达展场的快速交通。展场的停车场可停放50 000部车辆,其中有遮盖的泊位有8 700个。

思考题: 德国汉诺威展览中心建设新的展览馆,在改善设施方面有哪些值得我国借鉴的?

会展场馆作为会展业发展的重要物质依托,其国际化、智能化、特色化的程度是会展业发展水平的重要衡量标志之一。但是,我国会展业起步较晚、规模偏小、水平尚低,离国际水平还存在相当差距,因此在会展场馆的设计与建设上还缺乏长远规划和合理布局。随着会展业的发展,这一问题日益凸现,并成为制约我国会展业进一步发展的瓶颈因素。

任务1 国内外会展场馆的发展与现状

5.1.1 国外会展场馆发展概况

在国外尤其是在德国、意大利、法国等会展业发达国家,会展场馆的空间发展模式表现为积聚的特点,其最大优势是容易实现规模效应。其中,"积聚"的内涵主要指由大规模带来的非同一般的影响力和品牌效果。事实上,国外会展场馆的发展是聚中有散的,只不过这里的"散"不是松散,而是一种合理布局。

1)总体上重点集中、合理分散

会展发达国家凭借自己在资金、技术、交通及服务等方面的优势,建造大规模的现代化场馆,举办高水平的展览会,在国际会展市场竞争中占据着主导地位。从总体布局上来看,会展业发达国家或地区的场馆建设具有"重点集中、合理分散"的特点。

所谓重点集中,包括两层含义:一是指会展场馆主要集中在几个大城市,以便集中力量培育国际会展名城;二是指各会展城市的场馆建设规模较大,便于统一规划、集中布展。例如,德国是名副其实的展览大国,它拥有23个博览会场地(展览面积超过10万平方米的有8个),展览总面积高达240万平方米。全国的展览场地主要分布在汉诺威、科隆、慕尼黑、法兰克福及杜塞尔多夫等城市,其中,仅汉诺威就拥有展览面积达68万平方米的巨型场馆,而且周边各项基础设施完善,正因为如此,世界上许多国际性的品牌展览会都落户德国。

所谓合理分散,即指几乎每个会展业发达国家都制订了科学的会展业发展规划,表现在场馆上便是突出重点、分级开发,以确保本国会展业具有持续发展的潜力。例如,目前意大利的大型国际展览会主要在米兰、波洛尼亚、巴里和维罗纳4个城市举办,这些城市都是著名的旅游城市,但相隔一定的距离且各自的品牌展览也不一样,因而在开展会展活动上各具特色;同时,为促进意大利经济的进一步发展,也形成了一些地区性会展中心。

2)单个场馆规模优先、以人为本

相对会展业总体布局的聚中有散而言,国外会展场馆更加讲究规模,大部分场馆的展览面积都在 10 万平方米以上；在建筑设计和设施安排上则强调以人为本，即尽量为参展商和观展人员提供方便。如 2000 年 5 月在德国汉诺威举办的印刷机械展是全球最具影响的展览会之一。整个展览会分 18 个馆展出，展览总面积达 15.8 万平方米，有来自 42 个国家的 1 800 多家厂商参展，来自德国及世界各地的约 40 万观众观展。场馆的各项设施和服务均以人为本，旨在为参展商和观众提供全方位的配套服务。观众一进展馆便能得到一份用多种文字编写的参观指南，各展馆的展览内容、观众出口、公共交通及停车场一目了然；展场中间的露天场地设有饮食和休闲中心，除提供快餐外还有各式风味餐厅；不同展馆之间有遮雨通道相连，在有些地方参观者还能乘坐电动通道直接进入不同展区。

3）场馆建设持续优化、不断扩张

随着会展业的快速发展，大多原有的场馆已经不能满足要求，必须对原有场馆进行改建和扩建。以可持续发展原则来指导会展中心的规划建设、改建扩建，是欧美国家新老会展中心普遍遵从的理念。规划时重视扩建方式、后续工程或改建工程，且不影响建成部分的使用。如法兰克福、科隆和柏林会展中心就采用这种模式。它们逐步拆除老的、不适用的建筑，而以新的大跨度、大规模、高效率的建筑取代，在不断的建设过程中，应用新的技术，适应新需求，完善新功能。如科隆会展中心就在原地将围院式建筑逐步改造为大跨度的展厅，并以连廊将各个展馆相连通。再如法兰克福会展中心，它拥有从 1909 年一直到 2001 年建设的包括穹顶式多功能会堂、超高层办公楼、大跨度的新型展厅等各类型的建筑。其形态清楚地刻画出多次改、扩建的时间痕迹。这样的扩建投资规模比较小，实施灵活，多以加建单独的大型展馆、连接通廊或主要的入口大厅等内容为主。

5.1.2　我国会展场馆发展概况

1）全国场馆总面积持续增加

我国会展场馆数量 153 个，建筑面积达 1 330.98 万平方米，室内展览面积 504.33 万平方米，室外展览面积为 229.44 万平方米，总展览面积为 682.68 万平方米，展览总面积在 50 万平方米以上的有 3 省市，20 万 ~ 50 万平方米的省市有 10 个。其中排名前三名的分别是广东省 112.27 万平方米、上海市 52.93

万平方米和浙江省 51.21 万平方米。①

2）单个场馆规模不断增大

中国目前已经认识到会展场馆在规模上与国外的差距,因此,近来新建的会展场馆面积不断扩大,我国展馆总面积在 8 万平方米以上的有 28 个展馆,占比 18.30%,4 万~8 万平方米的展馆 29 个,占比 18.95%。

3）区域会议展览带已经形成

我国区域会议展览空间已经初步成长起来,由于会展经济对城市具有强烈的依附性,因此,会展带与城市带在空间上具有一致性。目前我国最大的三个城市群,同时也是我国经济较为发达的三个区域,珠三角、长三角区域以及环渤海区域已经成为我国未来会展经济发展的增长极。153 个展馆中环渤海经济区 44 个,占比 28.76%,长三角经济区 34 个,占比 22.22%,珠三角经济区 18 个,占比 11.76%,其他经济区仅占 37.25%。

4）会展场馆集聚与分散并存

无论是会展中心城市在特定区域内的空间布局,还是会展中心城市内的会展场馆的空间布局,都同时存在集聚与分散并存的局面。会展场馆的集聚有利于单体会展企业降低基础设施和市场营销成本,形成规模效应,而分散则利于树立新的形象。在会展中心的宏观区位上,环渤海带、长江三角洲与珠江三角洲形成了 3 个会展中心城市集聚带,在会展中心城市内,有的城市也形成了集聚带。以广州为例,如广州火车站附近的中国商品交易会,与新建的广州锦汉国际展览中心形成了相对集中的展览区。另外,在广州会展中心的分散趋势也很明显。

任务 2　会展场馆设计的原则与要求

5.2.1　设计原则

高水平的会展场馆设计应当是融汇了建筑学、装饰学、美学、心理学、结构

---

①资料来源:2011 年度中国展览数据统计分析报告。

学等各门学科的设计。在具体的设计过程中,还应当遵循一定的原则。"绿色、人文、科技"这是我国奥委会做出的承诺,这一理念也可以借鉴到我国会展场馆的设计中来。

1)遵循合理化原则,做好会展场馆的布局规划

对会展进行评估和资质认可最具权威性的组织——国际博览会联盟(UFI)曾发表报告,一个城市或地区如果基础设施相对完备、人均收入在世界中等以上、服务业在 GDP 中的比重超过制造业且过半、外贸总额占 GDP 的比重接近或超过 10%、行业协会的力量相对较强,那么会展经济就会在该城市或该地区得以强势增长,并发挥相关的积极作用。因而,我国在进行场馆规划时,必须考虑该地区的宏观经济发展状况,因地制宜、有步骤地合理建设。

此外,合理化原则也可以体现在交通的便捷性和人文环境的优化上。如广交会旧址展馆由于不能满足交易会逐年扩大的实际需要,便将新会展中心选址于珠江环绕的琶洲岛,上接科学城和五山大学城、下接广州大学城及莲花山旅游休闲中心,除有江海大道、华南快速干线等 5 条南北向主干道和新港东路及环岛北路东西向道路外,地铁二号和四号线也会在这里交汇。为配合总体规划的需要,黄洲大桥未建先移,向西移至琶洲岛西侧。规划中华南快速干线和东环高速公路从西到东将琶洲岛分为 A、B、C 三个区。广州会展中心就是心脏地带 B 区的核心,其周围将发展起与会展相关联的配套设施如酒店、写字楼、银行、商业服务、博物馆等;A 区是西区,以居住、康乐为主导功能;C 区是以高科技产业研发、旅游度假和高品质居住为主导功能的综合区,营造了一个宽松的人文环境和便利的交通环境。

2)遵循专业化原则,推动会展场馆设计与国际标准接轨

前文已指出,由于规划设计缺乏专业性,我国会展场馆普遍存在规模偏小、设施落后等问题。在国外,会展场馆一般都纳入城市规划之中,具有专业化水准,无论在外观的构思还是内部设计上都有许多值得我国学习与借鉴的方面。比如,会展场馆的选址一般在城市中心区,注重交通的便捷性;展厅一般只有一个层面,以利于参展商布展和观众观展;展厅没有柱子,使展厅可以任意分割,没有视野局限;展厅的高度考虑参展商制作高展示物和眉板设计的需求;配备设置货物卸区、停车场、厕所;展览设施全部实现智能化,配置优良的观众导看系统;设有专门为参展商和观众休息的绿地等。我国在今后会展场馆的设计与改造时,要吸收国外会展场馆建筑设计的先进理念,注重国外会展场馆在具体

细节处理上的标准与做法。而且,我国一些具有实力的城市可以邀请国外的建筑设计师竞投方案。这样,若干年后我国的会展场馆面貌会有所改观,逐步走向与国际化接轨的道路。像近年来,上海会展业迅速崛起,德国汉诺威展览公司、杜塞尔多夫展览公司、慕尼黑展览公司联合投资兴建与经营上海新国际博览中心,第一期工程投资近 1 亿美元,建成的 4 个无柱单层结构、净高 11 米的展厅,堪称艺术与科技的完美结晶。德国三大展览公司联手合作参与上海会展场馆的建设,不仅带来了新的理念与模式,而且培育了中国会展场馆品牌,有助于中国会展场馆的建设向世界一流水平迈进。

3) 遵循文化性原则,体现会展场馆设计的特色化

一个优秀的会展场馆的设计,一般具有立意高、创意新、设计奇、风格独特等特点,能够对观众形成巨大的视觉冲击和心灵震撼,这种创意特色需要设计者在建筑设计方面具备深厚的文化感悟力。里斯本世博会上,路边造型独特的路灯、会场边河流上竖琴式的单臂斜拉索桥梁,无不展现出设计者那让人叹为观止的创造力、想象力和良苦用心。设计者甚至根据"海洋——未来的财富"的主题,在通往大西洋海口的沿岸地带,把所有建筑都设计成船、帆、浪花、水滴等形状,体现出了人与自然的和谐。

新加坡深受汉文化影响,风水学盛行,其国际会议与展览中心(新达城)的建筑群是典型风水学的体现。4 座 45 层和一座 18 层的大楼环立,象征人的五指,中间一座世界上最大的喷泉,寓意财源滚滚;所有建筑物的雨水都汇集起来用作灌溉花草和洗车之用,既环保又有象征肥水不流外人田之意。建筑整体设计充满了文化气息,显得十分有特色和新意。

近年来,全国各地把会展场馆作为城市形象来抓,如西安国际展览中心,展馆主体外观造型似鲲鹏展翅,隐喻西安城市建设的腾飞。又如重庆技术展览中心,其圆形馆风格别致,展厅为大尺度半圆形、各层共享大空间的建筑,室外结合自然地势形成了沿公路层层叠落的台阶式绿色广场,使整个建筑视野广阔、环境宜人。由此可以看出,文化氛围的营造有助于体现会展场馆设计的特色和创意性,提高会展场馆的档次。

4) 遵循科技化原则,设计中融合高新技术

现代化的会展场馆需要现代化的配套设施设备,以满足各种类型的展览活动,并为其提供全面、安全、高质量的服务。一般说来,会展场馆设计中应包括中央空调、自动消防控制系统、保安监控系统、广播音响系统、地面综合布线、电

脑宽带网线等基本服务设计。并且,还可以将一些新技术纳入会展场馆设计,如楼宇自动化管理系统、新型材料的运用、VOD 国际会议功能、计算机宽带网技术和无线上网操作等。针对一些国际会展场馆的特殊需求,还可以将数字会议网络(Digital Conference Network—简称 DCN)、红外语言分配会议同声传译系统、组合式大屏幕投影电视墙等先进设备运用于场馆设计中,为会展提供优质高效的服务。

5)遵循生态化原则,设计与环保节能相结合

可持续发展是 21 世纪的主题之一。会展业要获得经济效益、社会效益和生态效益的统一,必须注重会展场馆的生态化设计。目前,"绿色会展场馆"的概念在国内外已经相当时兴,即会展场馆的选址、建筑材料选择到内部装饰布局都力求突出生态化的特色;在布展用品的选用上做到易回收的材料优先;十分注重节能降耗和三废处理,如使用可以节能的变声增压换热装置及节能节耗的空调制冷液等。在一些场馆布展项目设计中,生态化理念也深入人心,如汉诺威世博会芬兰展馆移栽一片故乡的桦树林,使用高科技手段再现了大自然怀抱中特有的宁静和恬静,刻画出了生机盎然的生态环境。

5.2.2　设计要求

会展场馆在建设时应遵循一定的标准,特别是对于不同类型的场馆其所参考的技术标准也有一定的差异性。如会议中心和展览中心在设计和建设时所考虑的内容是不同的。这里主要对展览中心设计时的要求做简要介绍:展览中心的设计主要分为两块,即外部设计和内部设计。外部设计主要涉及展览场馆的区位选址以及外部连通性。考虑的要素主要有场馆选址、交通组织、货物运输等。内部设计则涉及场馆的内部空间结构和功能分区等问题。

1)外部设计

(1)区位选址

从国内外主要会展国家的场馆建设来看,会展场馆选址有以下几种模式:

①处于城市中心。这类会展中心以法兰克福、科隆和斯图加特会展中心为代表。它们多拥有较长的建馆历史,所处位置基本就在城市中心的附近不超过3 千米的距离。其周边已处于建成状态,可供会展中心扩展用地近乎没有了。其中地处欧洲交通枢纽和金融中心的法兰克福会展中心更具典型性。有建于

1909 年的世界最大的穹隆式建筑,有建于 1989 年达 265.5 米的当时欧洲最高建筑,已成为城市地标的博览会大厦。从会展中心步行仅 10 分钟可达市中心的火车站。建于 1924 年的科隆会展中心则与著名的科隆大教堂隔河相望,与繁华的市中心相距不过 1 千米。

②处于城市近郊。这类会展中心以杜塞尔多夫、柏林会展中心为代表。它们的历史相对较短,多建于 20 世纪 70 年代前后,一般处于城区边缘,距市中心 5 千米左右。既有便利的公共交通系统,又有相对宽敞的扩展用地。通过 30 年的运营,这些会展中心也在不断扩建改建。目前它们的扩建能力也近乎到达极限。以杜塞尔多夫会展中心为例,它的展览面积已经从最初 1971 年的 11.3 万平方米扩充到 2000 年的 23.4 万平方米,现有场地已经接近饱和。

③处于城市远郊。这类会展中心以慕尼黑、莱比锡会展中心为代表。它们均为近年来迁新址建成的,处于城市的远郊,距市中心 10 千米左右,靠近高速公路或快速道路。这类会展中心多是因原有市中心老馆发展受限制而异地重建的,它们的选址往往是改造利用一些衰落的产业用地。比如慕尼黑会展中心利用了旧的机场,而莱比锡会展中心则利用了废弃的工业垃圾堆场。选择远郊一方面能为场馆发展储备充足的建设用地,而同时也带动了城市新区的发展。

④相对独立的会展城。德国汉诺威是最典型的会展城,作为世界上最大的会展中心,它拥有近 47 万平方米的展览面积,俨然是个小城市的规模。它距市中心虽然仅 6 千米,但却自成一体,相对独立。凭借 2000 年世界博览会的契机,汉诺威会展中心改造扩建了部分场馆,进一步加强了其会展城市的功能。

(2)外部交通组织

由于会展中心规模庞大,展览活动具有短期性的特点,因此展览期间人流、物流量相对集中。配备高效率、大容量的交通是大型会展中心必需的条件。因此,会展中心的外部设计应十分注意其外部交通的组织。通常考虑的外部交通条件包括以下几种类型:

①公路交通条件。公路运输仍是目前主要的运输方式之一。高速公路和高等级公路是到达会展城市或会展中心的重要途径之一,同时也是重要的物流运输线。因此,多数大型会展中心都建在城市的边缘或是郊区,靠近连接城市间的高速公路入口。不少会展中心甚至就坐落在高速公路边,如柏林、莱比锡和慕尼黑会展中心。即便在市区范围内的会展中心也距离高速公路的入口不远,一般不会超过 2~3 千米。只有少数相对比较老的会展中心身陷于城市中心,距离高速公路入口比较远,制约了其自身的发展。

②轨道交通及城市公交条件。在拥有发达的轨道运输网络的城市,其客运

方式由以下部分组成:城际特快、城际列车和地区间列车。城际列车的时速一般可达200千米,因此乘坐火车是城市之间到达目的地的选择方式之一。如大部分的德国城市以火车站周边为城市的中心,从火车站往往有便利的公交车或城市轨道交通系统可以通达会展中心。如杜塞尔多夫会展中心主入口前有两条地铁线均直达市火车站;有一路公共汽车也可直达市中心。上海新国际博览中心就建设在位于城市轨道交通二号线的龙阳路站附近。柏林会展中心不仅在周边布置了城市铁路、地铁和公交巴士系统,甚至将专门的城市铁路修进了场地的中间,在展会期间开设专列。

③与航空港的联系。德国地处欧洲的中心,由于地理及经济的因素形成几个重要的国际空港城市,如法兰克福、杜塞尔多夫等。因此,德国在会展场馆设计时,常利用航空运输的有利条件,实现参展商和参展物快捷的长途运输。德国的主要会展城市一般都拥有自己的机场。乘坐飞机是外国、特别是欧洲以外的参展商和参观者的主要方式。因此,会展中心与机场的高效连接是展会活动的重要保障,也是其是否具备国际性的硬件基础。多数会展中心与机场的距离在15～20千米,其间有高速公路、城市快速路、城市铁路等相连接,15～20分钟即可到达。

少数会展中心则依托机场选址,如杜塞尔多夫会展中心距机场只有3千米,可以利用周边机场的配套设施,更好地解决旅行的效率问题。也有的会展中心距离机场比较远,这样的会展中心需要有高效的快速车行道辅助实现快捷的运输。如慕尼黑新会展中心距机场34千米,但高效率的城市外环路可以保证在20分钟左右到达。会展中心都会加设来往于机场和会展中心之间的专用巴士来解决大量人流的集散。

④与航运码头的联系。虽然河流运输并不是主要交通方式,但河流航运仍是一些会展中心货物运输的选择途径之一。因此,许多会展城市坐落于河流近旁,有一些会展中心就沿河岸建设,如科隆、杜塞尔多夫会展中心均建在莱茵河岸。因此,在有条件的城市,会展中心的建设应考虑到与码头之间的交通联系。

2) 内部功能设计

会展场馆内部功能设计应遵循两大原则,即要具备完善的功能和优化的环境服务。

(1) 完善的功能设计

会展场馆目前已经不再仅仅是为会展活动提供空间的场所,会展场馆已经逐步成为城市中重要的景观建筑和经济活动空间。如国外的会展场馆同时还提供购物、休闲、娱乐等服务。因此,在设计会展场馆时,一方面应尽力完善会展服务型设施,如餐饮、购物、娱乐、商务;另一方面还应努力扩展其他类型的功能空间,力争实现会展场馆的一馆多用。

德国的会展中心一般都提供有必要的信息咨询站点和方便简易的餐饮休闲服务设施,大规模的会展中心还设有新闻中心、展览服务机构等。但酒店设施一般靠城市功能来解决,仅有少数的会展中心有自己的酒店。

(2)优越的环境服务

会展场馆内部环境同样具有十分重要的意义,环境的营造体现了会展场馆的精神和理念,是会展场馆理念形象的表征。一般而言,会展中心往往给人尺度大、人工化、缺乏生气的印象,而不少国外会展中心非常重视景观环境的人性化设计:包括庭院、屋顶和垂直绿化,从城市到展馆内外无处不在的标识、标志设计以及尽可能提供休闲的场所等。

在环境的特色化设计方面,比如绿化和环境处理,国外也领先一步。如慕尼黑和莱比锡在场馆规划中均非常注意景观绿地的设计。它们共同的特点是在会展中心各展厅之间或主要的轴线上设置绿化休闲场地,供参展、参观者使用,并可开展多种室外展示活动。在场馆外围,特别是主要入口的周边进行大规模的景观设计。这两个场馆中还有大片的人工湖,这对营造良好的环境氛围,改善小气候及消防储备都很有好处。

(3)一流的会展设施

会展场馆内部结构设计中对于会展空间的设计关系到会展活动的质量。因此,优秀的会展场馆都会在无柱大厅、展览面积、地面承压、展厅高度、展品运输、信息服务等方面加以特别关注。

任务3 会展场馆运营管理

5.3.1 会展场馆运营管理的模式

会展场馆建设的管理模式,从目前来看主要有3种,即企业自主管理、政府管理以及行业协会管理。

①企业管理即由企业出资建设,会展场馆建成后成为会展企业的资源,由该企业对场馆设施统一管理。如上海新国际博览中心就是由国外3家大型会

展企业联合成立公司对其设计并投资兴建,并最终由该公司负责场馆的经营和运作。

②政府管理是国内外最为主要的管理形式之一,即由政府投资兴建,会展场馆作为城市的公共设施或形象建筑而存在。如德国大部分会展中心基本是由各级政府牵头出资建设,并成立了专门的有限责任股份公司加以运营管理。这样的建设经营模式和组织结构,一方面是使会展中心可以获得政府从土地、交通乃至政策方面的大力支持,使其具有城市基础性公共设施的特征,树立城市形象;另一方面也可以保证高效、灵活的商业运营管理,带动城市和地区经济。

③行业协会管理。在会展经济较为发达的国家和地区,会展行业协会发展较为成熟,即行业协会受到人们的信任并拥有公正的权威。因此,这些地区会展场馆的建设和运营由会展行业协会来进行统一的管理。这些行业协会和组织的职责是对行业内部的场馆新建和运营进行监督、评估和提供信息,对规范行业、避免恶性竞争起到很大作用。

5.3.2 会展场馆建设的结构调整

1)布局结构调整

如前所述,我国会展场馆主要集中于三大地带,即珠三角、长三角以及环渤海地区。这些区域会展经济在我国会展产业发展中形成了一个产业高地。然而从全国的发展来看,我国会展场馆的布局还不够平衡,我国西部地区在会展场馆的建设上还较为滞后。同时,我国西部地区却拥有众多的资源,未来具有极大的发展前景,因此,我国各级政府应在有条件的大城市,鼓励采取多种途径筹资兴建大型的会展场馆,以此进一步推动我国西部地区会展产业的发展。

2)规模结构调整

我国会展场馆在规模上总体较小,无法与国外大型会展企业相比。但是,我们也应该看到,会展场馆的建设不能一哄而上,全部建造成为超大型的场馆。这样不实际也是不符合市场经济运行规律的。编者认为,会展场馆在设施上力求现代化、创新化是正确的,但是在会展场馆的规模上则应该采取等级递进的策略。即各种规模的场馆应该有序存在,这样可以实现较为理想的经营分工,有利于避免场馆之间恶性竞争的情况出现。

3) 资本结构调整

由于会展场馆建设需要大量的资金,因此,我国会展场馆在建设时大多数是由政府出资或政府与大型企业集团联合出资兴建,资金来源较为单一。为了能够更好地促进我国会展场馆的发展,提升会展场馆的硬件和管理水平,应实现投资主体的多元化。如可以通过组建中外合资的会展企业,对会展场馆的建设投资,也可以实现著名外国会展企业单独投资。我国也应鼓励民营企业进入会展业,推进该产业的不断进步。民营企业经营较为灵活,管理较为新颖,因此,民营企业进入会展场馆领域,必将在为投资主体多元化做出贡献时,也有利于我国会展场馆管理机制的多元化发展。

5.3.3 会展场馆展会的经营定位

会展场馆应实现一定的分工,特别是在国内的大城市中,会展场馆的数量正与日俱增,会展场馆在发展中如果没有明确的市场定位,很难在市场竞争中获胜。

1) 按照规模予以市场分类

按照会展的规模来进行经营定位与分工是较为可行的方式。因为会展场馆的规模就决定了举办会展活动的规模大小。会展场馆在经营时按照自身的规模确定发展战略,这与会展场馆硬件本身有直接联系,因此操作起来同样有效。

上海为增强展馆的利用率,发挥出上海会展市场的最佳效益,上海各场馆也在不断探索展馆经营的市场定位问题,并且已经在市场分工和经营方面走在了全国前列。如光大会展中心的展馆面积是3.5万平方米,针对自身场馆的特点,光大会展中心展会项目经营主要选择3万平方米以下的展览,并将客源市场主要定位在北京和香港等展览高端市场,场馆经营取得了较好的效益,目前上海光大会展中心举办的品牌展主要有数控机床展、美博会、文博会、上交会等。再如上海展览中心,由于场馆是20世纪50年代的老建筑,经过改造和扩建,目前拥有2.3万平方米的展馆和1万平方米的会议场馆,因此上海展览中心展会项目的经营定位就是:积极关注2万平方米左右的展览,发展小型展览,争取中型展览,放弃大型展览,业务重点选择与百姓密切相关的消费展览会。而上海国际展览中心就主要经营1万平方米左右的展会,从而在服务、体制和经验上突出优势。

2）按照行业予以市场分类

按照行业领域来划分会展场馆的目标市场也是较为常见的方式，但是由于会展场馆在大体功能上较为相似，因此，一般具有一定规模和设施的会展场馆对不同行业均具有一定的普适性。所以，按照行业予以市场分类，不能实现理想的市场划分，有时还会引起更为激烈的市场竞争。

3）按照办展形式予以分类

办展的形式是参展商和观展者较为注重的方面。办展形式对于会展场馆来讲，主要有两种，一种是引进展，一种是自办展。目前大多展览场馆都在先经营引进展览项目积累经验的基础上，开始开拓自办展业务，以提高展馆经营利润率。

办展形式从另一方面来讲，对于会展场馆，尤其是中小型会展场馆在建设时可以预先实行特色化设计，通过与众不同的场馆设计，实现某种特殊的办展形式，从而获得特定的市场群体的关注。如中国国际科技会展中心凭借其开发商北辰集团的科技背景，实现光纤到桌面，提供千兆级的国际、国内链接，彻底解决客户上网带宽瓶颈问题，提供高质量的 IP 电话、可视电话、视频点播等服务；依托吉通通信在国科的数据中心，为客房提供主机托管、虚拟主机、虚拟专网等服务；电话局在楼内建设的 4 000 门模块局，除提供充足的电话线路外，还可直接提供 E1 数字电路等。并且"国科"南靠北三环路、北邻北四环路、西接京昌高速公路，位处正在加紧建设中的中关村科技园区之辐射区，是距中关村最近的大型展览中心。因此伴随着计算机、网络、通信等高科技产业的大型国际性展会越来越多，"国科"成为高科技会展的首选。

总之，会展场馆无论采取何种经营定位的方法，都应作为会展场馆设计建设的有机组成部分，将市场经营定位作为其发展的战略核心，并从场馆设计、建造、管理等方面紧紧围绕该经营方向，实现最终的战略目标。

【复习思考题】

1.简述会展场馆设计的原则。

2.会展场馆选址应考虑哪些因素？

3.会展发达国家在场馆建设方面有何优势？

【实训题】

一、实训组织

结合当地一个展览中心,围绕这个展览中心进行实地调研,分析该展览中心的管理运营情况、管理模式和该管理模式的优点和缺点。

二、实训要求

1. 学生要独立完成。

2. 必须进行实地调研。

3. 分析管理运营情况要结合实际情况。

4. 优点、缺点分析要具有典型性。

三、实训目的

1. 掌握会展场馆管理的模式。

2. 提高学生的实地调研能力。

3. 提高学生对场馆管理的分析能力。

【典型案例】

美国展览馆的3种管理模式

在美国,展览产业对地方经济的拉动作用很明显,据有关调查部门估算,每位参观者每次参观平均要支出 1 200 美元,可以带给当地国内生产总值 2 000 到 8 000 美元的增长。就展览业本身而言,多年来展览产业的增长速度比美国 GDP 增长速度快得多。

在美国,大部分展览中心都是公有的。在全美面积超过 2 500 平方米的展览中心中,大约64%(大约 243 个)的展览中心属于地方政府所有。在长期的产业发展过程中,形成了 3 种各有特点的公有展览中心管理模式。

(一)政府管理模式

尽管许多公有展览中心是亏损大户,地方政府作为所有者的直接管理,仍然可以获得某些关键利益。首先,展览中心的经营可以更好地体现政府发展区域经济和特定产业的意图。其次,控制展览场地市场可以作为展览市场宏观调控的手段。因此,政府直接管理是美国一种重要的公有展览中心管理模式。通常的办法是在地方政府里成立大会和参观者事务局,负责管理公有展览中心。在此模式里,展览会组织者预定展览场地需要到该机构事先登记,而不是去展览中心。

在政府管理模式下,尽管某些服务也外包给专有承包商,但参观者事务局一般都有管理队伍,包括市场营销、销售和公共关系人员。在很长的时期里,政府管理的市政展览中心通过提高停车价格和提供更多的专有服务等方式,都能够增加收入和盈利。

对市政展览中心来说,盈利能力往往基于下列关键因素:经营实体的政治结构(一般认为,私人或权威机构/委员会的管理优于市政当局);来自城市的对特定展览中心和整个观光事业的营销支持;最重要的是,展览中心经营和参观者事务局管理的质量。

作为政府管理模式的一个例子,佐治亚州设立了佐治亚世界会议中心管理局,以开发和经营佐治亚世界会议中心、佐治亚"圆顶房"、百年奥林匹克公园和相关设施,以促进和方便那些给佐治亚州和亚特兰大市创造经济利益的展览会。

佐治亚世界会议中心管理局是州长任命的15人董事会,它必须挣得自己经营支出所需的资金,但是如果有短缺也能额外得到州里的资助。管理局从展览大厅和会议室的租金及其提供的服务中,获得收入。佐治亚世界会议中心通常是可以做到盈亏平衡的。

政府管理模式虽然有利于政府获得某些重要的利益,但是也会造成展览中心经营绩效低下、市场机制扭曲等问题,不利于展览产业的长远发展。从美国的情况来看,拉斯维加斯和芝加哥等最重要的展览城市都已不实行这种模式。

(二)委员会管理模式

美国某些地区在公有展览中心的管理中实行委员会管理模式,即由地方议会或政府成立一个单独的非谋利管理委员会经营公有展览中心,对议会或政府负责。例如依照内华达州的一部法律,成立了半官方的拉斯维加斯大会和参观者事务管理委员会。

委员会管理往往是比政府管理更有效的模式。由于经营自主和收入独立,由一个管理委员会管理的展览中心,可以更少地受政府采购和城市服务需求的限制。

管理麦考米克展览馆和"海军码头"的芝加哥"都市码头—展览机构"(MPEA),就是成功应用委员会管理模式的一个例子。MPEA是伊利诺伊州议会创立的一家市政公司,其董事会是由伊利诺伊州州长和芝加哥市市长任命的。

MPEA管理麦考米克展览馆联合体,在芝加哥地区促销和运作展览会和商品交易会。按照法律规定,麦考米克展览馆需要创造足够的收入以支付其运营成本。为此,作为管理委员会的MPEA实行半企业化的运作。麦考米克展览馆提供电讯、电气、有线电视、输水管道、餐饮和停车等若干种专有服务。展览会组织者必须雇用 MPEA 在这些服务领域指定的卖主。MPEA 基本上不负众望。每年有 400 多万展览会参观者和公众参观者来到麦考米克，有 50 个主要的展览会和数百个小的展览会在麦考米克展览馆举办。按照《贸易展览周刊》的统计，这些展览会里大约有 33 个居全美贸易展览会前 200 强之列。

不过这个模式也有其弱点，那就是可能产生政治影响、官僚主义等问题。历史上著名的旅游胜地"海军码头"也归 MPEA 拥有和管理，而这家权威机构也因为对"海军码头"实施娱乐、商业和文化的重新利用和经营而广受指责。

此外，从企业治理的角度来看，委员会管理模式下存在着激励不足的问题。很多时候政府还是要充当救火队长，补贴公有展览中心经营的损失。芝加哥市政府就每年都把旅馆房间税收的 2.5% 转移给麦考米克展览馆。

（三）私人管理模式

将公有展览中心的管理业务外包给私人展览管理公司，这就是私人管理模式。当前展览产业一致认为，这是一个积极且难以逆转的趋势。私人管理公司越来越多地从市政府那里赢得公有展览中心的经营权和管理权。

北美两家主要的展览中心管理公司，Spectacor 管理集团和环球光谱集团，因为不断提升该产业的服务水平和标准而广受信赖。更多的市政府都在考虑把其展览中心管理业务外包给这样的私人管理公司。

私人管理模式具有许多公认的优势，包括：①政企分开，经营自主；②诸如奖金之类的效率激励措施，建立在盈利能力大小、毛收入和成本节省情况的基础上；③集中注意力于客户服务上，有利于克服官僚主义；④人力资源得到深度开发；⑤衡量业绩的标准客观；⑥盈利能力较强；⑦管理培训专业化，管理有职业倾向性；⑧雇佣工人有灵活性，有利于裁减冗员；⑨对政府来说，财政风险相对较小，这一点至关重要，政府毕竟也不能做赔本生意。在美国，私人管理公司一般都收取一种基本酬金，外加一种可变激励酬金，它与基准数据联系在一起，诸如毛收入、盈利能力、成本节省情况、参观水平和展览会数量等。

根据《设施管理者》杂志的报道，1986 年的美国税收法案，对经营通过免税债券筹措资金的公有展览中心的展览公司，设置了收取酬金上的限制。

展览中心管理契约在各展览中心之间可以有很大的差异。为适合每个市政客户的独特需要，大部分协议都是客户化的。按照具有代表性的私人管理公司的情况看，带激励的酬金平均起来一般相当于毛收入的大约 5%。

当然，对地方政府而言，将公有展览中心交给私人公司管理也有一定风险，有可能失去对其谋利动机的控制。由于不能排除异地办展的内在冲动，且所办展览会不适应当地产业发展规划,私人管理公司利润最大化的经营可能不符合城市发展的整体利益。

案例讨论:

1. 美国展览馆的 3 种管理模式与中国的管理模式有什么不同?

2. 简述 3 种管理模式各有什么优缺点?

项目6
会展项目管理

【知识目标】

◇ 理解项目的定义及特点
◇ 认识会展项目的类型及其特征
◇ 掌握会展项目管理的流程
◇ 掌握会展项目管理的方法

【技能目标】

◇ 能够制订会展项目计划
◇ 能够进行会展项目调研
◇ 能够对会展宏观市场环境进行初步分析
◇ 基本具备独立对会展项目进行预算的能力
◇ 能够对会展项目进行任务分解
◇ 初步具备撰写会展方案的能力

【学习重点】

◇ 会展项目管理流程
◇ 会展项目管理的方法

【学习难点】

◇ 会展项目管理流程

【案例导入】

举办展览项目 806 个　上海已成中国展览之都

据《劳动报》报道,如若关注近几年国内会展业发展,一定不难发现位居会展业前三甲"广北沪"的城市排名正悄然发生变化,上海会展业正以每年 15% 以上增幅的发展速度赶超广州。据悉,2012 上海全年共举办展览项目 806 个,同比增长 19.6%;总展出面积达到 1 109 万平方米,同比增长 16.37%。近几年,申城交出的成绩单已向国内会展业证明,上海的综合实力已占全国首位,名副其实成为"中国展览之都"。

上海已经成为海内外会展界公认的中国最重要的会展城市之一。记者从上海市会展行业协会了解到,2012 年上海会展业发展继续稳步增长,各类展览会项目数量、展览规模不断扩大,继续保持全国会展城市的领先地位。据悉,上海会展业近年来每年以 15% 以上的增幅发展,预计到 2015 年,本市展览总面积将达到 1 200 万 ~ 1 500 万平方米。其中,5 万平方米以上的展会项目达到 50 个,10 万平方米以上的展会项目达到 20 个,20 万平方米以上的展会项目达到 5 个。

资料来源:http://www.31expo.com/news/detail--6965156.html

讨论:会展项目的迅速增长对我国经济的增长有哪些作用?

任务 1　会展项目及项目管理

6.1.1　项目

1) 项目的定义

现代经济社会中项目随处可见,小到一次聚会、一次郊游,大到一场文艺演出、一次教育活动、一项建筑工程、一次开发活动等,而中国的长城、三峡工程、香港的新机场则是项目管理的典范。所谓项目是指一项独特的主题性工作,在限定的条件下,为实现特定目标而执行的一次性任务。即遵照某种规范及应用标准去导入或生产某种新产品或某项新服务。这种工作应在限定的时间、成本费用、人力资源等参数的预算内完成。典型的项目周期可包括项目发起、论证、启动、规划、执行、控制、结束等多个阶段,项目是一项创新的事业。

2) 项目的特征

（1）目标性

即项目都具有明确的目标，任何项目最终都要实现一定的目标，其结果可能是一种期望的产品，也可能是一种所希望的服务。项目的目标明确且不能轻易修改和变动，一旦项目的目标发生实质性的变化，它就不再是原来的项目了。而且项目的目标包括成果性目标和约束性目标，在项目过程中成果性目标都是由一系列技术指标来定义的，同时将受到多种条件的约束，其约束性目标往往是多重的。

（2）唯一性

即项目都是独一无二的，每个项目都有自己的特点，每个项目都有其特别的地方，没有两个完全一样的项目。可能由于自身的开创性而具有独特性，也可能由于项目发生的时间、地点、内部环境、外部环境以及实施过程的不同而显示出独特性，总之每个项目都因其独特性而具有开发意义。

（3）约束性

即项目实施受到人、财、物等资源的约束以及时间的限制，项目实施过程中不可能无限制地投入各项资源，而要以尽可能低的成本创造出高质量、迎合需求的项目。同时项目实施有时间限制，不能按期完成则意味着项目开发的失败。

（4）对象性

即项目因需求而生，每个项目都有各自的客户，项目是在确认客户需求的基础上开发实施的，以客户为对象提供项目服务，目的是为了满足客户的需求。

（5）风险性

即项目具有不确定性。每个项目都包含一定的不确定性，即在项目的具体实施中，由于外部环境和内部因素在发展变化，项目的实施过程可能与项目计划有所偏差。比如项目提前或延时完成，项目实际成本高于或低于预期成本，项目实施结果与预计不符等。因此在项目实施过程中要进行有效的管理和控制。

（6）不可逆性

每一个项目都是一项一次性的任务，而不是周而复始的工作，这是项目与其他重复性工作的最大区别。随着项目实施结果的移交和合同的终止，该项目即告结束。因此每个项目都要根据具体的条件进行系统的管理,这一管理过程不可循环。

(7)整体性

项目是为实现目标而开展的任务的集合,它不是一项孤立的活动,而是一系列活动有机组合而形成的一个完整的过程。强调项目的整体性,也就是强调项目的过程性和系统性。

6.1.2 会展项目

1)会展项目的内涵

会展业是现代都市以完善的基础设施和健全的都市服务体系为支撑,通过举办各种形式的会议或展览活动,吸引大批与会、参展人员及一般游客前来进行经贸洽谈、文化交流或旅游观光,以此带动城市相关产业发展的一项综合性经济产业。会展项目作为一种新型的项目形式,具有自身的项目特色,与其他项目存在着明显的差异。概括而言,会展项目的内涵与特征主要体现在以下几个方面:

(1)服务目标性

即会展项目以提供令客户满意的服务为目标。会展业属于第三产业,也是一种有着自身特点的服务业。从服务业的本质出发,要求会展业的从业人员围绕人来开展工作,最终实现客户满意的目的。因此从目标上看,会展企业引进项目管理的运作方式可以使企业最大限度地实现会展目的,服务好参展商及与会者。

(2)项目关联性

实施一个会展项目往往会涉及服务、交通、通信、建筑、装饰等诸多部门,能直接或间接带动一系列相关产业的发展。因此以城市为依托的会展项目的开展,往往关联性地带动整个城市的治理与建设,提高城市综合竞争力。

(3)客户广泛性

即会展项目以客户群体而非个体为对象。会展项目的服务对象是以参展商和观展商为主的客户群,会展项目的构思与启动要以充分调研两个客户需求市场为基础。一个成功的会展项目往往把会议、展览和文化、旅游等活动有机结合起来,一方面吸引大量的参展商参展,丰富展会内容,另一方面也增强对观众的吸引力,扩大观展规模。

（4）效益综合性

即会展项目的投资收益是综合性的。这种综合性体现在两个方面:一方面,会展项目的投资在获取经济效益的同时,还将获取巨大的社会与环境效益,比如推动社会相关行业发展,优化城市环境等;另一方面,项目的关联性决定了项目收益由多方构成,具有综合性的特点,是高收益、高利润的项目。

2）会展项目的类型和特征

（1）科技展示型项目

科技展示型会展项目主要是指以某种高科技产业或优势产业为依托举办的专业性科技博览会或交易会等,如光电科技博览会、高新技术展示会等。这类会展项目具有以下特征:

①专业性强。科技展示型会展项目对参展企业和观展商都有专业性方面的要求。参展的企业必须是从事某种高科技产业的企业,对该产业有充分的认识和了解,并有相关的科技产品。而观展商一方面要具备该行业的专业知识,能识别相关产品;另一方面要具备一定的购买力,才能保证展会的交易额达到一定水平,通常是使用某项技术的专业性公司或企业。

②技术含量高。科技展示型会展项目对会展组织者,更确切地讲应该是展会承办者提出了较高的技术要求。由于在项目任务中会涉及较多的技术性工作,比如展馆的布局,展台的设计,专业设备的配置等,因此项目的技术含量高,对工作人员的相关技术水平有一定的要求。

（2）产品交易型项目

产品交易型会展项目主要是指将某产业与内外贸相结合而开展的产品交易会、展销会等,如车展、房展等。这类会展项目具有以下特征:

①项目针对性强。一方面,在参展商的组织上具有很强的针对性,一定是生产某产业产品的企业;另一方面,观众参与具有很强的针对性,一般情况下来观展的企业和个人大都对该产品存在消费需求并具备一定的购买能力。

②交易目标优先。产品交易型项目以产品交易为主要目标,因此在项目目标体系中交易目标占据优先地位,展会组织者应首先满足参展商或观众的交易需求。与此相适应,展会组织者在招展过程中,一定要组织一批有购买力的专业观众,以扩大展会交易额。

（3）综合博览型项目

综合博览型会展项目主要是指以宣传本地人文资源如文化、艺术、体育等为宗旨的大型展览活动，如99昆明世界园艺博览会、2010年上海世博会等。这类会展项目具有以下特征：

①项目周期长。综合博览型项目由于其项目内容广泛，往往具有较长的项目周期。首先，项目启动阶段是一个充分调研、精心构思的过程，因此要花费较长的时间；其次，项目规划阶段是一个涉及多项工作任务的复杂筹划过程，历时也较长；再次，项目执行阶段是一个需要多方监控的实施过程，由于展示内容丰富、广泛，需要提供较多的时间观展。

②成本预算高。综合博览型会展项目以展示某地人文资源为宗旨，不以产品交易为目标，因此展会直接收益小，成本代价大。同时这类项目涉及多项工作任务，需要花费大量的人力、物力以及财力资源，成本预算高。

③观众范围广泛。综合博览型项目由于展会内容丰富，对观众形成较强的吸引力，同时对观众没有专业性的限制，因此观众范围广泛。从观众区域范围上看，既有本地观众出于对本地人文资源深入了解的需求前往观展，更有大规模的外地旅游者出于求新、求奇的需求前去观展。

（4）会议洽谈型项目

会议洽谈型会展项目主要是指以重要的城市为中心而举办的综合性的国际会议及大型论坛活动等，如APEC会议、亚洲博鳌论坛等。这类会展项目具有以下特征：

①重复性强。会议洽谈型项目一般是定期举办的会展项目，重复性强。尤其是一些大型的国际会议，每年定期举行，但每届的举办地一般不同，在同一城市举办的可能性较小。

②服务全面。会议与展览不同，服务范围更加全面。一次大型的会议，从音响、通信、信息系统、场地布置到会间服务都要全面到位。比如餐饮服务，一般的展览型项目要求比较简单，只提供基本餐饮，而会议洽谈型项目通常要提供包括早餐、中餐、晚宴等的全方位服务，开会期间一般还有茶点服务。

③参与人数少。会议洽谈型项目与前几种展览型项目不同，与会人员有一定的人数限制。一般的展览会都有上十万的人流量，而会议型项目有上千人就算很大规模了。同时，高规格的会议对与会人员有较高的专业与其他条件要求。

6.1.3 会展项目管理

1)项目管理的内涵解读

"项目管理"最原始的概念就是"对项目进行管理",即通过项目各方人士的合作,把各种资源应用于项目,以实现项目的目标。随着项目及其管理的发展,由于项目范围的广泛性,近年来"项目管理"被提炼成一种具有普遍科学规律的现代化理论模式,使之成为新的管理方式和新的管理学科的代名词。所谓项目管理就是在特定的组织环境中,为有效实现项目的特定目标而制订的一整套原则、方法、辅助手段和技巧。现代项目管理有别于经验性的传统项目管理,它体现在项目管理的管理理念、管理组织、管理方法和管理手段的现代化上。

项目管理是在有限的资源条件下,为实现项目目标所采取的一系列管理活动,它是理顺与项目有关的众多错综复杂的难题的一种手段和过程。项目管理主要具有以下几个特征。

(1)复杂性

项目管理涉及项目构思、项目论证、项目规划、项目实施、项目控制、项目评估等多个环节,需要合理配置人、财、物等多项资源,因此说它是一项复杂的工作。

(2)创造性

由于项目的独特性,不同项目的管理过程也表现出不同的个性,都根据项目的特点有各自的创新,因此项目管理不是一成不变的工作,它是一个体现创造性的过程。

(3)专业性

项目管理需要专业化的集权领导和专门的项目组织,从而合理有效地进行分工,提高管理效率;同时项目管理需要专业人才的参与,项目经理在项目管理中起着非常重要的作用。

2)会展项目管理的内涵

所谓会展项目管理就是以会议和展览为中心展开各项工作,为有效实现项目的特定目标而制订的一整套原则、方法、辅助手段和技巧。由于会议与展览的时效性,要求会展组织者在有限的时间里做好展会的组织工作。在这一过程中如果以项目的概念贯穿始终,能更好地实现时间、技术和人力的有效利用,使会展组织者最大限度地实现会展目的,服务好参展商与观展者。项目管理在国外会展业运作中已得到广泛应用,会展项目管理在中国会展业中的应用也将为中国会展经济提供有效和较为理想的运作模式。

会展项目管理是为了实现目标而开展的一系列活动的集合,它不是一项项孤立的活动,而是一系列活动有规律的组合而形成的一个完整的过程。会展项目的运作围绕着会展项目的功效、成本和时间 3 个要素而运作,如图 6.1 所示。

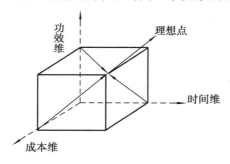

图 6.1 会展项目管理的三维要素框架

(1)功效维

会展项目运作的目标就是为了营利,即通过会展项目的管理达到多项收益目标,功效维属于成果性目标,是会展项目的来源也是会展项目的最终目标和目的,在会展项目实施过程中,功效性目标被分解成项目的功能性要求,是会展项目全过程的主导目标。一般会展项目的功效性目标有成交额、投资额、专业观众数量、门票收入、旅游收入以及城市形象提升等效果。

(2)时间维

由于会展项目的独特性,会展一旦结束,项目即告结束,即项目是有起点和终点的,任何会展项目都会经历启动、实施和结束这样的过程,会展项目的时间维表现是启动阶段比较缓慢、实施阶段比较快速,而结束阶段又可能比较缓慢的规律。

(3)成本维

会展项目管理必须在有关利益主体的运作下,利用有限的资源(人力、物力、财力等)在规定的时间内完成任务,这些有限的资源就是成本的控制,我们把它归纳为成本维。成本越低,效益就越高;成本越高,效益就越低。

在一定范围内,功效、成本和时间三者是相互制约的,当时间(即进度)要求不变时,质量要求越高;当成本不变时,质量要求越高,则进度越慢;当质量标准不变时,进度过快或过慢都会导致成本的增加。

任务2 会展项目管理的流程

为了使会展项目取得成功,项目团队必须在项目管理中选用实现项目目标所必需的合适过程。流程就是一组为了完成一系列事先制订的产品、成果或服务而需执行的相互联系的行动和活动。按照会展项目的特点,会展项目管理过程可以划分为4个阶段,如图6.2所示。

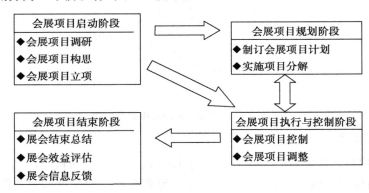

图6.2 会展项目管理4个阶段

6.2.1 会展项目的启动

会展项目启动是会展项目管理过程的起点,这一阶段主要包括以下3个方面的工作。

1)会展项目调研

需求是项目产生的根本前提。而会展作为复杂的运作项目,涉及众多的利益相关者,而他们的需求是多种多样的。因此,该阶段以识别市场需求为目的,以便针对需求确定会展项目。按照大的方向分,会展项目调研的市场对象包括两类,即参展市场和观展市场。

①参展市场的调研包括具有参展需求的产品类型,某类产品的参展需求规模,周边地区同类项目的举办情况,以及本地区举办该主题会展项目的资源优

势等。

②观展市场的调研包括拟参展产品的吸引力及市场需求规模,以本地区为核心的客源市场的观展优势等。

2)会展项目构思

会展项目构思又称会展项目创意,它以调研的结果为导向,确定会展项目主题,并对该主题项目的投资目标、功能、范围以及项目涉及的各主要相关因素进行大体轮廓的设想和初步界定。会展项目构思的具体内容包括:

①确定会展项目主题。一个专业展览会必须主题鲜明、目的明确。这是会展项目构思的首要步骤,组展者在客户需求识别的基础上,还需要考虑以下因素:近期同类展会的举办情况;本地区举办该主题会展的资源优势;组展单位举办该主题会展的实力,包括经济实力、场馆设施情况等。所确定的主题应该能反映本行业的专业知识、最新动态。

②构思相关项目内容。包括本次会展项目投资的目标,项目投资的背景及意义,项目投资的功能及价值,项目实施的环境和配套设施条件,项目的成本及资源约束,项目资金的筹措及调配计划,项目投资的风险及化解方法,项目的实施及其管理,项目实施后预期的经济、社会、环境的整体效益等。

③实施项目可行性研究。这是项目启动过程中最重要的一个环节,它主要包括3方面的内容:一是从市场的角度分析,该主题的会展项目是否有投资的必要;二是从技术、设计的角度分析,以会展企业现有的硬件与软件基础,组办该主题的会展项目是否可行;三是从财务的角度分析,企业对该主题的会展项目进行投资在经济上是否合理。

3)会展项目立项

某主题的会展项目通过可行性论证后,一般都需要申报到有关部门进行核准后才能启动,这是避免重复办展,保证项目质量的有效手段。会展项目的正式立项意味着会展项目启动过程告一段落。

①国内项目立项的有关规定。中国现行的审批办法规定,在国内举办超过1 000平方米的国际性展览会均需审批。并且按照会展项目所涉及的主题类别、办展企业种类与级别以及项目范围的不同,分别报不同级别的主管部门,以不同的渠道审批。

这种管理办法在一定程度上规范了会展项目的立项行为,但同时按主办单位的隶属关系进行分渠道、分级审批的办法存在很大的管理漏洞,仍然避免不了重复办展的现象。

②国际项目立项的权威机构。在国际上,一致公认的会展项目立项的权威机构是"国际博览会联盟(UFI)"。UFI有一套成熟的会展立项评估体系,对会展项目的参展商、专业观众、规模、水平等进行严格评估,达到标准的,准予立项,有效控制了展会质量。

6.2.2　会展项目的规划

会展项目规划是会展项目的纸上模型,它是引导项目管理工作向组展目标方向发展的蓝图,这一阶段的主要工作包括以下两个方面。

1)制订会展项目计划

用于计划的每一分钟都可以在执行阶段得到三到四倍的回报。制订项目计划是会展项目规划的首要工作,它是项目组织根据项目目标的规定,对执行项目中的各项工作任务做出的周密安排。一般来说,制订一个简单的会展项目计划应该包括以下内容。

(1)明确会展项目目标

会展项目的实施是一种追求某种目标的过程,这一目标不仅要在组展方与客户方之间达成一致,而且必须明确、具体、切实可行。一个明确合理的会展项目目标应该具有以下特点:一是体系性,即项目目标不是单一的,而是一个满足会展组织者、参展商以及观展商三方多方面需求的多重目标体系;二是优先性,即对会展组织者而言,在项目成本、时间和技术技能3个基本目标构成的目标体系中,需要确立一个优先性目标,以便目标发生冲突时进行权衡;三是层次性,即会展项目目标具有一个从抽象到具体,从宏观到微观的层次,随着会展项目的分解不断细化,从而将项目总体目标贯彻到各实施环节中。

(2)确定会展项目范围

根据项目目标,项目计划应确定完成项目目标的项目范围或工作任务。确定会展项目范围一般包括以下内容:一是参展商规模的确定,即确定会展项目的招展范围,包括参展商类型、层次、数量等,以形成与项目目标相适应的参展规模,满足观展商的需求;二是观展商范围的界定,即确定观展人员的类别、购买力水平、数量等,以确保展会交易额达到一定水平,满足参展商的需求;三是会展承办企业服务范围的确定,即确定会展企业为满足客户需求,实现自身目标,应该向参展商和观展商分别提供哪些服务。

（3）估算会展项目时间

为了确保会展项目以合理的进度执行，使会展企业和客户在有限的成本约束下，发挥最大的时间效率，会展企业需要科学估算承办某主题项目可能需要的时间，这是会展项目计划中不可或缺的内容。对会展项目时间的估算包括两个方面：一是估算每项活动或工作元素从开始到完成所需的时间，如展前筹备工作所需的时间，展中客户交易所需的时间，展后项目评估所需的时间等，这种估算是基于项目团队队员平均工作能力之上的；二是估算会展项目的总体进度与花费的时间，但并不是每项活动所需时间的简单相加，还需要考虑各项目之间的时间衔接、时间重叠等因素和意外事件发生的可能。

（4）编制会展项目预算

项目预算是项目执行的尺度，也是成本控制的有效手段。会展企业应根据会展项目范围，对企业的人、财、物等各项资源进行配置，并进行合理的总体和分项预算。会展项目预算主要包括 3 个方面：一是人力资源预算，主要解决 3 个问题，即完成整个会展项目需要哪些人才以及各类人才的需求数量，这些专业人员从何而来，如何合理配置这些人员以形成会展项目团队；二是物力资源预算，主要解决以下问题，即完成该会展项目需要什么样的专业展览设施，什么样的配套服务设施和何种高新技术等；三是资金成本估算，即对由人力资源成本和物力资源成本构成的直接项目成本进行资金估算。

2）实施项目分解设计

项目分解就是将一个会展项目整体分解成易于管理、控制的若干个子项目或工作任务，实际上就是给出明确的会展项目范围。一般而言，一个会展项目可以分解为招展项目、组展项目和服务项目，实施项目分解设计就是分别对 3 个子项进行设计。

（1）招展项目设计

招展项目是企业会展项目中的一个重要子项目。会展项目的成功与否在很大程度上取决于参展商的数量与质量。不同类型与规模的展会对参展商的质量、档次要求不同，会展企业在招展项目的设计与策划上也应有不同侧重。比如按国际博览会要求，外商比例应超过展位的 20%，因此要加强企业在海外的招展宣传。在专业会展中，招展项目则更多地体现出"团队形式"，即通过国内外的协会集体组织参展。

（2）观展项目设计

会展不仅需要参展商的参与，还要有一批高质量的观展者和贸易商，才会形成较大的成交量。在观展项目设计中主要涉及对观展者的组织及促销计划。不同类型的展会，在观众组织上要采取不同的策略。一般对于非专业展会，尤其是与老百姓生活有关的行业展览，观众的组织应该是灵活的。只要专业性不太强，都应积极鼓励普通观众的参与，不要求门票，并在展览期间穿插节目表演和抽奖活动，吸引观众观展，同时在展馆内开展低价促销活动，扩大交易额。对于专业性很强的展会，可以考虑"仅供专业人士"参观，以避免"热闹有余，收获不大"的现象。

（3）服务项目设计

商业化运作的现代会展项目，给会展企业提出了越来越多的要求，细致周到的服务是会展项目成功的保证。因此，服务项目设计是会展项目规划的重要内容。服务项目设计的原则是：急参展商之所急，想观展商之所想，提供完备的服务。一个国际性会展项目的配套服务项目设计，不仅包括展会的常规性服务，还包括一些个性化服务。

例如，在上海世贸商城举办的"第三届中国国际地面材料及铺装技术展览会"中，会展企业在服务项目设计上专设"大会推荐运输商""大会推荐展台搭建商"等服务性展台；在展会的中心地带设参展商休息室，提供不同口味的茶点，并在午间安排午餐盒饭服务；此外，现场还设有商务中心及新闻中心，提供电话、传真及电脑打字等服务；在展会举办地所在的同楼层就设有银行，提供金融服务；主办者还委托专门化的会务服务公司，提供参展商及特邀专家的住宿及旅行安排。更为周到的是，在展会入口处，上海市法定产品质量监督检验机构——上海市建材及构件质量监督检验站在会展企业的安排下，设立服务台，为展会中的产品做质量鉴定，这一举措增加了参展商对展会产品的信赖程度。

6.2.3 会展项目的实施和控制

项目规划阶段一旦完成就进入项目执行阶段，它是一个使项目在既定的项目时间和项目预算中执行的工作过程，主要包括会展项目控制和调整两个方面的内容。

1）会展项目控制

项目控制是通过信息收集，判断和监督项目执行过程的一项持续性工作。

实施会展项目控制是规范项目运行,保证项目按照既定目标和预算展开的有效手段。一般而言,会展项目控制又包含以下两个方面的内容。

(1)项目任务监控

为了使会展项目顺利实施,首先应该对会展项目涉及的各项工作任务进行实时监控,及时发现问题,寻找差距,以便及时调整,始终保持项目执行的正确方向。会展项目无论大小,都应该监控如下的内容:当前项目计划的完成情况;已完成工作任务的复杂程度和所占比例;已完成工作任务的质量;项目团队成员之间的沟通、协作水平;会展场馆的运作和有关设施的使用情况等。

(2)项目成本控制

项目成本控制是会展项目控制的核心,成本一旦失控就难以在预算内完成项目任务,会展企业应该建立相应的财务制度,在项目执行过程中进行预算和成本控制。会展项目成本控制的关键在于经常及时地分析成本绩效,即把实际已发生的一定数量的成本所完成的工作任务和花费相同数量成本计划完成的工作任务相比较,尽早发现实际成本和预算成本之间的差异。成本控制是一个持续的过程。

2)会展项目调整

项目总是处于一个变化的环境中,通过项目控制会发现项目实际执行过程与计划任务之间不可避免地存在偏差。下一步要做的就是项目调整,主要包括以下3个方面的内容。

(1)会展项目人员的调整

通常会展企业总公司或项目组织的变化以及项目人员的个人原因,都会引起项目团队人员的变更,如领导职务变动、新人接手、员工病假等,这时需要对会展项目人员进行调整。项目人员的调整有以下渠道:一是与项目组织的主管上级沟通,从会展企业内部重新获得一批精兵强将;二是同参展客户沟通,他们可能会推荐一批人才;三是同项目团队人员交流,挖掘一批新的骨干。

(2)会展项目预算的调整

如果展会规模没有得到有效估算,可能会导致会展项目预算的偏差,对人、财、物等资源的配置不合理影响会展项目的实施,这时需要对会展项目预算进行调整。项目预算的调整同样从人、才、物3个方面展开,关键在于在调整的过程中寻求一切使成本最小化的方法,避免因调整造成项目执行的资金瓶颈,同时稳定项目团队人员情绪,沉着应对预算调整。

（3）会展项目目标的调整

随着会展项目的不断推进，会展客户（包括参展商与观展商）越来越清楚地认识到一些在项目初期未能认识到的问题，因而不断产生一些新的需求，这时会展企业需要及时调整项目目标，尽可能多地满足这些需求。调整项目目标要注意两点：一是同客户积极地沟通、协调，及时把握新的需求动向，并在目标上达成一致；二是充分考虑项目成本预算，尽可能在成本控制下完成项目目标的调整。

6.2.4　会展项目的结束和评估

项目执行阶段的结束，并不意味着会展项目管理活动的终结，还要经历一个项目结束的过程。这一过程主要是对会展项目进行执行后的评估，主要包括3个方面的内容。

1）展会结束总结

在项目执行工作完成后，进行会展项目完成情况报告，项目团队人员的绩效评估，以及会展项目成功的经验总结或失败的原因分析。会展企业要发展、要提高，就要在每次会展项目的实施过程中不断总结经验，吸取教训，为以后的项目管理工作提供借鉴和参考。

2）展会效益评估

展会效益包括直接或间接的经济效益和社会效益。直接的经济效益是指会议和展览所成交的金额，如参展商的订单收益；间接的经济效益是指会展所带来的门票收入、广告收入、餐饮、交通、旅店等。社会效益是指展会双方以及会展所在地获得的社会影响力和示范效应。进行评估时，会展企业应从上述3个方面评价会展收益。

3）展会信息反馈

会展现场的活动结束后，会展企业项目管理还有一个重要环节就是与参展客户进行信息的双向反馈。会展企业需要请专业人士对参展的观众情况进行分析，并将由专业信息处理公司计算出的有关数据以及效益评估结果主动迅速地传达给各参展商，同时收集反馈意见与建议，以便进一步提高企业会展项目管理的质量。

任务3   会展项目管理的方法

6.3.1   头脑风暴法

头脑风暴法可以用于会展项目管理的很多方面,例如会展理念和主题的确定、会展举办城市的选择、会展方案的确定等方面,都可以用到这个方法。

1) 概念

头脑风暴法(brainstorming)又称集体思考法或智力激励法,于1939年由美国学者阿历克斯·奥斯本提出,并在1953年将此方法丰富和理论化。

所谓的头脑风暴法是指采用会议的形式,如集体专家开座谈会征询他们的意见,把专家对过去历史资料的解释以及对未来的分析,有条理地组织起来,最终由策划者做出统一的结论,在这个基础上,找出各种问题的症结所在,提出针对具体项目的策划创意。

2) 基本程序

头脑风暴法力图通过一定的讨论程序与规则来保证创造性讨论的有效性,由此,讨论程序构成了头脑风暴法能否有效实施的关键因素,从程序来说,组织头脑风暴法关键在于以下几个环节。

(1)确定议题

一个好的头脑风暴法从对问题的准确阐明开始,因此必须在会前确定一个目标,使与会者明确通过这次会议需要解决什么问题,同时不要限制可能的解决方案的范围。一般而言,比较具体的议题能使与会者较快产生设想,主持人也较容易掌握;比较抽象和宏观的议题引发设想的时间较长,但设想的创造性也可能较强。

(2)会前准备

为了使头脑风暴畅谈会的效率较高、效果较好,可在会前做一点准备工作。如收集一些资料预先给大家参考,以便与会者了解与议题有关的背景材料和外界动态。就参与者而言,在开会之前,对于要解决的问题一定要有所了解。会场可做适当布置,座位排成圆环形的环境往往比教室式的环境更为有利。此外,在头脑风暴会正式开始前还可以出一些创造力测验题供大家思考,以便活跃气氛,促进思维。

(3)确定人选

一般以8~12人为宜,也可略有增减(5~15人)。与会者人数太少不利于交流信息,激发思维;而人数太多则不容易掌握,并且每个人发言的机会相对减少,也会影响会场气氛。在特殊情况下,与会者的人数可不受上述限制。

(4)明确分工

要推定一名主持人,1~2名记录员。主持人的作用是在头脑风暴畅谈会开始时重申讨论的议题和纪律,在会议进程中启发引导,掌握进程。如通报会议进展情况,归纳某些发言的核心内容,提出自己的设想,活跃会场气氛,或者让大家静下来认真思索片刻再组织下一个发言高潮等。记录员应将与会者的所有设想都及时编号,简要记录,最好写在黑板等醒目处,让与会者能够看清。记录员也应随时提出自己的设想,切忌持旁观态度。

(5)规定纪律

根据头脑风暴法的原则,可规定几条纪律,要求与会者遵守。如要集中注意力积极投入,不消极旁观;不要私下议论,以免影响他人的思考;发言要针对目标,开门见山,不要客套,也不必做过多的解释;与会者之间相互尊重,平等相待,切忌相互褒贬等。

(6)掌握时间

会议时间由主持人掌握,不宜在会前定死。一般来说,以几十分钟为宜。时间太短与会者难以畅所欲言,太长则容易产生疲劳感,影响会议效果。经验表明,创造性较强的设想一般要在会议开始10~15分钟后逐渐产生。美国创造学家帕内斯指出,会议时间最好安排在30~45分钟之间。倘若需要更长时间,就应把议题分解成几个小问题分别进行专题讨论。

3)头脑风暴法的成功要点

一次成功的头脑风暴除了在程序上的要求之外,更为关键是探讨方式、心态上的转变。概言之,即充分、非评价性、无偏见的交流,具体而言,则可归纳为以下几点。

(1)自由畅谈

参加者不应该受任何条条框框限制,放松思想,让思维自由驰骋。从不同角度、不同层次、不同方位大胆地展开想象,尽可能地标新立异、与众不同、提出独创性的想法。

（2）延迟评判

坚持当场不对任何设想做出评价的原则。既不能肯定某个设想,又不能否定某个设想,也不能对某个设想发表评论性的意见。一切评价和判断都要延迟到会议结束以后才能进行。这样做一方面是为了防止评判约束与会者的积极思维,破坏自由畅谈的有利气氛;另一方面是为了集中精力先开发设想,避免把应该在后阶段做的工作提前进行,影响创造性设想的大量产生。

（3）禁止批评

绝对禁止批评是头脑风暴法应该遵循的一个重要原则。参加头脑风暴会议的每个人都不得对别人的设想提出批评意见,因为批评对创造性思维无疑会产生抑制作用。同时,发言人的自我批评也在禁止之列。有些人习惯于用一些自谦之词,这些自我批评性质的说法同样会破坏会场气氛,影响自由畅想。

（4）追求数量

头脑风暴会议的目标是获得尽可能多的设想,追求数量是它的首要任务。参加会议的每个人都要抓紧时间多思考,多提设想。至于设想的质量问题,自可留到会后的设想处理阶段去解决。在某种意义上,设想的质量和数量密切相关,产生的设想越多,其中的创造性设想就可能越多。

4）会后的设想处理

通过组织头脑风暴畅谈会,往往能获得大量与议题有关的设想。至此任务只完成了一半。更重要的是对已获得的设想进行整理和分析,以便选出有价值的创造性设想来加以开发实施。头脑风暴法的设想处理通常安排在头脑风暴畅谈会的次日进行。在此以前,主持人或记录员(秘书)应设法收集与会者在会后产生的新设想,以便一并进行评价处理。

设想处理的方式有两种。一种是专家评审,可聘请有关专家及畅谈会与会者代表若干人(5人左右为宜)承担这项工作。另一种是二次会议评审,即由头脑风暴畅谈会的参加者共同举行第二次会议,集体进行设想的评价处理工作。

5）避免误区

头脑风暴是一种技能,一种艺术,头脑风暴的技能需要不断提高。如果想使头脑风暴保持高的绩效,必须每个月进行不止一次的头脑风暴。

有活力的头脑风暴会议倾向于遵循一系列陡峭的"智能"曲线,开始动量缓慢地积聚,然后非常快,接着又开始进入平缓的时期。头脑风暴主持人应该懂得通过小心地提及并培育一个正在出现的话题,让创意在陡峭的"智能"曲线阶段自由形成。头脑风暴提供了一种有效的就特定主题集中注意力与思想进行创造性沟通的方式,无论是对于学术主题探讨或日常事务的解决,都不失为一种可资借鉴的途径。唯需谨记的是使用者切不可拘泥于特定的形式,因为头脑风暴法是一种生动灵活的技法,应用这一技法的时候,完全可以并且应该根据与会者情况以及时间、地点、条件和主题的变化而有所变化,有所创新。

6.3.2　德尔菲法

德尔菲法是在 20 世纪 60 年代由美国兰德公司首创和使用的一种特殊的策划方法。德尔菲是古希腊的一座城市,因阿波罗神殿而驰名,由于阿波罗有着高超的预测未来的能力,故德尔菲成了预测、策划的代名词。德尔菲法用于会展项目策划时,可以用于市场预测、方案确定、主题的确定等多个方面。

所谓德尔菲法是指采用函询的方式或电话、网络的方式,反复地咨询专家们的建议,然后由策划人做出统计,如果结果不趋向一致,那么就再征询专家,直至得出比较统一的方案。这种策划方法的优点是:专家们互不见面,不会产生权威压力。因此,该方法可以自由且充分地发表自己的意见,从而得出比较客观的策划方案。

运用这种策划方法时,要求专家具备项目策划主题相关的专业知识,熟悉市场的情况,精通策划的业务操作。专家的意见得出结果后,策划人需要对结果进行统计处理。但是这种方法缺乏客观标准,主要凭专家判断,再者由于次数较多,反馈时间较长,有的专家可能因工作忙或其他原因而中途退出,影响策划的准确性。

德尔菲法的基本方法是:

第一步,把一群富有市场经验且可以相互补充的专家汇集在一起,通常为 30～50 人,并设定控制条件(常用的方法是邮寄调查表以避免群体压力影响);

第二步,设计、分发第一轮调查表,要求回答者确定或提出某些事件发生的可能性以及发生的可能时期;

第三步,整理第一轮回收的调查表,整理包括确定中间日期和确定两个中间四分位数,以便减少过于乐观或过于保守的极端意见影响;

第四步,把统计整理的结论制成第二轮调查表寄予同一专家组的成员,要

求回答是否同意四分位数范围,如仍是在四分位数之外,请专家们解释原因;

第五步,将第二轮调查表的结果及评论意见整理成表;

第六步,有没有必要再征询1～2轮,要看预测的差异是否过大,评论意见的寄发是否有助于专家组形成新的较为统一的意见;

第七步,总结预测结果,包括中间日期、中间四分位数范围,以及正确对待和消化处理那些意见尚未统一的预测事项。

6.3.3 横道图法

1)横道图概述

横道图也叫甘特图法,1900年由亨利·甘特发明,是用来表示项目进度的一种线性图形技术。在会展项目管理中,横道图主要是用水平长条线表示项目中各项任务和活动所需要的时间,以便有效地控制项目进度,优点是简单、明了、直观,易于编制。在甘特图上,可以看出各项活动的开始和终了时间。在绘制各项活动的起止时间时,也考虑它们的先后顺序。甘特图是一个二维平面图,横维表示进度或活动时间,纵维表示工作内容,如图6.3所示。

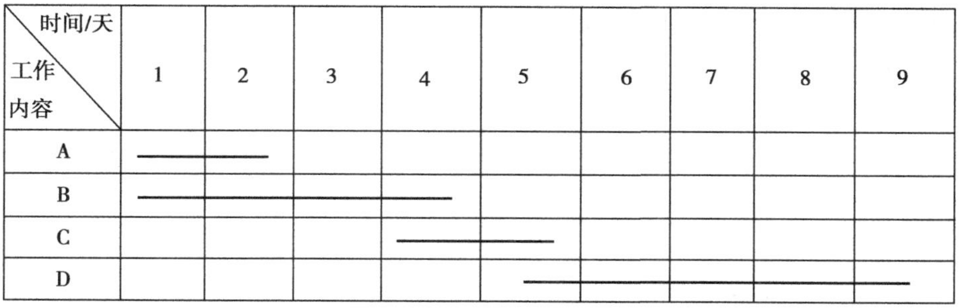

时间/天 工作内容	1	2	3	4	5	6	7	8	9
A									
B									
C									
D									

图6.3 会展项目进度横道图

图中的横道线显示了设想工作的开始时间和结束时间,横道线的长度表示该项工作的持续时间。横道图的时间维决定着会展项目计划粗略的程度,根据会展项目计划的需要,可以以小时、天、周、月、年等作为度量项目进度的时间单位。这对于涉及方方面面各项工作的会展项目管理非常有利。

2)横道图的类型

(1)带时差的横道图

在会展项目计划中,在不影响整个项目流程的前提下,某些工作开始和完成时间并不是唯一的或者确定的,往往会有一些机动时间,即时差。这种时差在传统的横道图中并没有表达,而在改进后的横道图中可以表达出来,如图6.4所示。

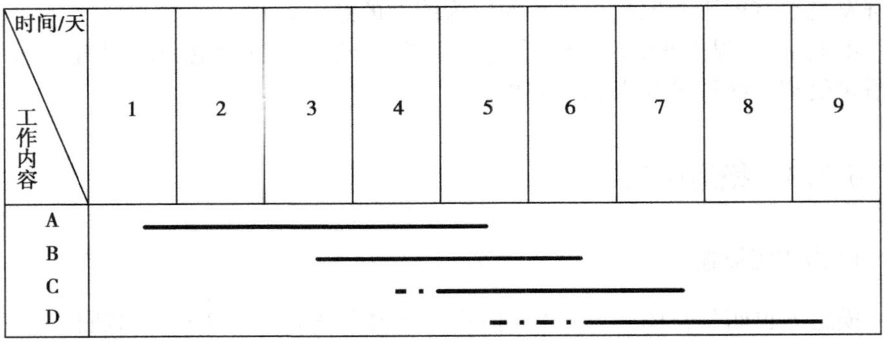

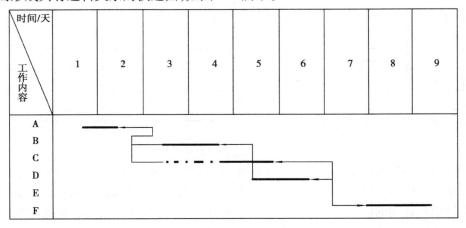

图6.4 带有时差的横道图

注:(实线代表工作进度,虚线代表时差)

(2)具有逻辑关系的横道图

将会展项目计划和进度两种智能结合起来,在传统的横道图中表达出来从而形成具有逻辑关系的横道图,如图6.5所示。

图6.5 具有逻辑关系的横道图

上述两种类型的横道图,具有直观性和关联性,会展项目管理的过程中,可以按照实际情况选择不同的方法。

【复习思考题】

1. 会展项目的内涵。

2. 会展项目的类型及其特征。

3. 会展项目管理的过程。

4. 会展项目管理方法应注意的要点。

【实训题】

结合会展项目管理的流程,以品牌会展为例制作一份会展方案。

一、实训组织

以小组为单位查找一个品牌会展及相关资料,参考该品牌会展的运作流程,结合本地特色产业,策划并制作一份会展方案。

二、实训要求

1. 学生要以小组形式分工完成。

2. 所找会展案例必须在国内外有一定知名度并形成了一定的品牌。

3. 策划的会展方案必须与当地产业相关联。

4. 方案结构要完整。

三、实训目的

1. 掌握会展项目运作流程。

2. 提高学生对会展项目流程的认识。

3. 提高学生会展项目策划的能力。

【典型案例】

2007 年武汉春季房地产交易会工作方案

一、背景及宗旨

2007 年武汉春季房地产交易会旨在坚持"专业、服务、务实、创新"的办展原则,延伸展示服务范围并提高展示服务水平,不断推动武汉房地产业持续健康发展。

2007 年武汉秋交会将汇聚房地产展示、房地产专业服务、建筑装饰及家居用品展示三大方阵,它不仅体现在规模上、意识上、理念上的创新,更致力于为房地产界搭建一个共同发展繁荣的舞台,为市民提供丰富多彩的选择机会。

(**评析**:展览会工作方案的背景主要阐述举办此次展览会的背景和目的,本交易会的背景写得比较单一,基本上没有涉及背景,只有原则和目的,所以不是很专业。宗旨标明了此次房地产展立足于房地产展示、房地产专业服务、建筑装饰及家居用品展示三大块,目标市场明确。)

二、名称、时间、地点

展会名称:2007年武汉春季房地产交易会

报名时间:2006年12月18日—2007年3月31日

布展时间:2007年4月17—19日

展览时间:2007年4月20—23日

展会地点:武汉国际会展中心展厅

(评析:说明时间、地点和活动构成便于参展商尽早制订参展计划,因为很多大企业的与会或参展事宜都是由专门的部门来管理的,而且他们的参展计划往往以年度为单位,一般来说,本年的参展计划在上一年就商议并确定了,作为主办者,一定要尽早发布展会的开展信息,让参展商心里有数。)

三、展会主题

活力武汉　　和谐地产

(评析:一个专业性的展览必须主题鲜明,此次展会紧扣2007年房地产价格居高不下的形势,立足"武汉"和"和谐"两个字眼,集中展示中低档房产市场,展品武汉市中心城区房价在每平方米3 500元人民币左右,周边在每平方米1 800元人民币左右,以满足中低端市场的需求。)

四、形式及内容

(一)展示及服务

①商品房集中展示。

②二手房展示及交易服务。

③经济适用房展示。

④建筑新技术、新材料展示。

⑤武汉城市圈组团展示。

⑥配套服务机构展示:金融、保险、法律服务及建筑设计、园林景观、物业管理、楼宇智能化、广告策划设计、媒介展示。

⑦房地产政策咨询服务。

(二)论坛、活动

①武汉城市圈论坛。参加单位:相关政府管理部门,开发、中介策划机构,主流媒体,院校,金融单位,专家学者。

②开发商自办活动。

③观展市民抽奖活动。

(评析:对于一个专业性的展览会来说,营销活动有许多方式,除了广告、人员推销之外,大型的研讨会、专门论坛、交流晚宴等活动是很好的卖点,这些活动对潜在参展商的购买决策有很大的影响。而且"展中会""会中展"两者结合是中国特色也非常有利于完善展会的功能。)

五、组织机构

①支持单位:湖北省建设厅、武汉市房产管理局、武汉市城市综合开发管理办公室。

②主办单位:武汉市房地产交易管理中心、武汉房地产开发企业协会、武汉国际会展中心股份有限公司。

③组委会办公室成员:

主任:潘臻肇

副主任:肖汉昌、姚贤华

委员:曾凤姣、余征业、王立宽

④组委会办公室下设秘书组、招展部、布展部3个部门,具体分工如下:

a.秘书组负责人:曾凤姣、龙克虎。

职责:负责大会组织、协调、日程安排、掌握大会工作进度、开幕式的筹划、宣传报道、成果统计及与各职能部门的联络。

b.招展部负责人:王立宽、张红远。

职责:负责组织有关单位参展、展位布置,展会资料发放、收集,展会经费筹措及计划安排、使用、结算。

c.布展部负责人:余征业、周军、刘航。

职责:负责场馆场地协调、展览搭建管理、现场气氛布置。

(评析:标准的组织机构至少应该包括主办单位和承办单位,但是这个方案里并没有体现出来,是一大缺陷。还有从支持机构和主办单位可以看出,这个展会是由政府、行业协会和企业三方联合在一起举办的,展会云集了众多本行业有权威的政府部门,在参展商看来,有政府支持的展览会,至少是正规的展览会。)

六、宣传推广

①在主流媒体开辟专栏进行推介,相关媒体也将采取优惠措施对参展单位提供形象展示平台。

②通过分众传媒在武汉写字楼、茶社、咖啡厅、候车(机)厅播放大会宣传片,利用楼宇视频对参展单位集中展示。

③相关专业网站全程配合交易大会宣传推广。

④采取深入社区、发布公共汽车广告等多种形式进行广告宣传。

⑤印制 2 万册大会会刊,登载武汉三镇最新的一手房和二手房信息,供市民购房作参考。

(评析:随着展会经济的发展,参展商参加展览的目的不仅是谈成几笔生意或卖掉几件产品,更重要的是通过展览会独有的、强大的宣传推广功能在公众面前树立良好的企业形象,提高企业的知名度。)

七、手续办理及费用

(一)参展手续

凡参展企业均需翔实填写参展合同,加盖企业公章后送至组委会秘书组或传真 027-85482145、82600298,相关费用全额汇至"房交会"组委会专设账户。组委会将按大会分区布局和参展单位报名的先后顺序(以收到参展合同及全额费用为准)统一安排展位。

账户名称:武汉市房地产交易管理中心

账号:421861484-01-8000333338

开户行:交通银行香港路支行(行号:861484)

(二)参展费用

根据展位图,各个参展商需签订以下合同:

单位名称					
通讯地址					
项目名称					
项目坐落					
展示或销售面积/万平方米		套数(套)		销售均价(元/平方米)	
销售经理		手机号		电话	
布展负责人		手机号		传真	
展位号		展位费金额			
费用合计	拾 万 仟 佰 拾 元整				
开户行单位账号	账户名称:武汉市房地产交易管理中心 账 号:421861484-01-8000333338 开户行:交通银行香港路支行(行号:861484) 地址:汉口建设大道702号				

(评析:在一份正式的邀请函后面附上参展合同,并表明各项费用,同时为了激发人们尽早做出反馈,还可以列出截止日期以及提前签约的好处,例如展位打折等优惠。)

八、参展须知

①请各参展单位按照通知要求,填写好参展合同及时反馈至组委会,按时准备好大会会刊宣传资料及设计稿,4月3日前向组委会报批特装展位设计方案。

②参展单位和参展人员,必须服从大会统一指挥,遵守展会规则,工作人员应统一着装,佩带《参展证》及《武汉市房地产经纪人资格证》或《武汉市商品房销售人员证》等相关证件,热情服务,展示武汉房地产行业整体形象。

③参展人员应严格遵守展馆有关规定,服从管理,如有意见和建议应及时向组委会工作人员反映。

④组委会根据工作进程陆续印发《参展手册》等有关资料,各参展单位应按要求将所需提供的资料在截止日期前送交组委会,组委会根据参展单位提供的宣传资料与合作需求提供系列增值服务。

⑤展会期间,各参展单位每日应认真填写当日成果统计表,以便组委会有针对性地对外进行宣传和信息发布。

(评析:参展须知告诉并指导参展单位参展注意事项,以免参展商参展毫无头绪。)

九、交易会组委会办公室联系方式

(一)武汉房地产交易会组委会

电话:027-82666606(总机)

(二)武汉市房地产交易管理中心

电话:027-85482079

传真:027-85482145

(三)武汉房地产开发企业协会

电话:027-82655112

传真:027-82600298

(评析:告知联系方式以便参展商或者公众咨询。)

案例讨论:

结合案例讨论会展项目管理与一般的项目管理有什么不同?

项目 7
会展品牌管理

【知识目标】

◇ 掌握会展品牌的基本特征
◇ 熟悉会展品牌的分类
◇ 掌握会展品牌的要素构成
◇ 了解会展品牌的定位
◇ 熟悉会展品牌的价值构成及提升
◇ 掌握会展品牌与知识产权保护

【技能目标】

◇ 能够列举国际知名会展品牌
◇ 能够归纳品牌会展的共性特征
◇ 能够针对会展品牌的价值提出针对性的提升策略
◇ 了解目前会展品牌知识产权保护现状并提出保护的策略

【学习重点】

◇ 会展品牌的要素构成
◇ 会展品牌价值构成及提升
◇ 会展品牌知识产权保护

【学习难点】

◇ 会展品牌价值提升策略

【案例导入】

CIHAF2013 中国房地产"三名"(名人、名企、名盘)大奖

中国住交会自 2001 年起推出中国房地产(名人·名企·名盘)三名大奖。这不但是住交会的首次,更是中国房地产行业的首次!这个首次的内涵是:这是中国房地产行业第一个覆盖全国市场版图的评选;这是中国房地产行业第一个包含行业人物、企业、项目三个层面的评选;这是中国房地产行业第一个组织了相当于国家级大奖的专家评委阵容,同时由中立机构操作的评选;这是中国房地产行业第一个由能够最大程度代表中国主流房地产区域的几十家重点城市主流媒体联合推荐、联合评奖的评选。这四个"第一"就决定了 CIHAF 中国住交会"三名"大奖从它的"首次"开始,就成为了中国房地产行业的首席荣誉!

此后的十几年,包括王石、任志强、冯仑、潘石屹、宋卫平、杨国强在内的近百名地产领袖人物;包括万科、保利、中海、龙湖、新世界在内的数百家地产领袖企业;包括奥林匹克花园、星河湾、碧桂园、当代 MOMA 在内的近千个标杆楼盘都先后登上了"三名"的奖台。"三名"评选用一个个鲜活而极具时代烙印的名字,书写了一部生动的中国房地产《史记》,记录了中国房地产的光荣与梦想!

尽管我们可以列举一系列理由,来说明推动中国房地产总体繁荣的力量是多元且复杂的,但我们绝不能忽视一个内在的要素,那就是中国地产人的责任感、荣誉感、使命感!这是一股极其重要、推动行业进步的精神力量——正是因为有了一大批卓越地产人的坚忍不拔,敢于挑战和勇于担当,才凝聚了历届中国地产名企的一支支精良之师和历届中国名盘的蔚为大观,从而照亮了中国房地产的道路和中国的城市化进程。

CIHAF 中国住交会伴随中国房地产业高速成长,历经十三届的成功举办,已发展成为全球三大房地产专业会展之一。住交会自 2001 年首次推出的 CIHAF 中国房地产"三名"(名人、名企、名盘)大奖,因其历史的连贯性、评选范围的全面性、评选制度的合理性、颁奖盛典的隆重性,如今已成中国房地产行业的首席荣誉,被公认为"中国地产的奥斯卡"。"三名"大奖评选的核心标准是评选必须是对当年年度房地产行业中最优秀的企业家、企业和产品的表彰。其权威性和美誉度早已深入人心。

资料来源:中国住交会官网 http://house.focus.cn/news/2012-10-15/2429416.html

讨论:中国住交会拥有权威性和美誉度的原因有哪些?

品牌是什么?美国市场营销协会(AMA,American marketing association 的缩写)对品牌的定义如下:品牌是一种名称、术语、标记、符号或设计,或者是他

们的组合运用,其目的是借以辨认某个销售者或某群销售者的产品或服务,并使之同竞争对手的产品和服务区别开来。品牌的要点是销售者向购买者长期提供的一组特定的特色、利益和服务,最好的品牌传达了质量的保证,如德国汉诺威展览、法兰克福展览、意大利米兰展览已在世界上享有盛誉,是品牌化的著名代表。品牌的最初出现大多数指的是有形产品品牌,但随着市场经济的发展,随着现代服务业成为发展的核心,在产品品牌的基础上,又出现了服务品牌和企业品牌。

会展品牌是以会展产品作为品牌整体形象而为消费者认可的。会展产品及其服务品牌是会展品牌的基础,是靠会展的总体信誉而形成的。开发一个有品牌的会展产品需要大量的长期投资,特别是用在广告、促销和包装上的投资。会展业作为服务业的核心产业,品牌的作用就显得尤为重要,特别是随着会展业的不断发展,会展产品的高度同质化,使得品牌日渐成为会展业重要的竞争手段。

任务 1　会展品牌内涵解读

一个展会品牌不仅仅是一个商标,更是品质、文化、设计、创意的综合体现。品牌最显著的特点就是与众不同、标新立异,有自己非同一般的个性。

7.1.1　会展品牌的基本特征

要培育自己的会展品牌,走品牌化发展道路,首先需要认识、了解品牌展会的特征。综合研究分析国内外尤其是国际展会品牌化的过程,我们发现品牌展会一般具有以下特征:

1)规模性

规模效应是品牌展会的一个明显特征。在短短几天的展览期间,展览会几乎将整个涉展行业浓缩于展厅之内。在展览王国德国,每年举办的国际贸易展览有130多个,展出面积690万平方米,参展商17万家,参观商逾千万人次。仅成立于1947年的汉诺威博览会展出面积就达31万平方米。在我国,虽然现有的品牌展会还很少,而且品牌知晓度相对较弱,但世博会、汽车展、航空展等也为大众所熟知,其原因就是展会的规模效应所产生的宣传效果和影响力。规模效应不仅可以使展会吸引更多的参展公司和观众,而且对降低成本有积极的作用。因此有些品牌展会还有这样一种做法,即尽量把同类或相关行业的展览会有机组织在一起,同时展出以扩大规模。比如1986年起,汉诺威博览会中就产生了专门为办公设施、信息与通信技术等部门举办的"CeBIT",其参展商有7 200余家,展出面积更多达36.5万平方米。

2) 专业性

以往综合性的博览会已逐渐被代表一个或几个经济部门的专业博览会所取代,品牌展会一般都有明确的目标市场和目标客户。一方面,品牌展会的专业性表现为展会内容的主题化,如在德国的慕尼黑举办的知名展会有国际建筑机械博览会(bauma)、国际手工业博览会、饮料技术展览会(drinktec)以及国际体育用品博览会(ispo);而柏林则成功举办了绿色周(农业与食品业)、国际旅游交易会、国际航空航天展览会(ILA)等在世界上引起广泛关注和兴趣的品牌展会。另一方面,品牌展会的专业性还表现为配套服务的专业化。品牌展会不仅要求现场的服务内容全面、运作高效,还要求会展公司从市场营销、展会形式、项目组织到人员安排等整个运作过程都要针对展会的主题来完成。如在德国举办的世界最大的手工业展览会I. H. M中,仅对酒店的介绍就包括了上百家不同档次的酒店,而且还注明了有关优惠及其期限等情况。

3) 权威性

品牌展会一般都得到了业内权威协会或代表企业的坚强支持。如德国于1907年成立的"德国经济展览和博览委员会(AUMA)",它是由参展商、购买者和博览会组织者三方面力量结合而成的联合体,以伙伴身份塑造市场;而法国则由主要的展览公司共同组织了法国国际专业展促进会(promosalons),它是一个商会和政府牵头组织的民间团体,任何一家展览公司都可申请加入,但对于同一个专题的展会只接纳一个会员,而且优先接纳质量最好的展会。品牌会展的运作大多取决于这些行业协会和业内主要企业的合作,无形中使自身的知名度和可信度得到了增强。

4) 前瞻性

品牌展会的前瞻性主要表现为它始终走在参展行业发展的最前沿,它不仅能够提供几乎涵盖参展行业市场的所有专业信息,而且能代表行业的发展趋势,引导行业的发展方向。这不仅大大提高了观众在展会中获得信息的数量和质量,更扩充了信息的价值含量,使观展者不仅对行业的发展现状,更对行业未来的发展方向有较大程度的把握,由此提高了展会自身的影响力。观展者越多越积极,参展商也越踊跃,双向的交流越频繁越充分,从而使展会活动得到可观的投资回报。

5) 互动性

为了更好地宣传品牌,强化品牌,其展会活动非常注意与旅游、文化、媒体等相关行业和部门的合作,以形成良好的互动式发展。例如1992年西班牙塞维利亚世博会一开始就注重旅游业的全程参与,采用整体营销的战略,仅针对游客就做了8次市场调研。此次世博会共吸引了108个国家,4 200万人次的参展者和旅游者,获得了巨大的成功。有些世界上著名的展览公司如德国的Reed集团还同时经营着著名的出版社,拥有自己的专业刊物和杂志,还有快速发展的网站。这些得天独厚的条件为会展品牌的发展创造了竞争优势。

7.1.2 会展品牌的分类

各种品牌的辐射空间是不同的,辐射空间越大,品牌的知名度就越大,辐射全球的称国际会展品牌,辐射全国的称国内会展品牌,辐射全省的称省级会展品牌。品牌区域的扩大一般由小到大、由内及外,可以将品牌分为区域会展品牌、国内会展品牌、国际会展品牌。

1) 国际会展品牌

会展品牌知名度从国内跨向国外,在国际上有一定的知名度。有些国际性大都市国际经贸交流频繁,知名的国际性、专业性展会比较密集。例如,北京举办的展会以大型国际展会和高技术含量、高附加值的展览会为主,中国最早的国际展会品牌大部分来自于北京。我国的香港以珠宝、皮革、玩具展著称,深圳"高交会"、广州"广交会"、大连"服装节"、青岛"啤酒节"、厦门"投洽会"、杭州的"西湖博览会"及中国工艺美术大师作品暨国际艺术精品博览会、最佳人居环境展览会、国际汽车展览会等都是国际知名的展会品牌。另外UFI也是国际性会展品牌的一个标志之一,UFI是国际展览联盟(union of international fairs)的简称,2003年更名为全球展览业协会(the global association of the exhibition industry),仍简称UFI。UFI是迄今为止世界展览界最重要的国际性组织。目前,在UFI成员数量上,中国已超越俄罗斯、德国、意大利、法国、新加坡等展览大国,成为 UFI 成员数量最多的国家。中国通过 UFI 认证的展会数量也能够与意大利、法国抗衡,仅次于德国和俄罗斯,排世界第三位,呈现出强大的发展势头。我国通过 UFI 认证的展会有上海国际汽车工业展览会、北京国际工程机械展览与技术交流会、中国长春国际汽车博览会、多国仪器仪表学术会议暨展览会、中国国际机械设备展览会暨中国机床工具商品展览交易会、中国国际电力展(中国香港)、中国国际模具技术和设备展览会、中国国际流体机械展(新加坡)、深圳国际机械及模具工业展览会等。

表 7.1　中国内地获得 UFI 认证的国际品牌展会举例

序号	展会名称	序号	展会名称
1	中国国际皮革展/中国国际鞋类展 Asia Pacific Leather Fair	13	中国食品餐饮酒店零售专业展览会 FHC-Food & Hospitality
2	上海国际汽车工业展览会 Auto Shanghai	14	国际家具展 Furni
3	北京国际工程机械展览暨技术交流会 BICES	15	中国国际高新技术成果交易会 Information Technology Exhibition of China Hi-TechFair
4	中国国际服装博览会 China International Clothing & Accessories Fair(CHIC)	16	中国国际冶金展 Metal & Metallurgy China
5	国际医疗仪器设备展览会 China Med	17	多国仪器仪表展览会 Miconex
6	北京国际印刷技术展览会 China Print	18	中国国际加工、包装、印刷科技展览 ProPakChina
7	中国制冷展 China Refrigeration	19	中国国际通信设备技术展览会 PT/Expo-CommChina
8	中国(深圳)国际钟表珠宝礼品展览会 ChinaWatch,Jewellery & GiftFair(CWJF)	20	上海广告印刷包装纸业工业展览会 Shanghai International Advert, Print Pack, Paper Exposition
9	中国国际机床展览会 CIMT	21	中国(深圳)国际品牌服装交易会 Shenzhen International Apparel Fair
10	中国国际纺织机械博览会 CITME	22	中国(深圳)国际机械及模具工业展览会 SIMM
11	大连国际服装博览会	23	中国国际林业、木业机械与供应展览 Wood Mac China
12	国际模具技术和设备展览会 Die & Mould China		

2) 国内会展品牌

国内会展品牌就是指在国内知名的会展项目。随着中国经济总量和展览市场不断壮大,全国性的展览项目逐渐增多,这类展览不仅能服务本区的展览,而且可以服务全国、辐射周边。比如深圳的中国深圳消费品采购大会、中国(深圳)汽车展览会、中国(深圳)宠物水族及用品展、全国电子展;宁波的中国家博会、中国塑料博览会、中国象山开渔节、中国宁海开游节、中国戏剧节、中国渔村喊海狂欢节、中国工业优势博览会、中国模具之都(宁波)博览会;大连的中国畜牧业及饲料交易会、全国药品交易会(大连)、中国北方旅游交易会、全国交电家电商品(大连)交易会等都属于国内会展品牌。

3) 区域会展品牌

除了上述两类展览品牌之外,其他许多会展品牌只是在本区域内具有影响力,形成区域会展品牌。这种品牌一般是指有能力举办跨省区的中等以上规模展会并具有区域性辐射能力的会展项目。例如,深圳的深圳中原地产 2006 年春茗晚会、深圳(春季)房地产交易会、华南地区工业控制自动化国际展览会、华南工业组装展览会、纺织工业展览会、华南工业组装展览会、"快乐新年"深圳购物节;东莞的大京九农副产品食品(常平)交易会、广东(长安)机械五金模具交易会;西安的西安中国供热展、中国(西安)旅游博览会暨西安旅行社旅游采购联谊会、西安啤酒节、西安休闲时尚博览会、陕西省住宅产业博览会等都属于区域性的会展品牌。

7.1.3 品牌会展的要素构成

一个著名的品牌能支撑一个企业,拥有品牌展会也是一个会展企业赖以生存和发展的根本。不管是展览公司,还是展览场馆,其最终目的都是为举办成功的展会。展会是展览公司创造的最终产品,而展览场馆是创造展会的载体。品牌展会是指具有一定规模,能代表这个行业内的发展动态,能反映这个行业的发展趋势,能对该行业有指导意义并具有较强影响力的展览会。品牌会展的要素主要包括以下几个方面:

1) 具备权威协会和行业代表的支持

在国际上,政府一般不干预企业办展,展览会的成功与否,多取决于整个行业和企业对其的认可。展览企业若能获得权威行业协会和该行业内主要代表的支持和合作,无疑就增加了该展览会的声誉和可信度,使之规模不断扩大,并带来巨大宣传效果和影响力。

2）代表行业的发展方向

代表行业的发展方向是品牌化的重要标志,它体现了展览的专业性和前瞻性。能代表行业发展方向的展览会就会有明确的目标市场和目标客户,就能提供几乎涵盖这个专业市场的所有信息,展会提供的信息越是全面、专业,观众就越积极,参展企业也越踊跃。

3）提供专业的展览服务

专业的展览服务要求展览企业的整个运作过程迅速高效,服务周到。从市场调研、主题立项、寻求合作、广告宣传、招展手段、观众组织、活动安排、现场气氛营造、展后服务,甚至包括展览企业所有对外文件、信函的格式化、标准化,都须具备较高的专业水准。

4）配合强势的媒体宣传

一个好的展览会虽在行业内有一定知名度,但频繁的新闻报道和适当的"炒作"更能促进展会宣传,以此形成良性互动,使展会更具号召力。国际上几家著名的贸易展览公司如 Miller Freeman 和 Reed 集团都同时经营着世界上著名的商业出版社,拥有数百种专业刊物、专业杂志和商业网站,这些得天独厚的条件为其展览的品牌化提供了竞争优势和条件。

5）获得"UFI"的资格认可

国际博览会联盟 UFI 对申请加入其协会的展览项目和其主办单位有着严格的要求及详细的审查程序。由于有了这套较为成熟的资质评估制度,UFI 资格认可和 UFI 使用标记就成为名牌展览会的重要标志。随着我国加入WTO,面对海外众多实力雄厚的展览企业、名牌展览会的接踵而来,加入 UFI,对规范展览运作,提高国际竞争力,有着不可估量的作用。

6）坚持长期的品牌战略

培养一个品牌展览会并不容易,不可能企求通过办一两次展览会就能达到目的。展览公司必须要有长远眼光,要敢于投资、敢于承担风险、精心呵护、耐心培育。展览企业必须确立长远的品牌发展战略,从短期的价格竞争转向谋取附加值、无形资产的长期竞争,用先进的品牌营销策略与品牌管理技术抢占展览市场的制高点。

任务 2　会展品牌的定位和价值提升

品牌不是产品与生俱来的。最初入市的会展企业是无名小卒,市场上没有其位置,在竞争中也毫无优势。不像已经占领市场的老品牌那样,能够对进攻和防御两种策略进行选择。他们无阵地可守,只有进攻一条路,进攻的途径就是塑造品牌。

会展行业的品牌化要如何创立呢? 从国际知名展会的发展来看,定位是关键。每个品牌展会的背后都有自己的定位,只有把自己放在正确的位置上才能找到合适的发展道路。世界上著名的展会和论坛几乎都有自己明确的定位,如欧洲品牌会议达沃斯论坛,它的定位就是一个较高层次的宏观性的经济会议,孜孜不倦地追求内容的有效性和价值性。

7.2.1　会展品牌的定位

1) 主题定位——关注行业动态,引领行业潮流

一个成功的品牌展会必须要有一个清晰准确的主题理念,这个主题理念是对整个展会活动的目的、功能、性质、作用等内涵的高度浓缩和概括。因此成功的主题定位是在遵守以下 4 个原则的基础上完成的:一是目标性原则,即明确目标市场,通过展现展会活动的功能与性质吸引特定的目标市场,品牌展会的主题通常针对于该行业领域中的品牌企业、领先者和创新者;二是包容性原则,成功的主题应该是一个开放的主题,这主要取决于品牌展会主题内容的丰富性和受众心理感知的多面性;三是前瞻性,如果将某一行业结构比喻成一个金字塔形,那么行业内的品牌企业总是处在塔尖的位置,他们不是拥有雄厚的经济实力和发展规模,就是拥有领先的产品技术和服务理念,因此要吸引这些品牌企业的加盟,必须要确立一个能够代表行业最新发展动态,对未来发展趋势具有预见性的主题;四是发展性,品牌展会的持续性决定了其主题在时间序列上具有一定的发展性,既是对上一主题的延续,又是对未来发展空间的创新和

拓展。

而展会活动的主题理念主要是通过一个完整的、鲜明的主题形象体系表现出来的。鲜明的主题形象是品牌展会呈现在公众面前的第一个亮点,好比一个盛大节日的开幕式,它能够最直接、最深刻地吸引公众的注意力,并影响参展商的决策。品牌展会的主题形象体系由物质表征和社会表征两个方面支撑:物质表征包括了展会选址、场馆布置与设计、环境氛围营造、展会活动项目策划、服务质量、标识口号等有形表现;社会表征包括了展会的运作流程、技术力量、经济效益、工作效率、公众关系、管理水平等方面。

表 7.2 1990—2010 年历届世界博览会主题一览表

年份	举办国家	举办地	主 题
1990	日本	大阪	花与绿—人类与自然 (Relationship of gardens and greenery to human life helping in the creation of a rich 21st century society)
1992	西班牙	塞维利亚	哥伦布:船与海洋(Ships and the Sea)
1993	韩国	大田	发现新方向之挑战 (The challenge of a new road to development)
1998	葡萄牙	里斯本	海洋—未来的财富(Oceans-A Heritage for the Future)
1999	中国	云南	人与自然—迈向 21 世纪 (Man and Nature—Marching Into 21st Century)
2000	德国	汉诺威	人类、自然、科技—蓬勃发展的全新世界 (Humankind, Nature, Technology)
2005	日本	爱知县	自然的智慧(Nature's Wisdom)
2008	西班牙	萨拉戈萨	水及永续发展(Water and Sustainable Development)
2010	中国	上海	城市,让生活更美好(Better City, Better Life)

2) 功能定位——认清两大误区,提升功能层次

会展经济所产生的社会经济效益是显著的,换言之就是每一个展会活动的成功举办对于社会经济发展都能发挥作用,这就是会展功能。某些国内学者将会展功能进行了较为全面地概括,形成八大会展功能,即展览展示功能、形象宣

传功能、经济辐射功能、商务洽谈功能、旅游拉动功能、城市建设功能、吸引投资功能和系统整合功能。然而作为品牌展会其成功并不取决于八大功能的面面俱到,而是对所有功能进行系统定位,强化和突出其中某些功能元素,来提升整个功能体系,并实现展会运营目标。会展功能体系可以从产生机理和作用的重要性角度划分为 5 个功能单元,即基础功能、辅助功能、提升功能、派生功能和附加功能,同时各种功能具有时效性、聚合性、动态性和可控性的特征。在进行功能定位时,依据展会活动的最终目标,将不同类型的功能归属到不同的功能单元,以明确展会的主体功能。

品牌展会的目标市场和自身运营目标决定了它的主体功能定位于展览和沟通,而不是销售和交易。所有的展会活动都具有销售和交易的功能,但是品牌展会随着品牌参展商和专业观众等的增多而发生了功能上的转变。品牌参展商期望展会活动为他们提供一个拓展市场影响力和增进业界高端市场信息交流的平台,专业观众期望在品牌展会上能够看到某一行业内或某一区域内最具代表性、最高端或者最具活力的品牌。例如在德国展会上经常可以见到该行业的研究教育及培训机构的展位,他们带来最新的研究成果和最新的行业教育理念。因此品牌展会在展馆布局、信息系统管理、客户服务以及相关的活动项目组织等方面都要注重强化和突出展览和沟通功能。

3) 项目定位——提升服务质量,打造精品项目

会展项目作为一种新型的项目形式具有其自身的项目特色,主要表现在服务目标性、项目关联性、客户广泛性和效益综合性几个方面。品牌展会的项目定位与一般展会活动的区别突出表现在提供高品质的客户服务,通过提升服务品质来提升整体项目层次。先进的服务理念是品牌展会项目定位的关键要素之一。首先要围绕品牌展会项目的立足点,创新服务理念,品牌展会的项目主要立足于专业领域的领先性,资源要素的整合性,整体效益的最优性,那么服务理念的创新在于通过提升展会管理者的专业素养来提供个性化和超乎想象的服务,同时注入全程服务的使命感,与客户建立和谐友好的关系;其次要围绕展会项目结合点,创新服务领域,实施一个会展项目往往会涉及交通、通信、建筑、装饰等诸多部门,在不同的领域拓展会展工作视野,创新服务领域;第三要找准切入点,创新服务手段,品牌展会服务要打破以往的看家守摊的传统服务方式,应用现代 CRM 理念,主动同客户建立关系网络,及时了解客户的价值需求,提供及时、正确的服务。

4) 市场定位——瞄准潜力市场,凸显品牌特征

品牌展会总能代表某一行业发展的最前沿,能够做到这一点,取决于具有战略性、超前性的市场定位。品牌展会的市场定位关键在于瞄准潜力市场,凸显品牌特征。所谓潜力市场,即能够体现行业发展方向、参展商、供应商、政府组织者以及参展观众的价值诉求的某一细分市场,它通常具有较强的专业性、前沿性和升值空间,因此一些品牌展会被称之为行业晴雨表,他们总是能够实时跟踪展会所属行业的最新动态,不断增强展会的生命力。

5) 价值定位——关注价值诉求,平衡价值体系

尽管品牌展会主要针对的是高端市场,但是其价值层面不是单一的、死板的产品层面,任何参展商或观众参加展会活动不仅仅是寻找单纯的产品,而是有不同的价值诉求。品牌展会在进行价值定位时就要关注于这些不同层面、不同维度的价值取向。会展企业及其他展会组织者、参展商、参展观众以及社区公众的价值诉求是不同的,例如会展企业的价值诉求体现在通过展会活动得到经济回报,获取更多的客户信息等;行业协会等政府机构期望促进整个行业发展,提升城市形象等;参展商则期望通过参加品牌展会活动塑造企业品牌形象、拓展销售渠道等。这些不同的价值诉求形成一个互动的价值体系,存在着此消彼长的矛盾关系,因此品牌展会价值定位的关键就在于如何平衡各个价值主体的价值诉求。

品牌展会应该从长远发展的战略角度对待各种价值矛盾,把握住驱动政府运作组织者、参展商以及参展观众的关键诉求,以满足这些关键价值诉求为前提,以适当牺牲眼前经济效益为代价,通过提升专业水准、服务水平以及市场地位来提高整体参展准入度,逐步转变价值获取的被动局面,实现品牌展会持续规模发展的价值诉求。

7.2.2　会展品牌的价值提升过程

1) 加大推介力度,提高品牌知名度

会展知名度是指会展被公众知晓的程度,是评价会展形象的量化指标。会展要发展,必须要有知名度,会展知名度越高,高档的参展商到此参展的可能性也越高,抵御竞争对手的能力也越强。会展经常通过提高展会在目标顾客中的

影响力来提高知名度。提高会展的知名度,首先要认清会展在区域城镇体系中的位置,对展会区位进行定位;其次分析会展营销环境的优势、劣势,只有清楚地认识了会展营销环境,才能有效地宣传会展所处的社会环境;再次在会展功能整体把握的基础上,对会展进行战略定位,通过提炼会展最有价值的传播信息,发掘创造并利用好营销机会,通过邀请名人、举行知名的活动,达到对会展的宣传效果;最后选择有效的营销活动和传播方式,例如在重量级媒体做广告等。

2) 宣扬会展特色,提高品牌认知度

会展知名度强调的是品牌扩张的广度,而认知度则体现出品牌扩张的深度。会展认知度是指参展商与公众对某一会展在其品质上的整体印象,对会展的认识程度的内涵包括:功能、服务等。它是会展差异定位、高价位和品牌延伸的基础。会展品牌存在的价值是它在市场上的定位和不可替代的个性,与产品品牌一样,著名品牌会展之所以屹立百年不倒,就因为它始终遵循着自己的定位和保持着与竞争对手的差异。会展的个性是会展品牌的核心价值,参展商经过认知,认识到会展的差异。突出的个性,有利于发展会展的品牌竞争力。会展要提高公众的认知度,首先应该保持会展设计发展的人本化、个性化,突出与其他会展不同的特征,加强个性化设置,加深参展商和公众印象;其次,注重会展品牌时代主题的调整和变化,时代是发展的,会展的认知度的提升要与时代的主题相一致;再次,要注重会展品牌独特功能的展示和发挥;最后,运用营销策略宣扬会展品牌个性,个性的传播需要手段之间的协同,用不同的传播手段、不同的媒介形式统一于相对一致的主题、元素、风格、语调,以达成多样化的统一。

3) 塑造"名牌效应",扩展品牌美誉度

会展美誉度,在参展商决策过程当中具有强大的心理牵引力,决定着参展商对会展选择心理定势的形成。知名度与认知度的传播方式要以大众传媒为主,而美誉度的传播却主要依靠人际传播。即品牌的美誉度不是通过广告的吹捧所能建立的,也不是用大力度的广告说服所能得到的,而是经过从认知度、知名度……这一层层阶梯逐步累积而成的。所以,当会展拥有美誉度时,说明它在参展商中已有了较好的口碑。要提高会展的美誉度,最好的方法是运用"名牌效应"。会展品牌的"名牌效应"是会展客源市场中的公众在选择会展时,对名牌展会更偏爱、更感兴趣,品牌会展也更能吸引愈来愈多的参展商前来参展

和参观,名牌会展能使人产生愉悦感、信赖感、可靠感和安全感,会展的地位一旦在人们心中确立,就能够保持相对的稳定性。会展品牌的"名牌效应"具体体现为附加效应、光环效应、马太效应、激励效应(表7.3)。会展经营者应善于把握此种心理现象,全面实施会展"名牌战略",在激烈的竞争中获胜。

表7.3 会展"名牌效应"策略

名称	涵 义	"名牌效应"策略措施
附加效应	即名牌会展能给公众及参展商带来附加价值,有时这种附加价值甚至超过参展行为本身的价值。到名牌会展参展是参展商显示自己个性、提升自己地位、显示自己身份的标志。	会展要邀请当代名人前来光顾,借助名人名气来提高会展的知名度,增加会展的文化含量。
光环效应	名牌是会展为自身营造的光环,它能有效地影响社会公众对会展自身形象的看法和评价。	功能健全,建设独特新颖,品牌的名称要易于认读、识别和记忆,环境要整洁,建设一流的会展软环境。
马太效应	马太效应支配着会展形象竞争,越是有声誉的会展,越能获得更多文化名人光顾,获得更多参展商的青睐,愈能获得好的收益,赢得会展更好的名声,促进会展获得更大的声誉。	多邀请有身份的专家到会展进行讲座,多邀请著名企业参加展览会。
激励效应	会展的名牌效应能鼓舞内部员工的士气,激励企业员工更重视会展自身的环境、文化建设,重视自身素质的提高,增强会展的内聚力、荣誉感。	会展名牌的塑造主要靠全体员工的努力,名牌会展的员工会更珍惜名牌的这一荣誉,会加强自律意识,会加倍努力塑造会展的形象品牌。

4)完善服务管理,培育品牌忠诚度

正如忠诚的顾客是企业实现利润的稳固基础一样,忠诚的参展商也是展会具有稳定客源,增强竞争力的宝贵财富。忠诚度的形成不完全是依赖于会展的知名度、美誉度,它还与参展商本身的特性密切相关。会展的忠诚顾客主要表现在他们的口碑效应,即将他们的满意经历推荐给他人,以带来更多的参展商。

因此培养忠诚参展商,无论是资源优化配置还是对其竞争力的增强都具有长远而积极的作用。品牌忠诚度高的品牌,因为参展商层次改变的速度慢,所以可以有更多的时间研发新的产品,完善传播策略应对竞争者的进攻。完善会展服务管理,首先,配套设施要齐全,应该拥有能够较好地满足国内外参展商参展需求的设施。其次,树立良好的企业形象,企业形象是体现一个会展的整体形象的重要因素。再次,人才的培养是完善服务配套设施的软件因素。最后,活动结束后,售后服务是至关重要的,是使参展商加深印象的最好方法。

5) 建立工程体系,提升品牌满意度

如果说忠诚的参展商是增强会展竞争力的宝贵财富,那么造就忠诚参展商的关键则在于使他们满意,参展商的满意度越高,忠诚度也越高。如果一个会展品牌的知名度、认知度、美誉度、忠诚度都处于相对高的水平,那么,满意度自然会很高。由于活动的综合性,决定了产业的综合性,进而也就决定了提升会展品牌的综合性。会展品牌建设,任何一个环节出现偏差,整个品牌形象就会受到影响。从国际品牌、全国品牌到地方品牌,都应该从各个小的方面积极响应提升品牌策略,否则,在市场竞争全球化的背景下,会展品牌就会缺乏竞争力,很难在市场上立足。因此,品牌的提升,不只是提升好某一个品牌就可以了,而是必须建立一整套的品牌体系,实行品牌的系统工程建设,实施品牌的系列工程提升,从而提高顾客满意度。

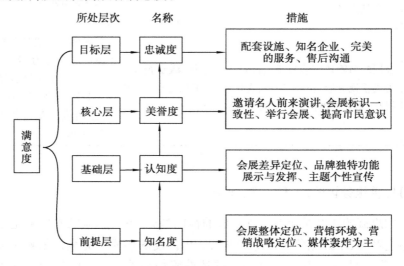

图7.1 提升品牌价值策略整体框架

任务 3 会展品牌与知识产权保护

7.3.1 我国会展品牌知识产权保护现状

我国颁布了《知识产权法》《专利法》《商标法》以及相应的实施条例,同时我国还相继参加了一些主要的知识产权保护国际公约、条约和协定:《世界知识产权组织公约》(1980 年加入)《保护工业产权巴黎公约》(1985 年)《商标国际注册马德里协定》(1989 年)《关于集成电路知识产权条约》(1990 年)《保护文学艺术作品伯尔尼公约》(1992 年)《世界版权公约》(1992 年)《保护唱片制作者防止唱片被擅自复制日内瓦公约》(1993 年)《专利合作条约》(1994 年)等。已经初步建立了一个相对完善的知识产权保护的法律体系,但是由于会展的特殊性,现行的法律制度还存在着一些问题。

1)会展行业的盟约——行业协会公约制度

随着会展逐渐向专业化、市场化转变,会展企业通过行业协会来加强行业自律,要受到协会组织的"软约束"。展览行业协会既是展览企业的代言人,也是贯彻政府意图、执行政府政策的可靠助手。行业协会是会展市场经济发展不可缺少的自律性中介组织。行业协会在制订行业规范、组织人员培训、交流相关信息、实现行业"自我约束、自我完善、自主经营、共同发展"方面大有可为。北京国际会展协会在 2005 年 11 月份推出了《北京国际会议展览业协会保护知识产权公约》,对规范北京市会展行业起到了很大作用。会展行业协会的主要职责是:制订会展业经营规范;监管会展业市场;审核展览企业资质;统计会展业业绩;培训会展业从业人员;交流会展业信息等。行业协会经常是作为主办单位出现的。从法律上来说,主办单位与承办单位的关系是委托与被委托的关系,主办单位应当对展会的一切法律责任负责,主办单位负责以后才可以依据承办合同追究承办单位的法律责任。面对展会知识产权侵权猖獗而相应法律法规保护无力的情况下,行业协会则起着很大的作用。

会展具体事务的处理一般是承办单位在起作用,整个会展的运作也是承办单位在执行。作为主办单位的行业协会属于事业性法人,既无人力也无财力处理有关问题。这样就出现了巨大的法律漏洞,一方面是承办单位只享受权利不承担义务,将自己应当担负的责任推给了主办单位;另一方面是推向前台的主办单位带有半行政色彩,无力承担责任。这样,主办方与承办方基于利益,联手坑害参展商与观众的道德风险大大加强。

2) 会展主办方的武器——黑名单公示制度

侵权黑名单制度是指展会主办方对以前在该展会上出现过知识产权侵权的参展商,设立黑名单并予以公布,同时采取相应的惩罚措施。20世纪90年代中期,中国的钟表企业开始拓展国际市场之际,中国企业首次去瑞士参加钟表展,当地企业以及会展主办机构的律师不期而至,检查中方的产品是否涉嫌专利侵权。一旦被认定侵权,中国企业就要为每种侵权产品当场支付2 000瑞士法郎的罚金,并要把侵权产品撤下展台,承诺配合调查和接受更进一步的法律诉讼。如果不交罚金,主办方将封杀其展位,相关企业立即被列入"黑名单"并诉诸司法。2005年12月开幕的第13届中国国际海事会展上,知识产权咨询服务接待处首次出现在沪上展会中。主办方表示,被证实有侵权行为的展商将列入"黑名单",取消今后参展资格。侵权黑名单制度这一举措已经被很多国际会展企业广泛使用。

尽管黑名单制度的广泛使用产生了很大的效应,但从法律层面作进一步考虑,会展的主办方和参展商本质上是一种合同关系,主办方是否有权将参展商曾经的侵权行为公之于众,这种行为是否已经在某种程度上构成对参展商合法权益的侵害仍有待于讨论。

3) 会展参展商的承诺——保证书制度

这一制度是指作为会展的主办方,在前期展览策划过程中就应突出知识产权问题,在招展通知书上、参展通知书上和展览现场的参展须知上要明确发布保护知识产权的信息,以示主办单位的社会责任。在开展前主办方应与每家参展商签订保证书,让参展商保证承诺所有参展展品、产品样本、说明书及现场演示所使用的软硬件不存在侵犯他人专利权、版权和著作权的行为。另外还要明确表示,一旦出现纠纷,主办方将依据国家法律,支持投诉方的维权行为,提前把责任划清。《展会知识产权保护办法》第四条规定:展会主办方可通过与参展方签订参展期间知识产权保护条款或合同的形式,加强展会知识产权保护工作。为了贯彻《办法》中的保护精神,这一做法在境内国际会展中得到了广泛的应用,这一举措一是加强了各参展商的法律意识,二是用来表示主办方的严肃立场,以配合执法人员在现场的执法工作。这一做法得到了绝大多数参展商的支持。一旦参展商在展会期间有违反保证书的约定的情形,会展的主办方有权要求参展商撤走任何被指控为侵犯知识产权的展品。

4)会展参展商的保障——投诉机构制度

新出台的《展会知识产权保护办法》规定,展会时间在 3 天以上(含 3 天),展会管理部门认为有必要的,展会主办方应在展会期间设立知识产权投诉机构。设立投诉机构的,展会举办地知识产权行政管理部门应当派员进驻,并依法对侵权案件进行处理。未设立投诉机构的,展会举办地知识产权行政管理部门应当加强对展会知识产权保护的指导、监督和有关案件的处理,展会主办方应当将展会举办地的相关知识产权行政管理部门的联系人、联系方式等在展会场馆的显著位置予以公示。投诉机构职责包括:接受知识产权权利人的投诉,暂停涉嫌侵犯知识产权的展品在展会期间展出;将有关投诉材料移交相关知识产权行政管理部门;协调和督促投诉的处理;对展会知识产权保护信息进行统计和分析;其他相关事项。据悉,在第 100 届广交会上,共受理知识产权投诉案件 287 宗,与前一届相比,投诉量增加了 41%,最终有 454 家企业被认定涉嫌侵权。

会展企业所设立的知识产权投诉机构的性质是什么,其所作的处理是否具有行政执法的职能。作为会展主办方来讲,大多数属于行业协会、事业单位,其本身没有行政执法权,由其设立的投诉机构是否真的具有行政执法权呢?这就要视参与投诉机构工作的知识产权人员的地位而定。如果属行政执法,其执法的主体应该是行政机构,而会展投诉机构作为协助配合的机构,行政机构应对其在展会期间的行政行为负全责;如果说仅仅提供技术咨询,那投诉机构就没有一个准确的定位。如果行政机构属于主办方,那么它与参展商就处于不平等的地位。主办方是掌握了展位资源的强势主体,其通过格式合同来限制参展商行使自己的权利或限制被诉方的抗辩权和答辩权,是有失公平的。

5)法律部门的举措——速判速决制度

速判速决制度即在展览会期间发生的侵权现象,现场予以解决。这一制度在我国还没有出现,最早见于 2005 年 1 月的德国法兰克福文具展上。速判速决制度要求法院判决注重高效,只要提交的具体侵权证据确凿,法院在 2 天内即可单方判决。并赶在展会期间内下达判决书。具体做法是:在开幕前即查询重点国家和地区及厂商,提前布置准备;展会开幕前一天,展品刚陈列便布置便衣取证,甚至提前扮作买家谈判,并拍照、索取样品、询问价格和生产规模;取证结束立即向法院提交证据,并往往在次日下达判决书。这就是为什么以前展览开幕头一天往往出现纠纷,而现在是次日后才开始出现纠纷的原因。检察院拿到判决后立即奔赴展馆向侵权单位出示德文判决书并要求该单位当场签字承认,并予以重罚,一般为 7 000~20 000 欧元作为律师费,并要求当场交纳现金。认罚签字则没收侵权商品,但非侵权展品尚可继续展出,否则当即查封所有展品和录像留据,并可能还会受到因抗拒法院执行判决的指控。

这是会展知识产权保护方面出现的一个新举措,于是有人建议在国内效仿这种制度,以切实打击会展中的侵犯知识产权现象。法院方面立即判决而完全不给另一方任何辩解的时间是否符合相应的法律规定,是否直接剥夺当事一方的诉讼权利,还存在很大的疑问。其实在我国现有的法律制度下,这种速判速决制度是不现实的,首先,从会展实践过程看,由于整个会展持续时间极为短暂,尽管我国《民事诉讼证据若干规定》在某种程度上确立了偷录偷拍证据的合法性,一般展会开幕前各参展商都忙着进行展品运输、展台搭建和展台布置等必要工作,没有时间去调查取证,直接造成起诉上的困难;其次,速判速决的速度我国是跟不上的,在我国民事诉讼中所确立的调解制度,在双方合意的情况下可达到快速结案的目的,但一般情况下也不会出现第一天起诉第二天即出调解书的情形。即使被控侵权参展商确实存在,也应该在法律上受到公正的待遇,其依法享有的答辩权和抗辩权应给予足够的保证。另外,如果由会展主办方出面取证并向法院起诉,则不符合我国法律的规定,因为作为会展主办方,其对被侵犯的知识产权并不享有权利,不符合我国民诉法规定的起诉条件。最后,即便是法院能在展会期间下判决书,并不立即生效,因为被诉方有上诉权和抗辩权,仍然可以参展。等法院文书生效之时,展会已经结束。

7.3.2 打造会展品牌自主知识产权的途径

国外的会展企业成批涌入,并大面积抢占市场,我国的会展企业也期待着走出去。要想在竞争激烈的市场中生存和发展,我们就必须突破短期的经济利益的思维,加大自主知识产权的开发力度,快速形成自己品牌的核心竞争力。

1)营造正确的品牌文化氛围

从创建会展企业品牌的角度,系统地引入知识产权管理理念,并将其提高到战略管理的高度,放在战略层次来谋划。要迅速提高企业和参展商的知识产权意识,加强知识产权法律法规和相关知识的宣传普及工作,让知识产权保护意识融入会展运作的每一个环节和各个方面,并成为自觉的工作准则和日常行为。使会展场馆的设计、会展营销、会展服务符合品牌质量和标准,使会展企业的宣传、教育培训和奖励活动与品牌挂钩,包括会展企业商标、品牌市场占有率等方面,形成特有的会展企业品牌文化。

2)建立健全知识产权管理系统

建立知识产权管理系统、知识产权情报系统和知识产权危机系统。开展知识产权战略研究,通过收集竞争对手的相关信息,为会展企业制订发展规划和市场策略提供参考资料,重视在国外的专利申请工作。根据自身市场竞争的需要及同行、对手的发展趋势,适时地在国外进行专利申请,以保护企业在国际市场上的竞争力。

3)品牌发展的技术创新战略

鉴于我国会展企业技术水平和世界发达国家还有很大的差距,在相当一段时间内,建议采取自主创新和模仿创新相结合,以模仿创新为主、自主创新为辅的技术创新战略。自主创新主要依靠企业自身的力量完成技术创新的全过程,关键技术上的突破要由本企业实现;模仿创新是企业学习模仿率先创新者的创新思路和创新行为,吸收创新者的成功经验和失败教训,引进和购买或者破译率先创新者的核心技术和技术秘密,并在此基础上改进完善,进一步开发。将自主创新和模仿创新相结合,加快提升我国会展企业品牌发展。

4)品牌发展的商标注册战略

商标是品牌的外在表现和标记,是会展企业用以标明自己产品个性的一种特定专用标记。所以对于举办的比较成功的展览会使用注册商标是首选,这是我国商标法特别加以保护的。大型会展企业要注册国际商标,否则,国际抢注就难以避免,品牌就难以保护。但商标注册必须注意根据《马德里协定》《巴黎公约》确定的国民待遇原则以及遵循国际惯例和禁用条款进行。

在开放和竞争的市场中,品牌已成为竞争的焦点,企业赢得市场的主要途径之一便是塑造和维护品牌。以工业企业为例,联合国工业计划署的调查表明,名牌在整个产品品牌中所占的比例不足3%,但名牌产品所占的市场份额却高达40%,销售额占50%左右,由此可见品牌的巨大效应。会展市场的竞争也遵循同样的竞争规律,会展项目是会展企业的产品,虽然我国会展业起步较晚,但发展迅猛,中国"入世"更加快了会展业发展的步伐。随着各类展会数量的增多,会展市场由"卖方市场"向"买方市场"的转变,以及参展商和观展者的逐步成熟,只有品牌会展项目才能在会展市场中获得长足的发展。因此,中国会展业要实现快速成长,必须实施高起点的定位,借鉴国际会展业的发展经验,重视和加速会展项目的品牌化发展,在会展业市场树立信誉和威望,从而不断提升中国会展业的国际竞争力。

【复习思考题】

1. 如何塑造会展品牌?
2. 会展品牌的价值包括几个层面?
3. 会展品牌的特征有哪些?
4. 会展品牌的要素构成有哪些?

【实训题】

分析我国现有的品牌展会并分析其品牌的成长过程。

一、实训组织

选择一个品牌展会并围绕该展会查找相关资料,结合本章所学内容,分析该品牌展会品牌的成长过程并评论。

二、实训要求

1. 学生要独立完成。
2. 所选的展会必须是品牌展会。

三、实训目的

1. 掌握品牌会展的特征和要素构成。
2. 提高对品牌会展的认识。
3. 提高对会展品牌的分析能力。

【典型案例】

透视中国住交会(CIHAF)品牌形成

一、中国住交会简介

中国国际住宅与建筑科技展览会(简称"中国住交会")是由国家科技部、建设部、中科院及中国房地产业协会等相关单位联合主办,优博展览集团承办的目前中国以住宅产业为展览主体的规格最高、规模最大的全国性、国际化产业盛会。从1999年开始,"中国住交会"已连续成功举办了十三届,并实现了房地产业、展览业、传媒业的大规模的协同作战,被业内人士和媒体誉为"中国住宅产业的奥林匹克"。参展行业涉及商品住宅、住宅部品、新型建材、建筑及施工技术、规划及建筑设计、物业管理、园林产品及设计等。从2001年起,国际知名企业、银行、保险风险基金也开始深层次介入"中国住交会"。

大会以"新科技·新人居·新环境"为主题,以"依靠科技进步,促进中国住宅产业现代化;启动住宅消费,拉动国民经济持续、健康、稳定发展"为宗旨,顺应联合国人居中心的号召,全面倡导住宅产业和人类居住的可持续发展,在国内外引起强烈轰动和反响。

"中国住交会"将带动中国住宅产业进入市场化时代,倾力为中国住宅产业的腾飞摇旗呐喊,为加速中国住宅产业的更新换代掀起革命性的风暴。

二、中国住交会的发展历程

①1999年:首届中国住交会,与深圳高交会联袂举行,国家科技部、建设部、中国社会科学院、深圳市政府联合主办。参展企业达到720家,观众10万人。

②2000年:第二届CIHAF中国住交会,成立"中国住宅产业集团联盟",极大地促进了中国住宅产业迈向产业化、科技化、标准化。

③2001年:第三届CIHAF中国住交会,中国房地产主流媒体联盟正式成立;"三名"推介榜,被业内誉为"中国住宅业的奥林匹克"。

④2002年:第四届CIHAF中国住交会,中央电视台以中国住交会为背景,推出十六大献礼特别专题节目《住宅中国》,对中国住交会及参展企业进行全方位、多角度报道,在国内引起巨大的轰动。

⑤2003年:第五届CIHAF中国住交会,"CIHAF之夜颁奖盛典"在深圳锦绣中华剧场隆重上演,凤凰卫视全程录播,CIHAF颁奖典礼从此被誉为"中国地产奥斯卡"。

⑥2004年:第六届CIHAF中国住交会,登陆上海。以"城市运营"为核心主题,吸引全国16个城市参展,120位市长莅临参观,中央电视台《对话》栏目进行了现场录制,中国住交会从区域性房地产展览会扩大到全国范围,成为"中国地产节"。

⑦2005年:第七届CIHAF中国住交会,以"不动产,日益深刻的思想"为主题,期间五大会场75场论坛同期举行。其中"市长论坛"得到业界高度赞誉。

⑧2006年:第八届CIHAF中国住交会,联手国际不动产联盟共同举办首届APIC亚洲不动产投资论坛。同期举行CILPS首届中国国际高端物业展,44个国际高端物业联合展销,演绎全球奢华风尚。

⑨2007年:第九届CIHAF中国住交会,以"新时代下的和谐地产"为主题,借国家推行环渤海发展战略、天津确立为北方经济中心的契机,首度登陆北京。

⑩2008年：第十届CIHAF中国住交会，多边商务桥梁的作用凸显。并在本届中国住交会成功推出建筑科技样板房——CIHAF中国之家。10年回首，在改革开放30年之际，地产领袖空前集结。

⑪2009年：第十一届CIHAF中国住交会，恰逢中华人民共和国成立六十周年，全面梳理中国房地产业领导力品牌谱系，"代言地产先进力量，献礼建国六十周年"。

⑫2010年：第十二届CIHAF中国住交会，以"拥抱变化，坚定前行"为主题，在中国社会经济发展模式的转变大局下，中国房地产行业以其坚定的信心，与国家经济同步转变。

⑬2011年：第十三届CIHAF中国住交会，以"想象2012"为主题，在世界各国的经济、政治、社会等多重不确定因素倍增的时代背景下，想象一个低碳、生态、和谐、智慧的人居新世界，中国房地产业可望成为社会进步和文明进化的载体。

三、评点：中国住交会品牌的形成

（一）敢为人先、不断创新

CIHAF诞生13年多来，创新了多个第一：第一个打开了行业的条块局限和桎梏，以展览、论坛和评奖的方式，合纵连横起与住宅相关的上、中、下游数十个产业，形成跨第二、三产业并涉及30多个相关产业门类的中国房地产产业链；第一个引进德国慕尼黑展会标准，以"名人、名企、名盘推介"的方式，对中国房地产产业进行全面的年度总结的展会；第一个为中国房地产业搭建境内外融资、开发合作大平台的展会；第一个发起并成功地组织了中国住交会主流媒体宣传联盟，由中央电视台、《中国经营报》《中国建材报》《中国房地产报》及全国40家主流媒体组成的住交会宣传联盟，加上各地电视台、网站等宣传网络的全方位报道，使参展企业都可以无偿地享用这一平台，一举获得全社会的认知；第一个成功地进行合纵连横、整合资源，实现了产业链的纵向延伸、地产商的横向联合、主流媒体的全程介入，充分整合了政府、企业与媒体资源，以其立意高远的战略组合，领跑中国地产，促进了产业升华和市场发展。

（二）搭建平台、解决需求

CIHAF从市场需求出发，根据房地产产业链分类，将展区进行了明细划分：有专为中国城市土地运营所设的"城市规划/土地开发"，有专为房地产金融服务与融资所设的"房地产投资开发""房地产金融服务"，有专为房地产项目规划设计所设的"房地产策划、规划"等；对信息需求者而言，CIHAF已成为一个房地产城际营销、同行横向交流、房地产产业链整合、成果展示的全国性权威平台,也是新思想碰撞、新理论传播、新信息集中的盛会。巨大的平台,当然地吸引了房地产界和金融界巨腕的目光,自然地集中了业界的精英人才和最具实力的企业,必然地形成了最密集、最高端的信息发源地。而第六届CIHAF移师上海,即是希望借势上海和以上海为龙头的长三角,为参展人士带来更多的信息和发展机遇;对土地需求者而言,主题为"城市营造"的第六届CIHAF,力求搭建一个土地交易市场、资本和土地的对接、城市运营经验交流的全国性平台,意在对全国土地市场建设进行一次大检阅,促进全国土地有形市场的形成,推动房地产真正实现跨区域开发,实现土地价值的最大化;对资金需求者而言,第六届CIHAF加强了对房地产金融行业的关注和展位、论坛方面的引导和安排。

(三)高端资源、整合运作

能够吸引和拥有市场的高端资源,是CIHAF的另一个优势和核心竞争力。一旦形成了这一优势和资源,其在业内的影响力和带动性毋庸赘述。CIHAF所关注的,永远是行业内最优秀的、最居前沿地位的、最具影响力的人物和企业。一方面,CIHAF良好的声誉和市场带动性,吸引了国内外著名品牌企业的关注。以住宅部品及建筑建材为例,美国欧文斯科宁、丹麦威卢克斯斜屋顶、美国欧柏科技公司、韩国LG化学集团、加拿大皇家集团5大系列产品、德国特威顿门页、伟雄集团、法国罗格朗以及TCL电工、奇胜电器,都将聚集展会。参展的智能化企业,均为业内数一数二的公司,如深圳达实、科瑞、秦皇岛海湾安全、中海科技、广州安居宝、厦门求实、泉州佳乐等。他们希望借助CIHAF,把最新的智能化科技产品介绍出去。

在境外招展方面,CIHAF盛况通过使馆、国际会议、专业商会、专业协会、专业网站以及UFI国际会议、专业杂志M+A(德国一家国际会展数据库)等广而告之,组委会也与美国、澳大利亚、加拿大、德国、法国、日本、新加坡、中国香港等十多个国家和地区的客户建立了稳定的客户关系,目前中国台湾等地区的组团工作正在顺利推进中。马来西亚和加拿大的代理机构表示希望获得中国住交会海外招展的代理权。

积极表达参展意愿的还有美国斯道沃建筑规划顾问(中国)有限公司和芬兰木业总公司。前者曾成功地设计了美国联邦调查局、休斯敦市政府、第一国家银行、贝尔通信公司、休斯敦大学、地铁运输集团、德州通用服务公司,以及上海大剧院、北京世贸中心、杭州市民中心、深圳国际酒店等国内多项重大项目;后者是欧洲最大的木制产品工业公司。

另一方面,为保证展会的水准和规格,CIHAF对参展企业设有门槛,进行必要和认真的筛选和资格验证。CIHAF的认真精神和严格把关态度,得到了业界的热烈响应和拥护。CIHAF 全国主流媒体宣传联盟、全国各专业商会、专业协会、专业网站,犹如 CIHAF 在各地的外驻单位,也是 CIHAF 在各大城市的根,正是他们,使 CIHAF 的精神和理念得以全面贯彻落实。

（四）专业服务、国际标准

以德国慕尼黑展览为标准,坚持走国际化和专业化道路,是 CIHAF 的另一个成功秘诀。CIHAF 的定位主要是服务中国房地产业,但它吸引的是全球立志于在中国进行房地产开发的专业人士和专业机构。实际上,CIHAF 发展这么多年逐渐被认可成为中国房地产行业最重要的一个展会,也使 CIHAF 的作用得到了充分的发挥。CIHAF 是一个平台,通过这个平台,参与到展会中的房地产企业和行业链上的各个环节的生产者,都能有机会与国际国内的同行直接面对面进行交流,一起探讨和学习。以 CIHAF 2006 来说,其国际化程度从很多合作方就可以看出来,包括与世界不动产联盟（IRETO）合作举办首届 APIC 亚洲不动产投资论坛,与国际购物中心协会（ICSC）合作举办 CILPS 2006 首届中国国际豪宅展,还有很多的海外顶级商业机构都会组团参加中国的展会,带着自己的新技术和理念,与中国同行进行交流,寻求合作的机会。这些全部都源于 CIHAF 时时保持以国际标准不断提升自身的展会层次与品质的先进理念,也为 CIHAF 的成功奠定了坚实的基础。

案例讨论:

1. 结合上述案例讨论中国住交会品牌的形成过程。

2. 总结归纳住交会的成功之处。

3. 跟踪住交会,剖析其后续发展状况。

项目8
会展物流管理

【知识目标】

◇ 了解会展物流的基本概念
◇ 了解会展物流管理的内容
◇ 掌握会展物流系统的构建原则、方法和模型
◇ 阐述会展物流管理的战略导向

【技能目标】

◇ 能够解读会展物流的基本概念
◇ 掌握会展物流管理的要求
◇ 初步构建会展物流系统
◇ 清楚会展物流系统的构建要素
◇ 理解会展物流的战略导向

【学习重点】

◇ 会展物流管理的内容
◇ 会展物流管理体系的构建
◇ 会展物流管理的战略导向

【学习难点】

◇ 会展物流系统的构建原则、方法和模型

【案例导入】

2010年上海世博会指定物流服务商简介

2008年3月12日,上海世博局与中国对外贸易运输(集团)总公司签约,中国外运集团正式成为中国2010上海世博会指定物流服务商。按计划,上海世博会将在物流行业遴选2~3家企业成为本届世会指定物流服务商,中国外运成为首家洽谈成功的物流项目赞助商。

中国外运曾担任第十一届亚运会货运总代理、中国奥委会高级赞助商、1999年昆明世界园艺博览会组委会指定运输与物流总代理、2001年北京世界大学生运动会运输与物流总代理,在上海先后为2005年上海F1大奖赛、2005年V8超级房车上海大奖赛提供了物流总代理服务。

资料来源:http://kl2302012.blog.sohu.com/149480186.html

讨论:查查上海世博会指定物流服务还有哪些公司?这些公司和其他的物流公司相比较有哪些优势?

任务1   会展物流管理概述

8.1.1   会展物流的基本概念

1)物流

"物流"一词,最初起源于军队的后勤系统,到了20世纪80年代美国物流管理协会对物流的定义几经修改,定义为:"所谓物流,是指有计划地对原材料、半成品及成品由其生产地点到消费地点的高效流通活动。这种流通活动的内容包括为用户服务、需求预测、情报信息联络、物料搬运、订单处理、厂址及仓库地址的选择、采购包装、运输、装卸、废旧物资回收利用及仓库管理。"日本曾成立"流通技术专业考察团"对美国物流(physical distribution)进行研究,并提出了"物流"这一概念。日本产业构造审议会流通部对物流的定义为:"所谓物流,是指物资有形地或无形地从供给者向需求者进行物理流动。具体地说,物流活动包括包装、装卸搬运、运输、保管及通信联络等诸项活动。物流活动与交易活动不同,物流活动可以对物资做出在时间上和空间上的价值贡献。"

20世纪80年代初至今,我国的物流经历了从不被重视到受到广泛关注,从不完善到逐步完善的发展过程。由国家质量技术监督局发布的《中华人民共和国国家标准物流术语》已于 2001 年 8 月 1 日起正式实施,其中对物流的定义是:"物品从供应地向接受地的实体流动过程中,根据实际需要,将运输、储存、装卸、搬运、包装、流通、加工、配送、信息处理等基本功能实施有机结合"。

物流发展到今天,其概念已从早期的 physical distribution(销售活动中的桥梁)发展为现在的 logistics,即"物流系统工程",它强调物流是一种范围更广的服务,突破了传统物流作业只是物产销售活动的附属行为,更加重视物流对生产销售在战略上的能动作用。进入全球化、网络化、电子化的 21 世纪,国际物流发展的新趋势表明,每个企业都构建物流体系是没有必要的,不但资金上不允许,还容易造成资源的极大浪费,因此,由物资供应方、需求方以外的第三者提供的物流服务,即第三方物流(TPL),成为新世纪物流发展的主要方向。

2)会展物流

在会展业日益蓬勃兴旺的今天,作为展销活动供、需双方以外的第三方组织者所提供的一种具有后勤保障功能的服务,会展物流应运而生。所谓会展物流,是指以展销会为中心,所涉及的展销辅助设施、产品的物理运动过程。具体包括对会展辅助设施和产品的运输、保管、配送、包装、拆卸、搬运、回收及相关信息处理等。它是由会展组织者在综合会展现场多个供需对应体的信息要求后,统一指挥、统一安排、统一协调的物资流通体系。

从上述概念来看,会展物流的主体是会展组织者,客体是参展商和购买者;移动的主体是会展辅助设施、产品和与之相关的信息;载体是用以实现会展物品流动的设备和设施,包括直接运载的车辆、船只、飞机、装卸搬运设备和铁路、公路、港口、机场等设施;流向主要是从参展商——会展中心——顾客的流动,这种流动包括空间位置的转移,又包括时间的延续。在这个过程中,包括运输、仓储、装卸搬运、配送、包装、加工、流通以及相关的信息活动,涉及的环节众多,必须进行恰当的计划、实施与控制,才能确保会展物流过程中各个环节功能最优化,保证对会展活动的高度机动性。

因此,会展物流管理,就是对会展物流的全过程进行计划、组织、实施、协调和控制,确保会展物品以较低的成本,高效、高质地实现时空的转移。

8.1.2　会展物流的特征

与一般企业商品流通的"单一输出模式"不同,会展物流是发生在短期内、同时与多个参展企业和客户发生关联的物质流通活动,具有其自身的某些基本特征。

1)"过程控制"的复杂性

会展期间的物流组织与管理工作是一项极其复杂的系统工程,在明确了会展主题、功能与层次等方面的定位后,需立即依据项目策划书中对会展场馆内部的布局和风格设计,购置或租借用于室内外装潢的材料和用于搭台摆台的设备物品;同时,还要尽快与参展企业取得联系,核定其参展产品的申报单,然后协助进行这些产品的运输,并安排好仓储。上面的这些工作在实际操作时显得非常繁杂而琐碎,每一环的衔接都要按照既定的程序来开展。

2)"体系优化"的双重性

物流体系的优化被称为第三利润源泉。为实现会展物流的合理化,需在物流体系的规划与运行过程中不断做出科学决策,随时根据需要对其进行优化调整。但在实际运作时,常常会出现物流体系优化用户最优(局部最优)和系统最优的矛盾,前者在物流过程的每一阶段从自身利益出发去寻找最小阻抗的路径,经过不断的自身调整达到局部均衡状态,当太多的局部均衡存在时,物流体系就会远离系统最优,使整体效益受到不良影响。我们的目标应该整合用户最优和系统最优,找到两者的最佳平衡点,使之转化为全局最优。

3)专业化程度相对较高

会展本身的特点决定了其各项组织管理工作必须具有较高的专业化水平才能突出个性、保证质量,尤其在会展物流方面,对专业化的要求更高。为了做好这项工作,必须拥有具备物资管理专业技能的人才、通畅的物流渠道、有效的物质配送手段和功能齐全的物质转运与仓储中心作为支撑。因此,专业化程度相对较高是会展活动物流体系的一个非常显著的特征。

4)信息化要求相对较强

信息化是我国会展产业与国际接轨的一个重要衡量标准,也是会展产业发展的必然趋势。在会展活动物流的组织与管理过程中,物流信息管理是一项非常重要的内容,会展组织管理者会同各参展企业的有关人员必须不断对各种物流信息进行实时监控,并根据反馈信息及时调整物流过程中的具体行动措施。在构建现代化的会展物流体系时,首先要借助先进的科学技术手段,形成完备的信息网络。

8.1.3 会展物流管理的要求

会展物流的基本任务就是安全、快捷、准确、低耗地组织会展活动所需的物资和参展企业的展销产品,完成其由供货地点向会展现场的空间转移以及由会展现场向购买者的过渡,以满足会展活动的需求。

1)安全

主要是指在物流过程中的货品安全。一般而言,会展活动所需的设备物品由组织者采购,而参展企业展销产品的运输则在会展组织者的统一调度下自行负责。承运人员在运送过程中要保证物品不发生霉烂、破损、腐败、水渍等损害物资原有使用价值的事故,避免因此而造成的供货质量不合格而导致的会展准备的中断。

2)快捷

这一点是物流高效的体现,在确保运送质量、符合经济合算原则的前提下,要以最快的速度完成会展物资从供货地点到会展现场甚至购物者的空间转移,切忌物资运输迟滞,供货不及时,给会展活动造成不必要的损失。

3)准确

会展物流的准确性要求很高,在发货、运货、提货等各项业务中,要保证货单相符,在物资运送过程中不发生错、乱、丢、差等责任事故,力求准确地完成物资的运输流通任务。

4)低耗

经济性是物流运作的一个普遍原则,会展物流的低耗是指在保障上述 3 项要求的基础上,对物资运送所选择的运输路线、运输工具、运输方式等进行综合评价,继而选择最节省人力、物力和财力的组合,以最大限度地降低物流成本。

8.1.4 会展物流管理的内容

会展物流管理的目标是为了实现会展物品在流动过程中的效益,即时间效应和空间效应。为了实现这一特定的目标,需要协调各方资源、综合多方信息,以较低的成本和最有效的方式,在适当的时间将会展物品运送至指定的地点。会展物流管理中的质量管理、时间管理、运输管理、仓储管理以及信息管理正是为了实现会展物流管理的目标。

1)质量管理

会展物流是为会展这一特殊的市场凝聚体服务的,而且会展活动的开展具有期限的短暂性和展期的固定性等特点,这就要求会展物品必须在严格的时间和空间要求下,通过高质量的物流作业来完成其时空的转移。另外,会展物流的费用一旦支出,是无法收回的,而且会展物流作业等的疏忽都很容易造成错过会展时机和商业机遇的后果,具有严重的恶性连带影响。因此,必须在对会展物流作业的全过程实施严格的全面质量管理标准,从而保证会展物流的高质量工作。

2)时间管理

时间在物流中是一个核心因子,主要包括接到订单快速响应的能力、运输途中所消耗的时间和在会展过程中对洽谈结果所做出的快速作业等。时间管理是实现会展物流服务质量的保障,也是提高竞争力的有效途径。随着信息技术的不断提高,会展物流对时间目标的追求逐步从传统的按预期进行物流安排,转向物流作业对会展活动的快速响应,实现各个环节的快速和及时。譬如采取直达物流、联合一贯运输、时间表系统等管理和技术,都是为了提高时间利用率,实现会展物流在时间上的效益。

3)运输管理

所有物流活动的开展都离不开物品实体的流动,运输则是实现这一空间转移的主要环节。会展物品运输管理的主要目标就是在限定的时间内,科学组合各种运输方式,将会展物品从供给地运送到指定的地点。运输过程也是物流过程作为"第三方利润源"的主要实现途径,运输成本的控制对降低整个物流系统的成本有着至关重要的作用。

4)仓储管理

仓储源于仓库的储存保管功能,但仓储早已突破了其原始意义,仓库也不仅仅具有储存保管的功能,反之,储存保管功能也不一定由仓库来完成。在会展物流过程中,虽然没有生产企业产品物流的大批量、多批次的仓储作业,但

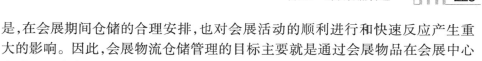

是,在会展期间仓储的合理安排,也对会展活动的顺利进行和快速反应产生重大的影响。因此,会展物流仓储管理的目标主要就是通过会展物品在会展中心或附近的库存场所的仓储管理,实现会展的供求调节和配送加工等功能。

5) 信息管理

从一般狭义的定义来讲,物流信息是指物流作业过程中的信息总和,与运输、仓储等各个环节有着密切的联系,起着神经系统的作用。广义的物流信息不仅指与物流活动相关的信息,还包括间接联系的其他流通活动的信息,譬如市场信息、商品交易信息等。在会展活动中,信息具有量大、变化快、关系复杂等特点,所以会展物流信息管理的主要目标是为会展活动提供迅速、准确、及时、全面的物流信息,以便进行科学的决策。

任务 2　会展物流管理系统的构建

8.2.1　会展物流系统的概念

会展物流系统是在会展期前后,在一定的空间维度中,由物流的客体、主体、载体等物质、能量、人员和信息等各方面相互作用、相互依赖和相互制约所构成的,以实现会展物品运输、仓储、回收及相关信息顺畅流通等功能为目标的有机整体。会展物流系统化的目的在于根据快速、可靠和低费用的原则实现以最少的费用提供最好的物流服务。

会展物流系统由物流作业系统和物流信息系统两个分系统组成:

①物流作业系统。在运输、保管、搬运、包装等作业中使用先进技能和技术,并使物流据点、配送路线、运输手段等网络化,以提高会展物流活动的效率。

②物流信息系统。在保证进货、库存、出货、配送等信息畅通的基础上,使通讯据点、通讯线路、通讯手段网络化,以提高会展物流作业系统的效率。

8.2.2　会展物流体系构建的原则

根据会展物流的整体性、瞬时性、信息化以及多对象相关的特性,可引申出构建会展物流体系的 3 条基本原则。

1) 链接简畅、成本低廉

要尽量减少会展物流配送路径的结点,简化中介环节并明确它们与前后相关环节之间的责权关系,从而确保物流渠道的畅通,这既是提高物流效率的重要保证,又是降低物流成本的有效手段。在物流方式的组合选择上,也应充分考虑到成本因素,在各方面条件允许的前提下,力求最低的运作成本。

2) 功能齐全、服务多元

由于会展主题不同,参展商和购买者对象会有所不同,其展销产品也相应不同,这就给会展物流体系提出了较高的功能全面化和服务多元化的要求。因此,完备的会展物流体系除了需涵盖输送、保管、包装、装卸等各项功能外,同时还应能够胜任多种不同形态、性能的展销产品的配送服务。例如,参展商在参展前只需将展品交付物流公司,公司就能为其提供包装、运输、搬运、仓储、布展、撤展等一系列的物流服务。

3) 灵活度高、可控性强

会展物流体系不能是静态不变的,而要设计为具有灵活调控能力的动态体系,当从会展现场反馈出的供求信息传达至会展信息控制中心时,会展物流体系应能够迅速做出反应,主动配合参展商启动合同产品的运送;当先期供求信息有所变更时,该体系又要能根据实际情况及时做出调整,保障展销物资适时适量、安全快捷地运达目的地。

8.2.3　会展物流系统的构建要素

任何一个系统都是由人、财、物等要素组成的。会展物流系统也不例外,主要也是由劳动力要素、物质要素和资金要素组成,三方面的要素缺一不可,而且是紧紧结合在一起的,只有对这 3 个方面进行系统的规划,科学的安排,才能充分调动各方动力,高效地完成会展的物流活动。其中,劳动力要素是完成物流任务的核心主体,整个过程的实现需要人类大脑智力的指导和安排,以及人类体力的辅助。物质要素包括会展物流的客体(会展物品)和会展物流载体(运送、仓储设施等),是物流实体流动过程的体现。资金则是这个物流运转过程的动因和得以顺利实现的经济保证。除此之外,会展物流还包括物流相关信息等要素,进而形成了会展物流系统的要素体系。从会展物流的功能上看,主要分为七大功能要素。

1）运输功能要素

克服空间阻力，实现会展物品的空间移动，从参展商到会展中心或直接到客户的展品和产品的转移过程。对该系统的规划需要强调经济性和安全性，要求选取经济效果最好的运输方式和联运方式，合理确定运输路线，将会展物品安全、及时地送至目的地。

2）储存保管功能要素

储存保管是在会展活动过程中暂时处于停滞状态的那部分会展物品，包括堆存、保养、维护等活动。该系统是时间差异的调节器，不同物流运输方式的科学衔接，并保证会展现场会展活动的顺利开展。

3）装卸功能要素

装卸搬运是在运输前后和保管前后端点上对会展物品进行改变存放状态和空间位置的处理方式。该功能的实现使得整个物流系统各个环节的结合合理化、科学化。

4）包装功能要素

这里的包装指的是在会展物品的流动过程中为保护物品、方便储存、宣传形象，而采取一定的技术手段对物品的容器进行处理的过程。包装除了从运输角度保护物品、单元划分、功能区分外，还反映重要的物流信息和宣传标志等。

5）流通加工功能要素

流通加工是在会展物品的流动过程中，根据会展和顾客的需要对会展产品和辅助性物品进行简单处理和加工的一种辅助性活动。回收系统主要是在会展活动结束后，对会展物品的回程处理。对这两个方面的规划要解决在什么地点设置、选择什么类型的加工、采用什么样的技术设备，才能达到提高效率和效益的目标。

6）配送功能要素

配送主要集中在会展活动的正式开展阶段，以配货、送货的形式完成会展物品在会展场馆的合理配置。会展场馆所提供的仓储是很有限的，通常还需要在会展场馆的附近仓储中心开辟专门的会展物品储藏、配送区。会展物流的配送系统需要对会展现场的信息进行快速机动的反应,迅速组织实施配送,按照拟定的配送路线和配送的方式,将会展物品送达目的地。

7)信息处理功能要素

物流信息是物流作业的神经系统,通过对会展物流信息的控制,才能保证会展物流系统各项作业活动的正常有序的开展,才能提高会展活动效率。对物流信息系统的规划,要求建立高效的信息系统和信息流通渠道,准确收集、汇总、统计、使用会展信息,以保证可靠、及时的会展物流服务。

8.2.4 会展物流系统的构建模型

会展物流的根本是会展相关物资产品的空间流动与管理,物流运作体系与参展企业及会展组织者的经济利益也是直接挂钩的,现代化的会展物流体系应结合参展物资产品的特点和会展经济运作的特性,努力提高专业化因素在物流过程中的强度,从而建构起完整发达的网络化物流系统,如图8.1所示。

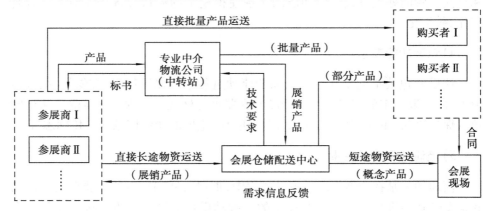

图8.1 会展物流系统的构建模型

由图8.1可知,会展活动物流系统的核心在于由会展现场(会展场馆)和会展仓储配送中心所组成的"物资—信息"综合体,从宽泛的层面讲,它是会展活动物流起点(参展企业群)和物流终点(购买者群体)进行物资传送和信息互动的交换器,物资流分别从参展商向购买者呈现出单向脉状传递形态,信息流则以会展现场为集散中心,呈双向发射状传递形态。在这个复杂的物流系统中,专业中介物流公司以招标、竞标的方式产生,它作为会展物流的中转站,通过为参展商提供专业化程度较高的物流管理与转运服务给会展物流运作以技术支持,同时,当参展商从会展现场获取回馈的需求信息后,也可委托专业中介物流公司提供批量产品的"送货上门"服务。显然,通过专业中介物流公司这种发展形态的间接渠道负责会展物资及客户需求产品的运送流通服务,一方面增加了安全性,减小了风险系数;另一方面由于这些公司的专业化水平较高,还可在很大程度提高物流的效率。

任务3　会展物流管理的战略导向

物流系统管理(logistics management)是以物流过程整体为对象,对供应、制造、销售广义制造全过程中产品、服务及其相关信息的流动与储存进行规划、执行和控制的过程。会展物流系统管理要求结合会展物流的鲜明特点与任务,将物流系统管理的理论精髓和前沿技术要领作用于会展物流全过程的运作、协调与控制。

8.3.1　高效供应链战略

所谓供应链(supply chain),是指产品生产和流通中所涉及的原材料供应商、生产商、批发商、零售商以及最终消费者所形成的供需链状结构体系。供应链管理(supply chain management,SCM),即是对供应链上所有节点企业都联系起来,进行优化,形成高效的生产销售流程,从而达到快速反应市场需求、高韧性、低风险和低成本。世界权威的《财富》(Fortune)杂志,就将供应链管理能力列为企业的一种重要战略竞争资源。

与一般物流系统不同的是,会展物流系统仅关联到展销产品的供销和运输,而不涉及其原料采购和生产环节;而且,由于会展客我关系呈现出的"多对一"状态和展销产品实体的差异,它可能同步运行有多条供应链。因此,传统物流系统的供应链在会展物流系统中被缩短且多线化了,其日益成熟的供应链管理理论对会展物流系统管理的适用范围和方式也应有所相应的变化。

传统的企业物流系统供应链中(见图8.2),物流配送中心一般是大中型生产企业或商业连锁企业自有的内部机构,是企业内部物流系统专业化的产物,它按照企业产品或商品的特性进行设计,只对企业自身负责,服务口径较为狭小。建设这样的自有配送中心,需要额外成立专职机构并为购买运装设施设备

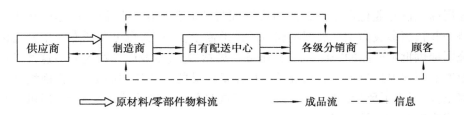

图8.2 传统的企业物流系统供应链

投入大量资金,大大增加了企业的经营管理成本。

相对而言,会展物流系统的供应链中(见图8.3),会展仓储配送中心则具有区域公共性的特质,它与不同参展商及会展场馆之间的信息是多向流通的,在会展活动开始后,它与会展现场之间信息共享,便于快速反应和精确地提货配送。

因此,对会展物流系统的供应链管理需要从会展活动的需求出发,在时间和空间上对供应链进行科学整体规划,提高整个供应链的运行速度、效益和附加值,实现对会展现场动态消息的快速反应,保证会展供应链的高质量运作。

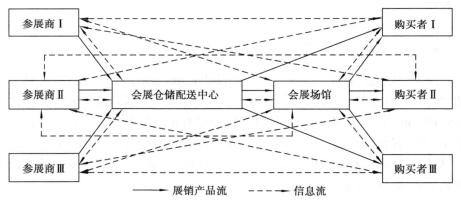

图8.3 会展物流系统的供应链

8.3.2 成本领先战略

会展物流成本是指在实现会展物品的空间位移过程中所消耗的各种劳动和物化劳动的货币表现。具体而言,是会展物品在实体的运动过程中,运输、包装、装卸、仓储、配送、加工等各个环节所支出的人力、物力和财力的总和。而对会展物流成本的管理既是目的也是手段,通过对会展物流成本的控制和管理来管理整个物流系统,实施成本领先战略,提高会展物流的经济效益。

由于会展物流涉及多方面的因素和多环节作业,成本构成具有一定的复杂性,主要包括在会展物流活动起始范围内,即从参展商企业所在地或中转地到会展活动中心,再到下方买家或回到参展商企业所在地的空间转移过程中,会展物流活动各个作业环节的费用支出,主要由运费、保管费、仓库租用费、人工费、折旧费、修理费、动力费、保险费等构成。但在实际的操作过程中,很多费用项目在财务报表中并不能正常反映,因此,需要对会展物流的成本进行标准化管理,其主要内容包括以下几点。

1)会展物流成本预算

由于会展物流对会展的效果产生直接的影响,在对会展物流进行整体策划和控制的同时,需要对会展物流的成本进行预算,即对成本的指标、计划指标进行测算评估,寻求降低会展物流成本的有关技术经济措施、协调各个物流作业环节的工作,并可作为最后绩效考核的指标之一,进而明晰会展物流系统的成本预算目标,保证会展物流作业的有序开展。

2)会展物流成本计算

在会展物流作业开始执行之后,各种成本费用就开始发生,会展物流成本的计算就是对产生的人力、物力、财力消耗进行归纳,通过适当的财务计算方法对会展物流费用项目进行计算,最终以货币的形式进行量化。

3)会展物流成本控制

在会展物流成本预算的基础上,对会展物流各个作业环节的费用成本支出,采取各种方法进行严格的控制和管理,如建立健全各项物流成本费用控制制度和相应的组织机构,建立完善的配送、验收、保管制度,设备设施的维护保养制度,报审批制度等,实施严格的制度控制法;采用科学的方法,经过调查、分析和测算而制订在正常条件下的标准成本,从而实行标准成本控制法等。会展物流成本的控制就是在保证质量的前提下,将成本减少到最低限度,以达到预期的物流成本目标。

4)会展物流成本分析

会展物流成本的分析是在会展物流作业完成之后,运用比较分析、因素分析、比率分析等方法,对物流成本计算结果进行的客观计量分析,具体包括检查和考核物流成本计划的完成情况,确定各物流作业环节成本项目因素的影响程度和会展物流的成本结构,进行比较分析,进而找出影响成本升降的核心因素,提出更有效的降低会展物流成本的实施途径。

5)会展物流成本信息反馈

收集会展物流有关的成本费用数据和资料,并提供给决策部门,使其掌握翔实的资料,对会展物流的成本构成、影响因素有更深入的了解,从而有利于加强成本控制,保证预定目标的顺利完成。

6)会展物流成本决策

决策是成本领先战略的一个周期的最后一步,是根据前面对会展物流成本的分析和信息反馈的结果,采取完善措施,对会展物流的成本控制进行优化,进而对会展物流系统的改良提出建设性的意见,不断提升系统的性能和运行效率,从而以最小的成本耗费获得最优效果。

8.3.3 质量第一战略

会展物流质量的概念是一个全面的质量概念,包括物流对象的质量、物流手段和方法的质量、作业和服务质量、系统工程质量等多个方面,是实施全面质量管理的典型部门。

1)会展物品质量保证

会展物流的客体对象就是具有一定质量的实体,即有一定的等级、尺寸、规格、性质、成分、外观等,这些物流特性是在物品发送之前就已固定了的。在对会展物品实施物流操作,进行空间转移的过程中,要保证这些物理特性不发生变化,并最后实现对客户的质量保证。因此,在物流作业系统的设计过程中就要积极考虑会展物品的属性特征,采取相应的保护、保障措施,并在作业过程中利用各种手段来改善和提高会展商品的质量。

2)会展物流服务质量

会展物流是为会展活动的顺利开展提供服务的,并且会展物流的利润来源很大程度上也是依靠服务来赚取第三方利润,可以说,整个会展物流的质量目标就是其服务质量。会展物流的服务质量可以用客户满意度来衡量,即参展商和与会者对会展物品质量和物流作业的满意程度,以及对相关服务(如标签申请、报关、报验、信息反应速度等)的满意程度。

3) 会展物流作业质量

高质量会展物流作业是会展物流质量的主要保证,会展物流作业质量包括会展物流作业过程的各个环节、各工种、各岗位的具体工作质量。通过对运输、仓储、装卸搬运、流通加工、包装、配送、信息等方面建立具体指标,如运输环节的正点运输率、满载率、运力利用率;仓储环节的商品收发正确率、商品完好率、库存商品缺损率、仓储成本等来提高会展物流作业质量。对会展物流作业过程的质量控制必须着眼于细处,对细节进行指标性控制,从而保证整个会展物流作业过程高质量完成。

4) 会展物流工程质量

会展物流的质量不仅需要物流作业各环节的高效运作,还需要对各个环节进行科学有效的组合,运用系统工程的理论和方法对会展物流系统进行改造和提升,形成高质量的会展物流工程体系,保证会展物流活动整体高质量。

总体而言,会展物流系统受到多方面的因素影响,而会展活动对物流的要求又非常严格,因此,会展物流企业的可持续发展必然要求实施质量第一的战略管理措施,利用全面质量管理的一些方法和原则,如"PDCA"循环、六西格码质量管理方法等,强调会展物流系统中的各个环节之间的联系和配合,以预防为主,做好"事前管理",运用经济的手段和方法,向客户提供其要求的会展物流质量,将会展物流的质量管理系统化、科学化,从而满足包括会展活动的参展商和会展商品的购买者两方面客户的要求。

8.3.4 信息制胜战略

信息是知识经济时代可供利用的最重要的资源之一。在物流活动中,对信息技术的合理运用与有效管理是确保整个物流体系稳定高效运转的重中之重。可以说,会展物流信息系统是会展物流的中枢神经系统,会展物流信息系统管理的重要性不言而喻,它是其他各项管理的实施基础和保障,只有结合会展物流的供应链结构,充分地运用好计算机网络等高科技技术,建立起专业化高、能动性大、操作性强的会展物流信息系统管理模型并付诸实行,才能保证其他各方管理的顺利运作。

会展物流的管理信息系统(MIS)是其进行信息管理的操作平台,它通常应由会展组委会办公室、会展前台(现场)销售信息统计中心、会展物流情报中心、会展物流调度中心等核心部分组成,如图8.4所示。

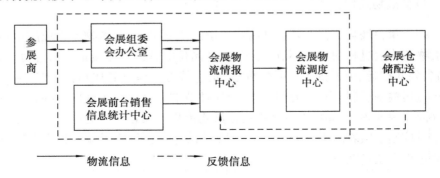

图8.4　会展物流管理信息系统

会展物流管理信息系统以各部分办公自动化的实现为前提条件。在图8.4中,会展的物流信息主要有两大来源,一是外部输入的,在会展活动举办前由参展商向会展组委会提供的展销产品的详细资料(包括类型、数量、规格、特性等信息),其二是内部收集的,在会展活动现场因参展商与购买者的洽谈成功而产生的潜在物流信息,由会展前台销售信息统计中心负责。两股信息在不同阶段汇集到会展物流情报中心加以综合分类分析,制订好物流方案后以派送任务的形式反映到会展物流调度中心统一指挥。当会展仓储配送中心接收到物流指令后,即按计划组织实施物流活动,并及时将完成情况的信息反馈到会展物流情报中心,进而经由会展组委会办公室反馈给参展商以寻求其评价意见及其他要求。在这个信息机制系统里,会展物流情报中心和会展物流调度中心是为会展物流专设的机构,而会展组委会办公室和会展前台销售信息统计中心则兼具多项职能,提供物流信息只是其众多工作中的一部分。

会展物流信息制胜战略的实施需要大量现代科学技术的支持。在各个环节信息的分类、处理和数据交换的过程中,信息量之大、来源之多、变数大等原因对会展物流信息的管理是一种挑战,制胜的手段就是要积极运用先进的信息管理技术,如条形码技术、EDI(electronic data interchange)技术、射频技术 RF(radio frequency)、GPS 技术(global positioning system)、GIS 技术(geographical information system)、Internet 网络技术等。信息技术的应用保证了会展物流信息的充足性、准确性和及时性,实现了信息的标准化管理和快速反应(QR)机制,缩短了物流供应管道,并且增加了管道的透明度,使得会展物流系统的管理趋于科学化、合理化。另外,在会展物流信息系统的运行和管理过程中,还要强调系统的运行管理和安全管理,保证信息传递的保密性、完整性与可用性(即

CIA：confidentiality，integrity，availability），维持信息系统的日常更新。

8.3.5　绿色物流战略

进入 21 世纪，环境问题受到越来越多的关注，几乎融入到社会经济的每一个领域。这其中也包括环境问题对物流行业的影响，绿色物流应运而生。绿色物流是指在物流过程中，抑制物流对环境和资源造成的危害和浪费，通过对运输、仓储、包装、加工等物流环节的绿色化改造，实现对环境的最小影响和资源的最充分利用。在会展物流中贯彻绿色物流的理念，从而保证了会展业的可持续发展。实施绿色物流战略不仅可以最大限度地减少对环境的污染，实现节能高效少污染，还可以大大压缩物流成本、降低物流的环境风险成本，拓展有限的"第三利润"空间，且绿色化战略的实施能有效提高会展整体形象和档次、赢取公众信任。因此，在会展活动中实施绿色物流战略意义重大。绿色会展物流作为一种管理理念贯穿于整个会展物流活动的各个环节和系统管理中，一般包括以下几个环节。

1）绿色运输

运输是实现物质移动的主要过程，在会展物品的运输过程中，交通工具燃油消耗和尾气排放、运输网络所产生的噪声等都是对环境的挑战。绿色运输首先应尽量采用环保型原料作为运输工具动力，如采用排污量小的货车车型，近距离配送，夜间运货（以减少交通阻塞、节省燃料和降低排放）等。其次，科学规划货运网点、配送中心设置，周密策划运力，合理选择运输工具和安排运输路线，从而克服迂回运输和重复运输，缩短路线、降低空载率，减少资源的浪费。另外，在会展物品的运输过程中，还要注意运输安全问题，避免物品因运输处理不当而受到污染或损害，保证会展物品运输质量。

2）绿色包装

在实际的物流作业中，大量的包装材料在使用一次后就被废弃，不仅造成资源的浪费，还造成了环境的污染，因此，会展物流所提倡的绿色包装主要是指采用节约资源、保护环境的包装材料，通过环保化设计，并建立包装回用制度等。绿色包装的途径主要包括：采用环保可降解材料、提高材质利用率、设计折叠式简易包装、重复利用单元式包装、包装材料回收和再利用等。

3) 绿色流通加工

流通加工是对会展物品在流动过程中的简单二次加工,也需要坚持绿色环保原则,做到少耗费、高环保,尤其要防止加工中的货损和二次污染。绿色流通加工可以通过对同类会展物品的集中加工来实现规模作业方式,以提高资源利用率,减少环境污染。同时,还可以集中处理加工过程中产生的边角废料,统一进行加工场所的清理,切实贯彻环保的精神。

4) 绿色仓储

会展物品的仓储主要发生在会展场馆或者附近的仓储中心,针对同时间内大量会展物品齐聚的特点,会展物流仓储必须坚持高效、保质的原则。绿色仓储要求在整个物流过程中运用最先进的保质保鲜技术,避免会展物品受到污染或损坏,保障库存物品的完整性和完好性;仓库合理化布局,提高单位空间利用率,降低仓储成本。

【复习思考题】

1. 会展物流管理有哪些内容?
2. 阐述会展物流管理战略导向中的高效供应链战略。
3. 谈谈会展物流的特征有哪些?
4. 会展物流管理的核心内容是什么?
5. 会展物流系统的构建要素有哪些?

【实训题】

结合实例讨论会展物流管理系统构建的原则。

一、实训组织

以小组为单位查找相关企业物流管理系统构建状况,评价该企业物流管理系统构建遵循了哪些原则。

二、实训要求

1. 学生要以小组为单位在查找资料的基础上讨论完成。
2. 所查的企业要与会展直接或间接相关。
3. 分析要细致、准确。

三、实训目的

1. 掌握会展物流管理系统构建的原则。

2. 熟悉会展企业物流管理的概况。

3. 提高学生理论联系实际的能力。

【典型案例】

布里斯班会议与展览中心

Brisbane 会展中心(BCEC)1995 年 5 月开张。在开张的头三天,就举办了 17 个会议,接待了一共 70 000 人,包括 PC95 展览中的 24 085 名代表。自从会展中心开放以来,随着它的美名在全世界的传扬,会展中心的生意越来越兴隆,生意也越做越大。

中心作为在北半球最大、设施最先进的场馆之一被人们认可。从它开张到 1998 年,BECE 已经接待举办了 2 000 多次活动。它的预定已经到了 2006 年。那时,它将成为七日国际会议的接待地。这个会议预期将吸引 28 000 个全球范围的俱乐部中的 25 000 个会议代表,而且投入 6 000 万美元支持 Queens land 的经济发展。BCEC 和黄金海岸预计将提供 175 000 个住宿夜。有三分之二的与会代表从海外来到 BCEC,这个会议被看成"展现伟大的世界"的良机。

那么,是什么使 BCEC 这么成功呢? 其中一个因素就是它的面积范围和适宜的设施。这些设施包括有 4 000 个座位的大厅,如果展览厅也用上的话就是 9 000 个座位。有 4 个展览厅,每个都有 5 000 平方米的幽雅的柱形空间。还有一个豪华的舞厅有 2 200 平方米。它能举办 1 550 人的宴会。还有 17 个面积从 27 平方米到 1 000 平方米不等的厅屋。除此以外,每个展览厅都有它自己组织者的办公室、私人娱乐区域、还有从地下街道到私人寓所的电梯。在这个中心里,还有设施齐全的商业中心、信息部、餐厅、酒吧和咖啡厅。那里还有可容纳 1 600 辆车的停车场。

Brisbane 会展中心里有综合的室内音响设施和最先进的技术机构。它因为有澳大利亚最现代化的设施和视频尖端技术而被人们认可,能够提供食品和餐饮服务,被顾客接受和表扬。最好的法国食品和传统的澳大利亚饮食在那里应有尽有。那里还为会议后勤策划组织者提供会议所需的支持服务。

在政府最开始规划时,中心被设置在城北岸的花园和水道旁。那里可以很方便地通往 CBD,拥有有效的运输渠道及公路系统。

BCEC 有很高的荣誉不仅仅因为它有适合和先进的基层组织机构和设施,而且还因为他们员工所提供的服务很好。会议组织者完全认可和享受着这里的服务。

BCEC 作为它自己主要的王牌,还依赖于这个城市被人们认为是个安全、休闲、友好和愉悦的地方。中心的康体设施在城市吸引会展贸易中扮演着重要的角色。这个中心是和旅游局、城市旅游者、会议局联合工作的。

中心开放以来，BCEC 总是在增强自己在世界会展贸易中的市场领导者地位，而且也发展成为在医药、自然、信息技术部门有很高荣誉的地方。在 1998 年，中心组织了世界网络会议。在 2001 年，它将举办国际众议院会议。这样，就使 Brisbane、Queens land 和澳大利亚得了很多好处，而且促成了 Brisbane 会展业的成功。随着 BCEC 的开放，Brisbane 有 2 680 万美元的会展贸易。在 1998 年中期，是 10 400 万美元。BECE 对城市的经济贡献估计是每年 1 000 万美元。

资料来源：Convention & Incentive Marketing

案例讨论：

1. 该会展中心为当地带来了哪些经济效益和社会效益？
2. 说说该会展中心运营管理的成功之处。

项目9
会展客户关系管理

【知识目标】

◇ 理解会展客户关系管理的概念
◇ 掌握会展客户关系管理的功能
◇ 了解会展客户关系管理的目标
◇ 理解会展客户关系管理的理论基础

【技能目标】

◇ 掌握会展客户关系管理的实施流程
◇ 有针对性地分析会展客户关系管理的实施
  策略
◇ 能客观评价企业的会展客户关系管理

【学习重点】

◇ 会展客户关系管理的实施流程
◇ 会展客户关系管理的实施策略

【学习难点】

◇ 会展客户关系管理的实施流程

【案例导入】

第108届广交会"订单为王"转向"找优质客户"

10月15日,全球规模最大、客商最多的展会——第108届广交会开门迎宾,这是外贸企业的传统盛会,其中第二期于10月27日结束。广交会副秘书长、新闻发言人刘建军分析说,从二期情况来看,国际市场正在缓慢复苏,但仍存在不确定性。成交额虽有所增长,但在扣除成本推动价格上涨和人民币升值等因素后,仍未恢复至危机前水平。

数据显示,上届展会企业展位申请数量11.5万个,而这一届申请数量只有9.8万个。最终出口展区共有23 098家中国境内企业参展,比上届仅增加了138个。

二期到会采购商5.8万人,成交86.2亿美元,分别比第107届同期(下同)增长0.4%、1.9%,增速分别下降了1.2和0.2个百分点。

企业接单谨慎,3个月以内的短单数量增多,占52.1%;非生活必需品成交减少,如玩具下降了7.7%,工艺陶瓷下降了0.8%。广交会官方网站累计访问量为9 046.5万次,网上累计意向成交3 759万美元,分别增长1.3%和8.1%。

一、接单不难定价难

在赴广交会前夕,杭州亮亮电子照明有限公司总经理汪××特地与一群浙商碰了个头:"都是些打算参加广交会的企业家,大家聚一聚谈谈看法。"结果在聚会中,他们发现面临的一个普遍问题——报价怎么报?

"目前欧美经济复苏的速度大家都有数,人民币升值压力也都摆在眼前,很多企业的成本压力很大。以前人民币对美元汇率一直是6.7、6.8左右,现在一下子到了6.65,之前签的单子利润一下子缩水很多。此次该怎么报价,确实是个让人头疼的问题。"最终,聚会的企业家们大多数决定维持原价,"现在不是订单满满的时候,这一年来大部分中小外贸企业日子都不好过,如果再涨,恐怕会丢失订单,只好自己承受这些压力。"

汪××如今庆幸自己先行一步,早几年在国外建立了自己的品牌和成熟客户群,此次汇率调整对他的影响不大,因此也少了被迫"不提价"的困扰:"我们的品牌已经有了知名度,此次展会一来是对原有客户群做了一些持续维护工作,另外也进一步拓展了市场。"

浙江省对外贸易经济合作厅对外贸易处处长郭心亮告诉《浙商》记者,总体上来看,参加这次广交会的外贸企业面临的困难很大,很多企业尽管订单多,但在人民币汇率波动、节能减排影响、劳动力成本上升、原材料价格上涨及贸易保护的阻隔下,企业获益并不多。出口商们当前接单的积极性受到了很大抑制。

一些企业为了减小风险,只能采用锁定汇率或者在订单中增加附加条款等方法。广交会上的外贸企业面临着"有单未必敢接"的窘迫局面。大单不敢接,接小单;长单不敢接,接短单,且长远接洽订单压力仍在持续加大。

二、抓住优质客户

直到今天,广交会仍是我国规模最大、层次最高、商品种类最全、到会客商最多、成交效果最好的综合性国际贸易盛会。郭心亮称,这届广交会上,总体客户有所减少。第一期实到采购商人数为9.4万,比上一期下降了6%,第二期又下降了3%。这就预示着,中国的外贸形势是不容乐观的,要有所突破还需要面对很多的压力。但他同时注意到,这一期的亚、非、大洋洲的客户减少了,但欧美客户增加了。

优质、高端客户的增长,不仅是一份商机,更是外贸企业今后转型之路的一块指路牌。

杭州新世管道集团有限公司是本次广交会的"新丁",负责展会事宜的邬静霞在参展的五天里忙得不可开交。作为中国玻璃钢电缆管道产业中的龙头企业,新世管道的外贸业务仅是刚刚起步,亦是第一次参加广交会。临行之前,邬静霞对参展效果有些忐忑不安;结果出乎她的意料,来咨询的客户源源不断,其中有30%的客户来自欧洲,并多半是优质客户。"我们的产品质量和施工技术都过硬,这次展会让我们很好地了解到其他国家玻璃钢市场的巨大潜力。"邬静霞称,预计到2011年底,外贸业务将占新世集团总销售额的20%～30%。

浙江斯帝特新能源有限公司专业提供太阳能热解决方案,其品牌在国内已有不小知名度。对于参展广交会,其总经理邱××最初就定位为进一步拓展品牌。从展位布置到产品展示,斯帝特特别重视品牌形象。高质量的产品引来不少客户,就在展会期间,斯帝特达成了两笔订单:一家客户来自土耳其;另外一家来自法国。

而已经打通产业链并收购了全球第二大羊毛纱厂 Lyes,在国际地毯产业中占据一席之地的富兴集团对于本次广交会显得更有底气。市场部经理柯琳告诉《浙商》记者,富兴的地毯在产品设计和质量上都已获得国内外客户的认可,具备高附加值,受汇率等影响十分有限。

资料来源:2010年11月25日《浙商》,有删改。

讨论:为何优质客户比订单更加重要?

任务1 会展客户关系管理概述

随着近年来我国会展业的高速发展,参展企业和观众的数量都有了大幅度的提高,但由于展会组织者缺乏对客户关系管理(CRM)的认知,在改善与客户的沟通技巧和采用科学的客户关系策略方面较为欠缺,忽视了数字时代客户对互动性与个性化的需求,会展客户资源流失成为我国会展业发展面临的重要问题。因此,在国际大型会展企业纷纷进入中国之际,增加对客户关系管理的深入了解和实施客户关系管理战略,成为新时期我国会展业持续健康发展的必然途径。

会展企业作为独立的经济实体,在竞争日趋激烈的市场环境中,企业与市场的关系,最重要、最根本地表现在企业与客户的关系相处得如何。近几年,我国会展市场呈高速成长态势,但会展业的组织管理水平却不尽如人意。很多办展企业和组织者由于缺乏对客户关系管理的认知,无法改善与客户的沟通技巧,忽视数字时代客户对互动性与个性化的需求,导致会展客户资源的逐步流失。随着中国加入世界贸易组织,经济全球化所带来的进一步挑战,越来越多的会展企业开始重视客户关系管理在业界的应用,利用客户关系管理提高企业满足客户个性化需求的能力,进而全面提升企业的核心竞争力。

9.1.1 会展客户关系管理的概念

1)客户关系管理的概念

国外客户关系管理 CRM(customer relationship management)研发的重要基础是基于 20 世纪 90 年代盛行的集成直接营销法(integrated direct marketing),并将其与 IT 技术和网络环境集成演变而来的。客户关系管理构成了基于 Internet 技术电子商务的三大板块(客户关系管理 CRM、企业资源计划系统 ERP、供应链管理 SCM)之一。对于客户关系管理的界定国外众多著名的研究机构和跨国公司都进行了不同的诠释,其中最具代表性的有以下几种定义:

定义1:客户关系管理是企业的一项商业策略,它按照客户的分割情况有效地组织企业资源,培养以客户为中心的经营方式以及实施以客户为中心的业务流程,并以此为手段来提高企业的获利能力、收入和客户的满意度(source:gartner group)。

该定义指出客户关系管理是企业的一个商业战略,而不仅仅是 IT 技术;提出建立以客户为中心的经营机制是实现客户关系管理目的的重要手段。

定义 2:客户关系管理是企业在营销、销售和服务业务范围内,对现实的和潜在的客户关系以及业务伙伴进行多渠道管理的一系列过程和技术(source:CRMguru.com)。

该定义指出了客户关系管理的业务领域为营销、销售和服务;其目的是为了管理客户以及建立伙伴关系;还提出了客户关系管理的管理手段,即过程和技术。

定义 3:客户关系管理是为了消除企业在与客户交互活动时的"单干"现象,整合销售、营销和服务业务功能的一个企业经营策略,它需要企业全方位协调一致的行动。

该定义明确了客户关系管理的重要业务目的,指出客户关系管理是全方位的行动,不是部门行为。

我国的众多学者在国外研究的基础上也对客户关系管理的定义提出了自己的见解,综合看来,客户关系管理主要包含着以下 3 个层面的含义:

①客户关系管理是一种现代的经营管理理念。它起源于西方的市场营销理论,又逐步融合了近年来信息技术为市场营销理念带来的新发展,吸收了"数据库营销""关系营销""一对一营销"等多种新管理思想的精华,形成了以客户为中心、视客户为企业资源、通过客户关怀,实现客户满意的现代经营理念。它旨在通过与客户的个性化交流来掌握其个性化的需求,并在此基础上提供个性化交流的产品和服务,不断增加企业给客户的交付价值,提高客户的满意度和忠诚度,最终实现企业和客户的双赢。

②客户关系管理是一种新型的管理机制。其成功实现了从"以产品为中心"的商业模式向以"客户为中心"的商业模式的转化,完善了管理过程。以客户为资产的客户关系管理帮助企业最大限度地利用其以客户为中心的资源(包括人员和资产)并将这些资源集中应用于客户和潜在客户身上,缩减了销售周期和销售成本,有助于寻求扩展业务所需的新市场和新渠道,并且通过改进客户价值、满意度、营利能力以及客户的忠诚度来改善企业的有效性。

③客户关系管理是一套新型的应用软件系统。它凝聚了市场营销等管理科学的核心理念,又以市场营销、销售管理、客户关怀、服务支持等构成了客户关系管理软件的模块基石,从而将管理理念通过信息技术的手段集成在软件上面,它集合了当今最新的信息技术,包括:呼叫中心(call center)、工作流管理、

多媒体技术、数据仓库和数据挖掘(data mining)、企业应用集成(EAI)、计算机网络、信息安全、专家系统和人工智能以及相应的硬件环境,同时还包括与客户关系管理相关的专业咨询等。互联网的普及更加成为客户关系管理软件系统应用和推广的加速器。

2)什么是会展客户关系管理

会展客户关系管理就是为会展组织者提供全方位的客户视角,赋予它更完善的客户交流能力和最大化的客户收益率所采取的方法。

①会展客户关系管理是以客户为资产的管理理念。资产在传统的管理理念以及现行的财务制度中,仅指厂房、设备、现金、股票、债券等。随着科技的发展,虽然企业开始把技术、人才等也视为资产,然而这种划分资产的理念依旧是闭环式的,而不是开放式的。因为无论是传统的固定资产和流动资产,还是新出现的人才和技术资产,都只是产品价值得以实现的部分条件,而不是完全条件,其缺少的部分就是产品价值实现的最后阶段也是最重要的阶段,这个阶段的主导者就是客户。会展企业作为非物质性生产型的服务性企业,更需要视客户为企业的资产。

②会展客户关系管理是以更广泛内容为对象的营销整合。与其他物质性生产型企业相比,会展企业面对的客户不再是用实物产品就能够满足的客户,而是那些想通过展会提供的服务获得更多市场份额的参展商和贸易商。两种需求有较大差别,会展企业满足客户期望的难度更大,因而会展客户关系管理是对更广泛对象的整合,主要包括了参展商和大量的贸易商。此外,从营销的角度来看,会展客户关系管理打破了西方传统的以4P(Product,Price,Place,Promotion)为核心的营销方式,将营销重点从客户需求进一步转移到客户保持上,保证会展企业把有限的时间、资金和管理资源直接集中在这个关键任务上,实现对客户的整合营销。

9.1.2 会展客户关系管理的功能解读

大多数的会展企业对于客户关系管理功能的理解还仅仅局限于客户关系管理软件技术功能,例如客户档案管理对于客户建议的产生和管理,会展展位定价,区域划分,网络营销活动计划的编制和执行,对需求客户的跟踪、分销服务与管理等。真正实现会展企业客户关系管理功能还需上升到理论层面。

1) 管理功能

管理功能是会展企业客户关系管理所体现的最为基本的功能,客户关系管理系统理念的引入使得会展企业管理从一个全新的视角出发,即客户需求、客户满意度。无论是对企业实施质量管理、战略管理还是对市场实施需求管理、反馈控制,都是在客户需求的引导下完成的,客户关系管理将为会展企业提供全方位的管理视角,赋予企业更完善的客户交流能力,从过去客户是高高在上的上帝角色转变成为会展企业经营运作的参与者,拉近两者关系的同时使得客户收益得到最大化。

2) 营销功能

会展企业客户关系管理的营销功能主要体现在对客户关系进行精确的营销指导,根据展会主题,选择某一单一客户群体精心策划营销策略,利用因特网与参展商和专业观众进行互动式交流,以便及时改进产品和调整营销计划。结合客户数据信息进行采取直接邮寄、电话销售等新型的营销手段,会展企业客户关系管理在简化会展企业对于参展商的营销工作的同时,营销主体可逐步倾向于专业观众,使会展企业营销市场日趋成熟。

3) 服务功能

会展企业客户关系管理的服务功能体现在会展全过程服务,旨在提高客户满意度。会展企业服务质量主要体现在 3 个环节:结果质量、过程质量、环境质量。会展企业往往关注于客户群体对过程质量和环境质量的注重,而忽视对结果质量的注重,客户关系管理服务功能强调了一种和客户保持持续的密切的关系,例如展后客户服务跟踪,收集客户意见,丰富会展企业数据库资料,为下一次的客户服务提供优化方案。

9.1.3　会展客户关系管理的目标解读

会展企业在经营管理过程中引入客户关系管理理念及系统软件,不仅将客户关系管理"以客户为中心"的管理理念融入到会展企业文化中,而且在管理客户信息,预测市场动态,协调客户关系,培植客户忠诚,降低销售成本,提高工作效率,创造客户价值,发展企业战略等多个方面都能够起到积极的作用。如何使客户关系管理所产生的多元效用最大化就是会展企业客户关系管理的终极目标,而实现这个终极目标的过程实际是 4R(Retain,Relation,Recommend,Recover)关系文化体系构建的过程,这个文化体系将会展企业客户关系管理的管理对象从单一的客户概念扩大到一个广泛的客户群体,它们包括了参展商、专业观众、合作伙伴、供应商、内部员工等,通过客户群体间各种关系的建立和管理,形成一种可持续发展的会展企业客户关系管理体系。

1)R1——保持(Retain)

所谓保持关系文化是指会展企业重视现有客户群体,通过满足或超过客户需求,提高客户满意度,培植客户忠诚,建立起一种长久信赖的客户关系。对于一个成功的展会而言,具有满意度的成熟客户为展会带来的价值远远高于新客户的价值。保持关系的文化的建立一方面要求会展企业及时掌握客户信息,了解市场需求状况,可通过现代信息系统技术处理庞杂的客户信息及市场信息;另一方面要求会展企业资源对客户关系管理系统的全面支撑,做到上下保持一致,各个部门共同参与,以发挥客户关系管理的实际效用。

2)R2——关联(Relation)

关联关系文化体现出会展企业同各种客户群体之间的协调关系,会展客户关系管理理念的引入将使会展企业成为各种会展客户关系的中心纽带,一个成功展会活动的举办依赖于会展企业所起到的中心纽带作用,客户关系管理系统帮助会展企业梳理各种客户信息,整合客户资源,对参展商、专业观众、供应商、合作伙伴及会展企业人力资源进行统筹管理,以实现会展企业销售自动化、营销自动化以及客户服务自动化的理想模式。

3)R3——推荐(Recommend)

推荐关系文化的形成是建立在客户群体对会展企业良好口碑的基础之上的,展会活动广泛的公众性和参与性使得这种口碑在树立会展企业形象,形成企业诚信,扩大客户群体等方面都能够起到积极的作用,通过老客户的推荐吸引新客户,再发展成忠诚客户,形成良性循环,同时,推荐关系文化还有助于形成会展企业品牌,提升企业核心竞争力。

4)R4——恢复(Recover)

恢复关系文化的建设是针对会展企业在经营管理过程中可能发生的突发事件,能够采取有效的挽救措施,以维护客户利益为目的,及时地将客户失望转化成新的机会,以期望客户对企业重新认识。通过恢复,企业可以重申对客户的承诺,甚至可以改变客户对企业的不良印象。

9.1.4 会展客户关系管理的理论基础

1)客户忠诚

客户忠诚度是客户对企业员工、产品和服务的满意度和依恋的感情。对于会展企业而言,企业盈利的关键要素是客户满意。客户的满意度越高,双方的关系就越持久。如图9.1所示,不同客户对企业的服务的感觉不同,相应的行动也不同,其忠诚度就不同。

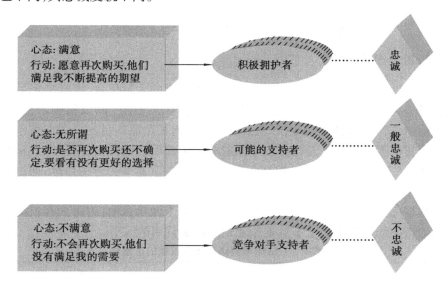

图9.1 顾客忠诚度模型

客户满意对于会展企业会产生以下几个方面的效应:

①长期客户订单通常比较频繁而且相似,从而可以降低服务成本;

②满意的客户有时可能会支付额外的价格;

③满意的老客户常常会通过口碑推荐,给企业带来新客户,从而降低吸引新客户的成本;

④保持回头客使竞争对手很难简单运用低价和诱导转换等策略增加市场份额;

⑤增强企业员工和投资者的自豪感和满意度,进而提高员工的保持率。

以顾客忠诚为核心的客户关系管理(见图9.2)的目的是提高客户的忠诚度,延长客户关系生命周期,从而获取更多的客户价值。

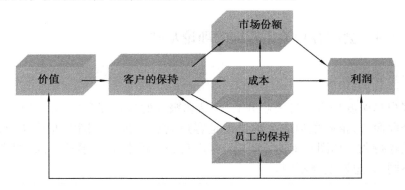

图9.2　以客户忠诚为基础的客户关系管理模型

2)数据库营销

数据库营销是指企业通过收集和积累消费者的大量信息,经过处理后预测消费者去购买某种产品的可能性,以及利用这些信息给产品以精确定位,有针对性地制作营销信息,从而达到说服消费者去购买产品的目的。数据库营销为每一个目标客户提供了及时作出可测定和度量的反馈的机会,使得客户从被动接受转为"双向信息交流"。数据库营销以客户的满意率为营销目标,通过维持客户关系来实现客户终身价值的最大化。

数据库营销帮助会展企业从规模营销转向个性化营销,为每个客户提供个性化的产品。表9.1显示了数据库营销和传统营销的区别。

表9.1　数据库营销和传统营销的区别

类　　别	传统营销	数据库营销
中心导向	以产品为中心	以客户为中心
客户资料分析	少	较全面
与生产系统的联系	少	密切
与客户系统的联系	少	密切
方式	批量化、标准化	批量客户化

通过数据库的建立和分析,可以使各个部门都对顾客的资料有详细全面的了解,从而可以给予顾客更加个性化的服务支持和营销设计,使"一对一的顾客

关系管理"成为可能。数据库营销是一个"信息双向交流"的体系,它为每一位目标顾客提供了及时作出反馈的机会,并且这种反馈是可测定和度量的。

数据库营销的思想精髓就在于以客户为导向,真正和顾客建立持续、友好的个性化联系。数据库营销不仅仅是一种营销方法、工具、技术和平台,更重要的是一种企业经营理念,它改变了企业的市场营销模式与服务模式。在信息社会,数据库营销把客户需求、客户欲望进行各个层面、全方位的细分和创新分析。它是以客户为导向下新的营销理念和信息技术的无缝结合。

3)关系营销

关系营销就是把营销活动看成企业与客户、供应商、销售商、竞争者、政府机构以及其他相关者互动,并建立起长期、信任、互惠的关系的过程。关系营销建立在顾客、关联企业、政府和公众3个层面上,它要求企业在进行经营活动时,必须处理好与这三者的关系。

(1)建立、保持并加强同顾客的良好关系

顾客是企业生存和发展的基础。企业离开了顾客,其营销活动就成了无源之水,无本之木。市场竞争的实质就是争夺顾客,顾客忠诚的前提是顾客满意,而顾客满意的关键条件是顾客需求的满足。要想同顾客建立并保持良好的关系,首先,必须真正树立以消费者为中心的观念,并将此观念贯穿于企业生产经营的全过程。产品的开发应注重消费者的需要,产品的定价应符合消费者的心理预期,产品的销售应考虑消费者的购买便利和偏好等;其次,切实关心消费者利益,提高消费者的满意程度,为顾客提供高附加值的产品和服务。通过产品的品牌、质量、服务等,为顾客创造最大的让渡价值,使他们感觉到物超所值;最后,重视情感在顾客作购物决策时的影响作用。飞速发展的技术使人们之间沟通的机会减少,但人们却迫切希望进行交流,追求高技术与高情感间的平衡。企业在经营中要注意到顾客的这种情感因素,并给予重视。

(2)与关联企业合作,共同开发市场

在传统市场营销中,企业与企业之间是竞争关系,任何一家企业若想在竞争中取胜,就得不择手段。这种方式既不利于社会经济的发展,又易使竞争双方两败俱伤。关系营销理论认为:企业之间存在合作的可能,有时通过关联企业的合作,将更有利于实现企业的预期目标。首先,企业合作有利于巩固已有的市场地位。当今市场,细分化的趋势越来越明显,诸强各踞一方,竞争日趋激烈,任何企业要想长期保持较大的市场份额,其难度越来越大,通过合作可增强企业对市场变动的适应能力;其次,企业合作有利于企业开辟新市场。企业要发展壮大就必须不断地扩大市场容量,而企业要想进入一个新市场,往往会受到许多条件的制约。但若在新市场寻找一个合作伙伴,许多难题将迎刃而解。第三,企业合作有利于多角化经营。企业为了扩大经营规模往往要向新的领域进军,但企业不可能对所有的领域里的经营活动都十分熟悉,如果遇到一个十分陌生的领域,企业将要承担很大的风险,若企业通过与关联企业合作,这种风险就可能降低。第四,企业合作还有利于减少无益的竞争。同行业竞争容易导致许多恶果,如企业亏损增大,行业效益下降,这对整个社会经济的发展将产生不良影响,而企业间的合作可使这种不良竞争减少到最低程度。每个企业各有所长,各有所短,发现和利用企业外在的有利条件是关系企业营销成败的重要因素。

(3)与政府及公众团体协调一致

企业是社会的一个组成部分,其活动必然要受到政府有关规定的影响和制约,在处理与政府的关系时,企业应该采取积极的态度,自觉遵守国家的法规,协助研究国家所面临的各种问题的解决方法和途径。关系营销理论认为:如果企业能与政府积极地合作,树立共存共荣的思想,那么国家就会制定出对营销活动调节合理化、避免相互矛盾、帮助营销人员创造和分配价值的政策。现代营销的内容十分广泛,相关团体与企业内部员工也是关系营销的一个重要方面。协调好与这些组织的关系,建立与企业员工的良好关系,就能为实现企业目标提供保证。

关系营销是一项系统工程,它有机地整合了企业所面对的众多因素,通过建立与各方面良好的关系,为企业提供了健康稳定的长期发展环境。

4)一对一营销

一对一营销(one to one marketing)是企业在与客户直接互动的基础上,根据单个客户的特殊需求来改变自己的经营行为。一对一营销的核心是以"客户份额"为中心,通过与每个客户的个性化交流,与客户逐一建立持久的、长远的学习型关系,为客户提供客户化定制的产品。

一对一营销的战略流程分为4个阶段:

(1)识别你的客户

启动一对一营销之前,企业必须与大量的客户进行直接接触。关键是要获知尽可能多的细节,并且牢记这是一个永无休止的过程。收集客户信息,然后通过价值分析,将所有客户分为以下3类:MVC(最有价值客户);MGC(最具成长潜力客户);BZC(Below Zero Customer,负值客户)。

在识别客户时可以采用如下手段:

①将更多的客户名输入到数据库中,也可以聘用外部机构来完成数据的审查与输入。

②采集客户的有关信息,每次与客户接触时询问1~2个问题,了解客户更多的信息。

③验证并更新客户信息,定期更新客户信息文件,注意地址、联系方法等方面的变更,删除过时信息。

(2)对客户进行差异分析

不同客户之间的差异主要在于两点:他们对产品的需求不同,他们对公司的商业价值不同。试着把你的客户分为A、B、C等不同的类别。通过对客户进行差异性分析以识别企业的"金牌"客户。具体步骤如下:

①找出哪些顾客导致了本企业的成本发生变化。减少寄送给这些客户的信件。

②企业本年度想和哪些企业建立商业关系,找出这样的企业。把他们加到数据库中,对于每个企业,至少记下3名企业联系人的名字和联系方式。

③上年度有哪些大客户对企业的服务多次提出了抱怨,列出这些企业。要细心呵护与他们的业务,派业务骨干尽快与他们联系,检查业务完成情况。

④上一年最大的客户是否今年也预定了业务,找出这样的客户。要赶在竞争对手之前去拜访该客户。

⑤是否有客户只在你的企业订购一个业务,却从其他企业订购更多的业务?提请该客户考虑试用企业其他的产品与服务。

⑥根据客户对本企业的价值(如市场花费、销售收入、与本公司有业务交往的年限等)将客户分为A、B、C类。减少对C类客户的市场投入,把节约的资金投入A类客户。

(3)与客户保持良性接触

一对一营销者把与客户交流当做企业成长战略的一个重要部分。他们探询客户过去买了些什么,发现客户的实际价值,然后开发他们可能从客户身上获取的递增的业务,也就是通过更全面地了解客户来挖掘其"战略价值"。通过此步骤,最好的、最有效的公开交流渠道被建立起来,无论使用网站,还是呼叫中心,目的都是降低与客户接触的成本,增加与客户接触的收效,最终找到与客户建立"学习型关系"的办法。客户的反馈在此阶段中至关重要。

(4)调整产品与服务以满足每个客户的需要

一旦了解了客户的需求,就必须采取行动,提供能够为他们带来额外收益的产品或服务。想把客户锁定在学习型关系中,因人制宜地将自己的产品或服务加以个性化必不可少。这可能会涉及大量的定制工作,而且调整点往往并不在于客户直接需要的产品,而是这种产品"周边"的某些服务,诸如分发产品的方式、产品的包装样式等。向客户准确地提供他们需要的东西,客户的忠诚度会极大地提高。

任务2　会展客户关系管理的系统构建

9.2.1　构建会展客户关系管理系统的背景

当前国内会展的发展已处于相当严重的项目同质化、竞争白热化局面,大部分展会平均每年都有高达25%的客户流失。主要原因在于两个方面:一是现阶段我国会展客户关系管理混乱;二是客户资源流失情况尚未引起国内会展业界的充分重视。因此,不及时有效地解决客户关系管理中存在的问题,不重视客户关系管理系统的建立,将严重制约我国会展业的发展。

1)国内会展企业的资源能力有限

这里的资源能力包括3个方面,即资金资源能力、管理资源能力和人力资源能力。首先,资金是制约国内会展企业实施客户关系管理的瓶颈。实施客户关系管理的全套方案费用十分昂贵,对我国大部分会展企业来说很难有支付能力。其次,国内会展企业现有的管理能力不足以承受实施客户关系管理的要求。客户关系管理作为企业营销管理的一项重要内容,必须在科学的营销管理体系中才能保障实施。国内会展企业由于起步晚,专业性不强,绝大多数企业的营销体系还不完善,对国际国内客户关系管理的管理理念、思想和模式的发展变化缺乏了解,使客户关系管理的推进受阻。同时客户关系管理的应用还必须有内部信息系统进行支持,即要求企业具备对整体实施突变性管理信息系统的能力,否则企业外部对客户的反应越快,企业内部就会越混乱,问题就会直接暴露在客户面前。最后,实施客户关系管理对国内会展企业的人力资源能力提

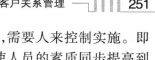

出了更高的要求。客户关系管理最终是一个管理过程,需要人来控制实施。即使企业有足够的资金实施客户关系管理工程,还必须使人员的素质同步提高到可以使用客户关系管理的水平。但会展业作为国内的一个新兴产业,缺乏专业人才,人力资源能力远未达到客户关系管理要求的水平。

2)国内会展客户关系管理软件商和咨询公司开发力度不够

在客户关系管理的产业链中还有很重要的一环,即软件开发商和咨询公司。客户关系管理在各行业的推进很大程度上依赖于这些第三方。在我国,随着客户关系管理在会展业中的应用被会展业界人士广泛认同,会展客户关系管理系列软件的研发已成为越来越多的软件开发商意欲开发的市场。比较有代表性是以北京亿发、西安远华为代表的会展企业客户关系管理软件的理论与应用研发。但总体上看,国内的会展客户关系管理软件研发和咨询服务还没有形成规模。

对国内的软件公司来说,进行会展客户关系管理软件的开发风险很高,原因主要在于以下几点:第一,没有开发标准。一方面,会展在国内是新兴产业,各方面的理论研究还不规范深入,缺乏一个关于会展项目的标准化体系;另一方面,客户关系管理模式在每个企业不是整齐划一的,没有成型的标准。因此对软件开发企业来说,开发会展客户关系管理软件风险自然极高。第二,缺乏会展经验。国内的软件企业即使聚集了大量的软件高手,却无法同时聚集大量的会展管理理论与实践高手。国外的会展客户关系管理软件公司,恰恰是以大量既有会展企业实践经验,又有相关理论功底的人才组成的,这一点国内的软件公司几乎无法克服。第三,受资金、规模等制约。客户关系管理软件开发需要大量的资金投入,只有大规模的软件公司才能承担这笔资金。而我国的软件公司,规模普遍较小,我们的所谓大公司可能没有别人的一个小部门大。此外,对于咨询公司而言,要组建一个为会展客户关系管理实施提供咨询的企业必须要有大量的会展管理、营销管理、项目实施、电子商务的专业人才,难度也很大。因此国内会展客户关系管理软件商和咨询公司的服务能力受到限制,成为国内会展企业客户关系管理推进受阻的另一个重要原因。

9.2.2 构建会展客户关系管理系统的必要性

随着近年来会展经济的高速发展,会展企业的客户不断增加,会展企业对客户的掌控能力急剧下降,企业发展的管理基石逐步减弱。对于国内的会展企业而言,客户关系管理虽然还是一个崭新的概念,但在以客户为中心的时代,面对客户(参展商和贸易商)在会展活动中的重要地位和作用,以及中国会展企业在客户管理中暴露出来的缺陷,会展企业实施客户关系管理的重要性和必要性也逐步显露出来。

实施会展客户关系管理,不仅在于实现管理水平的质变,更重要的是,它赋予了企业把握稍纵即逝的市场机会的能力,这将成为未来左右会展企业成败的力量。对展会组织者来说,树立以客户为中心的思想,在很大程度上是树立以参展商为中心、为参展商服务的思想。会展组织者已逐渐从众多的客户群中,确定这一关键客户,并带动其他有关工作的展开。

1) 参展商在会展价值链中处于核心地位

在会展活动的价值链中包含5个主要要素:主办者(展览公司)、参展商、观展者、搭建商以及场馆。在商业性会展中,主办者的收入主要来自参展商和门票。足够多的参展商的介入,是会展活动得以运转的关键。主办者的主要收入,其所赖以活动的舞台,以及展览的社会效益等,均由此产生。虽然并非所有的参展商都能带来利润,但这丝毫不会降低参展商在展览价值链中的地位与作用。

2) 参展商连续参展是会展主办者的利益所在

对于一个定期连续举办的商业展览而言,参展商的连续参展十分重要。首先,参展商是否连续参展,常常是一个展览成功与否的重要指标。因为虽然各项会展活动都有成交统计,但这一数据常常不能准确反映展览的实际成效。而每个参展商对本次会展活动都有着自己的客观评价,如果展览办得好,参展商还会连续参展。从这个意义上讲,参展商是否连续参展是对上届会展成效的客观评价的反映。这是展览公司进行招商招展宣传的一个重要资源,对降低招展费用具有重要的作用。其次,对于会展公司而言,参展商连续参展所带来的利益,还表现在新老客户开发的成本差异上。如前所述,开发一个新客户的成本比保有一个现有客户的成本高出五倍之多,如果企业能有效降低客户流失率,利润将会有成倍的增长。因此,有会展专家说,保证主办单位最大利益的一个方式是保持现有的参展商。

3) 参展商参展收益是会展效益的综合体现

会展的效益是综合的,它包括经济效益和社会效益两大方面。参展商的参展收益是会展效益的重要组成部分。参展商的参展收益高,会展主办者的效益才会有保障;参展商的参展收益低,即使其他方面获取较好效益,会展综合效益却是畸形的,主办者就无法长期维持与参展商的关系,会展企业也难以生存。

鉴于参展商在会展活动中的以上功能与作用,会展企业建立和保持与客户(参展商和贸易商)的长期合作关系对会展企业的生存与竞争是至关重要的。实践证明,仅以传统的客户管理经验与做法已很难进一步培养和提高客户对品牌展会的忠诚度。引入客户关系管理工程,已成为会展企业创新的价值核心。

9.2.3　会展客户关系管理的系统理论模块的构建

所谓会展客户关系管理的理论模块是软件开发前对系统开发目标在理论上的明确和设计,一般应用型软件的开发都要经过系统需求分析、系统设计、系统实施工程和系统维护更新几个阶段,理论模块的构建是整个系统开发的基础和指导。结合国内会展企业的运作模式和特征,总结得出会展客户关系管理在理论上的完善信息流程如图 9.3 所示,该图将有助于我们研究国内会展顾客关系管理系统在理论和技术上的构建,并逐步引导其升级。会展客户关系管理系统理论模块的构建主要基于以下几个方面:

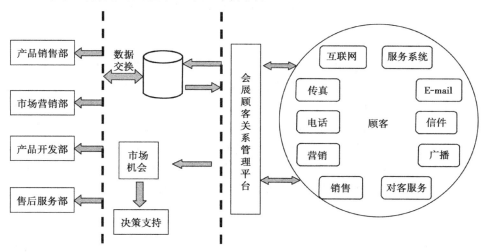

图 9.3　会展信息流程结构图

1)理念模块

会展客户关系管理系统需有明确的商业价值定位和管理理念定位,他们为每一项决策和功能的执行提供指导方向。会展客户关系管理系统的开发理念是基于"以顾客为中心"的待客态度、顾客的价值观及整体会展品牌的价值,来改善或加强会展企业与顾客的关系,提高顾客的忠诚度,最终实现会展利润的增长。所以,要充分地考虑如何让顾客感觉到会展品牌的优越;会展如何识别顾客的期望;怎样使会展的员工更成功地分享外部顾客的信息;怎样激发员工的斗志和处理部门之间的协作等。

2) 战略模块

战略是企业发展和成长的保护神。会展客户关系管理战略应该在目标收益及方向上与会展企业发展战略保持高度的一致,它是会展企业发展战略的重要组成和体现,应该为会展创造更多的赢利机会。实施会展客户关系管理战略就是从如何创造"会展品牌""会展产品品牌"价值的角度出发,发现、赢得、发展并保持有价值的顾客,并要将会展企业的内外部环境、会展企业战略实施和会展企业的经济效益结合起来。会展企业作为一种服务型企业,顾客的数量和顾客的忠诚度对会展企业的发展起着至关重要的作用。忠诚的顾客非常愿意接受会展企业提供的服务并愿意为此花更多的时间和资本,而且价值顾客及其亲身经历能够影响潜在顾客的决策,为会展企业赢得额外的利润。

3) 经验模块

随着技术的完善和实践的不断深入,人们对会展企业运行的机制、管理的模式以及处理顾客之间的关系等方面都有了深刻的理解,在实际的工作中也积累了丰富的经验。好的经验可以提高顾客对会展的满意度、信任度、归属感和较长久的忠诚度。差的经验则相反,不但会严重影响会展与潜在顾客之间的关系,而且可能会最终失去原有的顾客。顾客与会展企业多年交往的经验深刻地影响着他们对会展的印象。所以,这就要求会展客户关系管理系统对"顾客经验"在客户关系管理中的价值和重要性有功能上的预设。

4) 协调模块

协调机制是每个会展企业客户关系管理所必有的模块。一是协调各部门之间的工作,使之加强沟通以高效地运转;二是协调个人和会展企业之间的关系,使之目标统一、行动一致。会展客户关系管理系统的协调功能应能"以变应变",无论是来自何方:如组织结构的变化、管理体制的变更、人员的流动等。实践证明,会展企业从技术上导入客户关系管理已经没有太大的困难,但这并不能使会展企业真正进入"以顾客为中心"的时代,唯有会展企业自身从理念到行为上实现根本的转变,才能达到既定的目标。

9.2.4　会展客户关系管理系统技术模块的构建

很多国内会展企业有的甚至从未有过基本的管理信息系统(MIS),这与欧美企业在信息化和自动化程度上有很大的差距和不同,也就决定了中国市场所需要的客户关系管理产品不是西方客户关系管理模型的汉化,我国会展企业目前所需的客户关系管理还处于操作层次和分析层次,具体主要包括以下几个重要的功能模块,如图9.4所示。

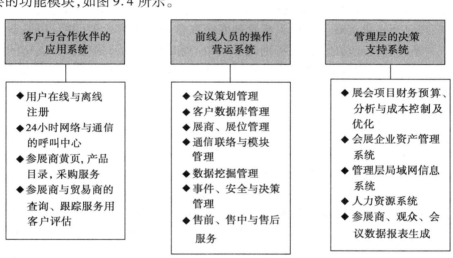

图9.4　会展客户关系管理技术系统模型

1)数据集成与数据挖掘功能模块

收集客户的信息可以说是客户关系管理的第一步。零乱或不完整的客户信息是没有用的,数据需要转化为信息,只有健全、准确、持续的客户信息才有使用价值。首先必须建立起完善和高效率的客户采集系统,提供能够与客户畅通无阻沟通的客户关系管理平台,在与会展客户多种方式的接触过程中,大量关于客户、合作单位、参展商、贸易商的记录和商业机会的信息资料分散于各部门或岗位员工的私人邮件、文本文档、传真件、工作簿中,这就要求建立起完善的客户信息入库登记制度。然后通过科学手段对客户信息进行去伪存真,精心提炼出客户信息,使其具有利用价值。利用数据库的数据对会展业务和行业进行分析预测,对原有和潜在顾客的消费行为进行分析,提供报告和预测未来发展的模型。

2)客户价值评估功能模块

客户价值的评估是筛选客户的基础。客户价值评估用于进行客户利润贡献度和客户生命周期价值评估,客户价值的判别标准是客户在全价值生涯中给企业带来的利益(即全生涯周期利润 CLP),而不是与客户的交易额,基于对CLP 的预测,选择客户的当前的价值、客户的增值潜力两个维度指标对客户进行组合排列得到:铁质客户、铅质客户、白金客户、黄金客户四种类型①,同时还可建立潜在客户价值评价模型及其应用策略、潜在客户各种转化形态的实现条件、机理以及转化策略。客户关系管理系统非常关注客户价值,并且应具备为客户关系管理其他功能模块(特别是呼叫中心和门户网站)提供实时支持的能力,应该将企业资源(如:会展推广营销经费及与客户有效互动的方式和时间)引向潜在回报最高的客户群。

3)客户分类管理功能模块

客户的分类管理是实现优质服务的前提。客户分类管理主要包括以下内容:①确定细分会展客户群的标准,包括参展商的个性化资料、消费的量与频率、参展方式、地理区位、客户的关系网等;②对会展的客户群信息的进一步分析,以便识别具有不同价值的客户或客户群;③对不同客户群的管理,会展企业确定不同客户群对企业的价值、重要程度,并针对不同客户群的消费行为、期望值等制订不同的销售服务策略,虽然淘汰不良客户资料可能在短期内对会展产生影响,但没有健康的客户渠道就不可能有健康的品牌展会。对客户信息的分类管理将有助于提升管理和信息的功能。

4)客户与市场信息互动处理功能模块

客户与市场信息的互动处理是维持良好客户关系的根本保障和措施。随着互联网络、移动通信的发展,越来越多的会展客户习惯于通过 Web、E-mail、WAP、SMS 等方式与会展企业交流沟通,电子商务和呼叫中心的建立及不断完善大大地提高了企业客户信息的处理效率,尤其是将 CTI(Computer Telephone Integration)、IVR(Interactive Voice Response)等技术应用于呼叫中心后,系统能

---

①张国方,金国栋. CRM(客户关系管理)的应用与理论研究综述[J].科技进步与对策,2003(3).

够自动为客户提供客户信息查询、历史交易明细查询等,还可为客户提供多样化、个性化的服务,以亲切优质的服务赢得客户的赞许和忠诚,及时反馈客户的需求信息,实时调整服务的内容和策略,最终真正地、最大限度地发挥信息对营销和竞争的作用。

鉴于我国会展企业组织规模比较小,所能调用的人力、资本与技术资源有限,目前最主要的是建立以参展商和观众为主体的客户关系管理信息系统,然后再逐步建立真正意义上的客户关系管理系统。因此,应用服务提供商 ASP(Apply Service Producer)将为会展客户关系管理的开发提供极大的便利,ASP服务提供商可以通过中央管理设备来配置、租用、管理、共享和运行会展客户关系管理应用系统。在这种服务模式下,ASP 不断开发、提升应用系统及相关服务,并通过网络向会展企业提供个性化的服务,这种技术在今后可能得到广泛的应用。

任务 3 会展客户关系管理的流程与实施策略

9.3.1 会展客户关系管理的实施流程

客户关系管理的实施是一个循环往复的过程,是一个螺旋式提升的过程。会展企业客户关系管理的实施流程如图 9.5 所示,包括收集客户信息,制订客户方案,实现互动反馈和评估活动绩效 4 个环节,继而上升到新一轮循环。

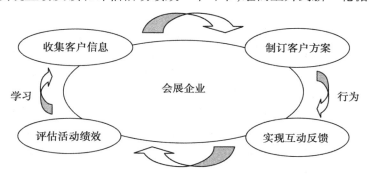

图9.5 会展客户关系管理循环流程示意图

1）收集客户信息，发现市场机遇

会展企业客户关系管理流程的第一步就是分析会展市场客户信息以识别市场机遇和制订投资策略。它通过客户识别、客户细分和客户预测来完成。

（1）会展客户识别

会展企业所面对的客户市场是一个广泛复杂的群体，不同的客户有着不同的参展需求。会展客户识别即在广泛的客户群体中，通过从各种客户互动途径，包括因特网、客户跟踪系统、呼叫中心档案等，收集详尽的数据，包括客户资料、消费偏好以及交易历史资料等，储存到客户数据库中，然后将不同部门的客户数据库整合成为单一的客户数据库。同时把它们转化成为管理层和计划人员可以使用的知识和信息，使其从中识别出有参展需求的客户。

（2）会展客户细分

通过集中有参展需求的客户信息，会展企业可以对所有不同需求信息之间的复杂关系进行分析，按照需求差异进行客户市场的细分，并描述每一类客户的行为模式。从而会展企业可以根据展会的主题定位，从中选择某些客户需求群体进行专门的市场营销举措。

（3）会展客户预测

会展客户预测是通过分析目标客户的历史信息和客户特征，预测客户在本次会展活动中，在各种市场变化与营销活动情况下，可能的服务期望和参展行为的细微变化，以及以此作为客户管理决策的依据。

2）制订客户方案，实施定制服务

即针对客户类别，设计适合客户的服务与市场营销活动。现实当中，企业对于各类客户通常是一视同仁的，而且定期进行客户活动。但是用客户关系管理的观念来看，这样做显然是不合算的，客户关系管理要求"看人下菜"。它要求会展企业在全面收集客户信息的基础上，针对项目客户，预先确定专门的会展活动，制订服务计划。这就加强了会展企业营销人员以及会展服务团队在展前的有效准备和展中的针对性服务，提高了会展企业在客户互动中的投资机会。在这一流程中会展企业通常要使用营销宣传策略，向目标客户输送展会各项服务信息，以吸引客户的注意力。

3）实现互动反馈，追踪需求变化

这是会展企业借助及时的信息提供来执行和管理与客户（及潜在客户）的

沟通的关键性活动阶段,它使用各种各样的互动渠道和前端办公应用系统,包括客户跟踪系统、销售应用系统、客户接触应用和互动应用系统。通过与客户的互动,会展企业可以随时追踪有关参展商的需求变化以及参展后的有关评价,不断修改客户方案。以往市场营销活动一经推出,通常无法及时监控活动带来的反应,效果如何最后以销售成绩来判定。客户关系管理却可以对过去市场营销活动的资料进行相关分析,并且通过客户服务中心或呼叫中心及时地进行互动反馈,实时调整进一步的营销活动。

4)评估活动绩效,改善客户关系

这是会展企业客户关系管理的一个循环过程即将结束时,对所实施的方案计划进行绩效分析和考核的阶段。客户关系管理透过各种市场活动、销售与客户资料的综合分析,将建立一套标准化的考核模式,考核施行成效,并通过捕捉和分析来自于互动反馈中的数据,理解客户对企业各项营销活动所产生的具体反应,为下一个客户关系管理循环提出新的建议,以此不断改善会展企业的客户关系。

9.3.2 会展客户关系管理的实施策略

1)客户获取策略

会展企业要生存首先要有客户支持,因此客户关系管理的第一步是获取客户,即建立客户关系。关系是双方的,企业要与客户建立关系,一方面企业要寻找目标客户,另一方面,要让客户了解企业。只有双方都认为可以从与对方的交换中获取合理的利益时,这种关系才可能达成。因此,建立客户关系的首要原则是"公平合理"。对一次会展活动而言,这种公平合理体现在,客户的参展可以为会展企业带来可观的经济与社会效益,并为展会带来适当水平、档次的产品,保证展会质量,提高企业美誉度;同时会展企业为参展客户提供了一个展示自己产品的舞台,在专业技术和服务的包装下,达到拓展销路的市场目的。这种互利是双方建立关系的前提。

(1)加强展会宣传力度,形成对客户的吸引力

会展企业某次会展项目主题一经确定,首先要加强对外宣传,让更多客户了解进而产生参展愿望。大多数参展商表示对展会的规格、知名度、同类参展商、主办者的名头、展览企业的资质等要素十分关注。因此,针对目标客户的需

求,会展企业需要通过各种有效的传播手段向顾客报道有关信息,阐述会展项目与相关服务措施。将这些信息迅速、准确地输送给客户,争取客户的支持与信任,把他们吸引到自己的展会上来。

云南举办民族服装博览会时,虽然云南少数民族众多,服装服饰多样,但只有云南省的物品,终究不能代表全国。主办企业通过广泛造势,民族服装业发展的大好前景对各地产生了吸引力,博物馆、厂商、收藏爱好者都纷纷前来,汇集了各类服装服饰3 000多套,15 000多件,使展会取得了成功。

(2)提高管理与服务水平,建立良好的第一印象

企业通过宣传将客户吸引到展会中来,还需要通过高效、完备、便捷、优质的服务,建立良好的第一印象,赢得客户的信任,进一步留住客户。这就要求会展企业按照国际惯例办事,按照国家标准为客户提供现代化、个性化、人性化的服务,急参展商之所急,想参展商之所想。

同时网络经济时代对会展经济在展会服务工作组织方面提出了"快捷"的要求。大多数会展企业对此深有感触,并采取各种措施积极应对,如实行网上招展、网上机票与旅馆预订、对于客户的咨询通过电子邮件及时回复以及网上下载客户需要的有关展览会的各种资料。可见网络经济的介入同时也为企业提供了新的服务手段与方式以适应客户需求,其目的仍在于建立与客户的良好关系。

2) 客户保留策略

作为组展机构,会展企业长期的工作目标就是要加深、牢固与客户的关系,尽可能留住客户,建立客户忠诚。具体而言,会展企业需要做到以下几点:不断寻求增进关系的方法;理解、满足甚至超越参展客户的期望;预计参展客户可能出现的问题,尽所能去解决。这就要求会展企业对参展客户的需求变化充分把握,同时了解客户参展的业务与参展目的,帮助他们增加利润。

(1)追踪与满足客户的服务需求

只有不断满足客户的需要,才能取得他们的长期信任。会展客户的需要因人而异,需要有针对性地予以满足。最有效地了解参展客户需要的方法就是直截了当地发问,而座谈会、调查表和电话访问都是捕捉客户信息的常规方法。参展商的需求在不断变化,因此这些调查也是长期需要的。然而捕捉信息只是第一步,要建立长期相互信任的关系,关键还在于会展企业要倾听和付诸行动。参展客户都希望组展机构关心他们,真正为他们的成功而努力。

（2）关注与提高客户的参展交易额

客户参展的直接目的是想通过展会拓展销路和市场，达成产品交易，从中获利。如果参与购买的客户少或质量不高，参展商不能取得预期收益，他们与组展机构的关系就很难保持，会展企业的市场就会逐步萎缩。因此会展企业要想从根本上留住客户，需要关注客户在展会上的交易情况，有效组织贸易商，增加参展商的交易额，提高其参展效益。会展企业要增加目标观众，必须制定渠道策略，建立高效畅通的会展渠道。

3）客户忠诚策略

客户忠诚既可以界定为一种行为，也可以界定为一种心态，一系列态度、信念、愿望等，是一个综合体。它的某些组成因素对企业而言确实非常琐碎，但对客户而言并不如此。会展企业得益于客户的忠诚行为，而这种行为源于他们的心态。忠诚也是一种相对而言心态，它排除对其他一些会展组织者的忠诚，但并不是排斥所有其他组织者，比如一名客户可以对一个以上、但彼此相竞争的供应商保持忠诚。同时我们反对单纯提高客户忠诚度的说法，而提倡展览企业与参展客户彼此忠诚，两者之间建立平等对待、彼此尊重的忠诚关系。因此要保持客户忠诚度关键的一点就是组展机构应主动开展显示企业忠诚的工作。忠诚的客户希望得到比不忠诚的客户更好的关系，期望从企业得到忠诚，无论它以何种形式提供。

（1）实施促销激励

实施促销激励是企业奖励忠诚顾客的最常用方式，如价格折扣，免费或低成本地促销产品和服务等，这种现象在会展活动中很常见。香港会展中心承接过大量的会展业务，建立了自己广泛的客户关系，为了培育顾客忠诚，该中心采取积分激励的措施。在客户档案中建立参展积分栏，按其一定时间内在中心参展的累计次数积分，积分达到不同数量时实施不同级别的奖励，即在缴纳展位租赁费用时享受不同的折扣，从而鼓励客户长期参展，形成客户忠诚。免费或低成本促销的优惠形式也比较多见，让忠诚者从中获利，得以回报。

（2）提供获利帮助

举办参展企业培训班，就企业参展的有关问题请有关专家进行讲座，灌输新思想，转变旧观念，提高参展企业参展效果。它要求会展企业努力了解忠诚客户每次参展的业务和参展目的，尽量为他们的获利提供帮助。比如说，在展会取得成功后，作为要从中取得销售利润的组展机构应该为他们的成功提供一些帮助,即从帮助参展商的角度出发,不断寻求改进展会效果的方法,甚至组织参展商座谈会,集思广益地发挥成功办展的新举措。只有帮助忠诚客户增加利润,节省开支,才能在策略上取得了成功。

(3)加强彼此联系

开展联谊工作,如通过会员俱乐部等组织形式,加强展览公司与忠诚客户的联系。展览公司可以通过一定的途径,向会员无偿提供商业供求信息,为重点参展企业提供展览知识方面的服务以及优先保证他们参加展览企业组织的各种培训等。

【复习思考题】

1.说明会展客户关系管理的实施流程。

2.讨论会展客户关系管理对会展企业的重要意义。

3.会展客户关系管理的功能有哪些?

4.会展客户关系管理有哪些目标?

5.谈谈会展企业实行会展客户关系管理的必要性。

6.会展客户关系管理的核心思想是什么?

7.结合我国会展客户关系管理的实施现状,谈谈会展客户关系管理的发展趋势。

【实训题】

试举出一种主流的会展客户关系管理软件产品,对其做功能分析。

一、实训组织

在教师的引导下查找资料,列举出一种主流的会展客户关系管理软件产品,在分析其流程的基础上,对其做功能分析。

二、实训要求

1.学生要在教师的引导下完成。

2.所列的软件是主流会展客户关系软件。

3.分析要具体、准确。

三、实训目的

1.掌握会展客户关系管理软件的功能。

2.培养学生对会展客户关系管理的兴趣。

3.熟悉会展客户关系管理的流程。

【典型案例】

优品会展客户关系管理系统——360度管理客户关系

优品会展客户关系管理系统能帮助会展企业最大限度地利用以客户为中心的资源(包括人力资源、有形和无形资产),并将这些资源集中应用于现有客户和潜在客户身上。其目标是通过缩短销售周期和降低销售成本,通过寻求扩展业务所需的新市场和新渠道,并通过改进客户价值、客户满意度、营利能力以及客户的忠诚度等方面来改善企业的管理、提高竞争优势。通过优品会展客户关系管理,你的员工、服务过程及信息将与客户保持着平稳、无间断的联络——遍及整个网络。通过以下途径创造有价值客户的持久关系:

①以客户为焦点、创新的产品和服务;

②以客户为中心、更高层次的生产过程;

③持久有益的客户关系。

一、全方位获取持久信息

优品会展客户关系管理交互中心可以使你通过任何方式(电话、传真、E-mail或网站)与你的客户保持联系。你可以通过移动设备如便携式电脑、手机等与你的客户交流。

而且,优品会展客户关系管理给你的员工提供各方面途径获取市场数据、分析数据以及应用程序等。因此,销售、营销、客户服务和管理的员工可获取他们需要的信息来建立客户关系。

二、可操作、可分析、可协作的客户关系管理

可操作的客户关系管理,管理客户交互,并在销售、营销、服务过程中与客户交互保持同步。可分析的客户关系管理帮助你优化信息来源以便你更好地了解客户动向。可协作的客户关系管理让你协同供应商、合作伙伴和客户一起合作来完善生产过程、满足客户需求。

(一)优品会展客户关系管理带来的商业效益

优品会展客户关系管理提供洞察力和分析力可以预见客户的需求来建立持久有效的客户关系。

通过优品会展客户关系管理,你可从以下几方面获益:

①通过有效的客户定购增加收入,改善直接营销回报率,增强上升销售和交叉销售,减少客户的混淆;

②通过自动交易减少成本、提高现场生产率、减少直接营销和媒体支出、优化产品目录和流水线生产;

③通过提升客户忠诚度和保持度、更多的客户和丰富的市场洞察力、加快投入市场的时间来提高竞争优势。

你的客户将享受到：

①更为便捷的服务——通过多种联系渠道、持久的服务和平稳的定购和服务执行；

②更多相关客户的建议沟通——通过及时、个性化的提议；

③更多的产品和交付选择项,通过网络协作准许顾客化的解决方案的传递。

优品会展客户关系管理独一无二的完整性：

①支持整个客户交互周期：接触、交易、实现、服务；

②通过 ready-to-use 分析和企业策略管理集成给客户提供专一的建议；

③启动可操作、可分析、可协作的客户关系管理；

④前端企业入口的杠杆作用和遍及整个网络的连接性的交换功能。

优品会展客户关系管理独一无二的综合功能：

①提供一套完整综合的客户关系管理应用程序；

②平稳地连接到优品会展 ERP；

③综合现有的资源提供广泛的数据接口,实现与企业已有系统的结合,保护原有的。

(二)优品会展客户关系管理模块管理的对象

对会展企业而言,优品引入"泛客户"的概念,即"客户"有着广泛的含义,包括参展商、专业观众、合作伙伴、供应商、内部员工等,这些都是会展客户关系管理的对象。

(三)优品会展客户关系管理模块管理什么

客户关系管理最重要的是帮助会展企业建立一套完整的客户信息系统,企业必须像管理其他资产一样对客户进行管理,做到像了解企业产品一样了解客户,像了解库存变化一样了解客户的变化。

尽管优品会展客户关系模块管理注重很多方面的管理,但是"过程""客户状态""客户满意度"和"客户成本"的管理则是其中的重要部分。

(四)优品会展客户关系管理模块的功能

优品会展客户关系管理提供覆盖整个客户交互周期的核心功能。优品会展客户关系管理也推动闭环式客户交互,遍及客户交互周期的每个阶段。

三、客户接触

客户交互周期中的客户接触参与阶段,mySAP 客户关系管理(mySAP 客户关系管理）支持以下功能：

①营销分析——包含市场调查、营销计划、领导分析以及活动计划和最优化。并提供市场洞察力和客户特征，使营销过程更具计划性，达到最优化；

②活动管理——保证完整营销活动的传送，包括计划、内容发展、客户界定、市场分工和联络；

③电话营销——通过各种渠道推动潜在客户产生。包含名单目录管理，支持一个企业多个联系人；

④电子营销——保证互联网上个性化的实时大量的营销活动的实施和执行。始于确切、有吸引力的目标组，通过为顾客定制的内容和产品进行进一步的交互；

⑤潜在客户管理——通过潜在客户资格以及从销售机会到机会管理的跟踪和传递准许对潜在客户的发展。

四、业务交易

客户交互周期中的业务交易阶段，优品会展客户关系管理支持以下功能：

①销售分析。包含销售和利润计划、预期和销售指标分析、销售周期分析、销售组织分析，实现销售过程的最优化；

②客户和联系人管理。能够监督、跟踪客户和业务合作伙伴的所有相关信息；

③机会管理。提供销售跟踪，销售预测，识别主要的决定人，估计潜在购买和潜在结束日期；

④电话销售。将主要的客户和前景信息传递到现场销售人员，促进销售活动的计划和维护，提供活动报告，形成报价，获得订单；

⑤移动销售。通过移动设备加强现场销售力度；

⑥手提销售。提高无线设备的有效使用；

⑦电子销售。为因特网上产品销售和服务提供全面的功能；

⑧订单定购。通过产品建议、价格、税收决定和有效性检查保证订单定购与订单入账的过程。

五、履行实现

客户交互周期中的履行实现阶段，优品会展客户关系管理支持以下功能：

①实现分析。包括供给能力分析和财务营收分析，使实现过程得到更好的理解和最优化；

②后勤管理。随订单管理、服务、分派和售后服务过程全方位跟踪订单，如事先积极地通报客户更正以免影响前端资源配置的传送等；

③信贷管理。运用支付历史和信贷风险分析的信息提供信贷检查;

④支付。提供客户合同、折扣、支付状况和账目的信息。

六、客户服务

客户交互周期中的客户服务阶段,优品会展客户关系管理支持以下功能:

①服务分析。包括服务状况和过程分析以及服务成本、收益率分析,达到服务和支持过程的计划和最优化;

②客户关怀和桌面帮助。通过工作流程处理,支持解决各种问题、抱怨、反馈,以及以专用服务水准协议为基础的活动;

③合同管理。掌握合同的历史纪录和细节,包括服务水准协议等;

④企业智能。通过复杂的调查运算和智能代理支持引导、交互式的问题决议;

⑤移动服务。通过移动设备支持现场服务;

⑥手提服务。有效使用无线设备;

⑦电子服务。为客户、前景、在线业务伙伴提供获取专用信息的途径,如服务目录、内容、价格和解决方案。实现网上自我服务功能,例如填写需求表单和跟踪请求等。

资料来源:上海优品计算机有限公司

案例讨论:

1. 优品会展客户关系管理模块的主要功能有哪些?

2. 会展客户关系管理的未来发展方向是什么?

项目 10
会展管理信息系统

【知识目标】

◇ 了解什么是会展信息化管理
◇ 熟悉会展管理信息系统的主要构成体系
◇ 掌握会展电子商务管理的运行模式
◇ 掌握会展电子商务管理的内涵
◇ 了解会展电子商务的主体服务体系

【技能目标】

◇ 能够客观评价会展管理信息系统
◇ 能够对比会展专业网站
◇ 能够描述会展电子商务的运行模式

【学习重点】

◇ 会展管理信息系统的主要构成体系
◇ 会展电子商务管理的运行模式

【学习难点】

◇ 会展管理信息系统构成体系

【案例导入】

威龙会展管理系统

近几年,国内会展业的快速发展,会展事务管理日趋复杂,传统的以手工方式为主的展会操作模式,局限性日趋凸显:宣传手段单一,管理效率低,主办单位与参展商之间缺乏有效的互动沟通途径,管理者不能实时掌握展会的各类动态信息等。会展组织机构迫切需要一种辅助管理工具,以提升会展宣传的深度和广度,提高内部办公管理的效率,降低管理成本,加强与参展商的信息互动交流,为参展商提供方便、快捷的信息服务,提升展会整体的管理效率和市场竞争力,并能扩大展会的营利范围,挖掘后续营利目标。面对展会形式多样化的要求与多数会展管理系统功能单一之间的矛盾,建立一套灵活、高效、可发展的会展管理系统已是势在必行。威龙会展管理系统便由此应运而生。

硬件方面以往的展会管理系统着重于条形码签到或 RFID 签到,而忽视了新产品的开发,条形码签到是要在入场者的入场证扫描一下,这迫使入场者停留一下,难免出现人多时候排长队的情况,在礼节和形象上就完全不可取。而 RFID 签到,昂贵的设备和庞大电子标签用量是展会无法承受的,只能适用小型会议。我们开发的门型通道式报到机,无需人手扫描条形码和 RFID 卡验证,参会人员只需佩戴入场证进场,就可快速签到,数据通过无线(WIFI)上传进出人数资料至后台服务器,就可达到统计入场总人次的目的。名片录入机在现场登记时,观众出示名片就可快速输入名片信息并打印入场证,大大提高了入场、登记速度,同时也降低了人工成本,并且提高了会议组办者的形象和会议档次,管理上更显得人性化。

传统的人手操作承办方式需大量的人工成本及受局限的处理速度,换来的是不可保障的接待质量;数据采集不完整、信息沟通不到位、人为错误百出、入场签到效率低;最终导致局面混乱,资金和资源的浪费。

威龙会展管理系统彻底革新了会展管理系统的面貌,该系统产品的应用将大大提高会展管理效率,节省人工成本,并能提高会展质量。同时提升会议管理水平及形象。是会展业电子管理系统的一个创新。

资料来源:珠海汉威达网络科技有限公司 http://www.vdmice.com/solution.html

讨论:威龙会展管理系统有哪些优点?

任务1　会展管理信息系统概述

随着计算机技术和网络技术越来越广泛的应用,信息处理和信息管理领域的发展对社会各领域起到了举足轻重的作用,而会展行业为了适应市场发展和行业发展的需要,也开始大量地使用各种信息处理和信息管理软硬件工具,从而产生了各种会展管理信息系统。

10.1.1　会展信息与会展信息管理

会展行业是一个交叉性很强的行业,对于会展行业信息的定位也不能局限于行业本身,它是一个信息极其密集的行业;会展信息管理表现为信息采集、加工、传输、存储、更新和维护等复杂的过程。

1)会展信息的概念

从管理学角度界定,会展信息就是有关会展行业的各种消息、信号、情报,是经过加工后的行业相关数据,对会展行业决策或行为具有现实或潜在价值,是展览馆、参展商、专业观众等会展行业信息的集合。

会展信息主要包括:

①会展行业信息。包括国内外展览场馆的信息、专业展览会信息、参展商和厂商信息、展览观众信息及展览服务商的信息。

②会展企业业务部门/管理部门的业务信息和管理信息。包括主办商对场馆租赁的需求、参展商的参展需求和服务需求、观众网上报名等数据。

③综合评估数据。包括展会评估报告、分析报告、组展商、观众、参展商、服务商满意度等调查报告。

④会展企业内部公文数据和办公数据。

2)会展信息管理的概念

当前,会展行业的信息管理局限在一个较低的层次上:会展主办公司和参展商各自独立地重复收集观众名片信息,数据没有共享和交换;缺乏对信息的深入利用;不同会展活动之间的数据独立,数据缺乏归并和统一处理。如何有效地对行业信息进行科学管理就显得尤为重要,人们希望通过有效的方法和途径,把信息的孤岛变成信息的海洋。

所谓会展信息管理是指为了满足会展企业管理需要而进行的信息产生、识别、筛选、收集、加工、传递、存储、检索、输出等各项工作的总称。信息是会展管理人员可以加工利用的最重要的资源。会展信息管理工作的主要内容包括以下几个方面:原始数据的收集、会展信息加工、会展信息传递、会展信息存储、会展信息检索、会展信息输出。

3)会展信息管理的有效途径

(1)信息管理的标准化

信息管理的标准化是指提高信息管理水平,建立计算机管理信息系统的前提条件。主要包括原始数据收集制度化、信息载体规范化、信息加工程序化和信息传递工艺化等方面。

(2)信息管理的高效化

信息管理的高效化是指信息管理的各个环节做到及时、准确、适用和经济等4个方面。高效率的信息管理既是信息管理工作的目标,也是贯穿于信息管理全过程的工作标准。

(3)信息管理的现代化

进行现代化的信息管理,需要做到人才建设和机构建设的完善、技术全面、硬件过硬,同时,要树立现代化的管理理念。

10.1.2　会展管理信息系统的概念及其功能结构

1)会展管理信息系统的概念

会展管理信息系统是一个以人为主导,利用计算机硬件、软件、网络通信设备以及其他办公设备,进行信息的收集、加工、传输、存储、更新和维护,以凸显会展企业战略竞争优势、提高展会经济效益,支持会展企业的高层决策、中层控制、基层动作的集成化的人机系统。

2)会展管理信息系统的功能结构

任何一种管理信息系统,从信息管理的角度考虑,都应当有信息的输入、处理和输出的功能,而针对不同信息管理的功能设计,又必须包括对信息的存储、传输、增加、删除、修改、统计和检索的功能。

从管理职能的角度来看,管理信息系统主要涉及对企业的人、财、物、信息资源的管理和对生产、供应和销售过程的管理。一个会展管理信息系统针对它所服务的展馆、展会、主办商、参展商和用户,具有不同的功能结构,如图 10.1所示。

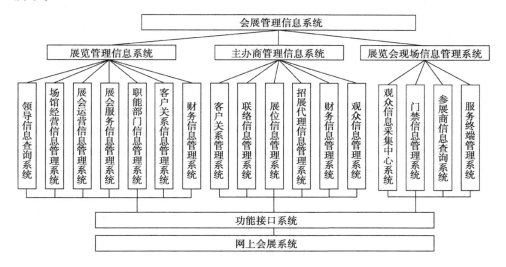

图 10.1　会展管理信息系统功能结构示意图

该业务管理信息系统划分为展览管理信息系统、主办商管理信息系统、展览会现场信息管理系统 3 个核心,通过功能接口系统,共建 Internet 网络整体,并实现会展业务的信息管理无缝连接,促进各子系统功能的融合与全系统信息资源的共享。

任务 2　会展信息化系统的运用

会展信息化是指利用信息化技术管理展览会的各个环节,为主办方、参展商和专业观众提供信息交换和互动的平台。它应该包含:办公室信息化(包括 ERP 模块、OA 模块、CRM 模块等)、现场管理信息化(观众登记、门禁、发证、收款等)、网上信息化(在线登记、信息发布、在线展会等模块)。办公室信息化是展览企业信息化建设的基础工程,现场信息化是展览企业信息化的形象工程,网上信息化是展览会信息化的窗口工程。三者数据应能完全匹配共享。

10.2.1　会展现场信息化管理体系

衡量会展企业能否办好一个展会的标准不仅在展览的收益上,更在于展会招展服务的水平上,而在展会现场表现得最为直接和明确。现场信息化管理不仅提升了展会信息化水平和展会形象,更好地为展会参与者服务,更能获得宝贵的展会信息资源并挖掘利用。每个展会的现场信息化管理都有它的个性,但会展现场信息化服务一般都应包括展会准备、现场服务、展后服务3个部分。

1)展会准备

在展会开幕之前,主办方要围绕展会参与者处理很多细节工作,在短时间内集中处理这些琐碎事项绝非易事,但很重要,细节工作直接关系到展会的效果,关系到展会参与者对主办方的印象。会展现场信息服务系统可以帮助主办方从繁杂的事务中解脱出来,达到事半功倍的效果。展会准备服务包括:参展商预制卡(应用参展商数据提供批量制卡的服务,可制作个性化或通用证卡,在展会举办前寄送到参展商手中)、专业观众预制卡(对于预登记的专业观众提供批量制卡服务,可制作个性化或通用证卡,在展会举办前寄送或在现场直接领取)、批处理联系工具(帮助主办方在展前批量制作与展会参与者的联系工具,例如标签、信封、批量发送邮件、短信息、传真等,帮助主办方极大地提高繁琐劳动的处理效率和正确率)、现场触摸屏参观导览系统(帮助参与展会的人员自助了解展会的相关情况与相关服务,提高展会参与者的满意度)。

2)现场服务

(1)参展商服务

参展商服务管理由参展商登记、参展商证卡制作、资料管理、欠费管理、参展商申请服务管理、参展商调查表、展台管理、参展商调查表统计分析组成:

①参展商报到注册系统是对数据库中的相关展会参与者的验证与登记的系统,预注册的参展商则可以直接拿到自己的相关证卡、资料等。未预注册的参展商在提交相关信息后现场制卡,领取相关资料。展览主办方可酌情选择不同类型的证卡,有纸卡、PVC、磁卡、IC卡等不同介质的证卡供选择,同时也可以提供不同证卡模板或根据主办方要求设计专用模板。

②资料管理:系统对发放给参展商的资料进行管理,可以及时发放给参展商参展指南、餐券、调查表、搭装证等资料、证明。

③欠费管理:参展商报到登记时,对有欠费的参展商给出提示,欠费参展商交纳欠费后方可根据相关证明办理报到手续。

④参展商申请服务管理:参展商在报到时可以申请其他服务,如住宿、饮食、租用设备等,利用系统进行管理,做到有条不紊。

⑤参展商调查表:发放、回收参展商调查表,并录入系统。对结果加以分析统计,最终形成报告,提交主办方作为参考依据。避免了人工处理的烦琐和错误。

（2）观众服务

观众服务包括:观众登记、观众信息收集、制作证卡、门禁管理、统计分析、电子会刊、事件管理、调查表分析和观众抽样调查分析组成。

①观众登记:观众登记业务系统主要处理现场观众的注册、报到和预先注册观众的现场报到事务,同时可以登记其申请的展会服务项目。对于预注册的观众可以直接领取自己的证卡,现场观众在填写观众登记表后可以进行现场制卡。

②观众信息收集:收集观众姓名、单位、职务、地址、电话等基本信息,并对数据进行录入、分类等操作,可以让主办方和参展商在第一时间掌握到场观众的情况。

③制作证卡:根据观众提交的表格和名片等信息,为现场参展观众打印和发放入场证件(胸卡),证件信息可根据需要处理。

④门禁管理:观众入场时,系统需要对入场者的信息和入场时间信息进行采集,以便统计流量等信息。

⑤电子会刊:电子会刊是采用光盘为载体的会刊,和普通会刊相比它能提供更详细的数据,具有检索分类更方便、成本更低、更加美观等优点。

⑥事件管理:对展会期间举行的一些酒会、培训、讲座、研讨会等事件进行管理,如对参加资格的审核、收费、特殊要求等的管理。

⑦观众调查表:观众调查表的发放和回收,录入后利用系统对观众信息进行统计和分析,最终形成分析报告提交给展览主办方和参展商。

⑧抽样分析:设计调查问卷,在参观观众或参展商中抽样选取样本进行问卷调查,更深入地了解参展商、观众信息,以及他们对展会的评价。

3）展后服务

在展览结束之后,会展现场信息服务系统为主办方录入和完善现场获得的数据信息,并帮助主办方利用相关数据,相关服务有:

①提供数据分析报告,包括门禁流量、展台流量、单位情况、观众情况、观众调查表、服务事件、收支等项目的统计分析。

②提供分析软件,方便主办方对数据的查询、检索、分类、统计。

10.2.2　会展企业信息化管理体系

会展企业信息化管理系统在于构建一个以展会服务核心业务为主导的企业管理平台,其中涉及客户关系管理(CRM)、企业资源计划(ERP)、协作办公自动化(OA)、服务供应链管理(SCM)、工作流管理(WORKFLOW)等子系统。

1)客户关系管理(CRM)

会展企业的客户资源主要有与公司发生现实交易的参展商、有可能发生业务的潜在参展商、被公司组团外出参展的参展商、参加公司组织展会的观众、展馆提供者、宾馆和相关服务公司,而核心业务客户是参展商和专业观众。

在客户关系管理理念的指导下,公司的客户资源及面向客户的口径得到统一,部门之间的工作按照客户工作的基本流程进行,部门协调工作将按照流程而不是部门进行,通过一个供各个部门共享的客户数据库及交流平台,统一与客户进行交易及沟通,使客户的满意度提高。系统中与客户关系管理相关的模块包括:参展商管理模块、专业观众管理模块、潜在客户管理模块、相关服务公司管理模块、嘉宾管理模块、媒体资源管理模块和客户积分系统。

2)销售、财务等业务管理

销售管理用于集中管理企业的销售行为,包括客户跟踪、联系日志、合同签订与变更、合同注销、收款管理、票据管理等诸方面。销售管理的目标是:全程跟踪销售进程;量化的业务部门考核;及时准确的应收应付款管理;全面的销售日志,有效分析销售中存在的问题;销售行为由个人行为转化为企业行为;全面的财务监管;电子化的销售流程,管理层对销售行为全面而及时的分析并决策。系统中与销售管理相关的模块包括:应收款管理、应付款管理、合同管理、招商进度、客户资源分配、产品(展位)资源分配管理、销售业绩测评、销售日志管理、票据管理。

3)协作办公自动化(OA)

办公自动化是随着企业的办公要求越来越高,对办公效率和信息处理要求越来越严格而产生的需求。办公自动化管理信息系统有助于提高企业办公效率;集中管理办公数据;扩大办公范围,允许远程办公和远程监控;集中管理企业内部资源,提高利用效率;保留办公痕迹,集中办公管理。系统中与办公自动化相关的模块包括公文管理模块、合同档案模块、音像档案模块、车辆管理模块、资产管理模块、邮件和快递件管理模块、电话和传真管理模块、资料管理模块、公司组织机构模块、规章制度模块、行政企业管理模块、员工管理模块、薪酬管理模块、绩效考核管理模块和培训开发管理模块。

10.2.3　会展网上信息化管理体系

现代展览行业是一个开放的、竞争激烈的行业,展览会组织者在思考自身综合竞争能力的同时,要意识到互联网科技的进步对展览业带来的深刻影响。一个功能完备的展览会网上信息化平台,不仅代表着展览会的品牌形象和管理需求,更是代表展览会综合竞争力和以客户为中心的服务水平。展览会网上信息化在展览会市场推广、销售管理、客户服务、数据采集和管理、决策支持等方面的应用,将会极大限度地提升展览会的综合竞争力。

展会网上信息化系统支持多个展会在同一平台上有序管理,除了功能强大的信息发布系统之外,更能实现"在线展会",同时实现展位在线销售、展商观众在线预登记、表单下载等在线自助服务功能,帮助会展企业把服务平台的空间从企业内部协作拓展到互联网领域,突破服务时间和空间的局限性,主张客户应用自助服务系统,一方面保证服务需求及时送达企业内部业务系统,同时也能减轻内部员工的部分工作量,通过内部业务系统处理来自互联网的需求,从而大大拓展客户来源和提高客户参与度与满意度。

展会网上信息化功能为客户提供在线自助服务,系统可将部分功能集成到会展企业网站,让会展客户或潜在客户在登录网站时,自助递交商务需求,可以提供全天候、全球服务入口;同时,会展企业通过网站的文章发布系统将展会相关的信息及时准确地在互联网上发布,使得浏览者全面了解展会概况和展会动向,通过互联网下载相关的表单资源,实现客户、企业、供应商等实时顺畅的沟通。

任务 3　会展电子商务管理

电子商务源于英文 electronic commerce,简写 EC。究竟什么是电子商务?

至今没有一个统一的答案。各国政府、学者、企业界人士都根据自己所处的地位和对电子商务的参与程度,给出了各自不同的表述。目前比较权威的电子商务定义是 1997 年 11 月,在巴黎举行的世界电子商务会议(the world business agenda for electronic commerce)上与会专家和代表提出的:电子商务,是指实现整个贸易过程各阶段的贸易活动电子化。这一定义包括 3 方面的内涵:

一是在贸易手段方面,电子商务利用的是电子通信方式,它不仅包括当前探讨比较多的因特网和电子数据交换 EDI 技术,其他各种电子工具也包括在内,如电子证券交易、电子资金转账等;

二是在贸易范围方面,电子商务包括交易各方以电子交易方式而非面对面交换或交谈方式进行的任何形式的商业交易;

三是在贸易内容方面,电子商务涵盖信息交换、售前售后服务、销售、电子支付、运输等多个贸易环节,由此也可以将电子商务分为两种类次:不完全电子商务(即在部分环节实现电子商务)和完全电子商务(即实现整个贸易过程的电子化)。

10.3.1 会展电子商务的概念界定

1)会展电子商务的概念

电子商务进入会展业是会展业自身发展的需要。因为会展本身就是人们进行信息交流、洽谈商业合作和进行市场营销的场所,它发挥的是一种桥梁和媒介作用,而电子商务恰恰在这方面有着传统会展业无可比拟的独特优势。它提供了一个更为快捷、互动、有效的商务通道。结合电子商务的上述定义,我们可以将会展电子商务界定为:

为了满足会展企业、会展场馆、参展商以及会展产品消费者的交易愿望,通过以 Internet 为主的各种电子通信手段开展的一种新型的会展商业活动。按照电子商务对传统会展业介入程度的不同,也可以将会展电子商务分为两种层次:一是不完全会展电子商务,即在会展的运作过程中部分地借助电子商务方式为会展服务,实现网上广告、订货、付款、货物递交、售前售后服务,以及市场调查分析、财务核算、生产安排等一项或多项内容;二是完全电子商务,即网上会展,会展的组织、举办等各个环节都实现了电子化,组展商、参展商和观展者之间的交流主要通过互联网进行,它代表着会展产业未来的发展方向。

2）会展电子商务的内涵

为了更好地认识会展电子商务,在概念界定的基础上,让我们再来对会展电子商务的内涵做些更为详细的说明。对会展电子商务的理解,应从现代信息技术和会展商务两个方面考虑。如果将现代信息技术和会展商务活动分别看做一个集合,会展电子商务无疑是这两个集合的交集,如图 10.2 所示,它是现代信息技术和会展商务活动的结合,是会展商务流程的信息化和电子化。

现代信息技术　会展电子商务　会展商务活动

图 10.2　会展电子商务集合

（1）会展电子商务的技术基础

从技术基础的角度看,会展电子商务是采用数字化电子方式进行会展信息数据交换和开展会展商务活动的,比较多的是运用以 Internet 为基石的多种电子手段实现交易。它是在互联网的广阔联系和现代信息技术系统的丰富资源相互结合的背景下应运而生的一种相互关联的动态会展商务活动。

（2）会展电子商务的活动范围

会展电子商务所涉及的贸易活动包括两个方面:一是面向市场,以市场活动为中心,包括促成会展交易实现的各种商业行为——网上发布会展信息、网上公关促销、会展市场调研和实现会展交易的电子贸易活动——网上会展企业洽谈、会展产品展示、售前咨询、网上产品交易、网上支付、售后服务等;二是面向企业内部,利用网络重组和整合会展企业内部的经营管理活动,实现会展企业内部电子商务,包括会展企业建设内部网,利用业务管理系统、客户关系管理系统、物流管理系统和财务管理系统等实现会展企业内部的管理信息化。

10.3.2　会展电子商务的功能与特性

会展电子商务是会展商务活动的电子化,是以现代信息网络手段提供会展信息流、资金流、物流等的解决方案,提高其效益和效率的过程。具体而言,会展电子商务的功能体现在以下几个方面:

1）整合会展商务信息流

会展商务过程需要处理来自各方面的复杂信息。包括会展市场调研信息,组展企业与办展场馆之间的协作信息,组展商与参展商之间的服务信息,参展商与产品购买者之间的交易信息等。电子商务体系能够有效整合上述信息流,以确保会展信息的有效传递,以及信息的合理组织、再造,并完善会展信息的查询功能。

(1)调研信息整合

会展电子商务为会展企业开展市场调研提供了新的网络渠道。市场营销人员利用互联网可以广泛收集和整理有关同行业竞争对手、参展客户以及展品消费顾客的各项信息,为会展企业的展览项目策划与决策奠定科学的基础。

(2)服务信息整合

会展电子商务在会展组展商与参展商之间的业务往来中,承担了大量的服务信息传播功能。市场营销人员同样利用互联网可以实现组展企业服务信息的整合传播,从而增强展会的推广与促销能力。

(3)客户信息整合

会展电子商务为组展企业、参展企业和展品交易商提供了三方通话的机会。不论是以参展商为主要客户的组展企业,还是以交易商为客户的参展企业,通过这种交流方式都能更好地获取客户信息并开展跟踪服务,从而全面整合客户信息,为定制化服务提供依据。

(4)展品信息整合

会展电子商务为展品的宣传促销开辟了新的信息渠道。组展企业将通过与参展商的信息交流,了解各类展品的相关信息并进行整合,最后通过互联网对使用网络的广大消费者发布全面的展会产品信息,同时提供产品查询服务。

2)优化会展商务资金流

会展商务过程涉及广泛的资金领域。包括会展项目的投资开发、项目运作中的财务管理、展会交易的资金流动等。电子商务体系可以有效优化展前、展中以及展后的资金流向,完善会展资金管理。

(1)科学确定资金投向

电子商务使得展览项目宣传更为广泛。组展者、参展商和观众可获得比以往更为丰富、深入的信息资料,从而科学确定资金投向,避免选择项目时的盲目性及由此带来的经济损失。

(2)有效降低成本费用

电子商务使会展过程中组展者、参展商、观众之间的联络手段从传统的高收费的电话、传真、信件中解放出来,从而使得业务费用降低。另外,电子商务使信息反馈、收集、处理、统计等自动化程度提高,工作效率得到提升,也意味着经济效益的提高。

(3)全面掌握交易资金流向

电子商务使展品网上交易成为可能。通过电子支付手段,不仅可以节省交易中大量人员的开销,更有利于会展组展企业和参展商全面掌握交易资金流向,更清楚地识别有效客户及其价值。

3)完善会展商务物流

会展电子商务在传统会展的物流交易基础上,进一步完善了会展网络物流配送体系。在传统的物流和配送管理中,由于信息交流的限制,完成一个配送过程的时间比较长,但在电子商务环境下持续时间会大大缩短。同时网络的应用可以实现对整个物流过程的实时监控和实时决策。当系统的任何一个环节收到一个需求信息时,该系统都可以在极短的时间内作出反应,并可以拟订详细的配送计划,通知各相关的环节开始工作。

目前在国际上,网上会展成为新亮点。它将传统的商务流程电子化、数字化,一方面以电子流代替了物流,大大减少了人力、物力,降低了成本,提高了效率;另一方面,组织者、参加者和观众通过网络系统联系起来,各主体间的沟通呈现立时互动的特点,并摆脱时间和空间的限制,为会展经济带来更大的发展空间。本章前文中已经提到,网上会展就是会展电子商务的完全化表现形式,通过对网上展览会和传统展览会加以比较(见表 10.1),我们可以清楚地认识会展电子商务的特性。

表 10.1　网上会展与传统展会的特性对比表

特　性	网上会展	传统展会
组展手段	网上发布信息,辅以在其他媒介上进行宣传	文件、传真、电话等,辅以电子邮件和互联网络
信息发布范围	世界各地各个角落、非定向发布	有限范围、定向发布
展出场所	虚拟空间	实实在在的场地
展出手段	文字、图片、声音、动画等,通过逻辑说理宣传企业形象和产品形象	实实在在的产品,以直观的形象展开对外宣传

续表

特　性	网上会展	传统展会
参展费用	仅需支付远程登录费	需支付展品运输费、场馆租金、施工费用、人员费用等
展出期限	一般有开始展出的日期而没有确定的结束时间,从理论上说可以无限期地进行下去	一般有固定展期
观众范围	面向广大网民,网民遍布世界各地	面向特定区域或特定专业的人士,有的只面向专业贸易观众
观众搜集目标展商方式	借助计算机和鼠标点击,到达包含参展商信息的网页	靠走路,在展出场地中按照产品分类、展馆和摊位编号等查找目标
交流方式	依靠电子邮件、聊天室等完成彼此间的交谈、磋商	为展览活动参与者提供面对面交流的空间和机会
契约方式	依赖数据信息、电子文件等完成组展者、参展商、观众之间的约定和责任规范	依靠书面材料证明契约的达成和执行

网上展览会出现时间不久,还不成熟和完善,但与传统展览会相比已表现出一定的优势:低成本、高效率、展出时间长、增加贸易机会、展出空间无限广阔、经营规模不受场地限制、观众的广泛性、及时反馈、自动统计和评估等。同时它也具有一些与生俱来的缺陷:展出范围受到限制、展出信息的不完整性、观众的不确定性、信息统计上的偏差,而且人们缺少面对面的情感交流。网上展览会的这些缺陷很难用技术手段加以弥补,这注定了它不可能完全替代传统展览会。网上展览会的发展需要依附于实物展览会,特别是定期举办的展览会。组展者可以把参展商的资料放到互联网络上加以广泛宣传这也将成为传统展览会组办者吸引参展商和观众的必要手段之一。

10.3.3　会展电子商务的运行模式

电子商务是通过信息技术手段将交易各方联系起来进行各种商贸活动的,按照交易所涉及的对象通常可以将电子商务分为 3 种类型,即企业—企业(B2B:Business to Business)、企业—消费者(B2C:Business to Consumer)、企业—政府(B2G:Business to Government)。会展商务活动涉及组展机构、参展商和交易商三方。组展机构可能是政府,也可能是专业的会展企业,因此会展电子商务在运行过程中主要表现出以下4种特有模式。

1)会展企业对会展企业的电子商务模式(简称 B2B 模式)

这里的会展企业包括专业展览公司以及会展场馆。会展企业间的电子商务是指会展企业之间通过网络信息手段实现相互之间的一对一或一对多的合作交流,开展商务合作。它的功能在于通过会展企业之间的信息交流,开展网络合作,共同搭建会展网上交易平台,为广大的参展商和交易商提供更加广泛、全面、权威的会展资讯,并在此基础上结合相应的会展在线商务往来、交易管理等需求,设计并构架相应的、符合各目的地运营模式的系统。

2)会展企业对参展客户的电子商务模式(简称 B2E 模式)

B2E(Business to Enterprise)中的 B 指组展的会展企业,E 指参展的各类企业客户。会展企业对参展客户的电子商务是指会展企业通过网络发布会展信息,提供专业服务,宣传招徕目标企业客户上网参展的在线营销活动。它的功能在于通过互联网向各类产品运营商提供一个便捷的网上展览和促销环境——跨时空、形象化的展示产品效果,专业权威的会展资讯,从而促进产品销售;同时利用网络开展一对一营销,尽可能多地吸引和招徕参展企业,为广大的交易商提供广泛的产品选择。

3)参展企业对交易商的电子商务模式(简称 E2C 模式)

E2C(Enterprise to Consumer)中的 C 指上网的会展产品交易商。参展企业对交易商的电子商务就是通常所指的互联网销售和互联网购物,是一种利用互联网推销参展企业产品和提供服务的销售方式。它的功能在于通过互联网向产品交易商中的网络用户提供一个便捷的网上购物环境——丰富全面的展品信息、专业权威的使用资讯、个性定制的产品设计等,通过交流,促进交易商做出购买决策,同时具有电子支付功能,可以实现网上购买。

4)会展企业对政府的电子商务模式(简称 B2G)

这里的会展企业指承办展会的专业会展会司。会展企业对政府的电子商务模式是指,当展会由政府主办、企业承办时,会展企业与政府之间进行的电子商务活动。例如,政府将拟举办的会展活动在互联网上公布,通过网上竞标方式,选择展会承办企业。它的功能在于通过网络的公开信息发布与反馈,一方面增强政府办展的公开性和透明度;另一方面政府随时随地了解承办企业的办展情况,加强对会展电子商务活动的有效监管。

10.3.4　会展电子商务的体系构成

会展电子商务的相关要素十分复杂。完整的会展电子商务系统是在网络服务平台的基础上,由会展机构(展馆机构、组展企业和参展企业)、使用互联网的产品消费者、专业会展网站运营商和提供物流和支付服务的机构共同组成的信息化会展市场运作系统。如图 10.3 所示。

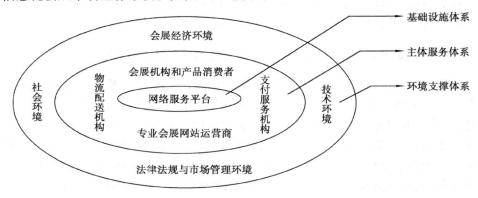

图 10.3　会展电子商务的体系构成

1)会展电子商务的基础设施体系

会展电子商务的基础设施体系主要是指会展电子商务的网络服务平台。会展电子商务的网络服务平台,在比较完备的情况下,由网络系统、基于 Intranet (企业内部网)的管理信息系统和电子商务站点组成。

网络系统,即计算机网络是通过一定的媒体如电线、光缆等将单个计算机按照一定的拓扑结构联结起来,在网络管理软件的统一协调管理下,实现资源共享的网络系统。会展机构应用的网络系统分为内部网(Intranet)、外部网(Extranet)和互联网(Internet)。网络系统是沟通会展机构内外信息传输的媒介。

基于 Intranet 的管理信息系统是信息加工、处理、存储的工具。会展机构通过管理信息系统,在机构内部收集、处理、存储和传输信息,实现内部管理信息化。管理信息系统一般包括营销管理系统、内部流程管理系统、财务和人力资源管理系统等子系统。

电子商务网站是指会展机构在 Intranet 上建设的具有信息服务或营销功能的,能连接到互联网上的万维网站点。电子商务网站是会展机构的信息窗口,极大地方便了同业合作伙伴和消费者直接了解会展机构及产品信息,并通过网站与会展机构进行沟通、开展交易,同时也是收集市场信息反馈的良好渠道。

网络服务平台具有以下特点。

(1)协调性强

会展电子商务网络服务平台首先是一个协调的整体。各自独立运转但又不能单独存在,在技术上兼容,同时在不同技术支持下的各项交易功能兼容发展,内外部网络连接畅通无断点,数据传输可靠无差错。

(2)适应面广

会展电子商务网络服务平台在服务对象上,不仅仅涉及买卖双方,而是在 Internet、Intranet、Extranet 等网络基础上,将会展电子商务系统中的各个角色紧密结合在一起,从而消除时间与空间上带来的障碍。因此,网络服务平台具有广泛的适应性。

(3)功能强大

会展电子商务网络服务平台将担负会展网上交易的一系列操作任务,需要有强大的网络交易功能做支撑,因此必然是一个功能强大的操作平台。一是内外部网络之间良好的互动功能;二是内部网络具有智能化的管理功能,可以有效简化交易操作流程。

(4)配置先进

会展电子商务系统对网络平台的需求不断变化,信息技术与产品的产生与换代,要求会展企业不断更新网络平台的软件及硬件配置,以先进的配置确保网络平台的功能性和广泛适应性。

2)会展电子商务的主体服务体系

会展电子商务的主体服务体系包括交易主体——会展机构和产品消费者、专业会展网站运营商、物流配送以及支付服务机构。

(1)专业会展网站

专业会展网站按照创办机构的类别可以分为 4 种类型,即会展综合信息网、会展中心网站、大型展会网站和会展企业网站,如表 10.2 所示。

表 10.2 中国会展专业网站概览表

网站分类	网站名称	网 址
会展综合信息网站	中国会展网	www.exp-china.com
	中国国际会展网	www.cc356.com.cn
	中国会展经济信息网	www.ceeinfo.net
	展览联盟	www.s999.net
	中会展网	www.expoinchina.com
会展中心网站	上海新国际博览中心	www.sniec.net
	上海光大会展中心	www.secec.com
	深圳高交会展览中心	www.chtf-expo.com
	武汉国际会展中心	www.whicec.com
大型展会网站	上海世博会	www.expo2010china.com
	北京国际汽车展览会	bjauto.chinacars.com
	南博会(中国东盟博览会)	www.caexpo.org
	义博会(中国义乌国际小商品博览会)	www.chinafairs.org
会展企业网站	中国展览总网(广州时空展贸中心)	www.2t2.net
	优博会展网(深圳市优博国际展览有限公司)	www.ubexpo.com
	广东科展网(广东国际科技贸易展览公司)	www.ste.com.cn/kz

　　会展综合信息网一般由会展学术机构建设,向会展组办机构、承办场馆、参展企业以及观展者提供全面综合的会展信息。具体包括对外发布会展场馆及企业的综合信息,并提供专业咨询服务;对内开展信息和学术交流,并密切关注业内动态。

　　会展中心网站由会展场馆机构主办,主要向组展机构、参展企业以及展品购买者提供展馆的有关信息。具体包括该场馆已举办或承办的会展项目以及未来的会展活动安排,场馆的硬件设施、功能布局以及配套服务情况,同时向广大消费者提供展品信息咨询服务。

大型展会网站由大型展会组办机构创建,主要围绕定期举办的大型展会主题提供相关信息。如世博会网站,会展前发布招展与促销信息、提供咨询服务,会展期间跟踪发布展会交易信息、开展对外交流,会展结束后公布展会情况总结、跟踪客户需求,为下届展会做准备。

会展企业网站则由专业会展企业创办,主要向政府、行业协会、其他会展企业等会展组展机构以及广大参展商提供企业办展的有关信息。具体包括会展企业为办展发布的促销信息,办展企业之间为加强协作开展的信息交流,针对参展商的各项服务信息等。

(2)电子支付服务

电子支付指的是以金融电子化网络为基础,以商用电子化机具和各类交易卡为媒介,以计算机技术和通信技术为手段,以电子数据形式存储在银行的计算机系统中,并通过计算机网络系统以电子信息传递形式实现流通和支付。它是会展电子商务活动的关键环节和重要组成部分,是会展电子商务能够顺利发展的基础条件。如果没有良好的网上电子支付环境,网上贸易商只能采用网上订货、网下支付的方式,只能实现较低层次的会展电子商务应用,这就使得电子商务高效率、低成本的优越性难以发挥,使得会展电子商务的应用与发展受到阻碍。与传统的支付方式相比,电子支付服务具有以下特征:

①支付方式特征。电子支付是采用先进的技术通过数字流转来完成信息传输的,其各种支付方式都是采用数字化的方式进行款项支付的;而传统的支付方式则是通过现金的流转、票据的转让及银行的汇兑等物理实体的流转来完成款项支付的。

②支付环境特征。电子支付的工作环境是基于一个开放的系统平台,即因特网之中;而传统支付则是在较为封闭的系统中运作。

③支付设施特征。电子支付使用的是最先进的通信手段,如互联网;而传统支付使用的则是传统的通信媒介。电子支付对软、硬件设施的要求很高,一般要求有联网的微机、相关的软件及其他一些配套设施;而传统支付则没有这么高的要求。

④支付优势。电子支付具有方便、快捷、高效、经济的优势。用户只要拥有一台上网的计算机,便可足不出户,在很短的时间内完成整个支付过程。支付费用相对于传统支付来说非常低,曾有过统计,电子支付费用仅为传统方式的几十分之一,甚至几百分之一。

（3）物流配送服务

物流是指物质实体从供应者向需求者的物理移动，它由一系列创造时间价值和空间价值的经济活动组成，包括运输、保管、配送、包装、装卸、流通、加工及物流信息处理等多项基本活动，是这些活动的统一。物流配送在会展电子商务服务体系中占据举足轻重的地位和作用，无论会展电子商务是多么便捷的贸易形式，如果缺少了物流将是无米之炊。在设计会展电子商务物流系统时，要将物流的各个环节联系起来，看成一个物流大系统进行整体设计和管理，以最佳的结构、最好的配合，充分发挥其系统功能、效率，实现会展物流整体的合理化。具体而言，物流系统设计应遵循5S原则：

①服务性原则（service）。即在为参展商和贸易商服务方面要"以顾客为中心"，做到无缺货、无货物损伤和丢失等现象，且费用便宜。

②快捷性原则（speed）。即要求货物按照参展商指定的地点和时间迅速送到。为此可以把物流设施建在供给地区附近，或者利用有效的运输工具和合理的配送计划等手段。

③空间有效性原则（space saving）。即有效利用面积和空间。虽然我国土地费用比较低，但却在不断上涨。特别是对城市面积的有效利用必须加以充分考虑。应逐步发展立体设施和有关物流机械，求得空间的有效利用。

④规模适当性原则（scale optimization）。即在会展物流系统设计中，应该考虑物流设施集中与分散的程度是否适当，机械化与自动化程度如何合理利用，情报系统的集中化所要求的电子计算机等设备如何利用等问题。

⑤库存控制原则（stock control）。库存过多则需要更多的保管场所，而且会产生库存资金积压，造成浪费。因此，必须按照生产与流通的需求变化对库存进行控制管理。

【复习思考题】

1. 分析会展管理信息系统的主要构成体系。

2. 比较分析网上会展与传统会展的差异。

3. 阐述会展信息化管理的指导思想和核心内容。

4. 举例说明会展电子商务的运行模式。

【实训题】

比较中国各个会展专业网站，分析他们的优缺点。

一、实训组织

查找国内外主流会展专业网站,分析网站模块组成,总结出共性和差异性,并对每个网站的优缺点进行评价,总结出会展专业网站成功的若干要素。

二、实训要求

1. 学生要小组合作完成。

2. 所找的会展专业网站要有代表性。

3. 分析过程分为单个网站评价和对比评价。

4. 对比结论要有理论高度。

三、实训目的

1. 训练学生查找资料的能力。

2. 提高学生对会展电子商务有一定的感性认识。

3. 加深学生对会展行业的了解。

【典型案例】

万泰科技会展信息系统

一、系统总体功能描述

(一)供应商展示功能

为专业市场提供更好的展贸服务平台。我们可以为每个经营户开辟其相对独立的企业网站,会员企业可以在这里发布其企业简介,进行产品展示、报价等。不仅可以吸引采购商,而且更为供应商提供了一个常年展示贸易的平台,更可以提高专业市场的知名度。

(二)电子商务功能

客户租赁专业市场商铺的目的是为了展示产品,并进行销售,电子商务平台可以完成询价、商品展示等基本的商务活动,为企业的展贸提供一个全新的途径。不仅可以提高供应商和采购商的效益,更为专业市场的发展提供了优质的客户资源,提升了专业市场的品牌形象。

(三)物流配送及相关服务系统

物流配送及相关服务系统的建立,可以突破专业市场电子商务中的瓶颈问题,使得为供应商和采购商的服务更加全面,彻底解决虚拟专业市场建设中的缺失环节,使得市场服务的信息化水平领先于国内同行。

(四)全面完善的客户关系管理(CRM)

作为商业企业,客户关系管理对于专业市场的重要性不言而喻,如何准确记录客户信息、了解客户需求、记录客户投诉是很重要的一项工作,专业市场协同电子商务系统包含完全行业化的 CRM 系统,并实现与电子商务网站的全面接口。帮助专业市场信息共享,协调各部门之间、各员工之间工作,提升服务质量,提高客户满意度,全面提升企业的品牌形象。

二、一体化解决方案

本系统从总体上分为 3 大部分:面向外界进行信息发布的企业门户网站、电子商务网站和面向内部的信息化管理系统。3 个平台针对外部时面向不同的使用者有不同的作用和功能,在内部又根据不同平台的信息要求,实现平台间数据和信息的传递和共享,如图 10.4 所示。

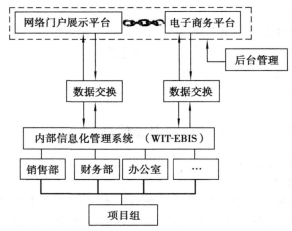

图 10.4 万泰专业市场信息化系统结构总图

三、万泰展贸协同平台应用的效果

万泰展贸协同平台是江苏某国际展览中心的应用平台。正是基于该平台,该会展中心展览面积达 120 万平方米,既有常年展又组织临时展,在实施信息化建设之前,企业被以下问题所困扰。

(一)客户数据凌乱,缺乏管理

展商数据管理凌乱,客户资料以文本或 Excel 表、Word 文档的形式存放在每个业务员的电脑中,各个展会项目部之间客户信息缺乏有效的整合与共享,客户资料的完整性和保密性受到员工离职等的影响。

(二)业务联系复杂,大量耗费精力

招展事务纷繁芜杂,招展人员大量的精力耗费在打电话、发传真和 E-mail、应付资料收发等事务上,难以脱身对招展做更高层面上的管理。

(三)财务管理混乱,管理层对财务状况难以把握

财务管理难度很大,存在较大比例的收款问题,应收应付账款不清,管理人

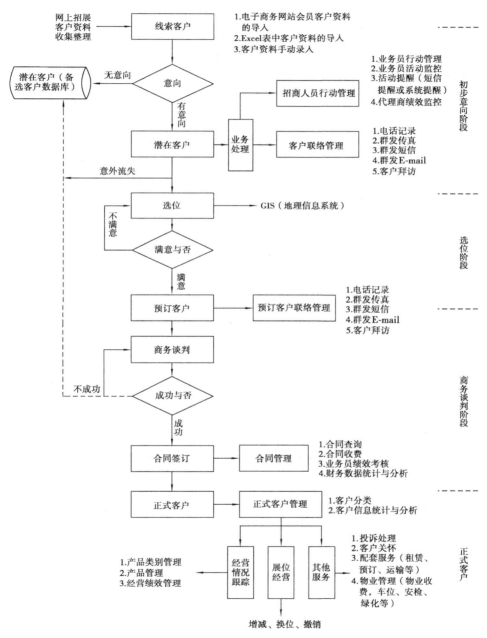

图 10.5　招商流程图

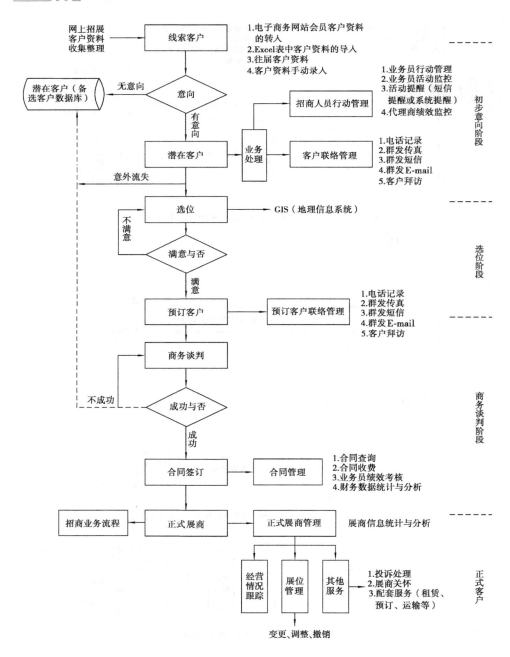

图 10.6　招展流程图

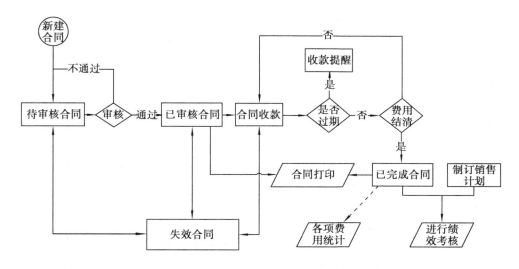

图 10.7　合同及收费管理流程图

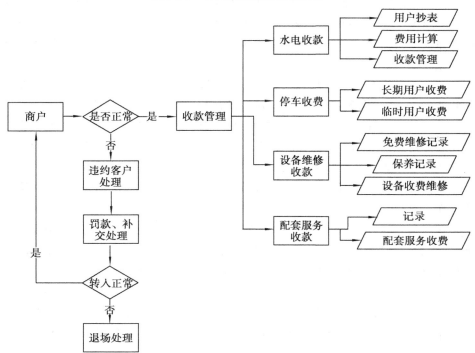

图 10.8　商户物业收费管理

员对展会财务状况难以把握。

（四）缺乏分析，无法对各届展会、展商的情况做出精确的评价

缺乏有效的客户、财务状况统计分析，对于每一届展会展商情况和展会组办质量无法给出清晰的评价。

通过 WIT-EIS 的实施，江苏某国际展览中心解决了以下几点困扰管理的问题：

①有效的客户数据库管理，实现客户信息共享。WIT-EIS 具有强大的数据库管理功能，在江苏某国际展览中心内部建立起所有客户的数据库，使得展商、媒体、观众以及场馆等全部客户信息得到有序安全地存储和管理，实现了客户信息在全公司的分角色共享，避免了江苏某国际展览中心因人员流动等意外原因造成的客户流失等现象。

②规范工作流程，明确员工工作职责。WIT-EIS 系统实现了科学、合理、规范的招展业务流程，员工必须按照该工作流程操作系统，保证了操作的安全性，避免了因员工错误操作所带来的损失。明确权责，责任到人，对每一位员工都有自己对应的账号和密码，员工根据自己的权责通过自己的账号登录操作系统来完成其工作，系统对其关键操作都做记录，避免了不必要的纠纷和麻烦。

③更直观醒目的会展场馆及现场管理。WIT-EIS 将 GIS 的功能引入会展软件的开发中，实现会展现场及场馆、展位的图形化管理，更加直观、醒目。

④规范合同管理，提高财务管理水平。系统将每一个参展商对应的参展合同放置在对应的合同目录下，以方便任何有权限操作使用的人进行信息查看。在财务管理中也方便了财务人员对参展商账款进行管理和监督跟进。解决了江苏某国际展览中心以往遇到的财务信息跟踪困难，以及由此引起的欠账等现象的发生。

⑤强大的决策分析能力。利用强大的数据管理能力和对数据的统计、分析、类比能力，帮助公司了解现存工作的成绩和不足，全程监控分析展商状况、业务员招展情况等，从而进一步提高了展会的整体质量和效益。

⑥人性化、具体化的展后管理。WIT-EIS 围绕如何更为有效地服务于参展商，将客户关系管理中先进的客户关怀与满意度调查等功能引入会展管理软件中，通过有效的管理，提高了江苏某国际展览中心的知名度和行业认同水平。

资料来源：杭州万泰科技

案例讨论：

1.思考万泰展贸协同平台在江苏某国际展览中心的应用之前和之后的变化。

2.分析万泰科技会展管理信息系统的主要构成体系。

3.认真学习其各个功能管理模块,谈谈你的体会。

项目 11
会展人力资源管理

【知识目标】

◇ 理解会展人力资源的概念
◇ 掌握会展人力资源的构成
◇ 了解会展人力资源开发的原则和途径
◇ 了解会展人力资源管理的内容体系

【技能目标】

◇ 能够结合实际分析我国会展人力资源的现状
◇ 能够清楚会展人力资源管理研究的内容

【学习重点】

◇ 会展人力资源管理的内容体系
◇ 会展人力资源开发的途径

【学习难点】

◇ 会展人力资源工作分析与绩效评估

【案例导入】

广交会职能机构

一、大会秘书处

负责广交会总体协调；广交会重大活动的组织与协调；商务部领导及嘉宾到会接待工作，落实部、司领导交办事宜；负责广交会有关信息的编号、上报；广交会各机构之间的文件流转和机要、保密等文秘管理工作；统筹现场展览服务和通讯、财务等配套服务；后勤保障等日常工作。

秘书处日常办事机构设在外贸中心办公室。

二、业务办公室

组织、布置进出口成交工作，负责外贸政策研究、形势分析，指导进、出口成交统计工作；指导广交会展览成效评估工作，研究制定广交会组展工作方案；组织开展有关广交会改革发展调研；负责有关业务信息编报（包括广交会总结等）；指导查处违规转让和倒卖展位以及知识产权侵权行为；联系交易团、商协会，协调有关展览工作；指导和推动信息化工作，建立完善的广交会电子政务系统、电子商务系统和信息服务系统等。

业务办日常办事机构设在外贸中心广交会工作部。

三、外事办公室

负责广交会对外交往、外事活动的组织安排。包括安排广交会领导的外事活动；接待应邀来访的外国政府及经贸代表团；邀请或协助邀请外方主讲人、驻华使（领）馆官员、商会团体或公司代表等参加在广交会期间举办的相关会议。

外事办日常办事机构设在外贸中心国际联络部。

四、政治工作办公室

负责广交会思想政治工作的组织、管理和协调；负责违规转让和倒卖展位的检查工作。

政工办日常办事机构设在外贸中心政工部。

五、保卫办公室

负责广交会展馆和重要活动的安全保卫工作；负责对到会采购商、国内与会人员的住所及主要活动场所的安全保卫工作实行统一的组织指挥，包括制定广交会保卫方案，协调各级公安部门行动，维护广州地区的社会治安，为广交会创造安全良好的社会环境；负责展馆的防火安全；负责维护广交会展馆及其附近道路交通秩序，保障交通顺畅。

保卫办日常办事机构设在外贸中心客户服务中心保卫部。

六、新闻中心

负责广交会期间记者邀请、接待、重要采访活动的安排以及组织召开新闻发布会;负责编辑出版《广交会通讯》中文版;负责收集、整理《舆情快报》;负责宣传品发放管理。

新闻中心日常办事机构设在外贸中心办公室。

七、卫生保障办公室

负责统一领导和指挥广交会卫生保障工作。与卫生行政部门保持密切联系,了解和掌握卫生动态,制订卫生保障工作方案和卫生防疫情况宣传口径;检查卫生保障措施落实情况;接受病情报告,处理卫生保障工作中的突发事件;组织、协调卫生防疫力量及相关工作;汇总广交会卫生防疫情况信息,编写简报。

卫生办日常办事机构设在外贸中心客服中心综合管理部。

八、证件服务中心

会同外贸中心有关部门,负责广交会证件的印证、制证、发证,采集、分析、汇总采购商信息数据;负责规划完善办证系统、培训使用办证系统和现场管理。

证件中心日常办事机构设在外贸中心客户服务中心保卫部。

九、广交会客户联络中心

广交会客户联络中心是为与会客商提供广交会及日常展览相关信息的统一服务平台。提供与会一站式服务,可接受中、英、西、法、俄五种语言咨询。现场受理展会信息、展品导航、办证咨询、客商与会、仓储运输、审图、交通、展具预订、设备预租、宽带接入、报账、投诉等业务。

客户联络中心服务方式:8:30-18:30(人工),18:30-8:30(自助语音)

热线电话:4000-888-999(境内),(008620)28-888-999(境外)

邮件地址:info@ cantonfair. org. cn

短信号码:106980008999

传真号码:(008620)28395166

资料来源:广交会官网

讨论:比较广交会部门设置与其他会展项目的部门设置的异同点,探讨各个部门都需要设置哪些岗位?

任务 1 会展人力资源概述

11.1.1 会展人力资源

1)人力资源

任何产业和企业的发展都取决于四大资源,人力资源、经济资源、物质资源和信息资源,这四大资源相互转化、相互制约。其中人力资源最为活跃,尤其是在步入知识经济时代的今天,人力资源已成为四大资源中最重要的资源。

一般认为,人力资源是指能够推动整个经济和社会发展的劳动者的能力,它反映一个国家或地区人口总体所拥有的劳动能力,人力资源包括数量与质量两个方面。

人力资源数量是指一国或地区拥有劳动能力的人口的数量,分为 3 个经济层次:

第一,理论人力资源,即一国或地区可利用的全部人力资源。

第二,现实人力资源,即现实国民经济活动可以利用的就业人口和谋求职业人口的总和,也称"经济活动人口"。

第三,直接人力资源,即已经被使用的资源,它表现为就业人口。

人力资源质量是指一国或地区拥有劳动能力的人口的身体素质、文化素质、思想道德以及素质与专业(职业)劳动技能水平的统一。[①]

2)会展人力资源

会展业与其他行业相比有其自身的特征,会展业具有"3R"的特点,即快捷性(rapidity)、关联性(relationships)和效益性(results)。因此会展业从业人员也必须具备与会展业特点相符、相对于其他产业和行业与众不同的职业素养。

总的说来,会展人力资源必须具备以下几个方面的能力:

(1)知识能力

对会展从业人员知识能力的要求可以概括为"博、精、深"。其中"博"是指会展从业人员应该具备十分广博的知识面,包括会展业的特征及发展趋势、展

---

①赵西萍. 旅游企业人力资源管理[M]. 天津:南开大学出版社,2001(3):5.

会的运作模式以及展会流程中所涉及的策划设计、营销宣传、现场服务等诸多环节的相关知识等。"精"要求从业人员熟悉和精通会展的业务操作流程。"深"即会展从业人员要深入掌握会展方面的专业知识和理论,并具有丰富的实践经验,积累较深的从业资历。

(2)组织能力

会展活动,无论规模的大小,均涉及多个行业和不同的社会部门。会展活动最终是要将利益相关者组织起来达到获得共同利益、取得双赢局面的目标。因此,组织能力对于会展从业人员也是应具备的核心能力之一。

(3)沟通能力

会展业从根本上看,提供的是一种面对面的人性化服务,这一点与旅游业是极其相似的。而提供人性化服务的关键就是与服务对象进行沟通和交流,要善于与人沟通,从而推动会展工作的顺利进行。要具备较强的沟通能力主要包括培养会展从业人员的语言能力和人际交往能力,语言能力除了强调较强的口头表达能力外,由于会展业较强的开放性,还包括掌握尽可能多种类的语言,从而尽可能减少沟通中的障碍。

(4)创新能力

会展业持续发展的源泉是创新,因此要求会展从业人员应该具有很强的创造性思维能力,要善于独创、开拓和突破,特别是关于展会项目策划要能设计出独特的信息组合。同时,由于会展是一项系统工程,一个展会从策划到运作、到客户服务包括众多环节,环境和事态的发展瞬息万变,因此要求从业人员随机应变,利用创新能力及时解决突发问题。因此,创新能力是会展从业人员最为核心的素质之一,只有从业人员具备了较强的创新能力,会展业才能不断地实现自我超越,从而具备持续的竞争力。

11.1.2 会展人力资源构成

成功举办一项会议展览必须全面策划安排所有各项活动,如会展活动策划、市场营销推介、会议展台设计、场馆建设营运、展台招商、展览物资通关、会展效果统计、会展物流管理、展会资料印刷装潢、宣传广告编排、信息管理、现场服务管理、旅行食宿安排等,因此会展业是集全局性、专业性、操作性和政策性于一身的系统工程,涵盖了会展策划经营、会展实施技能和会展理论研究三大层次。因此会展人才的构成包括 3 个层次:会展策划经营层、会展实施技能层和会展理论研究层。其中会展策划经营层包括会展活动总体策划与市场推广的项目经营性人才,会展实施技能层包括场馆建设管理人才和专业服务性人才,理论研究层包括行业管理和协调的理论研究型人才。

　　不同类型的人才在会展活动中承担的角色不一,各自担负的职责不同,所需的知识结构亦有较大的差异,如表11.1所示。首先,会展的策划经营人才即高级会展运营管理人才涉及会展项目策划、会展项目管理、会展营销、会展工程管理、会展信息管理、会展设计管理、会展特装工程管理、展品运输操作管理、展览器材的标准化管理等众多方面。必须熟练掌握会展策划和市场营销技巧,具备驾驭会展现场、协调会展各项活动的能力,应当具备项目策划、项目管理、市场营销和特殊会展主题一般专业知识。其次,会展的实施技能人才即会展场馆建设与专业辅助型人才。实施技能人才与策划经营人才所需知识结构又有较大的差异,会展场馆建设需要建筑设计与施工、会展场馆特殊功能等方面的背景知识,而会展场馆营运则需要物业管理与经营、会展现场后勤服务与保障等方面的背景知识。会展服务提供者需要为会展参加者提供展台设计搭建、展览物资运输、海关通关等方面的服务,需要为会展参与者提供餐饮食宿、旅游交通等方面的生活服务。不同的服务内容决定了对不同服务提供者的知识结构要求和专业背景要求:会展现场设计和资料印刷装潢需要工艺美术方面的知识基础,而现场搭建则需要工程设计与施工方面的基础,餐饮食宿安排需要旅游专业的知识背景,物资运输、海关通关需要物流专业的知识背景。最后,会展的理论研究人才需要进行市场调研、市场规律总结、发展趋势分析和政策法规研究,需要运用市场机制进行宏观调控与协调,因此,必须比较全面地了解和掌握市场经济的运作规律以及会展行业的特殊性能和市场要求,需要具有较深的经济理论功底和较强的理论研究能力。

表 11.1　会展人才构成体系

会展人才层次	职责范围
会展策划经营层	会展项目策划、会展项目管理、会展工程管理、会展设计、会展特装工程管理、会展信息管理、展品运输操作管理、会展营销、展览器材的标准化管理
会展实施技能层	展台设计搭建、展览物资运输、海关通关、现场设计、资料印刷装潢、餐饮食宿、交通、翻译、物流、广告、旅游
会展理论研究层	会展市场调研、市场规律总结、发展趋势分析和政策法规研制、运用市场机制进行宏观调控与协调

11.1.3 我国会展人力资源现状分析

由于我国会展业才刚刚起步,现在仍处于初级阶段。这一发展阶段就决定了我国会展业人力资源的现实状况,其发展现状主要存在以下几个问题。

1)数量规模不大

我国会展业的商业化运作开展较晚,很长一段时间内展会的举办都是政府行为。因此,基本上没有培养出规模化的会展专业人才,且现实的从业人员整体业务素质偏低,这对我国会展业的发展形成了一个"瓶颈",会展从业人员的专业水平亟待提高。

2)专业结构不全

会展业同旅游业相比具有更大的关联性,是一个涉及多个关联产业的现代服务行业。一个大型的展会活动就是一个系统工程,从业人员需要具备全面的知识,因而对会展从业人员的专业结构提出了较高的要求,需要更多的知识作为支撑。就我国目前会展从业人员的专业结构来看,很多是不全面的,尤其是会展及相关专业科班出身的人才比例偏小,不能较好地适应会展业发展和行业激烈竞争的要求。

3)素质状况不高

所谓从业人员的素质是指人力资源质的特征,它的衡量主要从以下几个方面进行:受教育程度、健康状况、应变能力以及创新能力。其中我国会展业人力资源中受教育程度和健康状况近年来有了很大的提高,但是从业人员的应变能力和创新能力还有待进一步加强。

4)空间分布不均

由于受我国经济东中西三大地带的分布影响,我国会展业人力资源也呈现出由东至西的阶梯状递减分布。东部沿海地带开放较早,条件也相对优越,吸引了一批国内年轻有为的会展人才,同时国外许多会展专业人士也在此谋求发展。而中部和西部地区则由于开发较晚,优秀人才的汇集也相应较少。但随着国家对中西部地区开发力度的加大,会展人才在空间上分布不均的状况会有所改善。

由此可见,我国会展业目前的人力资源状况是严峻的,我国会展业人力资源开发与管理工作的任务很艰巨。

任务 2 会展人力资源开发的原则和途径

11.2.1 会展人力资源开发的原则

1)前瞻性原则

我国会展业虽然发展迅速,但就其现有的发展水平而言,与欧美一些国际知名的会展大国,如德国、美国、法国相比还存在较大的差距。正因为如此,对我国的会展业人力资源的开发与建设应该一开始就具有一定的前瞻性,应当定位于高起点、高质量的专业培训与职业教育。就人力资源开发建设的目的而言,其本身就应该具有一定的指导性,不能仅局限于对会展业发展现状的认识来进行人才培养,而应当在一定程度上着眼于未来。在培养上不仅要借鉴国内外最新的会展业研究成果,而且要依据国内和国际会展业发展的动态和趋势,对新事物、新现象、新问题做针对性的教育与培训,保证人才培养内容的及时更新。

2)系统性原则

会展人力资源开发的系统性包括两个方面,一是会展培训与教育专业课程的系统性,二是会展培训与教育体系的系统性。

会展专业课程的系统性取决于会展专业教材的发展,有没有得到行业内高度认可的权威性教材,是决定会展培训与教育能否走上标准化和规范化道路的关键。教材的系统性,一方面是指横向的教材内容体系,即会展专业教育的教材在内容上应该兼顾宏观和微观,涵盖会展相关知识的方方面面,如会展管理、展会策划、会展市场营销、会展物流管理等。另一方面是指纵向的教材层次体系,即针对不同层次的会展培训与教育,在教材内容设计上应有不同的侧重点,以增强教材和课程的针对性与实用性。会展教材建设和课程设计要根据会展业发展的实际需求,有计划、有步骤地开展。

会展培训与教育体系的系统性是指构建以高等院校为主体的多层次的会

展培训与教育体系,其中包括高等院校、职业技术学校、行业协会和会展企业。高等院校作为会展培训与教育的核心,担负着课程规划、学历与学位教育、科研中心、管理模式输出中心、信息中心等职能;职业技术学校主要承担具体操作业务的培训,主要培养有实际操作技能的实际运作人员;行业协会则主要从事会展行业资格认证工作,同时组织业内人士进行相关的经验交流和相互研讨;企业除进行员工培训外,主要担负经验传授、案例教育等。

3)本土化原则

本土化主要是指将引进的国外会展人才培养的精华和本国会展业发展实践紧密、恰当地进行结合。因为虽然"他山之石,可以攻玉",但是中外国情有别,会展业的发展状况和发展特点并不一样,会展人力资源发展现状也不相同,因此从会展业以及会展人力资源长远发展的角度来看,富有成效的会展人力资源开发与培养必须建立在对本国会展业深入研究的基础之上。因此,实现人力资源开发与培养的本土化,探索具有中国特色的人才发展之路,是中国会展人力资源开发应遵循的重要原则。

美国会展业的后来崛起正是得益于会展人才培养的本土化。众所周知,会展业的发源地在欧洲,欧洲会展的强势在于举办大型会议和大型国际展览。而作为后起之秀的美国,由于其"大熔炉"式的多民族文化特点,会展业的发展精华在于"特殊事件管理",美国对于会展人才的开发与培养正是与这种富有美国特色的特殊事件管理相得益彰,才使美国会展业得以快速发展、异军突起。

4)全面化原则

会展人力资源开发的全面化原则包括两个方面,一方面是会展人才层次结构的全面性,要求在会展人才培养上要构建多层次的培训与教育输出体系。如会展教育系统中对于会展专业人才的培养要包括职业技术教育、本科教育、硕士教育甚至博士教育,培养各个层次的管理与操作人才。会展培训系统中对于从业人员的培训既要面对高层管理人员,也要面对具体运作人员;既要有强化式的短期培训,也要开设系统全面的长期培训。

全面化原则的另一方面是指会展人才专业结构的全面性,这是由会展专业的多学科性和广泛性决定的。因此在进行会展人力资源培训与教育时,要开设多门相关课程,以适应会展业工作多样化的要求。

5)一体化原则

一体化原则是指会展人力资源开发的"产学研"一体化模式。会展专业是实务性和操作性很强的专业,因此知识的获得和能力的培养不能仅仅依靠课堂教学和书本学习,参与会展实践是会展教育的重要渠道。欧美国家各类院校会展专业的开设大都与会展行业专业组织保持密切的联系,为学生提供各种实践机会,让学生参与大型会展活动的组织、策划管理、接待和服务活动,培养锻炼学生的策划、创新、组织、协调等各种能力。在实现会展教育"学"和"产"结合的同时,会展教育工作者在教学的同时,也抓紧科研的步伐,积极探讨会展业的发展规律与趋势、科学管理与经营、经营模式与运行规则、人才培养与使用等问题,用教育推科研,以科研促教育。

11.2.2 会展人力资源开发的途径

1) 重视会展专业人才教育

从世界范围来看,会展教育早就随着会展业在全球的快速发展而在欧美国家得到重视和开拓。以美国为例,从美国内华达大学于 1978 年在美国开设了第一门会议管理课程后,美国在过去 20 多年已有 150 多所大学开设了会展专业或课程。在国际会展教育发展的近 30 年时间里,经过开设会展专业和会展课程的院校的努力,会展各类课程已有几十门之多,会展教育已具备了较为完整的课程体系。同时,通过国际院校的专家、教授和学者们对于会展专业教育的不断探讨,已经形成了集"产学研"一体化的教育模式。

伴随着会展业的快速发展,我国会展专业人才教育也在短短几年内取得了突破性的发展。自 2000 年以来,在全国范围内已经形成了一个不同层次、不同类别、形式多样的会展教育体系。概括起来包括职业教育和高等教育两大市场,目前我国已经有近 10 所大中专学校开设了与会展有关的专业、专业方向或相关课程。遍及北京、上海、广东、港澳、中西部 5 个地区,一个全国性的会展专业教育体系框架基本构成。2004 年经教育部批准,上海师范大学和上海对外贸易学院已成为上海首批设立会展本科教育专业的高等院校,北京、广州等地有 20 余所大专院校也开始着手设立会展管理专业或类似专业。同时,我国会展专业人才教育在教材、师资、科研成果、认证培训和中外办学等方面都已经有所突破。

发展我国会展专业人才教育的主要途径有以下几点。

(1)确立高等院校会展教育主体地位

从教育发展的一般规律看,任何一个学科领域的发展都需要确立双重主体：一是确立高校和科研院所教育在学科建设中的主导地位；二是确定个别高校与科研院所在同行教育中的主导地位。会展专业人才教育需要引起教育行政主管部门和高校的足够重视，加快建立和健全会展专业的学历和学位体系，积极改善目前我国会展教育还处于行业协会、企业内部员工培训、业内人士的相互研讨等零星的、非系统的经验教育阶段的现状，确立高校在会展教育中的主体地位，并积极培育在会展专业建设中处于龙头地位的高校。

（2）建立会展专业化教育的课程体系

目前通过对各高校图书馆、新华书店以及互联网等信息渠道的综合查询，虽然已零星地出现了一些会展教育的相关书籍，如展览艺术、国际会议规划与管理、会展设计等，但尚没有形成系统的、权威的专业化教材体系，从而造成了我国会展教育各自为政、标准混乱的局面，甚至对一些关键术语和概念的理解也存在较大差异。因此，我国会展专业教育必须加快课程体系建设和教材开发的步伐。

（3）培育会展专业化教育的师资队伍

教育质量取决于师资建设。吸引更多高水平的学者专门从事会展专业的教学与科研工作，是提高我国会展专业教育水平的关键。高水平的专业化师资队伍建设取决于多种因素，其中关键要做好两点：一是在师资建设中走国际化道路，要给予相关人员外出培训的机会，以便吸收国内外最新知识与研究成果；二是高校和教育行政主管部门以及社会科学科研项目规划部门，应在科研项目立项、审批以及师资培训等方面给予必要的资金和政策扶持。

（4）选择会展专业化教育的适当模式

适合会展专业化教育的模式主要有两种，一种是开放式办学，一种是合作办学。开放式办学提倡要体现会展业的对外开放特色，积极吸收国外先进的办学经验和教学体系，要同国外最先进的教学和管理模式接轨，对一些核心课程，可以考虑直接借用外文原版教材。合作办学则是提倡既要与国外高等教育机构合作办学，以便同国际相关教育接轨；也要考虑与国外权威的相关行业协会合作办学，以充分地占有行业信息；此外还要与具体从事会展活动策划、经营与管理的企业合作办学，一方面为学生提供实习机会，另一方面增强学校教育的实用性和针对性。

2）重视会展职业人才培训

会展职业培训是会展人力资源开发建设的重要内容之一。一方面是因为通过培育和完善会展职业培训市场,不仅有利于提高现有会展从业人员的理论水平和业务操作能力,同时也有助于加强业内的经验和信息交流。另一方面是由于会展业作为新型的第三产业,对会展人员进行不断"充电",可促进会展业发展的"吐故纳新"和"推陈出新"。

目前我国会展职业培训的发展较为滞后,主要表现在培训的内容缺乏系统性,没有形成会展业操作和发展的系统理论;主讲专家往往浅尝辄止,对业务素质提高帮助不大;培训活动的主要目的还停留于信息交流等方面,整个会展职业培训市场还处于"见树不见林"的粗放状态。因此要大力促进我国会展职业人才培训的发展,可主要从以下几个方面着手。

(1)推行资格认证

培训的真正价值在于传授一种具有指导性和可操作性的科学思维方式和技能。在会展职业人才培训中推行资格认证,能够促使我国会展培训工作趋于规范化、制度化和科学化,把我国会展从业人员的培训工作引向健康发展的道路。

如美国的国际展览管理协会(IAEM)于20世纪70年代就已着手推行注册会展经理(CEM)的培训体系。在我国,上海为满足会展产业蓬勃快速发展对于专业会展人才的要求,率先建立了会展人才资格认证体系,成功开发出"会展策划与实务"培训考核项目,把会展人员资格认证分成4个等级,助理会展师、会展师、注册会展师和高级会展师。同时,在中国贸促会、美国国际展览管理协会和中国交大安泰管理学院共同组织下,上海也引进和推出了注册会展经理(CEM)资格认证体系。

(2)提高培训质量

提高会展职业培训质量,首先要从高质量的职业培训项目开始。从2000年开始,全国各地的会展培训项目如雨后春笋般纷纷出土,但是质量"良莠不齐",其中大多数培训项目质量较低,不能满足会展业对于职业人才培养的需求。

然而其中也不乏精品项目,如由北京大学(继续教育学院)和中国展览馆协会主办,国际博览会联盟、中国贸促会、中国国际商会、中国国际展览中心集团公司作为支持单位开设的"中国会展业高级培训班",面对我国会展业的高层管理人员,邀请国内外会展业界各类资深专家授课,通过开设"中国经济发展阶段与会展业成长""会展市场分析与企业发展战略""系统论和信息论在会展组织工作中的应用及会展工作的规范与务实"以及营销学、消费心理学、知识产权保护、案例分析等课程,使培训班的教学既做到对宏观经济和行业视角的整体把握与分析,又深入探讨会展经济的发展和培养实践运作技能,达到理论和实践的统一,使学员的理论水平和实践能力得到长足进步。

(3)健全培训模式

目前国际上对于会展人才培养主要采用两种模式,欧洲模式和美国模式。欧洲模式是将会展培训与会展教育相结合,采用学历教育与职业技术教育一体化,一旦接受会展专业教育就意味着获得了从业职业资格。美国模式则是将专业教育与职业培训分开。我国会展业从业人员的职业培训也必须探索适合我国会展业发展的道路,不断健全职业培训模式。

由于会展业是一个务实性、操作性和服务性都很强的行业,涉及信息学、管理学、经济学、旅游学、建筑学、运输学、美学等多个学科,因此在会展培训中应注重这些学科在展览中的实践应用。理想的培训模式应是:以主题研讨会实战模拟演练为核心,结合会展策划和组织管理、场地的设计、企业公关策划、财务管理等模块,多数内容都用于实战,从而彻底摆脱了以往培训班多说少练的局面。同时,在培训过程中注重搜集与会展培训项目有关的含有足够复杂信息和较新颖的典型案例,并加强老师与学员之间的交流。

(4)提升培训的国际化程度

提升培训的国际化程度是要求会展人才的职业培训要汇集国际会展业发展的前沿理念、最新资讯和有效经验,汲取当今国际上最领先的经验、风格和趋势,使学员通过培训获得国际化管理理念和实际运作水平。随着我国会展业的发展,我国会展职业人才培训的国际化程度也在不断升温。

如由中国贸促会与德国国际培训和发展协会合作推出的中德系列展览培训班,培训班包括赴德国培训和在华培训,既有理论学习,也提供业务交流。理论学习是指由瑞文斯堡大学教授和德国展览公司高级管理人员进行的集中授课,业务交流是指参观德国著名的展览公司并进行业务讲座。

任务3　会展人力资源管理的内容体系

人力资源管理就是"通过对人和事的管理,处理人与人之间的关系以及人与事的配合,来充分发挥人的潜能,并对人的各种活动予以计划、组织、指挥和控制,以实现组织的目标。"会展人力资源管理就是通过建立一个人力资源规划、开发、利用与管理的系统,帮助会展企业实现目标,提高会展企业的竞争力。

会展人力资源管理是一个十分复杂的系统工程,主要包括以下几个方面的内容:

11.3.1 人力资源规划

人力资源规划指确定组织对人力资源的需要以及确保组织在恰当的时间里在恰当工作岗位上有相当数量的合格人员的过程。也可以说,人力资源规划是把人员的供给(包括内部和外部)在给定的时间范围内与组织预期的空缺相匹配的系统。人力资源规划面临的第一个挑战就是要把组织计划和目标变成对员工需求的时间进度表。一旦确定了对员工的需求,人力资源规划就必须制订出保证获得所需员工的计划。人力资源规划的实施步骤为:

①确定组织目标对组织中具体工作的影响;

②确定实现目标所需求的技能和知识(对人力资源的需求);

③根据目前的人力资源状况确定追加的人力资源需求(净人力资源需求);

④开发行动计划满足预期的人力资源需求。

人力资源规划直接影响着各种人力资源活动,如人员招募与选拔、人员培训、员工激励。通过确定会展公司的人员需求,人力资源规划可以帮助会展经理根据规划要求招募公司未来一段时间所需的人员。人力资源规划也有利于员工的培训与发展,展览中心或展会组织者可以根据人力资源规划对员工进行复合技能培训,以提高员工的技能水平,并使他们具备胜任多种岗位的能力。

11.3.2 工作分析

工作分析是确定并报告与一项具体工作的本质相关联的有关信息的过程。它确定工作所包含的任务及工作承担者成功地完成工作所需的技能、知识、能力和责任。工作分析是所有人力资源职能的基础。在进行工作分析时,要列出所包含的工作任务并确定成功完成工作所必需的技能、个性特征、教育背景和培训。表11.2说明了通过工作分析可以获得的一般信息。

工作分析不仅涉及对工作内容的分析,也涉及对分析结果的报告,这些通常以工作说明书和工作规范的形式呈现出来。表11.3概括了工作说明书中通常包含的信息(包括工作规范)。表11.4列出了美国会展职位与工作职责。

表 11.2　工作分析提供的信息

信息类别	信息内容
工作名称和位置	工作名称和所处的位置
组织关系	对所督导人员数量(如果有)和所督导职位名称的简要说明
与其他工作的关系	描述和概括工作所需要的协作
工作概要	工作内容的简要说明
关于工作要求的信息	通常包括设备、工具、材料、智力上的复杂性和所需的注意力、身体要求和工作条件方面的信息

表 11.3　工作说明书的内容

工作说明书应该是一种正式的书面文件,通常 1~3 页,应该包括以下内容:
• 编写日期
• 工作状况
• 职位名称
• 工作概要(工作职责提要)
• 工作职责和责任的详细清单
• 所受监督
• 重要联系
• 要参加的有关会议和要归档的报告
• 能力或职位要求
• 所需的教育和经验
• 职业流动(工作承担者以后可以胜任的职位)

资料来源:Judith A. Delapa. Job Descriptions That Work. Personnel Journal. June. 1989.

表 11.4 美国会展职位与工作职责

职 位	工作职责
展览经理	主要负责指导和管理展商活动,包括销售和促销活动
展会主管	主要负责展会的计划、组织和管理工作,包括制订预算、选择场地、与场地出租者进行协商以及监督展台销售
会议主管	主要负责会议计划、组织安排、开发、选址和会议预算,与场地出租者进行协商以及协助演讲人
一般展会工作人员	协助展览经理的管理工作,向参展商提供服务,包括编制参展商名册和协助展会现场管理
一般行政管理人员	负责市场营销、登记和审核协会成员资格
会展策划师	从事会展的市场调研、方案策划、销售和营运管理等相关活动,负责会展项目的市场调研,进行项目立项、招商、招展、预算与运营管理等方案的策划,项目销售以及现场运营管理
会展设计师	根据品牌特色和客户要求选展和布展,包括现场观察展位位置,构思展位主题、展览形式,设计制图,安排场地布局,并能现场指导安装人员以及展览礼仪的企划等
会展项目经理	是行业内有多年从业经验的会展项目负责人,主要职责为承接会展项目,负责所承接项目的组织、实施,完成部门下达的创收指标等工作。研讨会专题项目运作,包括项目策划、招商、观众组织和现场实施
会展客户/销售经理	负责国际展会的咨询、销售、后续服务以及相关商务的联洽接洽工作

资料来源:中国会展经济报告

11.3.3 人员招募与选拔

人员招募是指寻找和吸引能够从中挑选出胜任工作空缺的合格候选人的人群。图 11.1 说明了工作分析、人力资源规划、招募和选拔过程的关系。会展公司既可以从现有人员来填补某项职位空缺,也可以从公司外部招募人员来满足岗位需求,外部招募渠道包括广告、职业介绍所、员工推荐、校园招募等。

会展从业人员的招募是为会展企业中一定岗位选拔出合格人才而进行的一系列活动,是企业人力资源管理的起始点,是将优秀人员招入企业将其安排在合适岗位的过程,是会展企业人力资源管理成败的关键。因此,会展企业要特别关注员工的招募状况,在招募时为了保证员工的质量,应严格坚持以下原则。

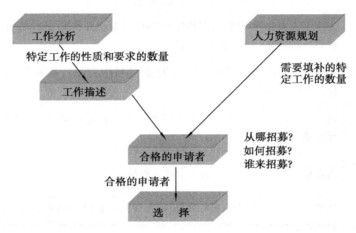

图 11.1　工作分析、人力资源规划、招募和选拔过程的关系

1) 任人唯贤原则

企业招募员工是关系到企业今后发展的大事情,因而在个人利益和企业利益之间要把企业的利益放在第一位。时刻坚持任人唯贤,反对任人唯亲和任人唯钱。这里所说的"贤"指的是德才兼备,即要求员工具备较高的社会公德和职业道德,同时要在会展的专业领域内具有一定的才能,或者在会展专业领域内存在较大的发展潜力。只有时刻坚持这个原则,企业人力资源的质量才能有基本的保证。

2) 量才适用原则

企业工作人员的专长和才能只有与他们的岗位以及职位要求一致时,才能得到充分发挥。这就要求在对新吸纳的人力资源进行定位时,遵循量才适用的原则。所谓量才适用就是根据每个人的专长和能力、志向和条件做到才以致用、各得其所、各尽其才。因此要对工作和员工进行研究和分析,明确工作岗位对工作人员的要求,掌握每个员工的能力与志向,使两者相互配合,使人力资源发挥出最大的效用。

11.3.4 培训与发展

培训是一个包括获取技能、观念、规则和态度以提高员工绩效的学习过程。为了保持自己在会展行业的竞争优势，会展公司有必要加强对员工的技能培训和职业生涯发展培训。对于专业会议组织者而言，不仅要掌握会展业的专门知识，还要具备卓越的管理才能。因此，会展公司的员工，都需要接受持续不断的培训从而保持高效的工作业绩或适应全新的工作方式。

会展经济是一个集资金、劳动力和技术于一身的经济形态，资金和技术构成了会展企业的硬件，而会展企业的工作人员就是会展企业的软件。在软件的开发上，一个十分重要的手段就是培训。通过培训，企业员工除了可以获得知识和技能方面的提高、工作效率的提升外，还可以获得自身的发展机会，与此同时企业的人力资源总体状况也可以得到提升。因此，会展企业要培养出具有一定竞争力的人力资源为自己服务就应努力挖掘内部潜力，建立一套科学的、行之有效的培训体系。培训机制的建设要遵循以下原则：

1）目标化原则

即在对企业员工进行培训时首先要制订一个具体的目标，因为目标的制订会影响员工学习的积极性和效率。在培训时规定出具体所要求达到的目标能使受训员工产生一定的责任感，有利于更加充分地发挥潜能。

2）反馈性原则

企业建立的人力资源培训机制不应该是单向运作的，它应该具有相应的反馈通路。反馈通路的存在能使企业的人力资源培训机制更加完善，受训员工在教与学的互动交流中得到所需要的知识。

3）全过程原则

在企业中员工的培训通常都采取集中学习的形式进行，这种形式有其自身的优点，但是也存在不足之处，如受训时间短、企业的工作也会因此而受到一定程度的影响。所以企业的员工培训机制不应该仅围绕人力资源部来运转，该机制的影响范围要扩展到企业运作的全过程，即员工在工作的同时接受培训。

11.3.5　绩效评估

绩效评估是一个确定并与员工沟通其工作进行的程度,并据此制订改进计划的过程。绩效评估最普遍的用途是为与晋升、解雇、临时雇佣和绩效加薪有关的管理决策提供依据。绩效评估信息也能为个人和组织对培训和发展方面的需要提供必要的依据。对员工个人而言,一项完整的绩效评估应该包括一个概括了具体的培训与发展需要的计划。绩效评估的另一个重要作用是鼓励绩效改进。管理者通过绩效评估与员工沟通他们目前的绩效水平,并指出他们在行为、态度、技能或知识方面所需要改进的手段。

11.3.6　人员激励

所谓激励就是指通过高水平的鼓励实现组织目标的意愿,这种努力以能满足个体的某些需要为条件。为了让员工充分发挥自身的潜力,企业还必须提供持续的物质和精神动力。在现实中,这种动力来自于企业设立的员工激励机制。可见激励机制的内涵必然包括企业的利益以及企业员工的个人利益,激励机制的本质就是通过鼓励企业员工追求个人利益的行为,从而使企业获得效益。在现实中企业员工激励机制和员工绩效考评制度的建立是同步的。传统的激励因素主要有:职位的升迁、奖金的发放、福利待遇的供应等;对于管理人员的激励形式有年终分红、长期激励计划和股票期权。最常见的组织全员激励计划包括收益分享计划、斯坎伦计划和员工持股计划。虽然企业员工激励机制存在的形式不拘一格,但是在建立激励机制时有一点是尤其需要注意:该机制要对员工进行有效激励,避免出现过度激励。过度激励的结果往往是与管理者的初衷背道而驰,企业员工会为了一己私利而引发内部矛盾,反而影响到企业今后的发展。

【复习思考题】

1.简述会展人力资源的构成。

2.简述会展人力资源开发的原则。

3.简述会展人力资源开发的途径。

4.说明会展企业人力资源规划的重要性。

5.会展公司的员工培训和发展计划对公司客户的满意度有何影响?

6. 作为会展中心的会议服务经理,你将采取什么措施来激励你的员工?

【实训题】

我国会展人力资源的现状。

一、实训组织

查询我国会展企业分布情况,从人才年龄结构、地区分布、层次结构、性别结构、会展项目分布等方面的情况来分析我国会展人力资源的现状,找出我国会展人才培养存在的问题,预测我国会展人力资源的发展趋势。

二、实训要求

1. 学生要独立完成。

2. 查询资料要全面、准确。

3. 分析要有层次、有条理。

4. 趋势预测要有依据。

三、实训目的

1. 了解会展人才分布情况。

2. 了解会展业人才需求状况。

3. 加深学生对会展业的热爱。

【典型案例】

高星级饭店的会议服务经理

澳大利亚东部的高星级饭店(四、五星级饭店)的会议服务经理大部分是女性(66%),年龄在 26~35 岁。她们在会议业有过 1~5 年的工作经历,并在目前岗位上工作了 1~2 年。她们大部分拿到了职业证书并在大学学习文凭课程获得了职业资格。许多还参加了饭店内部的职业发展培训的学习计划,学习内容包括人员培训、领导技能和客户服务。有些经理还继续在大学学习以获得学位。

会议服务经理的工作职责主要有:

①有效利用场地空间;

②负责本部门的预算和成本控制;

③保证为饭店的会议客人提供满意的服务;

④将会议信息发布到饭店的其他部门;

⑤负责会议服务部员工的招聘工作;

⑥负责本部门人员的培训和督导;

⑦与客户直接联系大会议室和多功能厅业务;

⑧确保会议服务质量符合饭店服务质量标准。

会议服务经理必须具备以下能力:对不同的细分市场有深入的了解,熟悉各种会议服务,对饭店各部门的运营及员工职责有全面的了解。会议服务经理工作的两个突出特点是:工作时间长、需要与不同类型的客户打交道。

会议组织者与会场人员之间的关系主要通过会议服务部的员工和经理来协调。会议组织者认为会议服务部的工作对会议能否成功举办起着非常重要的作用,因为会议服务经理熟悉会议设施的优点和不足之处。因此,会议组织者通常会非常信任会议服务经理。在澳大利亚,许多会议组织者会将会议举办场所改到他们信任的会议服务经理跳槽的饭店。对饭店管理者而言,如何在为会议服务经理提供职责、挑战和更加丰富的工作内容的同时能够让其留在这个没有升职希望的岗位上是他们面临的问题。有的饭店给会议服务经理更多的权利,让他们制订和完善会议运营管理和服务标准。此外,在会议服务标准与质量方面,饭店会议部被视为饭店集团的旗舰部门而得到高度重视。

案例讨论:

1. 饭店会议服务经理的主要职责有哪些?

2. 饭店会议服务经理需要具备何种能力?

3. 如何留住饭店会议服务人才?

项目 12
会展商务旅游管理

【知识目标】

◇ 了解会展商务旅游的内涵
◇ 掌握会展商务旅游的特点
◇ 了解会展商务旅游的功能
◇ 阐述会展与旅游的互动关系
◇ 掌握会展商务旅游的 3 种运作模式
◇ 分析我国会展商务旅游的发展现状

【技能目标】

◇ 能理解普通旅游与会展商务旅游的区别
◇ 能分析我国会展商务旅游发展的现状、问题
  并提出对策
◇ 能理解会展商务旅游的 3 种运作模式

【学习重点】

◇ 会展商务旅游的概念与内涵
◇ 会展商务旅游的特点与功能
◇ 会展商务旅游的运作模式

【学习难点】

◇ 会展商务旅游的运作模式

【案例导入】

泰国力推会议奖励旅游 加大会展旅游投资

国际奖励旅游及大会博览会日前在上海召开,泰国会展局举行新闻发布会,力推会议奖励旅游。

中国是泰国重要的客源地之一,基于中国近期强劲的经济表现,加上泰国作为商务和休闲旅游目的地,富有竞争力和独特的吸引力,泰国会展局预计从中国前往泰国的 MICE 游客将增加。除此之外,中国与泰国相近的地理位置和密切的文化渊源,以及两国间长期的经贸关系,均为会展行业提供了良好的发展前景。

近年来,泰国加大了对包括会议场地、酒店、文化景点和公共交通系统在内的会展旅游业投资,提供了一流的服务,成为世界顶尖会展旅游目的地。当然,这也得益于泰国文化遗产的独特性、休闲旅游的多样性、丰富的泰式美食及友好而善良的泰国人。总之,在泰国,MICE 游客将有更多样化的选择。如全新的酒店和会议场馆、艺术文化中心、购物商场、博物馆、航站楼等,游客能享受到艺术、时尚、美食的完美结合。

会展经济的不断发展为会展举办地带来了巨大的经济和社会效益,其中会展商务旅游便是实现会展经济社会效益的重要推动剂。在会展经济中,商务旅游扮演了一个较为重要的角色,准确地说应该是扮演着双重角色:一方面,会展商务旅游是会展经济的受益者,成为会展经济派生消费的一个重要组成部分;另一方面,会展商务旅游又是会展经济的重要构成要素,对会展经济的发展起到有力的支撑作用。因此,要全面认识会展商务旅游,应站在辩证的角度,科学地看待它。

资料来源:http://www. hq. xinhuanet. com/xinhuatrip/2013-04/24/c_115517059. htm

讨论:结合案例讨论会展商务旅游的发展趋势?

任务1 会展商务旅游的概念与内涵

12.1.1 会展商务旅游概述

1)会展商务旅游的概念

商务旅游是相对观光休闲旅游而言的,它是近年来发展最快的旅游项目之一。主要原因是20世纪90年代后期,随着工业化国家经济复苏以及全球经济的一体化,使得国与国之间的经济活动、跨国技术合作等与国际商务旅游日益融为一体。据统计,目前全球商务旅游约占旅游者总数的1/30。

然而这里需要说明,通常人们所说的商务旅游与会展商务旅游有一定的差异。会展商务旅游的概念是最近才被人们所提出的。商务旅游则是早期旅游研究者提出的概念,他们认为"商务旅游又叫商业旅游,是以经商为目的,把商业经营与旅行、游览结合起来的一种旅游形式"。

随着现代旅游业的发展和会展经济在国民经济发展中地位的不断提升,商务旅游的内涵和外延都有所扩展,商务旅游不再局限于经商与旅游活动的结合,它涵盖了所有因工作关系到外地从事与商贸事务有关的个人或集体活动。在这样的前提下,会展商务旅游的概念应运而生。因此,所谓会展商务旅游是与传统观光旅游相区别的,以参与某项会展活动为目的,在工作之余或工作的同时派生出来的旅游消费活动形式。根据会展的概念和分类,会展商务旅游者主要由如下几类人构成。

(1)会议与会者

该类商务旅游者是指因参加某次会议而到会议举办目的地进行旅游活动的群体或个人。通常该类会议可以分为学术会议、公司会议或同行交流信息的协会会议3种。欧洲是该类会议的主要目的地,巴黎、伦敦、布鲁塞尔、维也纳、日内瓦、柏林是欧洲居前六位的会议城市。

(2)展览参与者

它是指参加某个展览活动而到举办地进行旅游活动的商务旅游者。

(3)奖励旅游者

奖励旅游是企业出资让优秀员工参加专业会议或培训,并把培训和旅游结合起来的一种激励形式。奖励旅游者实际上是公司出资赞助其出行旅游的商务旅游者。

(4)事件参与者

重大事件往往会吸引众多参与者,这些参与者在事件的举办地成为会展商务旅游者。

2)会展商务旅游的分类

会展商务旅游从形态上来看,可以分为如下几种类型。

(1)会议旅游

会议旅游之所以被视为会展商务旅游产品,是因为会议旅游所涉及的旅游往往带有与工作相关的目的。它是一种消费水平高、规模较大、停留时间较长的旅游方式。会议旅游的开展可以提高会议举办城市的知名度、调节淡旺季不均衡的旅游客源以及提高饭店全年的出租率等。在经济发展逐步全球化的情况下,国际会议召开的频率和规模都不断扩大,会议旅游在会展商务旅游中所占的比重和对地方旅游经济所做的贡献都在不断提高。有资料统计,进入20世纪90年代以来,美国成为了国际会议旅游的大国,其航空客运量的22.4%和饭店客人的33.8%均来自国际会议。

(2)奖励旅游

该类旅游是指公司员工因工作、生产和销售等表现优异而获得的免费外出旅游。一般而言,参加奖励旅游团的人数较多;奖励旅游团多数选择在淡季,而且奖励旅游的消费支出高。所以,奖励旅游是一项非常有潜力的高消费的会展商务旅游活动。

(3)展览旅游

主要指由于举办大型国际博览会或交易会等而产生的商务旅游活动。大型展览活动的举办集中了大众媒体的传播报道,能迅速提升举办城市的知名度和美誉度,从而大大增强旅游吸引力。大型展览活动可以吸引成千上万的人到举办地旅游,可以带来大量短期直接的经济效应,如果开发管理得当还可以带来长期的经济效应,带动当地旅游产业的迅猛发展。目前,世界许多国家政府都认识到展览旅游对于当地经济的重要振兴作用,强烈地希望由他们来举办世界性的博览会或交易会,尤其是希望承办一些特大型的国际博览会或交易会,以此获得繁荣经济、发展旅游业的契机。

(4)节庆事件旅游

现代旅游经济已经由传统的资源经济向注意力经济转移,因此,节庆活动成为了促进旅游发展的重要手段。国外对于节庆活动的策划和组织起步较早,特别像美国等国家将节庆活动纳入到会展活动的范畴,由此可见,节庆活动引发的旅游行为与会议和展览较为类似,所以将该类旅游活动也归入会展商务旅游中。

最为典型的节庆活动就是那些国际重大体育活动。大型体育活动除了人数众多的运动员、教练员、随队工作人员、记者以外,还有大量观众参加。举办大型体育活动可以带来大量短期效益和长期效应,可以提供活动举办地旅游业发展的契机,带来更多的客源,获得巨大的经济效益;对具有较好旅游接待条件和设施的国家或地区的城市,还可以最大限度的利用现有条件设施。如举办

2000 年奥运会的澳大利亚政府认为,悉尼奥运会带来的不仅是 16 天的运动会,而是 10 年的发展机遇。据有关经济分析报告,悉尼奥运会将使澳大利亚国民生产总值增长 73 亿澳元,创造 15 万就业机会。

12.1.2　会展商务旅游的特点

要考察会展商务旅游的特点必须先对会展商务旅游主体的行为特征进行考察,并在其基础上得出会展商务旅游的特点。

1)会展商务旅游者的行为特征

会展商务旅游者在旅游过程中的行为与一般观光旅游者有所不同,主要具有如下特征。

(1)旅游目的地的选择不具有随意性

由于会展商务旅游者是将工作与旅游结合在一起,因此,旅游目的地往往不能依据旅游者的意愿来加以选择,并且在旅游的时间上也大多是由专门人员予以安排。所以在行为方式上,会展商务旅游者不是自己选择旅游目的地和出游时间,而是因工作需要或由他人决定。

(2)旅游目的地类型较为单一

由于会展活动必须要有良好的经济发展环境、完善的城市功能设施作为依托才能发展起来,因此,会展商务旅游者的旅游目的地在类型上具有明显的空间集聚性,即往往集中于都市型旅游目的地和一些大型的旅游风景度假区。

(3)旅游者的消费额度较宽裕

由于会展商务旅游具有特殊的工作娱乐一体的特征,因此,大部分商务旅游者是由公司或单位付钱进行消费,这类旅游者的消费额一般是非商务旅游者的 2～3 倍,也有统计称一名会议旅游者比一名普通观光客的消费水平要高 4～5 倍。

(4)停留时间灵活、季节性不强

会展商务旅游者以工作为主要目的,因此其在旅游地逗留的时间往往与其工作内容相关,但是通常会展商务旅游者与度假观光旅游者相比,逗留期限相对较为灵活,同时他们的出游较为频繁,并且由于是商务活动,所以受季节变化影响较小。从旅游地的发展方面来看,会展商务旅游者能够在一定程度上缓解旅游目的地因淡旺季变化而造成的资源闲置。

2) 会展商务旅游的特点

鉴于上述会展商务旅游者的行为特征,可以将会展商务旅游归纳为以下 3 个特点。

(1) 规模庞大

会展商务旅游规模庞大主要表现在旅游接待的数量上。对于会议而言,全国规模的会议与会代表就可能达到 200 人以上,而全球性的会议与会代表的数量就更加可观。这些与会者来到会议举办地具有双重身份,即一方面是会议代表,是工作者,另一方面则是旅游者,对于会议举办地的自然景观、民俗风情等具有浓厚的兴趣。如上海举办 APEC 期间许多国家元首都携其家眷到朱家角旅游,使得朱家角旅游急剧升温。这些由会议代表及其家眷构成的商务旅游群体规模往往是一般旅行团队的数倍,商务旅游规模庞大的特点可见一斑。

对于展览而言其带来的旅游者规模更是数以万计,尤其是那些国际著名的展览会,在全球范围内吸引参展商、专业及一般观展者。例如 2004 年 5 月在上海举办的 2004 亚洲 CeBIT 展览会上,共有 18 个国家的 354 家参展商,吸引了51 252 位业内观众,其中 20% 来自美国、亚太和欧洲地区,此外还有众多的普通观展者。

(2) 效益良好

会展商务旅游者所具有的双重身份使得该旅游者群体具有超常的消费实力,为会展举办地及其周边区域旅游创造了良好的经济效益和社会效益。如前所述,会展商务旅游者由于是在工作过程中,因此,其在交通、住宿、餐饮等方面的花费都是通过其所在的单位和部门承担,所以在食、住、行等基础性的消费方面,会展商务旅游者要比一般的旅游者消费水平高,会展商务旅游的经济效益要好。由于在基础性的消费方面由单位支付,因此会展商务旅游者就有更多的资金可以用于工作之余的旅游娱乐方面的消费。出于馈赠亲友或社交的需要,会展商务旅游者还大多具有较强的购物消费需求,为会展举办地游、购、娱等方面的收入提供了来源。可见,会展商务旅游对于举办地旅游发展具有良好的经济效益特征。

除此之外,由于参加会议和展览的代表中,不少是具有一定社会地位的人士,因而其到某个地方与会或旅游会为当地的旅游发展起到无形的宣传作用,如 APEC 会后俄罗斯领导人到朱家角旅游并盛赞朱家角的美丽动人,从而为朱家角旅游形象的提升做出了不小的贡献。可见,会展商务旅游不仅具有较强的经济效益还具有良好的社会效益。

（3）计划性强

会展商务旅游与一般的度假观光旅游相比，其计划性更强。这是与会展活动组织和旅游的紧密联系相关，因为，对于大多数会议和展览而言，旅游活动的安排已经成为会议组织中的一个必不可缺的部分。特别是对于研讨型的会议，会后往往都会安排有旅游活动，来为与会代表提供放松身心的机会。对于大型会议和展览活动而言，其前期工作在会期前一年就已经开始运作，因此，对于会议过程中的旅游活动早已有所安排。到了会议举办时，一切按照事先安排的旅游流程一步一步进行。例如，在某个城市举办的一次全国性会议，期间就安排了两次旅游活动。一次是安排在与会代表报到之后，主要是城市体验一日游，带领与会代表与该城市亲密接触，感受其文化和氛围。另外一次就是在会议结束后，安排与会代表到该城市附近的著名旅游景点去游玩。因此可以看到，会展商务旅游活动与一般旅游活动相比其计划性更强。

12.1.3 会展商务旅游的功能

会展与旅游对于社会经济的发展都具有十分重要的意义，两者实现了互动发展后，其功能可以得到不断提升，并且可使社会资源得到进一步优化。

1）整合功能

会展与旅游互动发展的整合功能主要是指对社会经济资源的整合。由于会展和旅游业的发展能够调用大部分的社会经济资源，并且这些行业具有追求高质量、高效率、国际化的特征。因此，在两者的互动发展过程中，通过市场运作和优胜劣汰机制，可以将社会上的优势经济资源不断加以整合，从而提高社会经济的运行效率。

2）连带功能

连带功能是旅游业和会展业两者兼具的特征，也是两者均被人们看好的主要原因。据统计数据表明，旅游业的产业关联系数是1∶5，而会展业的关联系数甚至可以高达1∶9。可以说，这两大行业对于社会经济发展的影响是巨大的。当两者的产业规模和功能不断增强时，必然能产生更为广泛的关联作用，全面带动社会资源运行。

3) 推广功能

会展业被誉为"城市的窗口",是人们了解城市的一个最佳途径,也是向外推广城市形象的一个重要手段。一般会展的主题名称总是与其主办地紧密联系的,如:昆明世博会、广交会,这些名牌展会走向世界的背后,正是城市形象在世界范围内不断扩展的过程。同样,旅游是人们追求异质文化享受的过程,伴随旅游全程的必然是对旅游目的地的身心体验。会展与旅游的互动发展将会吸引更多的旅游者到展会举办地观展、游览。这种有益的互动能使城市形象获得极大的推广,为城市经济的发展和功能的提升提供巨大的空间。

4) 展示功能

会展和旅游互动发展的另一优化功能就是展示功能。会展和旅游均能为当地的社会、经济、文化提供充分展示自我的舞台。一般而言,会展的专业性较强,往往是从某一专业角度来展示当地的风采,而旅游则是从一般意义上来展示当地的独特景观和风土人情。所以,两者的互动发展实际上是为当地提供了一个全方位展示自我的平台。

5) 枢纽功能

会展与旅游的互动发展将使两者的吸引力得到持续提升,随着参与旅游和会展的人越来越多,会展作为信息交流场所的功能也日益显现。会展活动将成为人员、信息流动的枢纽。

通过上述分析可知,会展与旅游之间有着千丝万缕的内在联系,这为两者的互动发展提供了依据。此外,从会展与旅游的功能优化上来看,两者更应该实行互动式的发展战略。只有实行了两者的密切互动,其优势才能互相补充并发扬光大。为了真正实现两者的互动发展,必须了解互动发展的支撑要素。

12.1.4 发展会展商务旅游的条件

会展商务旅游与一般旅游活动的一个很大的差异之处在于会展商务旅游对于旅游地的硬件和软件要求较高。一般旅游活动对于旅游景区的景观质量要求较高,而对于住宿、餐饮、娱乐等方面的要求则相应较低,这是因为一般的观光旅游者关注的是旅游经历,只要是满足他们求新求异的心理就可说为他们成功提供了服务。但是对于会展商务旅游者而言,提供纯粹的观光项目无法满足其需求,该类群体需要的是高品位的游憩和商务服务。

1)会展商务旅游所需要的硬件条件

(1)先进的会展商务设施

先进的会展商务设施对于开展会展商务旅游来说是必不可少的一个重要前提条件,会展商务设施的好坏往往直接决定了该地能否成为会展商务旅游目的地。目前主要的会展商务旅游目的地都是以城市为依托,如国内的北京、上海、广州、杭州、深圳等城市,这些会展商务旅游目的地的一个重要的特征就是拥有良好的基础设施,同时有先进的会展场馆和会展服务设施。此外,在这些城市周边的旅游景区也应具备相应的商务设施,这样才能真正成为符合标准的会展商务旅游目的地。

因此,发展会展商务旅游应首先关注商务旅游者对先进会展商务设施的需求,积极推进会展旅游配套设施的建设。以会展旅游发达国家和地区为例,为了适应举办大型国际性会展的需要,这些国家和地区往往建有集会议、展览、住宿、餐饮、商务、娱乐等功能为一体的大型综合性会展中心。如巴黎仅大型的会议场馆就有七八处,可同时容纳 11 万人参会,共有 140 多家航空公司开设了通往巴黎的定期航班。此外,现代化的通讯网也应成为会展商务旅游目的地配套设施的一个基本内容,为各种信息的传播提供更为方便和快捷的渠道。

同时,在城市的基础设施方面也要逐步与世界先进水平接轨,不断优化会展商务旅游发展的宏观环境,如按照公认的国际会展城市标准,不断完善城市对外交通和内部公共交通体系,对现有的星级酒店、会展场所、购物中心、大型娱乐场所、旅游景点等进行整合改造,注重新技术的应用,如磁卡技术、IC 卡技术、多媒体电脑查询系统、自动化技术等。

由于许多商务旅游者的工作和娱乐是不完全区分,工作的过程在游乐中完成;旅游的同时也会接洽一些商务事宜。鉴于此,旅游场所的设施也要体现对该类旅游者的关怀,即设置相应的商务中心或商务场所。

(2)完善的旅游配套设施

会展商务旅游者往往具有一定的社会地位,按照马斯洛的需求模型,这个群体对于旅游活动的需求已经不仅仅满足于精神层面,而是需要在更高层面上的满足,如实现自我价值、被社会认可和尊重等。对于会展商务旅游者的这种高层次需求,只有通过为其提供与众不同的服务加以实现。因此,在会展商务旅游的组织过程中,完善的旅游配套设施同样是不可缺少的条件之一。只有完善的旅游配套设施才能为商务旅游者提供优质舒适的服务,提供与其身份和地位相符的服务。

所以,对于会展商务旅游目的地而言,在进行规划或建设时一定要综合考虑一般旅游者和商务旅游者的消费需求,在旅游景区的配套设施上突出完善和高档,除了为一般旅游者提供较为实惠的经济型旅游酒店外,还应在旅游景区中具备较佳景观处提供高档次的商务别墅式酒店;在餐饮、休闲、娱乐等服务方式和服务内容上同样应体现出会展商务旅游者与一般旅游者在消费档次上的差距。

(3)独特的旅游产品供给

作为会展商务活动的有机组成部分,会展商务旅游往往是会展活动组织机构较为重视的方面之一。特别是对于大型会议而言,会后都安排有多条旅游线路供与会者选择,此时,会议旅游安排工作的好坏就直接取决于旅游线路中提供的旅游产品内容。对于会展商务旅游者而言,由于其阅历较为丰富,且在文化层次和审美标准上与一般旅游者存在差异,因此,对于该类旅游者群体应提供较为独特的旅游产品,如奇、绝、怪的旅游产品,并尽量少提供纯粹静态观光性的旅游产品,多提供参与式、互动式的高层次旅游产品。

2)会展商务旅游所需要的软件条件

(1)优越的环境

环境首先是指会展商务旅游目的地的形象,其次则指会展商务旅游需要的政治、经济、文化和自然环境。无论是国际大型会议、地方协会年会或是企业产品推介展示等都会将目的地锁定大都市,至少也是较有知名度的城市。因此"知名度"成为会展商务活动的关注点之一,城市形象则是"知名度""美誉度"等信息所依附的载体。从共性来看,大都市往往人口密集、高楼林立,古老与现代建筑交相辉映,高水准、高品位的博物馆与艺术馆精彩纷呈,有独特风格的城市广场,有舒适现代的星级宾馆,有丰富新潮的购物中心,有新锐时尚的影视音乐,有激情涌动的娱乐体育,有多姿多彩的夜生活,有便捷顺畅的交通、通讯,有素质较高的市民,当然完备先进的会展场所更是不可或缺的基本要素。

从个性来看,大都市往往具有独特鲜明的个性与魅力。纽约的繁华、巴黎的浪漫、伦敦的传统、罗马的艺术气质、瑞士的雪域风光、上海的怀旧、香港的自由,有特色的城市往往会有一个别称为其形象明确定位,比如"狮城""赌城"

"水乡""音乐之都""阳光之城"等。城市形象强调的是在浓郁的文化背景下彰显个性,以此作为宣传促销的卖点,从而提升某个城市在会展市场中的竞争力。现代人崇尚注意力经济,一个充满独特形象魅力的城市首先具备的就是引人注目的第一印象,无论是源远流长的历史还是新近打造的当代新宠,在大张旗鼓地宣传其形象的开始,就为其成功奠定了一半的基础。因此城市形象在会展商务旅游发展中的效应是不容轻视的。

政治环境主要指会展举办地的政治稳定性和社会安定程度,一般而言,该类环境因素会直接关系到会展的举办,因此,会展商务旅游的目的地应该具备政治环境稳定、社会秩序井然的基本条件。经济条件对于会展商务旅游的影响较为复杂。一般说来,会展商务旅游者会倾向于经济较为发达且增长势头良好的地区旅游、购物。但是在某些情况下,经济发展出现挫折、发展过程中出现问题的区域反而吸引诸多商务旅游者的眼光,如亚洲金融危机下的泰国、韩国等国家反而因为其经济不景气、汇率下跌而使得商务旅游者在此旅游可以获得更多的收益。而文化环境则要求会展商务旅游目的地的社会文化背景最好能与旅游者群体产生一定的差异性,让旅游者在该地旅游能够获得不一样的经历,这样才能吸引这类会展商务旅游者群体的关注。

(2)优质的服务

会展商务旅游所需要的服务主要包括两个方面的内容,即会展活动组织方面的专业化服务以及会展商务旅游过程中的优质特色化服务,这是与前面的会展商务旅游所需的硬件设施相对而言的。前面谈到在会展设施、会展城市基础设施、旅游地配套设施上要加大投入,以完善、先进的设施为会展商务旅游者服务。但是,最终为旅游者提供服务的还是人,所以,在投入硬件设施之余,更要注重的是对旅游者的专业化服务和优质个性化服务。

任务2　会展商务旅游的运作模式

12.2.1　会展与旅游的互动发展关系

会展和旅游都是综合性十分强的产业部门,两者都涉及食、住、行、游、购、娱等方面。虽然侧重点有所不同,但会展和旅游所涉及的行业有较大的重复性,具有较强的关联性。

1) 会展与旅游是一种相辅相成的关系

这主要表现在会展地点的选择和会展活动的组织等方面。从会展地点的选择来看，一般会议和展览的举办地都是旅游资源富集、旅游接待服务设施完善的地区。如"中国第一展"广交会的主办地广州和2001年亚太经合组织（APEC）会议的举办地上海，以及举办过多次国际性会展的北京，无一不是国内著名的旅游城市。因为只有著名的旅游地才能更好地吸引参展商和观展者，也只有旅游业发达的地区才能为展会提供优质的接待和服务。

会展活动的组织更与旅游有着紧密关联。无论是展前的营销宣传、展中的接待和展后的旅游娱乐都必须在旅游部门的配合下才能顺利进行。与此同时，旅游业效益的实现，市场竞争力的提升也需要依靠会展活动的开展和城市知名度的扩展。

2) 会展与旅游是一种动态发展的关系

这种动态发展的关系表现在旅游与会展发展的时间序列和发展的层次上。从会展与旅游的发展序列上来看，旅游相对于会展来说属于基础性产业部门，往往较会展业发展得要早，只有当旅游业发展到一定程度，会展的产生才具备前提条件。而会展业的产生和发展将促使旅游业在原有基础上获得进一步的发展。这种发展的序列首尾相接，形成一个环状向上的螺旋链，使会展和旅游不断地发展，在这样不断上升的发展过程中，旅游和会展的层次也不断提升。无论是旅游和会展的硬件、软件设施，还是区域影响力都得到持续性的增强。

3) 会展与旅游是一种积聚效应的关系

从某种意义上来看，会展和旅游都属于"注意力经济"的范畴，也就是说越多的人关注会展和旅游，其发展态势就越好。会展和旅游之间恰好形成一个相互积聚注意力的效用机制，知名会展可以吸引众多的相关者来了解展会的举办地，而著名的旅游地也会为人们参展或观展的决策增添砝码。因此，会展与旅游之间这种人气积聚的关系是十分明显的。

4) 会展与旅游是一种良性互动的关系

该关系主要表现在会展与旅游发展的相互促进上。会展的发展要求有相应水准的旅游服务设施与之配套。比如，许多国际性会展场馆附近需要有一定数量的四星或五星级的酒店来为参展商提供食宿服务，这样的需求就促使旅游业硬件和软件设施的改善和更新。另外,会展还有利于带动城市功能的提升,增强城市的知名度,这些都为旅游和进一步发展提供了有利的外部环境。而旅游的发展将使得该地成为人流、物流、信息流的聚集地,良好的积聚优势同时也会促使会展业的快速发展。会展与旅游之间的这种紧密关联的良性互动发展关系,是由会展和旅游客观存在的行业特性所决定的,是会展与旅游互动发展的内在前提。

12.2.2 会展商务旅游的主体构成

1)会展旅游需求主体

会展旅游需求主体指会展市场的买方,也是会展旅游产品的买方,是会展和会展旅游一切行为的中心,是会展旅游服务的主要消费者,是对会展旅游有直接需求的组织或个人,包括参展商、与会者和观众。

①参展商。它是指会展活动中在一定场所展示产品、技术、信息等的参展主体。

②与会者。它是指会展活动中对会展旅游活动有需求的参与人员。

③观众。分为一般观众和专业观众。

这3个群体分别属于不同的旅游者性质,一般情况下消费能力和结构会有所不同。参展单位和专业观展商作为商务旅游小团体,是公费旅游群体,具有较高的消费能力,是三者之中最高的;普通观展商是一般旅游者,是自费旅游群体,在住宿、餐饮、购物、旅游等方面的消费能力均比前两者低,所以营销旅游产品要根据不同群体分别进行营销。

2)会展旅游供给主体

会展旅游供给主体包括政府、行业协会、会展企业、旅游企业、媒体等相关主体。

(1)政府

政府在一个国家的政治经济生活中起到宏观调控作用,代表国家和地方利益。在会展旅游中扮演国家会展计划者、会展审判者、会展基础设施建设者、大型国际会展的申办者等多种角色。对会展旅游信息服务提供最基本的指导和宏观调控,建立法规维护会展旅游者的权益,同时明确各个主体的责任,辅助建立会展旅游信息市场秩序。如对于世界博览会,由于世界博览会是全球最高级别的国际展览会,是各国动员全国力量,全方位展示本国社会、经济、文化成就和发展前景的最好机会。举办世界博览会,能给举办国创造巨大的经济效益和社会效益,提升举办国的知名度,促进社会的繁荣和进步。因此,世界博览会的申办和主办通常由各国政府部门和申办城市的政府部门担任主办者的重要角色,对世界博览会的全程进行运作。

(2)行业协会

行业协会代表行业的利益,因此主要考虑产业或行业的相关政策与发展。在我国大多数举办成功的国际性展览,其主办者都是中国的行业协会,而非行业协会主办的同类展览一般都不如行业协会主办的展览有规模和有影响力。会展行业协会作为非营利的社团组织,主要功能是按照市场经济的要求进行行业服务、行业自律、行业代表、行业协调、行业规划、行业统计和开展国内外经济技术交流和合作等工作,通过会员的自律行为和行业的制裁措施实现行业自身的自我约束与自我协调,建立起会展业的正常秩序,使之走上健康的发展道路。

(3)会展主办者

会展主办者可以是政府、非政府组织和公司等机构,是会展的生产单位和买方。在会展的形成期,会展主办者根据自己的需要,通过掌握的客户信息,进行市场调研和需求分析,提出举办会展的意向,确定会展主题、时间、地点和主要内容,将项目计划提交相关部门审批。审批通过后寻求合作者,比如会展企业、旅游企业共同承办。

(4)会展企业

会展企业是具有会展知识和经验的专业公司,一般会展企业拥有自己的会展场馆或长期租赁由政府建立的会展场馆,以代理身份或辅助会展主办者进行申办、策划、组织、协调、安排和接待工作。公司与企业主办展会时,通常与政府部门或行业协会结为伙伴,这样有利于提升展会的知名度和扩大展会的影响力。一些大型企业自己主办展览的目的主要是发布新产品,增加销售额,提升公司形象等。

(5)旅游企业

旅游企业包括旅行社、景区、酒店等旅游企业,在开展会展旅游期间,旅游企业应主动与会展公司密切配合,在会展举办前、举办中、举办后为会展旅游者提供专业化的服务。由于会展旅游专业性强,旅游需求与一般旅游者不同,所以旅游企业在会展服务过程中要引进专业人才,提供服务水平,开发适合会展旅游者的产品。

12.2.3　会展商务旅游的运作模式

会展旅游市场的综合性、依附性和联动性决定了会展旅游市场的运作模式是多样的和复杂的。通过对会展旅游市场的分析,按照会展旅游市场的运作主体特征,会展市场运作模式可分为以下 3 种。

1)单体化运作模式

它是传统的会展旅游市场运作模式,如图 12.1 所示,两者之间互动性不强。即旅游业与会展业基本上各自发展,关联性很弱。会展活动主体在参加展会过程中,自行决定和安排住宿、餐饮、娱乐等项目,缺乏会展行业协会、旅游行业协会、会展政府部门、旅游政府部门等中介的组织与协调,缺乏报刊、杂志、电视、互联网等新闻媒介的沟通和参与。会展组织者在展会前没有进行充分的市场调研及信息查询,行为带有一定的盲目性,从而会增加展会成本,在人力、财力、时间上会造成一定程度的浪费;另一方面,旅游企业也缺乏一定自我协调机制、不开展一定程度的营销推广,错失巨大商机,与会展潜在客源之间的断层必会导致旅游企业经济效益低下,经营旅游业务均是被动行为。从长远的眼光来看,这种单体发展模式也不利于地区知名度的提升,极大地阻碍了城市会展旅游业的发展。因此,随着会展旅游业的发展,这种发展模式将逐渐被淘汰。

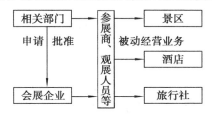

图 12.1　单体化运作模式

2)一体化发展模式

城市会展旅游经济效益显著,连带效应大,但会展经济现在是否能成为一支经济力量和新兴产业,需要政府、行业协会、会展企业、旅游企业联合成一个整体,一致对外进行市场运作,如图 12.2 所示。首先,会展主管部门与旅游主管部门一体化。两个主管部门通过协商围绕会展项目对活动主体进行整体宣传,并监督各自企业的规范性操作。其次,媒体与旅游企业的一体化。会展活动主体因为会展这一活动聚集在城市,并在旅游企业运用新闻、广告、互联网等媒体沟通的营销推广下成为旅游企业的主要客源,进而完成住宿、餐饮、旅游等消费单元,为旅游企业带来经济效益,推动旅游企业与活动主体的关系。最后,会展企业与旅游企业一体化。会展企业与旅游企业的信息共享,会展企业为旅游企业输送客源,旅游企业为会展企业提供外围服务,活动主体为会展企业和旅游企业带来收益。在旅游企业的专业化服务的基础上,能够极大地提升城市的知名度和美誉度,促进会展的持续化发展。

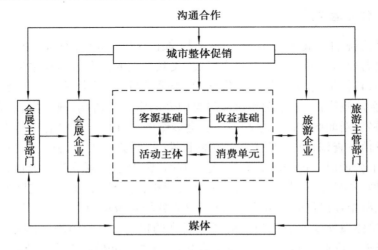

◇活动主体:参展商、观展人员等　　◇消费单元:住宿、餐饮、娱乐、旅游等

图 12.2　一体化运作模式

3) 网络化运作模式

随着信息技术的不断发展,信息技术为会展旅游带来的不仅是硬软件的应用,更主要的是运作流程的优化、相关信息的集成、会展旅游的管理、营销思维方式的改变等方面,要体现信息技术的真正优势,需要在整个运作过程中进行信息化。因此面向传统会展旅游的运作,建立会展旅游信息服务体系成为一种必然。

会展和会展旅游产品不是实物商品,也不能成为标准化产品,市场运作前期很适合通过网络形式来运作,所以有条件的城市可以开展会展旅游网络化市场运作模式。进行网络化市场运作模式必须有专业网络公司的技术支持。对于会展旅游城市而言,城市会展和旅游的信息既要分门别类,又要具有高度的概括性,既要汇集城市会展旅游业发展的各类相关资源,又要突出城市自身的特色,这自然离不开高水平的设计和制作,因此专业的技术公司非常重要。

这个体系服务于会展旅游的各个主体,为会展旅游运作提供一个信息交流平台,并依据信息类型、处理方式和会展旅游的具体运作,分为政府服务、会展旅游新闻、会展旅游城市、分类会展、客户管理等功能模块。其基本宗旨是在城市会展及旅游行业主管部门、城市会展旅游企业、专业会议、展览组织者、参展商和专业观众之间建立起一座联系沟通的桥梁,如图12.3所示。

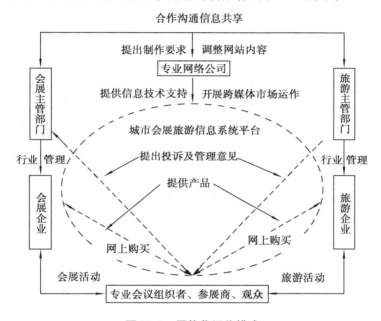

图12.3　网络化运作模式

综上所述,城市会展旅游市场运作过程因每个城市条件而异,现在中国大多数城市还处于单体运作阶段,所以为了使会展旅游业发展的效率提高,必须优化会展市场运作的模式。

任务3　我国会展商务旅游的发展与对策

12.3.1　我国会展商务旅游的发展阶段

商务旅游是旅游活动的重要形式,在大多数欧美发达国家中,商务旅游是旅游业中赖以生存的一个主要市场。在亚太地区,商务旅游的发展也非常迅速并具有持续发展之势。尤其是日本、新加坡、中国香港等国家或地区,发展势头很猛。商务旅游在我国旅游市场和旅游发展中也占据着越来越重要的地位。

会展商务旅游在我国的发展可以大致分为 3 个阶段,即会展商务旅游客源输出阶段、国内会展商务旅游萌芽阶段和我国会展商务旅游快速发展阶段。

1)会展商务旅游客源输出阶段

会展商务旅游与其他旅游形式一样,必须依托两大空间存在,即旅游客源地和旅游目的地。我国在 1915—1957 年,国内会展业尚未起步,因此,相应的会展商务旅游也没有得到促进。但是,国内会展业相对静止的发展状态不等于我国会展商务旅游没有发展。实际上,这里定义的会展商务旅游发展既包括国内会展商务旅游的发展,也同时包括国内参与世界会展商务旅游的发展。而在该阶段,我国就在国际会展商务旅游发展中扮演了一定的角色。我国早在 1915 年就派个人或团体参加了世界各国举办的博览会,并获得许多殊荣,如表 12.1 所示。

表 12.1　1915 年后我国参加各国博览会获奖情况

产品名称	获奖项目	获奖时间	作　者
25 层象牙球	美国太平洋万国巴拿马博览会　一等奖	1915 年	翁昭、梁雄等
广彩"十二王击球"箭筒	美国太平洋万国巴拿马博览会　一等奖	1915 年	刘群兴
广绣"孔雀牡丹会景"	美国太平洋万国巴拿马博览会　一等奖	1915 年	余德
广绣"四角大花被"	美国太平洋万国巴拿马博览会　一等奖	1915 年	佚名
25 层象牙球	英国伦敦大铁桥开幕国际赛会　一等奖	1923 年	翁昭等
广绣"瑞狮"挂画	英国伦敦大铁桥开幕国际赛会　二等奖	1923 年	余德
象牙雕"夜战马超"	美国芝加哥百年开埠纪念国际博览会　二等奖	1932 年	白满、梁鉴泉

因此,从我国会展商务旅游的发展来看,我国最早是以出境参展为主,虽然该阶段我国会展产业没有产生和发展,但实际上我国已经参与了国际会展商务旅游活动,并且扮演了会展商务旅游客源输出国的角色。该时期可以算作是我国会展商务旅游发展的最初阶段。

2)国内会展商务旅游萌芽阶段

迄今为止,我国举办历史最为悠久的会展当属中国出口商品交易会,又称广交会。广交会创办于 1957 年春季,每年春秋两季在广州举办,迄今已有 50 多年的历史,是中国目前历史最长、层次最高、规模最大、商品种类最全、到会客商最多、成交效果最好的综合性国际贸易盛会。随着国内展会的起步,我国会展商务旅游活动也开始萌芽,会展商务旅游活动不再局限于出国参展,而是以出国参展和吸引国外会展者参加我国国内展会并举为主要形式。因此,1957—1978 年可以说是我国会展商务旅游的萌芽阶段。在该阶段中,我国已经实现了由国际会展商务旅游客源地向国际会展商务旅游目的地的转变,这个转变的标志就是广交会的举办。但是,由于在该时期我国的经济尚未完全放开,相对封闭的经济环境给参展商制造了人为的障碍,因此,在会展商务旅游的发展速度和成效上还不显著,此时的中国会展商务旅游还没有进入发展的快车道,仅仅处于发展的初级阶段。

3) 会展商务旅游快速发展阶段

1978 年后,改革开放的进行将我国社会经济的发展推上了一个新的发展阶段,除了国际会展的发展外,国内各地政府也逐步意识到会展经济对于当地发展的重要性。因此,出现了政府搭台、经济唱戏的各种地方性商贸型会展。与此同时,我国的旅游经济也改变了往日纯粹接待性质的运营模式,进入了商业化运营阶段。国际开放度的不断提高,国内会展活动的广泛开展以及旅游经济的市场化运作都为我国会展商务旅游的发展提供了良好的环境和基础。在上述因素的共同作用下,我国会展商务旅游出现了可喜的发展局面,即国际与国内,出境与入境,会展与旅游同步发展。由于获得了相关产业和社会经济环境的支撑,会展商务旅游在此后获得了快速发展。

12.3.2 我国会展商务旅游发展的现状

众所周知,会展商务旅游是旅游活动的一部分,旅行者的主要目的是前往目的地进行商务会展活动以及为了工作而产生的体育、文化、娱乐、休闲等活动。目前从市场规模和市场结构上来看,会展商务旅游已经成为我国旅游业中重要的组成部分。

1) 会展商务旅游市场规模

从会展商务旅游市场发展的速度来看,我国会展市场正以年均 20% 左右的速度快速增长,会展商务旅游则具有更高的增长幅度。按照国际大会和会议协会(ICCA)的预测,中国将成为具有强大潜力的国际会展市场,其总裁及执行董事于 2000 年 8 月来华访问,决定全面拓展中国国际会议市场。国际会议协会主席也曾指出:"中国有可能成为 21 世纪国际会议旅游的首选目的地。"中国会展商务旅游市场发展如此迅速的原因主要有以下几个方面。

(1)丰富多彩的资源和文化

会展商务旅游作为一种旅游活动,旅游资源和旅游产品供应对其具有较大影响力。我国会展商务旅游市场的不断发展壮大,一方面也是得益于我国悠久的历史文化和多彩的旅游景观。我国拥有的 5 000 年历史为现代人类留下了数量可观的辉煌历史遗迹,此外,由于我国国土面积广袤,民族数量众多,也形成了很有特色的多民族共处的文化民俗景观。因此,我国在自然景观、社会人文景观方面都具有强有力的竞争力,为会展商务旅游者选择中国作为目的地提供了有力支撑。

(2)安定的社会和政治环境

无论是开发会展事件还是开展旅游活动,安定的社会和政治环境都是至关重要的因素。特别是美国"911"事件之后,恐怖主义有所抬头,世界各地政治局势风云变幻,安全已经成为旅游者和商务活动者追求的主要因素之一。在变幻莫测的世界政治局势下,中国始终保持了较为稳定的社会和政治环境,成为世界上最为安全可靠的旅游目的地之一。因此,中国吸引了众多商务会展旅游者的眼光,成为亚太地区乃至世界上重要的会展旅游目的地之一。

(3)发达的经济和完善的设施

目前,世界经济和会展经济的发展正逐渐由欧美地区向亚太地区转移,我国作为亚太地区的大国之一,拥有较强的综合国力和经济实力,并且最近几年经济发展持续走强,特别是在 1997 年亚洲金融危机中,我国的经济实力得到了较好的检验。我国在金融危机中帮助周边地区摆脱困境的举措也有目共睹。在加入世界贸易组织后,中国已经成为亚太地区重要的经济大国,在世界经济和区域经济中扮演了重要的角色。

在国内经济建设和基础设施建设上,东部沿海地区和主要大中城市的基础设施不断完善,针对会展经济发展的场馆、交通、通讯等服务设施和服务水平都得到显著提升,目前已经初步形成上海、北京、广州的一级会展商务旅游目的地,其带来的会展商务旅游者活动范围不仅在城市中还辐射到城市的周边地区,极大地带动了城市所在区域经济的发展。此外,还有杭州、深圳、大连等二级会展城市在不断发展。由此可见,我国会展商务旅游市场的规模会以更加迅猛的速度增长。

2)会展商务旅游市场结构

从会展商务旅游市场结构来看,我国会展商务旅游的发展同样迅速。

(1)商务旅游客源地的空间结构不断优化

世界会展商务旅游的迅猛发展对于我国该类旅游的发展起到了较大的促进作用。据专家估计,随着世界经济的复苏,全世界每年的会议收入约在2 200亿美元之上,且每年以8% ~10%的速度增长。商务旅游中的奖励旅游增长最快,1990年全球的奖励旅游产值已达到1 700亿美元。随着亚洲经济的崛起,亚太地区会议旅游、奖励旅游的支出也逐年增加。今后全球经济热点逐渐向亚洲转移,可以预见亚太地区会展商务旅游的发展空间应该相当广阔。

在该形势下,我国会展商务旅游的客源地空间结构也逐步由周边区域向全球范围内拓展。在我国会展商务旅游刚起步时,商务会展旅游者的来源地和旅游目的都较为单一,大多为亚洲周边国家和地区的投资者,其目的也大多以投资选址的考察为主,形式较为单一,空间分布较为集中。而随着我国会展业逐步融入世界会展经济,我国会展商务旅游者的客源地空间结构也不断得到优化。目前,我国的会展商务旅游客源地已经覆盖全球,并且会展商务旅游者的目的也日益多元化,如投资、观展、参展、会议等。

(2)会展商务旅游在旅游业中比重不断上升

近年来,我国旅游市场的入境客源呈平稳增长趋势,游客的旅游动机逐渐由观光转向以商务投资考察为主。如1988年,台胞探亲访友和观光的比例为96.7%,商务旅客只占3.3%,但是到1992年,台胞赴大陆旅游结构发生了根本变化,原来人数最多的纯观光旅游者开始被急速发展的商务旅游者和各类考察团所取代。1997年,天津入境旅游者中,商贸旅游人数占45.4%,上海市接待的国内旅游者中商务旅游比例占29%,全国来华旅游者中商务旅游者占36.2%。根据发展趋势来看,今后商务旅游者仍会有大幅度上升。可见我国会展商务旅游在结构上和市场份额上都大有可为。

12.3.3　我国会展商务旅游发展存在的问题

1)缺乏对商务旅游的认识和研究

商务旅游,尤其是会议旅游产品已成为众多国家和地区旅游业发展的推动力,受到政府和主管部门的高度重视。但是我国许多旅游企业尤其是政府主管部门对商务旅游没有一个清醒的认识和把握,对商务旅游缺乏相应的研究和规划,因此不能从旅游的角度对商贸活动进行综合的开发。

2)宣传、促销的力度不够

1995年,世界各国旅游管理部门总预算达到22亿美元、促销总预算就达到12亿美元。我国用于这方面的支出十分有限,仅为周边国家的十分之一,甚至几十分之一,不但无法开展对公众有影响的宣传,甚至连一般宣传品的供应都难以保证、极大地制约了旅游客源的持续增长。此外,我国还没有专门针对会展商务旅游者的系统宣传,旅游管理机构的营销和宣传都以大众旅游者为目的,没有考虑会展商务旅游者的特殊需求。

3)缺乏有关的政策法规

为了发展商务旅游中的会议旅游、奖励旅游业务,许多国家和城市纷纷立法,并采取倾斜政策,如对符合规定标准的会议组织者和计划者给予税收优惠,提供免签证等。我国至今还没有系统完备的旅游法,旅游业行业管理上不顺畅,政府旅游主管部门与其他部门未进行很好的沟通协调,同时国家缺乏有关促销、税收、签证等直接影响会议旅游和奖励旅游的政策法规。

4)缺乏专业人员和信息来源

商务旅游专业服务人员是商务旅游网络的支撑,其素质的好坏、专业水平的高低直接影响到会议旅游与奖励旅游的申办、组织、接待的成败。由于会议承办有限,主办者为争取主办权必须经过激烈的竞争,因此大多数国家需要的都是训练有素的专业会议策划家。在我国,这方面的专业人才少、水平参差不齐。会展商务的专业信息来源渠道狭窄,信息高速公路等先进技术和设备尚未普及。

5)旅游结构不合理,设施差

由于我国的旅游产品多以观光考察旅游为主,因此,旅游设施结构单一,基本上都是用于观光游览的旅游宾馆,缺乏发展商务旅游所需的商务旅馆、会议旅馆和全套房旅馆,尤其是缺乏满足国内外中小企业商务者所需要的中低档商务旅馆。会展商务旅游者对饭店内部的设施和服务有着特殊的要求,而我国的饭店在客房照明和家具、办公器具(客房传真机、电脑及电脑插座、客房电话答录设备、语音信箱、呼叫器)、信息通讯服务(电视信息频道、移动电话、互联网进客房)、会议设施(同步会议设备、大投影屏幕、多媒体设备投影仪、同声翻译设施)、秘书服务及女性商人所需要的个性化服务等方面还存在着许多问题。

6) 会展商务旅游业领导体制不顺、管理混乱

我国由于缺乏对旅游业的全面理解和正确认识,尤其是不了解商务旅游的定义和内涵,不少领导干部和从业人员一直认为展览会和交易会仅是一种商业促销活动而没有把它们看成是旅游活动的一种重要形式,把旅游部门排除在展览业的管理体制之外,从而造成了我国展览业领导体制不顺、不健全的局面,进而引起了管理上的混乱。尤其是展览会的立项审批较混乱,影响了展览会质量,很难创出名牌展览会,有损国家和城市的形象。而在会展商务旅游的组织过程中,形成两大独立的业务块,即会展和旅游,两者的分离大大弱化了会展商务旅游对于国民经济的推动意义,同时也降低了会展商务旅游者的体验,因此,如能够成立统一的管理部门对会展商务旅游进行运作和管理必定能获得更为理想的效果。

12.3.4 我国会展商务旅游发展的对策

我国会展商务旅游要发展,必须从以下 4 个方面的支撑要素开始努力。

1) 主题的选择

主题的选择对于会展和旅游而言都是极为重要的要素之一。主题直接决定了展会的内容,也决定了展会参与者的身份,它同样也是展会是否具备吸引力的决定因素。只有主题选择恰当,会展与旅游互动发展才具备前提条件。因此,会展举办者和旅游企业及旅游主管部门应根据自身情况制订独具特色的主题,通过旅游强大的吸引力来为会展提供更多的专业观展者和潜在客户,同样会展也可通过举办强势品牌的展会来为举办地创造更多的旅游者。可见,只要会展和旅游的主题选择恰当,会展和旅游就能凭借各自的优势实现互动发展。

2) 活动的组织

会展和旅游从其本质来看都是人们参与的一系列社会活动的综合体,因而,会展与旅游的互动发展实际上就是两种活动之间相互交错、相互促进的过程。所以,旅游和会展活动的组织便成了两者实行互动发展的关键。总体而

言,活动的组织要遵循以下原则:

①时间上的互补性。会展与旅游活动组织在时间上体现出互补性,有助于实现两者的共同利益。比如,会展活动避开当地旅游的高峰期举行,一方面有利于展会组织者降低成本,也有利于旅游业获得持续稳定的收入。此外参加展会的商务旅游者还可以享受更为宽松的旅游环境。

②形式上的特色性。会展活动的全程组织都应该在形式上突出强调当地的特色。只有这样才能激起参加展会人员的旅游兴趣。例如在上海举行的亚太经合组织会议中,与会代表全部身着唐装,会后洋溢着古典气息的唐装和中国悠久的历史文化开始风靡全球。

③内容上的针对性。活动在组织时要注意到参加活动主体的特性,尽量使活动围绕着这些主体进行。只有本着这样的一个原则,会展和旅游才能实现最佳的配合。比如,旅游应该根据参展商和观展者的特殊专业背景或需求,设计出不同类型的旅游产品,并配合展会共同进行宣传,以增强展会的吸引力。这些会展参与者在会展举办地旅游之后获得的不寻常经历,将促使他们再次参加这样的展会和到该地旅游。

3)服务的优化

对于同作为第三产业中精英的会展和旅游业来讲,服务自然是位于第一位的,优质的服务既是会展和旅游发展的保证也是两者实现互动的重要支撑要素。优质的服务应该符合如下要求:首先,效率高。服务的提供非常注重效率,会展参与者和旅游者的时间都十分宝贵,若无法提供高效的服务,他们的利益必然受到损失。其次,满意度高。服务的优质与否一方面主要看服务是否按照规程操作到位;另一方面也要看接受服务方的优质服务。因此要借助各种手段来提高被服务方的满意程度。最后,专业化高。会展和旅游均为专业性比较强的行业,因而这两个行业中的服务也相应具有专业性。从会展服务来说,它可以分为两个类型。一个是接待服务,另一个就是展会服务。由于专业的限制,会展企业在提供展会服务方面一定有巨大的优势,然而在接待服务方面却必然无法面面俱到,而提供细致入微的暖人服务正是旅游业的专业优势。因此,优势服务的专业化程度一定要高,只要会展和旅游都发挥其独特的专业优势,必然会形成良性的互动发展格局。

4)设施的完善

固然,优质的服务是会展和旅游业存在和互动发展的保证,但是如果没有硬件设施作为支撑,优质服务是不可能实现的,现代社会的任何服务都要建立在一定的设施基础上的。对会展和旅游来说,两者对设施的要求都非常"苛刻"。如会展业对会展场馆面积、设备功能的要求十分高,一般都要求采用世界上较为领先的技术,旅游业为了让游客获得最大程度的享受,企业也必须不断更新设备以获得较强的竞争力。可见,设施的完善是从最基础的层次为会展与旅游的互动发展提供支撑的。

【复习思考题】

1. 单体化模式有什么缺点,为什么?

2. 网络化模式如何运作? 最关键的是哪个环节?

3. 会展商务旅游的特点有哪些?

4. 会展旅游者的消费行为有什么特点?

5. 会展商务旅游的概念是什么?

6. 会展商务旅游的运作主体有哪些?

7. 简述我国会展商务旅游的发展阶段。

8. 简述我国会展商务旅游发展的问题。

9. 如何发展我国会展商务旅游?

【实训题】

我国会展商务旅游发展面临哪些重要问题? 应该如何解决?

一、实训组织

以小组方式对本市旅行社进行调研,调研内容为旅行社经营的会展旅游业务状况,主要集中于会展商务旅游的主题状况、参与人员状况、消费情况、旅行社盈利状况和运作模式等方面的调研,并就调研结果撰写调研报告。

二、实训要求

1. 学生以小组方式完成。

2. 调研范围覆盖本市。

3. 调研内容要求全面。

4. 调研报告撰写要专业。

三、实训目的

1. 加强学生之间的协作。

2. 提高对会展商务旅游市场的认识。

3. 增加学生实践机会。

【典型案例】

武汉国际旅游节

一、武汉国际旅游节简介

(一)武汉国际旅游节发展的历史沿革

在市场的热切企盼和群众的呼声中,本着"亲民娱民,为群众办节;呼朋引客,提升城市旅游功能"为目的的武汉国际旅游节在 2002 年 9 月揭开了神秘的面纱,历时 3 天的节庆活动为武汉市增添了节日的气氛,创造了全民愉悦的大环境,是武汉国际旅游节的成功开始,到目前为止,它已成功举办了 11 届,每一年都以不同的主题演绎着武汉多彩的文化,以不同的产品组合吸引着众多的游客,以个性鲜明的表现形式展现出独特的魅力,吸引着武汉市乃至全国各地的游客。如表 12.2 所示。

表 12.2　武汉国际旅游节简介

举办时间	主　题	活动板块	
2002 年 (第一届)	滨江滨湖,动感之都	三大板块	中国人民解放军军乐团开幕表演
			以"武汉与世界同行"为主题的来自五大洲的民间艺术家的精彩表演
			"繁荣华中大旅游圈"为主题的安徽蚌埠花鼓灯,以及湖北木兰武术、江西景德镇"瓷乐"、湖南瑶族长鼓等民间传统艺术方阵
2003 年 (第二届)	万里长江,魅力武汉	六大板块	"相约武汉"中外艺术焰火表演邀请赛
			"美味武汉"美食文化节活动
			"激情武汉"中外歌舞演出活动
			"魅力武汉"旅游长廊展销活动
			"欢乐武汉"大型中国彩灯博览会
			"动感武汉"大型激光水幕电影观赏活动
2004 年 (第三届)	白云黄鹤,知音江城	五大板块	"月圆名楼"开幕式
			"灿烂长江"国庆之夜音乐焰火和中外歌舞晚会
			"魅力东湖"艺苑风景线
			"欢乐江城"异国风情走进社区
			"奔腾武汉"赛马大会

举办时间	主　题		活动板块
2005 年 （第四届）	白云黄鹤， 知音江城	四大 板块	"梦幻东湖"
			"动感江滩"
			"名楼精曲"
			"多彩武汉"
2006 年 （第五届）	激情长江， 魅力武汉	四大 板块	"精彩武汉"开幕式晚会
			"激情长江"音乐艺术焰火大会
			"魅力三镇"大型花车巡游
			"欢乐江城"各区和重点景区专项活动
2007 年 （第六届）	演绎知音文 化，唱响和 谐新曲	四大 板块	武汉国际赛马节开幕式
			"多彩知音城"汉阳区第四届知音文化旅游节开幕式
			"和谐之声"社区才艺大赛
			"知音之旅"系列旅游活动
2008 年 （第七届）	精彩武汉， 和谐江城	四大 板块	2008 武汉国际旅游节开幕式
			各区及重点景区板块活动
			2008 武汉快乐旅游大奖赛
			旅游节闭幕式
2009 年 （第八届）	精彩武汉， 魅力江城	七大 板块	精彩武汉——2009 中国武汉国际旅游节开幕式
			相约武汉——中国武汉国际旅游节国外表演团"三走进"活动
			万商武汉——中国武汉欢乐购物节
			美食武汉——中国武汉小吃文化节
			绿色武汉——中国武汉"和谐自然"生态节
			品藏武汉——民间收藏文化节
			知音江城——中国武汉国际旅游节闭幕式暨中国武汉知音歌会

续表

举办时间	主题	活动板块	
2010 年 （第九届）	浪漫中华婚典，知音江城之旅	十一大板块	开幕式暨中华婚典仪式
			相知相印东湖水
			梦想在名楼放飞
			高山流水永相随
			幸福从武汉起航
			乐动江城帐篷音乐节
			多彩武汉——大型科普旅游活动
			问禅报恩福地——新洲报恩文化旅游节
			老武汉的味道——武汉户部巷汉味小吃文化节
			体验赛马风情——武汉秋季旅游产品推广
			闭幕式暨帐篷音乐节颁奖典礼
2011 年 （第十届）	浪漫东湖，首义之城	六大板块	旅游节开幕式暨中华婚典仪式
			首届东湖音乐嘉年华
			东湖女孩暨游艇形象大使选秀大赛决赛
			"金色秋韵　盛世花展迎国庆"科普旅游活动
			"魅力江汉，感受金秋"各区旅游活动
			闭幕式暨帐篷音乐节颁奖盛典
2012 年 （第十一届）	文化武汉，欢乐江城	八大板块	开幕式暨武汉欢乐谷首届国际魔术节开幕晚会
			武汉欢乐谷首届国际魔术节
			"最美武汉　十年精彩"旅游风情展
			东湖论坛之武汉游艇经济高峰论坛会
			东湖女孩选秀大赛活动
			菊韵江城 2012 年武汉植物园菊花文化主题周
			华夏美食，寻味江城武汉美食嘉年华
			欢乐畅游，文化武汉武汉国际旅游节各区旅游活动

二、武汉国际旅游节的五大辐射效应

(一)品牌效应

品牌效应是武汉国际旅游节成功举办后表现得最为明显的一个效应,品牌效应是由武汉国际旅游节形成自身的节庆品牌后,引发、带动相关产业或产品价值提升的一种后发辐射效应。随着武汉国际旅游节在城市旅游节庆中的知名度和影响力的进一步提升和扩大,它的品牌辐射效应可以扩展到4个层次:第一,节庆各个举办方的名气的提升;第二,参加节庆的各个展商的知名度的提升;第三,借用节庆进行自身宣传的产品或企业可收到较好的经济、社会效应;第四,武汉市城市整体形象将进一步提升。品牌效应是一个连锁反应的过程,从纵向和横向两个方向进行深度和广度的扩展,最终可形成一个品牌辐射的圈层结构,在圈层中间与节庆关联度高的产业或产品将是辐射效应中的最大受益方。

(二)市场效应

市场效应是武汉国际旅游节形成了自身广泛客源市场的同时,将自己的客源市场转换成其他关联企业潜在客源市场的一个过程,同时也是实现良好市场反响的一个途径。随着武汉国际旅游节举办规模和举办层次的不断扩大,参加节庆活动的游客数量逐年攀升,参展商和游客在节庆活动的举办中,获得了一个"面对面"互动的机会,即武汉市国际旅游节为其参展商和游客提供了一个直接交流的平台,这种直接面向大规模受众群体的宣传方式最有成效,同时也是单位成本最低的营销手段。节庆活动的市场效应不仅覆盖到受益最大的各个参展商,它的举办还吸引了大量游客的集聚,因而为举办地周边的商业区带来了无限的商机。

(三)价值效应

节庆的价值效应反应在节庆产业价值链上的各个环节所获得的收益,武汉国际旅游节的展品大多是武汉各旅游景区、景点和省内其他知名景区的微缩人造景观。一是对武汉及周边地区旅游景点或旅游产品的一个宣传、展销活动;二是对武汉市历史与现实文化的一种传承和展示,因此,节庆活动的核心价值就在于它有效地宣传和推广了武汉市乃至湖北省各旅游景区(点),支撑价值是传承和展示了湖北省的本土文化——楚文化,是对文化这一宝贵资源的有效挖掘和发挥,拓展价值是提升了武汉市整体形象,借用武汉国际旅游节这一平台向外界推广、宣传武汉市,另外在节庆产业链上的其他环节,也在节庆这一产品价值提升的过程中,实现了自身价值的提升,因此,武汉市国际旅游节的价值效应是一个环节性的联动效应。

（四）经济效应

武汉国际旅游节的举办最直接、最突出的就是经济效应，而经济效应又分为直接经济效应和间接经济效应。直接经济效应表现在节庆举办期间，节庆的门票收入和武汉市内各景区（点）的收入总和，节庆举办期间，旅游综合总收入取得了理想的成绩，相比"五一"黄金周，收入再创新高，如2003年达到5.26亿元的综合收入，2006年达到7.29亿元，再次刷新纪录，随着节庆影响力的进一步扩大，经济收益预计还会继续呈现逐年递增的趋势。间接经济效应一方面是指在节庆举办期间之外，借用节庆的知名度和品牌效应所实现的经济收入；另一方面是在节庆举办期间，节庆的举办为节庆举办地周边的商业区所带来的额外的商业机会所实现的经济收入。总之，节庆活动本身及背后都存在着无限的商机，其经济效应是相当明显的。

（五）社会效应

节庆本身就是一个全民共同参与、社会反响极大的大型活动，具有显著的社会效应。武汉国际旅游节自举办以来，深受市民欢迎，知名度和影响力逐年扩大，取得了一系列良好的社会效应，它不仅为市民在"十一"节日期间提供了一个大众化的休闲场所，而且还通过各种活动或项目的巧妙设计和表演为游客提供了一种不同的体验经历，陶冶了人们的情操，以文化为设计内涵的武汉国际旅游节将历史文化与现实文化、本土文化与外来文化在节庆产品中通过各种表现方式展现在人们的眼前，激发了人们对各种文化的追求与热爱之情，塑造了城市整体良好的精神风貌。

三、评述

（一）成功之处

①设计理念——武汉国际旅游节策划立意高远，具有一定的前瞻性和创新性，并能与国际潮流接轨，是一个非常成功的城市旅游大型节庆活动。

②产品创新——节庆产品以本土文化、外来文化、历史文化、现代文化为核心，依托举办场地的各种基础设施条件，以各种景观、人物、建筑为元素，用动静结合的表现手法，配合现代声、光、电等高科技技术，设计各类节庆产品，展现武汉国际旅游节的迷人风采。

③主题鲜明——武汉国际旅游节的一个突出特色就是主题鲜明，节庆的宏观主题均围绕武汉市展开，以文化为传播要素，塑造武汉市典型形象，且节庆活动也都是围绕着几个主题来设计产品，且这些主题也都能对节庆的宏观主题起到一定的支撑作用。

④运作合理——采用"政府主导、企业运作、全民参与"这种目前发展较为

成熟的节庆运作模式是武汉国际旅游节在运作上的一大成功之处,政府主导保证了节庆活动的性质具有一定的公益性,是一个市民化的节庆活动;企业运作既有效解决了资金问题,又吸引了企业的积极参与,同时也为企业做自身的宣传提供了一个平台;而全民参与为节庆活动提供了广大的客源市场,是一个基础性条件。

(二)不足之处

①宣传推广——武汉国际旅游节在宣传推广上的力度不够,表现在推广的渠道太过单一,受众群体数量有限,特别是对外的宣传几乎是一片空白,因此,要扩大武汉国际旅游节在国内的影响力、打造知名度,就必须将节庆推广、宣传出去,例如:建立武汉国际旅游节节庆网站,采用电邮的形式在适当的时间,将宣传信息发布到省外旅游相关企事业单位;另外还要进一步加强在省内的宣传,增加宣传渠道,采取多种宣传方式,力争获得更多的省内客源市场。

②合作伙伴——武汉国际旅游节的合作伙伴主要有3类:举办方、参展商、宣传商。就目前来看,举办方和参展商的数量不多,尤其是参展商,以旅游行业为主,为了扩大节庆的影响力和知名度,武汉国际旅游节应积极争取其他行业的积极加入,促进节庆向着多元化的方向发展,一方面可为节庆筹得更多的资金;另一方面也可丰富节庆产品的内容、增加节庆产品的类型,另外还可获得更多的宣传渠道。

案例讨论:

1.结合武汉国际旅游节案例,谈谈会展有哪些方面的效应。

2.试述武汉国际旅游节主要运作模式。

3.讨论武汉国际旅游节主题变迁的原因。

项目 13
会展组织与会展行业管理

【知识目标】

◇ 熟悉重要的国际会议组织和展览组织
◇ 阐述不同会展行业管理模式的特点
◇ 了解会展发达国家的会展管理体制

【技能目标】

◇ 能够阐述重要的国际会议组织和展览组织
　的作用和运作模式
◇ 能够对比我国会展行业管理与会展发达国
　家的区别

【学习重点】

◇ 国际会展组织
◇ 会展行业管理模式

【学习难点】

◇ 发达国家的会展管理体制

【案例导入】

上海市会展行业协会

上海市会展行业协会 Shanghai Convention & Exhibition Industries Association（缩写:SCEIA）于2002年4月成立,由上海市从事会议、展览及相关业务的企事业单位自愿组成的跨部门、跨所有制、非营利性的行业性社会团体法人,是具有广泛代表性的新型行业协会。

本会由会员单位组成,截至2010年12月底,协会已有会员499家,会员成分已呈多元结构,基本涵盖了会展主体业务以及与之相关的业务领域,其中副会长单位30家,常务理事单位12家,理事单位34家。

本会的常设机构为秘书处,下设办公室、联络部、项目部、信息部和服务中心。

协会成立多年来,本着遵守国家法律、法规,积极发挥"服务、代表、协调、自律"的四大职能,在市有关职能部门的指导下,协助政府从事行业管理,就保护会员的合法权益、提高行业整体素质、进行行业统计、形成行业自律机制、行业认证、组织国际交流与合作等方面做了全方位的开创性工作,同时一直致力于为会员单位提供全面的优质服务,体现行业协会的广泛性和代表性,从而真正构筑政府与企业之间沟通交流的和谐平台。

资料来源:上海市会展协会 http://www.sceia.com.cn/subpage/introduce.asp

讨论:列举一些你知道的我国会展行业协会,并讨论会展行业协会在会展经济发展中所起的作用。

任务1　国际会展组织

会展活动是国际化的经济活动,众多国际会展专业组织在世界会展业市场化、规范化的发展中,起到了重要作用。熟悉和了解这些国际会展组织,积极地与它们沟通,参加它们的活动,将使我们有更多机会获取国际会展行业信息,了解国际会展发展动态和趋势,积极参与国际竞争,使我国会展业得到快速发展。

13.1.1　国际会议组织

（1）国际会议协会（ICCA：international congress & convention association）

国际会议协会是全球会议业最主要的国际专业组织之一。国际会议协会创建于 1963 年，总部位于荷兰首都阿姆斯特丹。在全球 80 个国家拥有 635 个机构和企业会员。

作为世界主要的会议专业组织，国际会议协会包含了所有当前以及未来的会议领域专业部门，协会肩负如下使命：

①提高协会成员举办会议的技巧及对会议行业的理解。

②为协会成员间的信息交流提供便利。

③为协会成员最大限度地提供发展机会。

④根据客户的期望值逐步提高专业水准。

国际会议协会将其成员按所属会议产业专业部门分类，并以一个英文字母作为成员类型的代号，如表 13.1 所示。

表 13.1　国际会议协会成员分类体系

成员类型	代表字母	成员数量
会议/旅行/目的地管理公司	A	68
航空公司	B	10
专业会议展览组织者	C	115
旅游及会议局	D	149
会议信息及技术专业机构	E	53
饭店	F	56
会议场所及展览中心	G	179
荣誉会员	H	5

资料来源：国际会议协会（ICCA）

国际会议协会采用一种区域性的组织结构，该协会不仅致力于促进统一会议产业专业部门成员之间的协作，而且要突破会员所属会议产业部门类型的限制，促进在同一区域的不同会议产业部门成员间的合作。基于这种目的，国际会议协会成立了区域分会、国家和地方委员会。国际会议协会将全世界划分为

9个区域,设立了9个区域分会。非洲分会、法国分会、北美分会、亚太分会、拉美分会、斯堪的纳维亚分会、中欧分会、地中海分会、英国/爱尔兰分会。此外,国际会议协会在全世界17个国家和地方设立了委员会。

各种会议公司或机构必须交纳入会费和年费才能成为国际会议协会的成员,并享受该协会提供的产品与服务。国际会议协会提供的产品和服务有:

①协会数据库说明;

②协会数据库报告书;

③协会数据库提供的按客户要求特制的表格名录;

④公司数据库说明;

⑤公司数据库提供的按客户要求特制的表格名录;

⑥国际会议协会数据专题讨论会资料;

⑦国际会议市场统计资料。

国际会议协会提供的产品和服务对于帮助其会员了解国际会议市场、获取行业信息、开展会议行业教育和调研活动以及制订会展发展计划和策略,有着重要的参考价值。

(2)国际协会联盟(UIA:the union of international association)

国际协会联盟于1910年在比利时布鲁塞尔召开的国际组织第一届世界大会上正式宣告成立。该联盟是一个独立的、非政府的、无政治色彩的可帮助4万个国际组织和客户交换信息的非营利性组织。该组织自成立以来就成为了提供有关国际组织和全球信息的先锋。国际协会联盟用书面、光盘和互联网的形式为广大用户提供了大量的数据资料。国际协会联盟的活动宗旨是:

①在人类尊严、各国人民团结和沟通自由的基础上为建立全球秩序做出贡献。

②在人类活动的每一个领域里,特别是在非营利和志愿者协会里,促进非政府网络的发展和效率的提高。

③收集、研究和传递有关信息,如政府和非政府国际机构、它们之间的关系、召开的会议及它们面临的问题与采取的策略。

④国际协会联盟尝试用更有意义、更切实有效的信息传递方法,将其所提倡的联合活动和跨国合作发扬光大。

⑤促进国际协会就法规政策、协会管理和其他问题开展研究。

国际协会联盟每两年召开一次大会,选举国际协会联盟执行委员会。该执行委员会由15~21个成员组成,每个成员任期最长4年。国际协会联盟的正式会员不超过250个,要有全体大会根据候选人的兴趣和他们在国际机构中的作用选举产生。通常候选人都在某个国际机构中发挥过积极的作用。正式会员包括外交家、国际公务员、协会管理人员、国际关系教授和基金负责人。正式会员不许交纳年费，但要在各自的领域内为维护国际协会联盟的利益、进一步扩大联盟的影响做出努力。对国际协会联盟的宗旨和活动感兴趣的法人团体和个人，只要交纳年费，并经过国际协会联盟执行委员会批准，就可以成为国际协会联盟的非正式会员。非正式会员如各种组织、基金会、政府机构和商业企业有权优先使用非正式会员的服务。

国际协会联盟的工作语言为英语和法语。自 1910 年以来，国际协会联盟出版了 300 多种出版物和系列出版物，大多数出版物用英语出版。国际组织年鉴用各种语言编入索引供其他国际组织使用。期刊《跨国协会》(transnational associations)刊登英文和法文的文章。该联盟的年度预算为 80 万美元，通过成员的预订刊物费、联盟的研究和咨询合同收入、出版物的销售及服务支付 95% 的预算费用，其余部分来源于比利时、法国、瑞典政府及一些官方和私人机构的捐款和赞助。

（3）会议联络委员会（CLC 2000 年更名为 convention industry council）

1949 年，4 家社团组织的领导人在一起讨论会议业的发展形势，这个团体建立了一个委员会，并制订了一套贸易标准。这就是著名的会议联络委员会（convention liaison council），他们制订了以下 4 个基本目标：

①达成这些组织间对各自责任的相互理解和认同。

②通过研究项目和教育项目，为处理会议程序创造一个坚实和稳定的基础。

③在会员组织间举行大家共同感兴趣的教育项目和活动。

④让大众知晓会议对整个社区和国家经济的必要性。

这 4 家创始组织为：美国住宿业与汽车旅馆协会、美国社团组织经理人协会、国际服务业市场营销协会、国际会议和旅游局协会。今天，该委员会由 29 家组织构成，一半代表买方，一半代表卖方，共代表着 13 000 个公司和机构。

多年来，该委员会一直是这个行业中的教育领导者，它创建了注册会议专业人士认证项目（certified meeting professional program，CMP）。CMP 认证项目从 1993 起在国际推广，平均每年有 1 000 个项目得到 CMP 认证。1961 年出版的会议联络委员会手册介绍了会议中涉及的三方——赞助组织、饭店和会议局各自的具体责任。该手册现在已经重印了 7 版，内有实用的清单、表格和行业词汇。

13.1.2 国际展览组织

（1）国际博览会联盟（UFI）

国际博览会联盟是世界上主要博览会组织者、展览场馆业主、各重要国际性和国家展览业协会的联盟，于1925年4月15日在意大利米兰市由20个欧洲顶级国际展会发起成立。总部设在法国巴黎，是迄今世界博览会/展览会行业唯一的国际性组织。今天，它已由一个代表欧洲展览企业和展会的区域性组织发展成为一个全球性的展览业国际组织。其会员分布在五大洲72个国家的164座城市，共有299个正式成员组织。其会员类型分布如图13.1所示。

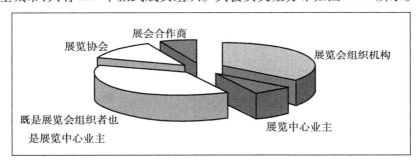

图13.1 国际展览会联盟会员类型

资料来源：国际博览会联盟

2004年，国际博览会联盟对其会员机构共主办的703个交易会和展览会授予了UFI质量认证。国际博览会联盟有一套成熟的展览评估体系，对由其成员组织的交易会和展览会的参展商、参观者、规模、水平、成交等进行严格评估，用严格的标准挑选一定数量的交易会和展览会给予认证。国际博览会联盟认证（UFI approved event）是高质量国际展览会的标志。由于国际博览会联盟在国际展览业中的权威性，得到国际博览会联盟认证的交易会和展览会在吸引参展商、参观者方面优势明显。国际博览会联盟认证的基本条件有：

①展会必须至少已定期举办过3次；

②展会必须是一个有20%以上外国参展商的国际展会；

③有4%以上外国观众的国际展会；

④外国展商纯租用面积达到展会纯租用总面积的20%以上的国际展会。

作为世界重要的交易会和展览会的组织者，国际博览会联盟会员做出了显著的成绩：

①主办 4 000 个交易会和展览会；

②年租用展览面积达 5 000 万平方米；

③每年吸引 100 万参展商；

④每年吸引 1.5 亿展会参观者。

国际博览会联盟没有个人成员，只有团体成员。如表 13.2 所示是我国早期加入国际博览会联盟的组织。

表 13.2　加入国际博览会联盟的部分中国会员

会员名称	会员类型	所在地	加入时间
北京振威展览有限公司	展会组织者	北京	2005
北京国际展览中心	展会组织者	北京	2000
香港旅游局业务开发部	展会合作商	香港	1999
中国展览馆协会（CAEC）	协会	北京	2003
中国贸促会纺织分会（CCPITTEX①）	展会组织者	北京	2002
中国商城展览中心	展览中心业主	浙江义乌	2005
中国国际展览有限公司	展会组织者	上海	2000
中国商务部投资发展处（CIPA②）	展会组织者	北京	2005
中国国际贸易中心（CWTC）	展会组织者和展览中心业主	北京	2004
中国国际展览中心集团公司（CIEC）	展会组织者和展览中心业主	北京	1988
CMP 亚洲有限公司	展会组织者	香港	1995
中国机械工具和工具制造商协会（CMT-BA）	展会组织者	北京	1993
东莞名牌家具协会	展会组织者	东莞	2005
广东现代展览中心	展览中心业主	东莞	2004
大连国际服装博览会有限公司	展会组织者	大连	2002

①CCPITTEX：the sub-council of textile industry-china council for the promotion of international trade.

②CIPA：china investment promotion agency of ministry of commerce of PR china.

续表

会员名称	会员类型	所在地	加入时间
中国国家建筑机械公司	展会组织者	北京	2000
香港展览会议业协会（HKECIA①）	协会	香港	1998
香港会议展览中心	展览中心业主	香港	2001
香港贸易发展局	展会组织者	香港	2000
深圳会议展览协会	展会合作机构	深圳	2004
苏州国际博览中心	展览中心业主	苏州	2005
厦门国际会议展览中心	展览中心业主	厦门	2004

资料来源：国际博览会联盟

国际博览会联盟的主要目标和职能有：

①为展览业的专业人士提供有效的网络平台，让他们相互交流看法和经验。

②提供独特的营销和交流工具在全球范围内促进展览业的发展。

③向其会员提供宝贵的有关展览业领域的研究成果。

④提供教育培训和高层次的研讨会。

⑤协助处理影响会员共同利益的争端问题。

（2）国际展览管理协会（IAEM：the international association for exhibition management）

国际展览管理协会（IAEM）成立于1928年，总部设于美国达拉斯。该协会与国际博览会联盟（UFI）在国际展览界均享有盛誉，被认为是目前国际展览业最重要的行业组织，两者现已结成全球战略伙伴，共同促进国际会展业的发展与繁荣。

国际展览管理协会的成员来自46个国家，成员数量超过3 500个。其使命是通过国际性网络为成员提供独有的、必要的服务、资源和教育，以促进展览业的发展。

国际展览管理协会的基本目标有：

①促进全球交易会和博览会行业的发展；

①HKECIA：Hong kong exhibition and convention industry association.

②定期为行业人员提供教育机会,提高他们的从业能力;

③发布展览会信息和统计数据;

④为展览人员提供见面机会,交流信息和想法。

国际展览管理协会提供展览管理的注册培训认证项目(certified exhibition management,CEM)。该培训项目的必修课程包括项目管理、选址、平面设计与布置、计划书的制订、会议策划、标书的制订与招标。高级课程为:展览策划与预算、经营展会的法律问题、安全与风险问题的防范。高级课程专为取得 CEM 认证并可能使用 CEM 培训认证项目开展培训活动的人员所开设。

13.1.3 其他组织

(1)奖励旅游管理协会(SITE:the society of incentive & travel executives)

奖励旅游管理协会成立于 1973 年,是全球唯一的非营利性的、致力于综合效益极高的奖励旅游产业的世界性组织。该协会为那些设计、开发、宣传、销售、管理和经营奖励旅游的机构提供教育研讨会和信息服务。目前奖励旅游管理协会有 1 800 个会员,他们遍布 82 个国家,协会还在不同区域设有 28 个分会。协会会员主要来自航空公司、游船公司、公司企业、目的地管理公司、地面交通公司、饭店、官方旅游机构和旅游公司。

奖励旅游管理协会的会员享有以下权利:

①获得与分布在 82 个国家的 1 800 个会员的联系方式;

②被列入协会的名录;

③在参加奖励旅游管理协会年会时享受优惠注册费;

④能够参加奖励旅游管理协会在全世界的分会活动和教育培训项目;

⑤在参加奖励旅游交易会时会获得展示台所需的奖励旅游管理协会成员展示材料;

⑥可以在个人名片和公司信笺上使用奖励旅游管理协会的标志;

⑦有资格参加奖励旅游管理协会水晶奖大赛;

⑧有机会获得奖励旅游管理协会认证的称号;

⑨能以会员价订购奖励旅游管理协会的出版物,免费获得奖励旅游管理协会提供的研究报告。

(2)世界场馆管理委员会(WCVM:the world council for venue management)

世界场馆管理委员会是汇集了全世界场馆行业专业人士和设施的主要协会。它的 6 个协会成员为 5 000 多个经营管理场馆设施的专业人员提供专业资源、论坛和有益的帮助。场馆设施包括全世界 1 200 个体育馆、竞技场、大剧场、会展中心、演艺中心和会议场所。

世界场馆管理委员会成立于 1997 年,它通过加强成员协会和会员之间的信息和技术交流来促进沟通和专业发展,以促进场馆行业的专业认识与相互了解。世界场馆管理委员会的六大协会会员是:会议场馆国际协会(AIPC)、亚太会展委员会(APECC)、国际会议经理协会(IAAM)、欧洲活动中心协会(EVVC)、亚太场馆管理协会(VMA)和体育场馆经理协会(SMA)。

世界场馆管理委员会的目标是:

①让世界更好地了解场馆行业;

②鼓励协会成员相互交流和合作;

③促进有关场馆管理专业信息、技术和研究成果的分享;

④推动成员协会之间的沟通,以提高和改进世界场馆行业的知识水平和公共传播;

⑤世界场馆管理委员会定期召开会议,促进场馆管理相关的信息交流,并开展相关教育活动。

任务2 会展行业管理模式

行业管理模式是指政府通过设置一定的政府机构并制订相应的政策,或通过行业中介组织对某一特定行业进行监督和管理。

目前世界上主要有 3 种具有代表性的会展行业管理模式:政府干预模式、政策扶持模式和市场运作模式。

13.2.1 政府干预模式

德国和法国是政府干预模式的典型代表。在德国会展业的发展过程中,政府扮演着重要的角色,政府干预色彩很浓。这种干预模式主要表现在以下几个方面。

(1)在管理方面,有一个政府授权的权威协调管理机构——德国经济展览会与博览会事务委员会(AUMA),对每年的国内外博览会进行组织和协调

AUMA 是德国全国性的行业协会,是代表德国政府进行宏观调控的唯一的会展管理机构,成立于 1907 年,总部设在科隆。AUMA 是德国展览业的最高联

合会,它是由参展商、购买者和博览会组织者三方力量组合而成的联合体。主要职能是:审定年度展览计划;严格审查和评定展览会名称、内容;监督展览会服务;核查展览组织者的能力和信誉;统计调查展览后效果;支持中小企业到海外参展。

AUMA 具有统一性、权威性,其地位在德国是不可动摇的,AUMA 为确保德国博览会市场的透明度,制订了许多规章制度和措施,对每年的国内外博览会、展览会进行组织协调,尽量避免国内或国际展览会之间出现重复的情况,如为制止会展雷同、保护名牌会展,AUMA 对会展名称给予类似商标的保护。AUMA 还根据章程要求,在会议、展览的类别、展出地点、日期、展期、周期等方面进行协调,保护了参展商、组织者、参观者多方面的利益。另外,AUMA 还聘请业内人士对展会进行考察,并对会展经济进行研究,为德国政府管理会展经济提供了很好的建议和非常重要的参考作用。此外,它还每年与经济部、农业部、能源部等政府各个部门协调,准备一个国家会展计划,该计划一旦批准,便由 AUMA 会同有关部门协调选择专业会展公司进行具体的运作。

(2)德国政府大力支持展览场馆的建设

展览场馆属于展的硬件设施,是衡量一国展览水平的主要标志之一。但由于展览场馆属于固定资产,资本投入大,回收期长,投资风险和经营风险比一般的资产要大得多,所以一般来说,在会展业发展初期,民营资本或社会资本不愿进入展览场馆市场,这就导致展览场馆资本进入不足和场馆供给不足的现象,并严重制约会展经济的发展。

任何一个国家在会展发展初期都会面临这样的问题。为了支持会展产业的发展,德国政府不惜巨资建造大型现代化展馆,极大地促进了德国会展经济的发展。政府投资建立规模宏大的展馆设施,在确定展馆归属国有的前提下,不直接参与展馆的日常运作,而是以长期租赁或委托经营等形式把场馆的经营管理权授让给德国大型的会展管理公司。政府的职责主要体现在对行业的宏观调控方面。

(3)国有展馆的市场运作模式

政府投资建设展览场馆后便委托会展公司经营,政府只作为展馆的所有者存在。德国会展公司在授让国有展馆后,既从事展馆经营又组织会展项目,是以展馆经营管理者和会展项目组织者的双重身份存在。如汉诺威国际展览公司通过政府授权管理的展馆就达 100 万平方米,同时,它还每年在全世界主办50 多个国际展览会,年营业额达 5 亿德国马克,场馆经营与项目经营结合的方式构成了德国展览公司特有的经营管理模式,共同构筑成集团经营的核心内容。

会展公司在成功组织会展项目后,便将所有的会展服务委托给各会展服务公司实施,这些公司将根据与会展公司签订的合同,以专业化服务能力为参展商、观展商提供周到的会展及配套服务。几十年来,德国会展业能在世界一直独占鳌头,很大程度上归功于这种运作模式的成功实践。

13.2.2　政策扶持模式

新加坡和日本是典型的政府扶持模式。新加坡把展览业作为国民经济的支柱产业,各部门、各行业全力扶持,通力合作,制订了一整套扶持、服务、规范、协调和发展的计划。比如特准国际贸易展览会资格计划(AIF),从国家贸易政策和发展目标出发,对符合政府产业发展方向的展览会或者评估符合标准的委员会,授予 AIF 资格证书,并给予最高达 2 万新加坡元的政府资助。为提高竞争力,新加坡减免参展企业税收,并压低场馆租金,从周边的饭店、餐饮等服务设施收入中拿出 10% 补贴场馆。

日本政府 1994 年制定了《通过促销和举办国际会议等振兴国际旅游法》及《实施细则》,规定具备条件的市街道村可向运输大臣提出办理资格认定申请,经认定的国际会议旅游城市由国际旅游振兴会负责提供信息、宣传促销、资金援助以及人员培训等。此外,东京投资 10 亿美元建造一座 8 万平方米的现代化东京国际展览中心,成为城市的象征。

13.2.3　市场运作模式

中国香港的市场运作模式是比较明显的。在香港会展业发展过程中,半官方机构香港贸易发展局的地位和作用十分凸显。会展中心在建设和扩建过程中始终采取政府出地,贸发局招商,专门管理公司经营的模式。1984 年,贸发局与新世界有限公司合作新建会议展览中心,1997 年会展中心落成,会展场地总面积达到 6.4 万平方米。会议展览中心建好后,贸发局把建设的重点转向招展,公平参与市场竞争,重视提高服务质量,创立名牌展会。在 1999 年亚洲经济低迷的情况下,贸发局举办的贸易展览买家入场人数增长 11.5%,其中国外买家增长 16%,参展商增长 16.5%。2000 年贸发局举办的 19 个展览中,玩具展、时装展、电子产品展、礼品展、钟表展和眼镜展都是亚洲规模最大的。同时私人机构办展也异常活跃,中国香港皮革展就是由 Miller Freeman 公司主办,为世界规模最大。这些都与香港市场经济体制完善,市场发育成熟不无关系。

国际会展业已经有了150年左右的历史。在此过程中,欧美发达资本主义国家一直是行业发展的领先者,其中以德国、法国表现尤为突出,他们在长期发展过程中逐步形成了会展经济独有的运作模式,值得我们借鉴学习。德国和法国的行政干预模式不是表现为政府对会展活动的任意干预以及对各种市场主体的资格和行为做任何限制,而是表现为政府对会展企业,尤其是会展中心的政策扶持。我国会展管理体制目前实行的是审批制,也带有强烈的行政干预色彩,但与德国和法国不同的是,我国的审批制表现为政府对会展企业是否具备主办会展的主体资格进行审批,对会展公司的市场行为进行干预,甚至表现为政府直接作为主体进行市场活动。而加入世贸组织后,政府必须转变其职能,由原来的市场干预转为市场服务,而会展管理体制也必将由审批制转为备案制或登记制。因此,学习和借鉴发达国家的会展行业管理模式,对于我国会展业的发展有很好的参考作用。

任务3 会展行业协会运作模式

中国加入世界贸易组织后,展览行业发展迅速,已初步形成了5个会展经济产业带:东北边贸会展经济产业带、京津会展经济产业带、长江三角洲会展经济产业带、珠江三角洲会展经济产业带和西部会展经济产业带。这样,会展行业协会在展览市场中的地位越来越突出,就有必要从理论上对国外行业协会的运作模式进行剖析,继续深化对展览行业协会性质、职能、运行规范和管理体制的研究,这些要素在一定程度上决定了行业协会发挥作用的大小,影响着行业协会的结构安排与整体运行机制。

13.3.1 会展行业协会的运作模式

目前,国际上会展行业协会的运行模式,按照行业协会、政府、市场和企业之间的关系,主要可归纳为3种。第一种是以美国为代表的"水平运作模式";第二种是以日本和德国为代表的"垂直运作模式";第三种是以法国、中国香港为代表的"交叉运作模式"。

(1)水平运作模式——企业推动型

以美国为代表的"水平运作模式"是一种主要以会展企业自发组织形成、自愿参加为特点的行业协会模式,具有较强的民间性,在管理上自由放任,规范松懈。其最大的特点就是企业自主推动。会展企业在发展过程中,碰到同行业内部价格上的相互倾轧与产品质量问题时,会展企业组织出于维护自身利益和市场秩序的需要,被迫产生组建行业协会的冲动,尝试着用行业自律的方式规范市场行业秩序,例如,美国展览管理协会(IAEM)。显然,在这种背景下所成立的行业协会,其动力源就在于企业本身,其他的因素,如政府提供帮助或指导,仅仅是动力源的外部因素。即会展企业只要存在相同的利益,就可以建立一个行业协会,政府对此既不干预,也不予资助。行业协会为企业提供技术与信息服务,协调政府、企业、消费者之间的关系,同时实力强劲的行业协会,如美国商会及美国制造商协会与联邦政府、议会都保持密切联系。当政企发生矛盾时,这些行业协会组织寻求议会的支持与介入,按照长期以来美国人所推崇的以对立制衡原则处理政府与行业协会的关系。

(2)垂直运作模式——政府推动型

以日本和德国等国家为代表的"垂直运作模式"是一种政府行政作用参与其中、大型会展企业起主导、中小会展企业广泛参与的行业协会模式。其突出特点是强调政府的推动作用,对内是政府机构,对外是民间团体。日本和德国的政府通过机构改革与职能调整,大大削减专业经济管理部门,使专业经济管理由过去偏重条例性的部门管理向偏重综合性的行业管理转化。这样,从政府职能中逐渐剥离出一些职能转交给行业协会,使行业协会在政府的主导下得以产生。行业协会具有庞大的组织机构和较高的组织化程度,协会的覆盖面广,政府与行业协会是一种合作协调关系。

(3)交叉运作模式——市场推动型

以法国、中国香港为代表的"交叉运作模式"的动力源不像企业自主推动和政府主导推动那样单一。主要是指在市场的推动下,市场出现了管理混乱,无序竞争的状况,于是政府与会展企业在组建协会的过程中,政府与会展企业都倾注了大量的精力,很难分清到底是企业还是政府哪一方起了主导作用,可以说是企业和政府合力推动的产物。而且行业协会与政府的关系非常密切,如香港的香港展览会议协会(HKECOSA)的主要职责是配合政府宣传把香港建成亚太展览之都、提供行业培训以提高行业水平、为会员单位制造商机、增强会员之间的联络、代表行业向媒体和政府表达统一意见等。

13.3.2　会展行业协会运作模式优化

从分析国外会展行业协会的运作模式,我们可以知道,不论是水平型的行业协会,还是垂直型的行业协会,或是交叉型的行业协会,都有一些共同的经验可以借鉴。

（1）体系的组织结构——会展行业协会运作的基础条件

以德国和日本为代表的垂直运作模式国家的会展行业组织具有体系化和层次化的特征,每一层次的行业组织有相应的活动范围和明确的职能分工,有机联系构成一个有序的、分工协作的行业组织体系。

在德国,行业组织按层级由上至下分为全国协会、各专业协会和地方性协会。较高层次的会展行业组织则一般着重于行业或整个宏观经济发展策略的研究,代表行业或工商界与政府就经济发展战略和制度、法律及经济政策等宏观问题进行沟通。较低层级的行业组织职能一般是对成员企业进行服务和指导。在日本,全国的行业组织可以分为行业协会和商会。行业协会,包括由经营活动地域性很强的中小企业组成的地方行业协会和国际性大企业组成的行业协会,也称卡特尔组织。商会,按层级分为地方商会和全国性商会及专门从事劳资关系问题的雇主协会。各地方性行业协会须加入地方商会,而重要的大行业的卡特尔组织、雇主协会及各地方商会都要加入全国商会以代表整个工商界。这种组织结构具有明显的行政特点,它使各行业内部、行业与行业之间、大企业与小企业之间、工业与商业和金融业之间以及整个经济界与政府、社会之间形成一个通畅的对话渠道和有效的利益协调机制。

（2）完备的组织功能——会展行业协会运作的核心要素

日本和德国的会展协会具有多样化的功能,在德国展览业中有着十分重要的地位,也对德国展览业的繁荣发展做出了重大贡献。可以为会员提供优质的服务。

首先,为会员提供展会信息。行业组织的一项主要功能是进行市场的分析和预测。德国的行业协会致力于行业内的频繁交往,向会展企业提供各类信息,积极协助成员开拓国际市场。特别是在办展时间和地点等方面,德国行业协会拥有相当大的发言权。没有行业协会的支持,展览公司无法深入了解行业动态及开展对参展商和专业观众的营销工作。如德国工商大会各地区的分会有明确的分工,各自负责几个重要的目标国,向成员提供有关这些国家的政治经济情况、会展市场信息,帮助会展企业寻找商机。工商大会还将触角延伸到国外,在投资企业较为集中的国家或地区设立分会,在当地直接向成员提供各类服务;其次,行业组织对会员的服务,可说是全方位的,包括法律援助、教育培训、调解纠纷、对外交流、协调产品(服务)价格或产量、企业的规划与发展环境、信誉共享等。各行业组织经过长期实践形成的各具不同特点的行业规则、惯例对有关法律框架是一个有效补充,而且以行业组织为主体的民间仲裁机制大大提高了解决市场争端的效率,降低了交易成本,可以有效补充市场制度的不足。在日本,绝大多数的企业纠纷都是通过行业组织来解决的。最后,德国会展行业协会还是会展的主办者,例如,法兰克福的德国通讯和娱乐电子工业协会(GFU)是每两年一届的柏林国际电讯展的主办者,柏林展览公司只是该展的承办单位。

(3)协调的政府关系——会展行业协会运作的保障要素

政府是会展行业协会发展的外部组织,处理好行业协会与政府的关系是确保行业协会职能建设的关键性因素之一。会展协会的发展需要政府去推动,并依靠行业协会的自律、自治实现行业资源的有效配置。

尽管美国是水平型的运作模式,但政府通过实行"贸易展认证"计划和"国际购买商项目"等措施,实现了对展览会质量和组展水平的监督,从而使贸易展览成为促进美国企业发展的重要手段。如美国展览管理协会(IAEM)、英国展览业联合会(EFI)、瑞士贸易交易会和展览协会、瑞士交易会协会、新加坡会议展览协会(SACEOS)和香港展览会议协会(HKECOSA)等,这些展览行业协会与政府管理机构紧密结合,在协调行业发展、对展会进行资质评估以及进行展览专业人才培训等方面发挥着不可忽视的作用。德国和日本工业化革命较晚,其赶超意识特别强,因而其宏观经济管理除了市场经济基本制度建设外,必然还有具体的经济发展战略管理、产业政策管理金融管理和国际贸易管理。这就要求政府通过行业组织这个中介环节加强与企业的联系,这就形成了政府对其实施强有力的指导、支持以及监管的关系模式。这使德国、日本的行业组织具有两面性特点,即从根本上代表会员企业的利益。但为维护国家利益又与政府保持相对一致性。当两者利益发生冲突时,行业组织会进行协调。为使行业组织能够有助于国家宏观经济政策的实施,政府还通过法律、行政和财政手段来规范其发展。

(4)良好的企业关系——会展行业协会运作的最终目的

会展行业协会服务的第一对象是会展企业,为参加协会(也包括未参加协会)的企业提供周到的服务,这是会展协会应履行的职责,也是协会存在的前提和发展的基础。会展行业协会始终代表会员和行业的利益,这是会展行业协会的根本职能。行业协会要真正解决生存发展、职责范围、社会地位及工作经费等问题,关键是要向会展企业提供他从政府和其他社会部门所得不到的服务。只有在此基础上,企业才有履行交纳会费、支持协会活动等义务。参加行业协会的企业,既希望得到成员企业的相互帮助,更需要行业协会提供各种各样的服务,以便使企业降低生产成本,提高管理能力,最大限度地获取经济效益与社会效益。行业协会所提供的服务包括提供技术支持、培育和开拓产品市场(如展览会、展销会)、开展国内外管理与技术交流、传递与沟通信息(如编办协会通讯和书刊)、培训技术与管理人员、推广介绍名牌产品等。

无论是水平运作国家的会展协会,还是垂直运作国家的会展协会,他们与会员的关系都非常密切,行业协会的任务都是协助企业做好生产、加工和销售工作,为企业最大限度获取利益提供各种服务。当然,行业协会展开一些活动,可能也会涉及盈利部分。但这种盈利,一方面不能与企业争利,另一方面又不能以赢利为目的,直接参与利润分红活动,它的工作仅仅是提供服务,维护企业的更大利益。

由于中国市场经济是在计划经济基础上逐渐转型的,与西方国家的会展行业协会运作的方式不同,因此,结合中国实际情况,学习和借鉴国外会展行业协会运作模式,充分发挥行业协会的作用,构建起政府、市场和社会三者有机和谐的统一体,是增强中国会展产业国际竞争力的前提和基础。

【复习思考题】

1. 谈谈国际会议协会的使命以及协会成员分类体系。

2. 谈谈国际协会联盟的概况。

3. 谈谈会议联络委员会的4个基本目标。

4. 简单回忆一下国际博览会联盟认证的基本条件以及我国加入该认证的中国会员有哪些?

5. 政府干预模式的主要特点是什么? 它的优点是什么? 缺点是什么?

6. 举例说明政府扶持模式与政府干预模式有什么不同?

【实训题】

你了解哪些国际会议组织和展览组织?

一、实训组织

要求学生在查找资料的基础上讨论各自了解的国际会议组织和展览组织,

谈谈它们的运作模式。

二、实训要求

1. 学生要小组讨论。

2. 小组每位成员必须发言。

3. 讨论要求有条理、主题明确。

三、实训目的

1. 掌握国际会议组织和展览组织。

2. 提高学生语言表达能力。

【典型案例】

堪培拉会议局

1995—1996年,堪培拉会议局进入了从一个会议观光局成为一个单独的会议局的相当大的变革时期。这些变化包括回顾检查它的活动、职员的责任和组织结构的综合性改变。

会议局有一个堪培拉市场的使命团机构。它原本是一个通过ACT政府和会议局的会员所得到的合作性支持的最初目的地。在执政官的指导下,会议局已经开始修改它的市场策略了。

会议局的会员包括堪培拉城市、旅馆、专业会议组织公司、音像公司、食品加工厂、大大小小的零售商和交通运输公司。

SWOT分析表明,堪培拉有很多对会议局有利的优势。例如堪培拉是澳大利亚的首都,它有大量的本土货币和很多引人注目的人和事。并且,它还成为通往雪地和海滨,拥有4个不同的海洋的各色各样的旅游地。堪培拉还有集中的具有国家特色的社团组织,而且还有成为政府决策者的有效途径。此外,那里还有会展活动所需的很好的基层组织和服务机构。然而,会议局也察觉到在这个城市和区域中有一种消极的感觉。那里不但没有国际机场,就连酒店的客房类型也很单一。而且,做任何有用的器具因有限的预算而不能进行。

会议局已经看准了很多机遇,这些机遇都来自于联邦政府、有影响的社会团体、2000年悉尼奥运会的潜在赞助者和2001年联邦周年纪念大典。修改后的市场策略认为会议局主要的市场是国内外和ACT,而且还把注意力集中于大量的会议局代表团所提供的机遇上。一个新的商标已经被发展成为附带材料生产的基础。这个商标被组合设计并运用于堪培拉的旅游业。一个新的会议策划向导已经兴起,它主要集中在活跃于社会生活中的小青年们。这些会议策划向导完全和先前的政府传统策划者相反。新的展示材料已经生产并投入使用于国内外的贸易交往中,而且也用于一年一次的堪培拉会展活动中。此外,大量的传递邮件运动承担了"营销堪培拉"运动。这个运动主要集中在会展业,也包括吸引大量的主要投资商来支持城市的特色产业。澳大利亚会展业的两个主要出版物是《治安法官》和《会展营销》。

为了使会员得到满足,会议局已经和会员们发展一个强大的联合工作关系,组织了提高和加强合作的活动。其中包括贸易展览、投资营销活动等。一个实事传报中报道有会展走向城镇的消息,还有各种各样的营销活动,例如"堪培拉营销运作"、数据资料研究、会议局贸易展览活动的信息等。

会议局重新调整了它的销售活动,再次强调了它的国内市场,而且还向住在堪培拉的代表们提供超值的服务。堪培拉信息所已经被介绍而且它的员工为所有的主要会议服务。会议局也提供会议组织者来帮助整理在会议计划阶段的活动资料,例如要把一些信息制成接待手册,其中也包含了会议局的市场策略。会议局已经表明对于信息研究的需要,而且为了反映代表们对堪培拉作为一个会展旅游接待地、创建代表们的友好合作关系、成为城市有价值的会展商业的看法,而成立了一个会展具体数据研究机构。

为了维持和增强堪培拉的会展贸易,会议局继续发展创造性和独特的市场舞台去介绍新的产品。"堪培拉营销运作"周的展览和往常一样那么受人欢迎,那么成功。1998 年,会议局介绍了一个联合营销——会议局在悉尼和 Far North Queens land 的"A HOP SKIP and A JUMP"。它的目标就是吸引潜在的诱发会议组织者利用那 3 座城市。进入澳大利亚的门户城市(悉尼),跳入灌木丛(堪培拉),进入热带冒险区(开罗)。在 1998 年,会议局举办了以要在 1999 年举办更多的安全会议为目标的活动。"1999 年堪培拉会议"被设计成鼓励国内外的会议组织者在 1999 年筹划堪培拉会议的活动。它由堪培拉贷款计划发起,向那些希望在堪培拉举办一个国内外的会展会议的社会团体和类似的组织提供了5 000 ~10 000 美元的自由投资款项。这些可替换的贷款为团体提供了重要的现金支持。这些并不是大量的现金,而是资助他们开始打开他们市场和潜在会议活动。最开始的两项贷款在机构的担保下提出了 320 万美元来资助堪培拉的经济发展。

资料来源:Convention and Incentive Marketing (June 1998)

案例讨论:

1. 分析该会议局所采取的营销和宣传策略。

2. 该会议局对该地的会展业发展有何贡献?

3. 堪培拉会议局是怎样的一个组织? 列举堪培拉会议局的主要职能。

参考文献

[1] 马勇,王春雷.会展管理的理论、方法与案例[M].北京:高等教育出版社,2003.

[2] 马勇,冯伟.会展管理[M].北京:机械工业出版社,2006.

[3] 沈丹阳."十五"期间(2001—2005)中国展览业发展报告[M].北京:经济日报出版社,2007.

[4] 刘松萍.会展营销[M].重庆:重庆大学出版社,2014.

[5] 林宁.展览知识与实务[M].北京:经济科学出版社,1999.

[6] 吴克祥,周昕.酒店会议经营[M].沈阳:辽宁科学技术出版社,2001.

[7] 骆温平.第三方物流理论、方法与案例[M].上海:上海社会科学院出版社,2001.

[8] 王立坤,孙明.物流管理信息系统[M].北京:化学工业出版社,2003.

[9] 王平换.企业战略管理[M].2版.重庆:重庆大学出版社,2014.

[10] 赵曾耀.企业集团治理[M].北京:机械工业出版社,2002.

[11] 周三多.战略管理新思维[M].南京:南京大学出版社,2002.

[12] 王方华,吕魏.企业经营战略管理[M].上海:复旦大学出版社,2002.

[13] 王永龙.21世纪品牌运营方略[M].北京:人民邮电出版社,2003.

[14] 马勇,王春雷.旅游市场营销管理[M].广州:广东旅游出版社,2002.

[15] 韩冀东,成栋.电子商务概论[M].北京:中国人民大学出版社,2002.

[16] 巫宁,杨路明.旅游电子商务理论与实务[M].北京:中国旅游出版社,2003.

[17] 马勇,周霄.WTO与中国旅游产业发展新论[M].北京:科学出版社,2003.

[18] 马勇.中国会展业发展的趋势与创新对策[J].中国展会,2002(3).

[19] 马勇.中国会展经济发展解读[J].经济地理,2002(3).

[20] 马勇,李玺.中国会展业竞争力分析与品牌化发展战略研究[J].中国展会,2002(9).

[21] 马勇,肖轶楠.会展企业人力资源开发与管理[J].中国展会,2002(4).

[22] 梁圣蓉.提升会展企业品牌价值的五大策略[J].中国展览,2006(07).

[23] 梁圣蓉.培育自主知识产权,打造国际会展品牌核心竞争力[J].中国展览,2006(05).

[24] 梁圣蓉.浅析国际会展知识产权保护制度[J].中国展览,2006(06).

[25] 刘住,金辉,梁保尔.对上海2010年世博会申办工作的几点思考[J].旅游科学,2000(4).

[26] 王云龙.会展活动与旅游活动的比较——兼论会展旅游概念的界定[J].旅游学刊,2003,18(5).

[27] 王保伦.会展旅游发展模式之探讨[J].旅游学刊,2003,18(1):35-39.

[28] 王春雷.国内会展旅游研究述评[J].桂林旅游高等专科学校学报,2004,15(6).

[29] 王春雷.中国会展旅游发展的优化模式构建[J].旅游学刊,2002.

[30] Dwyer,L. and Forsyth,P,1996. MICE Tourism to Australia: A framework to assess impacts. Proceedings of the Australia Tourism & Hospitality Research Conference:313-323.

[31] Dwyer,L. and Mistilis,N (1999). Tourism gateways and regional economies: the distributional impacts of MICE. International Journal of Tourism Research,(1):441-457.

[32] Fenich. G. G, (1995). Convention Center Operations: Some Questions Answered Journal of Hospitality Management 14 (3-4)(1995).311-324.

[33] McCabe, V. Poole, B. Weeks, P, and Leiper, N. (2000). The business and management of conventions. Wiley. Milton.

[34] Oppermann,M(1996b). Conventions destination images analysis of association meeting planners' perceptions. Tourism Management,17(3),175-182.